新经济　新动能

邓玲　张宇　罗强　等著

科学出版社
北京

内容简介

随着我国经济发展模式的变化，经济高质量发展成为核心。发展“新经济”是经济高质量发展的必然要求。“新经济”产生与发展的原动力是信息和技术革命，新经济全方位地影响着人类的生产和生活，为经济增长提供全新助推剂，催生“新动能”。发展新经济培育新动能，推动经济绿色可持续发展，是我国现在和未来很长时间的重要任务。

本书主要阐述新经济新动能基本概念、新经济与高质量发展的关系、新经济与培育新动能的内在联系、新型信息基础设施建设，新经济的形态(数字经济、智能经济、绿色经济、创意经济、流量经济以及共享经济)与应用场景、新经济支撑体系、新经济发展面临的趋势与挑战以及新经济新动能的区域实践。

图书在版编目(CIP)数据

新经济　新动能 / 邓玲等著. —北京：科学出版社，2021.10

ISBN 978-7-03-063791-8

Ⅰ.①新…　Ⅱ.①邓…　Ⅲ.①新经济-区域经济发展-研究-成都
Ⅳ.①F127.711

中国版本图书馆 CIP 数据核字（2019）第 280827 号

责任编辑：孟　锐 / 责任校对：彭　映
责任印制：罗　科 / 封面设计：墨创文化

科学出版社出版

北京东黄城根北街16号
邮政编码：100717
http://www.sciencep.com

成都锦瑞印刷有限责任公司印刷

科学出版社发行　各地新华书店经销

*

2021 年 10 月第　一　版　　开本：787×1092　1/16
2021 年 10 月第一次印刷　　印张：21 1/2
字数：521 000

定价：79.00 元

（如有印装质量问题，我社负责调换）

作 者 简 介

邓玲

四川大学经济学院教授、博士生导师，四川大学区域规划研究所所长，享受国务院特殊津贴专家，四川省学术和技术带头人。主要研究领域为区域经济学、人口资源与环境经济学，长期从事生态文明建设和区域创新发展研究，是中国特色绿色创新经济的倡导者、“长江上游生态文明建设”川大学派创始人之一。现任成都工业学院绿色创新经济研究院院长，成都格润创新科技研究院院长。

张宇

四川大学遗传学硕士、世界经济博士，国家信息中心宏观经济方向博士后，成都市青年联合会第十二届委员会委员，长期研究头部企业、跨国公司、新经济、新场景、新赛道及宏观经济等。

罗强

西南财经大学博士，成都工业学院绿色创新工业研究院常务副院长、新经济发展研究中心副主任。曾先后在西南交通大学、四川大学任教。作为负责人或主研人员参与多项四川省统计局、科技厅、社科联课题和新经济横向课题，在《经济学动态》等期刊发表论文多篇，参编专著和教材 4 部。主要研究方向为新经济、绿色创新发展、消费者行为等领域。

前　言

人类正在进入一个万物互联的数字时代。以新一代信息技术为代表的新技术革命正深刻地改变着我们的生产和生活方式，催生出一大批新产业、新业态、新模式，我们把这些新技术、新产业、新业态、新模式统称为新经济，包括通常说的数字经济、智能经济、绿色经济、创意经济、流量经济、平台经济共享经济等多种新经济形态。

发展新经济是我国建设社会主义强国的重大战略部署，是推动高质量发展的强大引擎，是新旧动能转换的重要推动力。党的十九届五中全会提出建设网络强国、数字中国，全面推进我国社会主义现代化建设的数字化进程，特别提到要提升全民的数字技能。由此吹响了国民经济和社会发展全面数字化的“进军号”，开启了数字革命助推创新型国家建设的新篇章。

我国是世界公认的数字科技强国，数字经济已经取得巨大的成效，走在了世界数字经济的前列。《2020 年中国数字经济白皮书》显示，2019 年全国数字经济增加值达到 35.8 万亿元，占 GDP(gross domestic product，国内生产总值)比重达到 36.2%，占比同比提升 1.4 个百分点。其中，数字产业化增加值达 7.1 万亿元，同比增长 11.1%。中国产业数字化增加值约为 28.8 万亿元，占 GDP 比重为 29.0%。其中，服务业、工业、农业数字经济渗透率分别为 37.8%、19.5%和 8.2%。

成都是新经济发展的先行者和策源地，是我国新经济发展最引人瞩目的城市之一。2017 年，成都率先将“发展新经济、培育新动能”作为提升城市能级、树立城市核心竞争力、把握历史机遇的城市战略。为了推动新经济发展，成都陆续出台“六大形态”“七大应用场景”实施方案，颁发《关于营造新生态发展新经济培育新动能的意见》。首创“城市机会清单”发布机制，主动释放资源要素、创造市场机会，推动新经济场景与城市发展需求有机链接。经过几年的探索与实践，成都新经济蓄力成长。截至 2020 年 6 月，全市累计注册新经济企业 39.7 万户，同比增长 29.4%；累计注册资本金 42463.9 亿元，同比增长 18%；5 家企业成功上市，7 家企业达到独角兽标准，122 家企业达到准独角兽标准。2020 年 1～6 月，全市新经济企业获得风险投资 139 件，投资金额 49.1 亿元。成都市新经济活力指数全国第三，新职业人群规模全国第三，“最适宜新经济发展的城市”品牌效应凸显。

为了推进新经济向纵深发展，2019 年，成都市启动了新经济“培训培训者”工程试点，旨在全社会普及新经济知识和数字技能，推进“数字成都”的进程。我们参与专家小组和教学团队，研发了“新经济新动能助推高质量发展”“数字经济”“智能经济”“绿色经济”“创意经济”“流量经济”“共享经济”“新经济应用场景”等系列课程，并以培训培训者为切入点、知识更新为目的，对不同层次的干部群众开展了培训。

所谓“培训培训者”，就是通过知识更新，培训能传播新知识的培训师，是一种推动知识管理和知识技术快速传播的创新方法。这一方法源于成都市蒲江县“创新驱动乡村振兴培训培训者”试验。

自2019年10月以来，我们在成都市部分区县新经济局、蒲江县教育局、蒲江县寿安街道、成都和盛家园实业有限公司以及四川威远县等地区和单位开展了新经济“培训培训者”试点。威远县结合“公民义务授课与知识更新制度”试点工作，将数字经济知识传播到乡镇、村组、农户。与此同时，我们还完成了“成都新经济产业特征及业态标准体系研究”“新经济企业‘培训培训者’工程采购项目”“数字化平台化促进传统企业转型升级”“场景营城的经济学思考”“新经济应用场景词典”“新经济新场景”等课题研究。这些工作极大地丰富了我们对新经济的认识，也使我们深刻地感受到，建设社会主义现代化强国必须提高每一个公民的数字知识和数字技能，西部地区尤其如此。

本书内容主要基于我们对成都新经济发展的研究和实践探索的部分成果，同时还借鉴了大量国内外学者的研究成果，在此向各位专家学者致以衷心的感谢！我们尽量注明了资料的出处，如有疏漏，敬请批评和谅解。

本书参编单位为“长江上游生态文明建设”川大学派、成都工业学院绿色创新工业研究院、成都格润创新科技研究院。

当前，世界百年未有之大变局叠加新冠肺炎疫情肆虐全球，触动国际政治、经济、科技、文化、安全格局深刻调整。变局中的中国更加坚定了创新驱动建设社会主义现代化国家的决心，数字经济被提升到前所未有的高度，成为拉动高质量发展最重要的新动能。面向未来，崭新的数字时代正在开启。发展新经济，任重而道远。我们愿意和大家一起相互学习、相互交流、共同努力，为创新型国家的建设和数字中国的早日实现贡献绵薄之力。

目　　录

第一章　新经济新动能与高质量发展

新经济是以新一代信息技术为支撑发展起来的新技术、新产品、新产业、新业态、新模式的总称，是一种创新的经济活动和新的动力。中国已经全面建成小康社会，开启了全面建设社会主义现代化国家新征程，创新成为推动现代化的核心力量，高质量发展成为中国未来5年乃至更长时期的发展主题。高质量发展的关键是培育新动能，培育新动能必须发展新经济，新经济对高质量发展的作用本质上是创新驱动发展。

第一节　新经济的内涵与特征

一、我国的新经济及形成背景

（一）新经济的概念

新经济是针对传统经济而言的一个相对概念。不同的历史时期、不同的国家、不同的学者对新经济的定义有不同的界定。结合我国实际并借鉴国内外学者对新经济概念的界定，编者认为，我国新经济是在特殊的国情背景下，以新发展理念为指导，以新一代信息技术、新金融、新政策为支撑，由科技创新和制度创新共同驱动而发展起来的新技术、新产品、新产业、新业态、新模式等新的经济要素、经济结构和新经济形态的总称。

新的经济要素主要包含数字技术、数据、人才、金融等。这些经济要素不同于传统的土地、资本、劳动力、信息要素，数字技术的快速处理、大数据的指数增长、人才的高知识性、金融在市场的支撑作用，对于带动经济高速增长、高质量发展具有重要作用。新的经济结构主要表现为一二三产业的跨界融合，数字技术与实体经济的深度融合产生新的产业结构，如数字经济的数字产业化和产业数字化。数字产业化包括电子信息制造业、电信业、软件和信息技术服务业、互联网行业等信息产业，是数字经济基础部分；产业数字化是传统产业由于应用数字技术所带来的生产数量和生产效率提升，是数字经济融合部分。新的经济形态在不同的时期、不同的地区因为客观环境的差异具有不同的表现形式。当前我国的新经济是以数字经济为主流经济形态，但是在不同的省市或者地区，对新经济的形态有不同的认识，新经济形态划分是主观认知，不像产业或者行业划分，具有客观标准，所以新经济形态不具有唯一性。党的十九届五中全会提出坚定不移建设数字中国，党中央国务院大力推进数字经济发展，国家统计局以“三新”（新产业、新业态、新商业模式）经济作为当前新经济的统计标准，上海市重点发展“四新”（新技术、新产业、新业态、新模式）经济，成都市重点发展数字经济、智能经济、绿色经济、创意经济、流量经济和共享经济“六大经济形态”。这些新经济形态都是以实现高质量发展为目标，是在特殊的国情条件下产生的，是具有中国特色的新经济，是实现发展方式转变、经济结构优化、新旧动能转换的重要路径。

国内学者对新经济进行了大量研究，从不同的视角对“新经济”的定义做出了界定。胡鞍钢等人认为，“新经济”是指互联网技术的发展和广泛应用带来的互联网相关产业的快速发展及其与其他产业的深度融合所形成的新技术、新产业和新业态，以及通过对传统产业和传统经济运行模式的重塑，对就业创造、产业发展以及宏观经济产生积极影响的新型经济发展模式。向晓梅认为，“新经济”是相对于传统经济而言的，主要指在经济全球化的背景下，由信息技术革命带动的、以高新技术产业为龙头的经济，包括“互联网+”、先进制造业、新能源、新材料、新业态等重要内容。阿里研究院认为，“新经济”是DT[①]所推动的经济发展新思维，是以互联网为载体的相关技术创新、产业发展的经济活动的总和，包括平台经济、共享经济和微经济三个基本形态。樊纲认为新经济是以科技创新为核心，以全面创新为引领和支撑，以体制机制和制度创新为根本保障，以新技术、新产品、新模式、新业态、新产业等为主要内容，代表时代先进生产力的一种新的经济结构和经济形态。

（二）我国新经济形成的特殊背景

我国的新经济不同于国际上20世纪90年代的新经济，是在特定的历史条件下产生的。20世纪90年代西方国家中出现的“新经济”，是指全球化和信息化浪潮背景下的一种新的经济现象，信息技术革命使西方发达国家的产业全面升级，有力地推进了西方国家的经济发展和科技进步，其重要特征是高增长、低通胀、低失业。信息化是西方国家发展新经济的技术基础，是一种技术推动型的新经济。事实上，20世纪90年代，我国和世界上其他发达国家几乎同步进入全球化与信息化的浪潮之中，经济全球化给中国带来巨大的发展机会和经济效益，但是，当时我国并没有像发达国家那样迅速进入信息经济时代。21世纪初，我国曾经掀起一次发展知识经济的热潮，但是，知识经济也并没有在我国全面实现。这说明技术发展提供了发展新经济的可能，但是要成为现实还需要一定的历史条件、发展阶段、发展方式和国家战略。

我国的新经济是在经济转型的迫切需求下，在新旧动能转换的关键时期，在国家全面推进创新驱动发展战略的背景下产生的；是在我国进入社会主义新时代后在新发展理念指导下，经济由高速增长转向高质量发展的背景下迅速发展起来的。2014年，我国经济进入新常态，经济增长速度从高速转为中高速，经济结构不断优化升级，从要素驱动转为创新驱动，凸显了创新要素对整个国家经济和社会发展的重要性。2015年3月，中共中央国务院发布《关于深化体制机制改革加快实施创新驱动发展战略的若干意见》，指出深化体制机制改革加快实施创新驱动发展战略，是为了破除一切制约创新的思想障碍和制度藩篱，激发全社会创新活力和创造潜能。2015年10月，十八届五中全会提出新发展理念，把创新摆在国家发展全局的核心位置，不断推进理论创新、制度创新、科技创新、文化创新等各方面创新。2016年3月政府工作报告中首次提出了“新经济”的概念，报告称“我国正处于这样一个关键时期，必须培育壮大新动能，加快发展新经济”。2016年5月，

① DT：数据技术（data technology），与IT（information technology）相对应。

中共中央国务院发布的《国家创新驱动发展战略纲要》对我国实施创新驱动发展战略进行了全面部署和系统谋划。这表明，创新驱动在我国经济社会发展中处于核心地位，已成为我国加快转变发展方式、建设现代化经济体系的大潮流和大方向。2017 年，习近平总书记在中共中央政治局集体学习时，提出“实施国家大数据战略，加快建设数字中国”，锚定了我国新经济的重点发展方向。显而易见，中国的新经济不仅是技术发展的必然产物，而且在我国经济进入一个新的发展时期，发展要素、发展动力产生根本性变化，转变发展方式、优化经济结构、转换增长动能成为国家战略的重点，新经济才得以应运而生。党的十八大以来，国家制定并出台了一系列政策法规和实施意见，这些政策法规和实施意见充分体现了我国对发展新经济、培育新动能的认识和顶层设计，如表 1-1 所示。

表 1-1　国家出台的推进新经济发展的相关文件

时间	文件名称
2014.10	《国务院关于加快科技及服务业发展的若干意见》
2015.01	《国务院关于促进云计算创新发展培育信息产业新业态的意见》
2015.05	《国务院关于大力发展电子商务加快培育经济新动力的意见》
2015.06	《国务院关于大力推进大众创业万众创新若干政策措施的意见》
2015.07	《国务院关于积极推进“互联网+”行动的指导意见》
2016.03	《2016 年政府工作报告》
2016.05	《国务院办公厅关于建设大众创业万众创新示范基地的实施意见》
2016.08	《国务院关于印发“十三五”国家科技创新规划的通知》
2016.12	《国务院关于印发“十三五”国家战略性新兴产业发展规划的通知》
2017.06	《国务院办公厅关于建设第二批大众创业万众创新示范基地的实施意见》
2017.09	《国务院关于印发国家技术转移体系建设方案的通知》
2017.10	《党的十八届中央委员会向中国共产党第十九次全国代表大会的报告》
2017.11	《国务院关于深化“互联网+先进制造业”发展工业互联网的指导意见》
2018.01	《国务院办公厅关于推进农业高新技术产业示范区建设发展的指导意见》
2018.04	《国务院关于落实〈政府工作报告〉重点工作部门分工的意见》
2018.07	《国务院关于加快推进全国一体化在线政务服务平台建设的指导意见》
2018.09	《关于发展数字经济稳定并扩大就业的指导意见》
2019.09	《国务院办公厅关于做好优化营商环境改革举措复制推广借鉴工作的通知》
2019.10	《国家数字经济创新发展试验区实施方案》
2020.07	《国务院关于促进国家高新技术产业开发区高质量发展的若干意见》
2020.07	《关于支持新业态新模式健康发展激活消费市场带动扩大就业的意见》

（三）我国新经济发展的驱动力

我国新经济的发展是多种力量驱动，包括科技创新和制度创新的双轮驱动，新技术、新金融、新政策的强力支撑和供给侧结构性改革的倒逼驱动。

1. 科技创新和制度创新双轮驱动

在传统经济中，科技创新能力较弱，科技成果转化率偏低。随着新经济的发展，通过运用数字技术、高新技术将科研理论转化成产品，形成产业，使新技术融入研发、制造、流通等环节，科技创新成为发展新经济的核心。同时，当新产业、新业态、新组织、新模式进入市场时，传统的制度体系无法适应新经济的快速迭代，包括投融资模式的改变、市场对知识产权的重视、科技成果转化路径的创新、新产业统计难度的增大等，需要对投融资制度、知识产权制度、科技制度、统计制度等进行创新，制度创新是发展新经济的基础和保障。

2. 新技术、新金融、新政策的强力支撑

新经济的实质是新技术向经济的演进，以大数据、人工智能、5G、区块链为代表的新一代信息技术通过转化形成新产品，新产品批量生产进入市场流通产生经济价值，形成新的产业体系，实现技术与经济的融通发展。没有新技术，新经济不能称为“新”，新技术没有形成产业体系，新经济也不是“经济”。当新技术出现后渗透最快的就是金融领域，以支付宝、微信为代表的移动支付迅速普及，新金融组织、新金融业态的出现打破了传统金融行业生态，突破传统金融界限，以移动支付、众筹、网络借贷、大数据征信等为主要业务模式，新金融工具、新金融产品、新金融服务引领新的金融趋势，为其他领域的新经济发展打通了关键环节。新经济的发展伴随着旧政策的突破和新政策的创新，一方面要促进新产业的发展，营造良好的营商环境；另一方面要维持市场稳定，建立包容审慎的治理规则，做到放管结合。例如监管部门需要适应新的市场环境、新的金融环境，就要制定适合新经济发展的法律法规，探索新的监管模式。

3. 供给侧结构性改革的倒逼驱动

2015 年 11 月，中央提出实施供给侧结构性改革，其目的是优化要素配置、扩大有效供给，供给侧结构性改革的主要任务是去产能、去库存、去杠杆、降成本、补短板(简称“三去一降一补”)。从效果上看，供给侧结构性改革具有提高创新能力、培育新的经济增长点和调整经济结构三大效应。新经济与供给侧结构性改革是辩证统一的关系，两者统一于经济高质量发展，发展新经济强调结果与目标，推进供给侧结构性改革强调手段与过程，实际上是一个问题的两个方面。

(1) 去产能与去杠杆为新经济发展腾出资源。我国传统制造业领域中存在产能过剩的现象，以钢铁、煤炭等为代表的部分主要工业产品产能占据了全球产能的一半，部分“僵尸企业”处于停产、半停产状态，资不抵债、连年亏损，其经营主要靠政府补贴和银行续贷，造成生产要素没有得到合理配置，社会资源整体利用效率降低的结果。产能过剩已成为制约我国经济发展的“拦路虎”，产能过剩占用了大量的土地、劳动力等资源，从而挤压新经济的发展空间，阻碍新经济的发展。所谓去产能，就是将过剩的产能快速出清，将传统制造业中占用的大量土地、人员、资金等资源迅速释放出来，实现资源合理配置，推动新经济发展。中国实体经济主要依靠高资本投入模式，杠杆率较高，通过进一步加杠杆来保持经济增长的空间有限。截至 2020 年第三季度，中国实体经济杠杆率(非金融部门债务/GDP）已经达到270.1%。过高的杠杆率会带来一些负面影响，增加风险。去杠杆的过程就是减少债务的过程。随着去杠杆的推进，周期行业的负债率已经开始显著下行，从而为新经济发展腾出了金融资源。由于新经济企业是轻资产型企业，偏向知识经济，规模体量不大，不适应传统的间接融资渠道。因此，未来直接融资的发展将进一步推动经济去杠杆和新经济的兴起。

(2) 去库存为新经济创造稳定的宏观环境。去库存是指降低产品的库存水平，可以为新经济创造稳定的宏观环境。例如房地产的去库存，房地产规模庞大，上下游产业链广，在土地财政背景下，为政府提供了大量资金来源和税费收入，行业的繁荣与危机对宏观经济环境影响巨大，如果房地产出现问题则可能导致经济金融危机。2008 年爆发的美国次贷危机就是住房市场的降温导致的。一旦发生经济危机，对国家经济的打击是全面性的，包括"旧经济"和"新经济"。通过去库存，保持房地产业健康发展，维持宏观经济稳定，可以防范和化解金融风险，为新经济的发展创造良好的宏观环境。

(3) 降成本与补短板直接服务于新经济。许多新经济企业属于处于成长阶段的成本敏感型企业，降成本就是降低企业的制度性交易成本、财务成本、税费成本、物流成本、电力成本等各种成本，其主要措施就是减免税收、简政放权、放管结合、优化服务等，降成本让传统经济受益，更直接推动了新经济发展。补短板就是补齐当前中国经济软硬基础设施、人力资源和企业技术改造的短板，尤其新型基础设施建设更是直接与新经济密切相关，补齐这些短板将直接增强中国新经济相关企业的竞争力，培育中国经济新动能。

二、新经济的主要构成

新经济是由新技术、新产品、新产业、新业态、新模式五个核心部分组成的经济系统。

1. 新技术

新技术是新经济的主要驱动力，指对生产产品和提供服务有新影响的技术①，是可实际推广的、能形成市场力量的、过去没有的技术，比如通信技术、生物技术、新材料技术、航空航天技术以及大数据、人工智能、云计算、物联网、5G、VR/AR等新一代信息技术。这些新技术的应用，深刻改变了传统产业的生产方式、组织方式和商业模式，推进产业结构朝数字化、智能化方向演进，对构建现代化产业体系具有重要作用。如工业企业，部署大量智能传感器和工业互联网，集成设计研发、生产制造、质量监管等系统，能使生产过程智能化，实现实时感知、过程优化、智能排产。许多企业通过大数据、互联网获取用户需求，采用柔性生产线进行小批量、多品种、快翻新的大规模个性化定制，满足用户个性化需求，提升用户黏性，颠覆了传统工业企业的生产方式。医疗机构运用人工智能、大数据、基因分析等技术，针对患者提供全面的个性化诊疗服务。一个心脏病患者到医院看病，以前的技术只能单方面诊断心脏的问题，现在可以使用诊断设备，结合大数据、基因等技术分析患者身体各个器官、各项功能和生命指标，如血管、免疫能力、基因缺陷等情况，

---

① 赵洪江，陈学华，苏晓波. 新兴技术、新技术、高技术及高新技术概念辨析[J]. 企业技术开发，2005(11)：42-43，64.

再根据个人身体机能情况，制定个性化治疗方案，使患者得到更准确、更有针对性的诊断和治疗。

2. 新产品

新产品是采用新技术、新设计、新材料生产出来的全新产品，或者在原有产品上进行技术、工艺、材质的改进，使原有产品的性能得到明显提升或产生新功能的产品。根据产品研究开发过程的不同角度，新产品可以分为全新产品、改进型新产品、模仿型新产品、形成系列型新产品、降低成本型新产品和重新定位型新产品六大类。①全新产品，是指采用新技术、新设计、新材料，具有新功能、新结构的产品。这类产品具有原创性，能开发出新的市场，在新产品中占比约 10%。例如初代 iPhone 面世，《时代》杂志将其评为当年的“最佳发明”，它颠覆了传统按键手机的设计，没有物理键盘，没有手写笔，震撼了整个手机产业，重新定义了移动电话，引领了智能手机的发展。②改进型新产品，是对原有产品的功能、设计、材质、包装等进行改进而形成的新产品，使原有产品达到功能提升、品质更优的效果。这类产品在新产品中占比约 26%。最典型的案例是 2016 年 3 月发布的 iPhone SE，其外观与 iPhone 5S 几乎没有太大差异，只是增加了玫瑰金色，采用 A9 处理器以及 M9 运动协处理器，使运行速度比 iPhone 5S 快 2 倍，对像素、电池容量、内存等都进行了提升。③模仿型新产品，是企业对国内外市场上已有的产品进行模仿，成为本企业的新产品。这类产品在新产品中占比约 20%。例如腾讯 QQ，其实是模仿最早的国外即时通信软件 ICQ。但腾讯 QQ 创新了离线消息、QQ 群、魔法表情、炫铃等新玩法，在模仿别人的同时进行自身创新也是其能超越 ICQ 的关键所在。④形成系列型新产品，是指在原有产品的基础上，开发出不同规格、品种、花色的新产品，扩充原有产品的类型，与原产品形成系列，扩大目标消费群体。这类产品在新产品中占比约 26%。例如国产护肤品牌百雀羚，其护肤品针对不同的年龄层次和不同肤质的消费群体，分为水能量系列、水嫩精纯系列、水嫩倍现系列、草本精粹系列、经典系列和三生花系列六个系列，每种系列根据不同消费需求设计。⑤降低成本型新产品，是企业采用新技术提升生产效率，改进工艺流程，以更低的成本生产出的保持原产品功能不变、性能相同的新产品。这类产品在新产品中占比约 7%。例如在制造型企业中采用全流程虚拟制造，利用建模和仿真技术，通过在电脑、设备等虚拟环境中优化产品设计，以及模拟产品制造过程问题并预先解决，无须用真实产品进入生产线实验，节省了原材料，使得产品的开发周期和成本最小化，生产效率最大化。⑥重新定位型新产品，是指老产品进入新的市场，被称为该市场的新产品。这类产品在新产品中占比约 7%。比如华为 P30 手机，目前其对国内人而言就是老产品，因为华为 P40、华为 Mate40 等一系列新产品已经面世，但在 P30 手机初次进入非洲市场时，其对非洲市场而言就是新产品。

3. 新产业

新产业是新的科研成果和新技术投放市场形成的具有相当规模的新企业群体。常见的新一代信息技术产业、新材料产业、新能源产业、高端装备制造产业、生物医疗产业、节能环保产业、新能源汽车产业、数字创意产业、现代服务业等战略性新兴产业和高新技术产业等都属于新产业范畴。新产业主要有两类，一是新技术产业化形成的新产业。比如新一代信息技术产业，一开始新一代信息技术仅仅是一种技术，一种知识形态，在其发展过程中成果逐步产业化。首先是技术转化成有市场价值的产品，然后一大批企业生产这些产品并获得利润，最后由这些企业群体形成了新一代信息技术产业，包括新型电子元器件及设备制造、集成电路制造、新兴软件开发、人工智能软件开发等。二是新技术改造传统产业形成的新产业。比如数字文创产业，是用现代数字技术对传统文化创意产业进行改造融合而产生的新产业，其离不开基本的文化和创意，又不完全以实体为载体进行艺术创作，其采用数字技术，融入创意元素，通过产业化的方式进行新的内容开发、视觉设计、策划和创意服务等，主要应用在会展领域、虚拟现实领域、产品可视化领域等。

4. 新业态

新业态依托于技术创新、产业融合、产业链整合、区域分工及产业组织方式变革等，从现有产业和领域中衍生叠加的新环节、新链条和新活动形态。其在三次产业中的具体表现形式如下。

第一产业的新业态主要表现为多元要素融合而成的各种农产品(服务)、农业经营方式和农业经营组织形式，覆盖了服务型、创新型、社会化和工厂化等多种农业新业态，也是我国农业发展由传统型向高质量和技术密集型产业演进与农业产业结构优化的过程。农业新业态的特征在于其多元融合发展催生出创新型产业，可推动业态内部革新，例如现代技术集成应用衍生出工厂化农业等综合农业新业态。农业新业态具体表现为：第一，通过产业链的横向拓宽，产生了创意农业、休闲农业、景观农业、会展农业、阳台农业等服务型农业新业态；第二，以信息技术、现代生物技术等为代表的新技术向农业渗透，衍生出智慧农业、生物农业、农业大数据应用等创新型农业新业态；第三，社会分工细化以及社会组织方式变革衍生出订单农业、农业众筹、社区支持农业、农业生产性服务业、农村养老服务业、农产品私人定制等社会化农业新业态；第四，采用无土栽培的方法，利用环境控制、机械化和自动化等技术，使农作物进行有计划的、程序化的如同工业品一样连续生产，形成植物工厂、智慧农场等工厂化农业新业态。

第二产业的新业态主要表现为以云计算、物联网、人工智能为代表的新一代信息技术与传统制造业融合创新推动传统产业生产方式和理念的革新、传统产业结构的升级、传统产业链条的延伸，产生的新工艺、新产品、新组织经营模式等。新技术推动制造业的制造模式、生产组织方式和产业形态发生深刻变革，制造业发展方式从规模速度型粗放增长转向质量效益型集约增长，制造业产业结构正从增量扩能转向调整存量、做优增量并存的深度调整，制造业发展动力正从传统依靠要素驱动转向依靠创新驱动。其具体表现为：第一，新一代信息网络技术的使用实现了智能化，新能源技术有效促进传统产业节能、环保、高效发展，逐步实现绿色化生产，传统产业链条的延伸使得工业与服务业边界日益模糊，实现由生产型制造向服务型制造转变；第二，利用网络完成生产、研发的协作和销售系统的完善，实现产业组织形态网络化和小型化，互联网围绕某一核心产品或领域，做到企业柔性生产、定制化制造，达到专业化的管理和经营。

第三产业新业态的要素构成、产业范围、组织形态和运行模式不断变化，依靠分工细化和融合两个路径形成综合性产业，所包含的内容越发复杂，表现形式更多样。如此一来，就形成了其业态的独特性。服务业新业态有以下几个主要表现形式或特征：一是产业的空间形态集聚化。同一产业或相关产业在某个领域聚集发展进行多种形式的组合，实现产业资本、技术、人才高度集中，形成了产业的集聚化发展。二是行业的经营方式专业化。企业将其资源和能力向自身擅长的核心业务领域集中，通过专业化促使服务能力提升，同时也满足消费者日益多样化、差异化、个性化的需求。三是信息技术成为第三产业发展新动力。以互联网为代表的信息技术推动了产业结构、产业组织、产业资源配置和产业布局等方面的革新，实现了传统服务业与信息技术的不断融合，加快了新兴业态的发展，促进市场需求细分与多元产业形态的精准匹配。四是第三产业与第一二产业的融合发展。农业转型升级带动了景观农业、休闲农业、创意农业、会展农业、阳台农业等服务型农业新业态产生和发展。制造企业更关注产品功能和客户服务，为更好满足客户需求提供配套的解决方案。五是服务业内部产业的融合。服务业内部各子产业之间相互融合，包括子服务业各自内部融合、交叉融合、互补融合、结合型融合，使得服务业多样化，更好满足服务需要。

5. 新模式

新模式主要指适应新经济发展要求、代表未来发展方向的经营管理模式。主要包括新运营模式、新盈利模式、新生产制造模式、新投融资模式、新管理模式。

新运营模式在疫情期间表现尤为突出，生鲜、医疗、办公、教育等领域率先启动大规模“线上数字化”进程。生鲜配送服务的新模式有前置仓模式、门店到家模式和社区门店模式；医疗领域的新模式有远程化医疗模式、智能化医疗模式和数字化医疗模式；办公和教育领域也纷纷开始进行线上化运营。①

新盈利模式主要有网络卖货、广告变现、佣金分成、增值服务等。网络卖货比较常见的有直播带货、公众号优选平台、微信营销等方式引流卖货；广告变现主要通过搜索引擎广告、门户网站的弹窗广告、新媒体的社交广告等方式盈利；佣金分成如淘宝、美团、滴滴等平台，通过整合资源提升服务效率获利，收取服务佣金；还有采用增值服务盈利的如资源共享平台、网络游戏等，其通过免费的基础功能吸引用户，再通过增值服务实现盈利，比如百度网盘基本的资料上传、下载功能可以免费使用，并能为用户免费提供一定存储空间，但如果用户想要提升下载速度、无限制批量上传或扩大存储空间，就需要购买会员，这就是其增值服务。

新生产制造模式是在传统的生产制造模式基础上创新发展形成的，目前典型的新生产制造模式包括计算机集成制造系统、敏捷制造、精益生产、虚拟制造、无人工厂等。诸如国外的西门子、博世、欧姆龙等制造企业，以及国内的华为、美的、格力、富士康等制造企业都能较为成熟地运用这些新生产制造模式，提升企业的研发设计、生产制造水平。

新投融资模式有互联网众筹、网络借贷、使用者付费、跨界投资、收益信托、供应链融资、融资租赁等。如淘宝众筹平台，就是筹资模式的创新，它是由卖家发起，将具有创

① 张贵，孙晨晨. 后疫情的京津冀区域服务业发展与商业模式创新研究[J]. 理论与现代化，2020(4)：38-48.

新创意的未面市新品或正在设计中且有能力、有资质成型的项目方案，通过众筹的方式面向全网消费者筹资，完成项目方案的最终落地，并以商品回报的方式回馈筹资者。

新管理模式目前在企业中采用较多的有阿米巴经营管理模式、六西格玛质量管理、共享经营体模式等。其管理核心是优化资源配置，提高员工积极性，实现企业高效运作。海尔、荣事达、华为等通过组织结构和管理模式创新，极大释放了企业的创新活力。

三、新经济的特征

（一）聚合共享

聚合共享是新经济的市场特征。随着互联网技术发展和普及，个体之间的沟通更加便捷，人们共享社会信息的程度大大提高，经济活动中人类的“社会性”特征日益凸显，社会活动中所有参与人的行为信息日趋共享。海量分散的各类资源平台化、协同化地集聚、复用与供需匹配，实现经济与社会价值创新的新形态。聚合共享的特征在共享经济和平台经济中表现尤为明显。

（1）共享经济的聚合共享。共享经济也称分享经济，即依托互联网以及新媒体社交平台，将分散的供需集合起来进行高效检索、匹配，显著降低共享成本，提高经济运行效率。共享经济改变了人们的生活价值观，通过与他人共享物品，实现生活方式的分享。共享经济正在重塑未来社会生活标准，人们更加注重物品的使用权而不是拥有权，物品不再是身份地位的象征。共享经济主要集中在交通出行、住宿等服务业领域，如共享单车、共享汽车、共享雨伞、民宿等。截至 2019 年底，我国共享经济交易规模达 32828 亿元，同比增长 11.6%。①共享经济推动服务业快速增长、结构优化和消费升级的作用日益凸显。

（2）平台经济的聚合共享。平台经济即依托互联网改变传统交易模式，消除地理、物理因素以及信息沟通不畅而增加的交易环节，建立扁平化的交易渠道，减少交易成本、提高交易效率。平台经济主要服务于小额支付、电子商务、众筹众包等领域，已成为集聚各类流通市场资源、服务的新型形态和网络门户，各类垂直平台提升了流通体系的整体服务水平，推动了流通市场的进一步细分化和专业化。基于互联网的第三方中立平台模式促进了信用、融资方面的信息对称，企业平台化也成为重要趋势。依托互联网实现跨地域、跨领域、多主体的众筹、众包、众创、众智，其组织运营和资源运作往往超越了既定的边界，将企业工作以有偿任务方式外包给非特定大众，让用户参与产品设计研发、测试体验等各个环节，使创新过程更加灵活高效。

（二）跨界融合

跨界融合是新经济的产业特征。随着互联网技术对生产以及生活方式等诸多领域的影响和渗透，通过与产业链、价值链的协同互动，创造新的生产模式、管理模式和服务模式，实现更深层次的交叉、渗透、融合，新经济不断打破传统行业、产业之间的边界，改变简单的垂直或横向分工，实现产业和劳动分工的重组。跨界融合主要表现为边界模糊化、主体协同化和组织生态化。

① 资料来源：国家信息中心《中国共享经济发展年度报告（2020）》。

（1）边界模糊化。新经济通常产生于众多产业之间的关联地带，在新一代信息技术推动下，大量新技术、新模式不断突破原有产业范围，产业边界趋于模糊化。三次产业融合最为典型的是制造业服务化，表现为从以产品为中心向以客户为中心转变，从一次性产品交易向长期服务转变，从加工组装为主向“制造+服务”转变，从产品价值向“产品+服务”的组合价值转变，形成“制造业中有服务业、服务业中有制造业”的格局。调查显示，发达国家制造企业的服务收入占总营业收入的比重已超过30%，个别企业高达70%[①]。服务化已经成为制造业创新能力提升、制造业效率提高的重要源泉。产业融合不仅发生在三次产业之间，也发生在同一产业的各细分产业之间，国民经济各个行业的存在形态发生颠覆性变化，催生巨大的市场空间。电子商务带来外贸和内贸产业的融合，以及国内和国外市场的融合。旅游、养老、医疗等服务业之间，互联网和餐饮、租车服务之间，电子商务与金融服务之间，通过跨行业融合产生了医美旅游、旅居养老、网上订餐、网上租车、互联网金融等新业态。

（2）主体协同化。新经济发展体现为多层次创新主体互补发展与分工联动。一方面，市场主导下多主体分工联动，政府、企业、科研院所、中介机构等各类创新主体的分工互补和协同发展，形成联合开发、优势互补、利益共享、风险共担的合作机制。政府可从体制机制领域塑造有助于新经济蓬勃发展的制度环境；企业作为驱动新经济发展的核心主体，从事产品、市场、工艺等开发活动，不断推动产业新型技术的市场化；科研院所、中介机构是企业非常重要的外部创新知识源和信息源，为新技术的研发创造条件。另一方面，个体劳动者复合就业成为常态。个体劳动者更多的是自由就业，与企业签订的不再是正式的、固定的、长期的雇佣合同而是双方的合作协议，他们通过平台实现非正式、兼职、外包、临时性就业，工作时间不固定，职业身份的复合化成为普遍现象，劳动者逐渐告别相对单一化的分工角色，往往身兼数职。

（3）组织生态化。新经济不仅改变了社会生产方式，也在改变企业的经营方式。新技术对生产组织中的各个环节进行进一步细分，改变了产业组织形态，促进了生产方式的社会化和产业组织形式的网络化、生态化。一方面，企业边界与组织架构发生改变，催生了新的产业链生态系统。产业链上下游分工向网络的交互协作发展，单一领域内的精耕细作向跨界组合式创新发展。打造一个开放、共享的平台化生态体系或产业生态圈，重组和集聚各类主体和资源，成为新经济企业的基本架构和组织模式。这个平台“生态圈”具有个性化的精密规范与机制系统，较为完善且成长潜能较强。另一方面，企业内部管理体制发生深刻的变化，不断变换的网络化组织逐渐取代固定的等级制度。网络组织结构呈现出很强的复杂性、系统性及有机性，由平台和无数个自组织构成，是一个动态性、不确定性、多样性、灵活性较强的“生态系统”。组织成员具有可共享的基本理念，呈现共享、合作、互动、扁平化的显著特征，可高效激励群体间互动，最终实现企业愿景。

① 数据来源：2017年《经济日报》文章：《中国制造需要向服务化转型》。

（三）快速迭代

快速迭代[①]是新经济的动力特征。新经济在驱动力上表现为快速迭代，即持续快速创新。互联网思维催生了迭代思维、用户思维、流量思维、大数据思维、社会化思维等，引领和支撑新经济发展的核心是创新。新经济通过不断的制度创新、技术创新和技术扩散来推广新技术的应用领域，进而转化为有效的生产力，创造出新产品和新服务来满足人类的新需求。快速迭代主要表现为产业新生、持续变革、消费驱动。

(1)产业新生。新经济的根本动力是技术革命，其核心是技术——经济范式的更迭。新经济强调新技术对经济增长方式、经济结构、经济运行规则的影响，不仅包括新兴产业和业态，也包括通过应用新科技实现转型发展的传统产业。新一轮信息技术、制造技术的革新，主要涵盖大数据、智能化、物联网、云计算、互联网+、传感感应技术等。依靠一系列技术创新催生新的商业模式，新商业模式陆续催生新业态；新业态的不断集聚，激发新平台的出现；新平台的出现促使企业经营管理模式变革，形成多样化的新经济形态。特别是智能技术和通用目的技术(如人工智能、新一代信息技术、3D 打印等)，促进了社会运作方式的颠覆性变革，从而使旧产品转化为新产品，旧服务转化为新服务，旧产业重生为新产业。

(2)持续变革。新经济具有范式变迁特征，风险、不确定和持续的变革是法则而非例外。[②]一方面，创新要素激活和积累是新经济发展的基石。传统经济以自然资源为依托，经济增长的核心驱动力来自投资。新经济以高技术为支柱，以技术、知识、信息、数据等创新要素为依托，核心驱动力在于创新，只要创新不绝，经济就增长不止。创新要素的积累与高质量创新要素的生成是新经济发展的核心[③]。因此，新经济是创新的“蜂聚”效应，基于关键要素的根本性创新以及与此相配套的渐进性创新快速涌现，形成大规模的创新集群。另一方面，时间竞争占据新经济的主导地位，时间价值在市场竞争中所起的作用越来越大。传统经济中，商品的价值取决于社会必要劳动时间。在新经济中，知识产品的定价不再取决于其生产过程中的社会必要劳动时间，而是取决于在短期内占有市场的排他性。市场竞争成为时间本身的竞争，产品价格的决定性因素是时间价值。

(3)消费驱动。新经济时代，大批量生产的模式被颠覆，由规模经济主导的生产者驱动逐步转变为由范围经济主导的消费者驱动。传统经济中，批量生产会导致成本下降，产生规模经济。随着知识进入物质生产过程，互联网使市场透明度提升，满足个性化需求的小批量生产成本不会高于大批量生产，满足顾客多样化消费需求的生产更加有利。新经济时代，企业生产管理逐步由大规模流水生产范式转变为个性化智能制造范式，消费者个性化需求的回应能力增强。生产系统的智能化促使企业能在差异化产品和生产成本之间找到有效平衡，进而实现快速调试和制造，降低企业成本，增强其包容性、灵活性和生产性。数字技术缩短了商品和服务的供给与需求的时空距离[④]，依托互联网、社交新媒体、大数

① 迭代(iterate)：计算机解决问题的一种基本算法，即为了逼近所需目标或结果重复反馈过程的活动。每一次对过程的重复称为一次“迭代”，而每一次迭代得到的结果会作为下一次迭代的初始值(变量新值)。

② PPI/New Economy Task Force Report：“Making the New Economy Growth”，July 19，2000.

③ 夏林.“新经济”发展：一般规律与中国特色[J]. 内蒙古社会科学(汉文版)，2017(3)：135-140.

④ 刘树成，李实. 对美国“新经济”的考察与研究[J]. 经济研究，2000(8)：4-6.

据和智能制造技术，能够打破标准化、规模化的传统生产模式，按需生产，为消费者提供个性化、差异化产品。

（四）高速增长

高速增长是新经济的效率特征。作为新经济核心的数字产业和互联网产业具有迅速增长的特征。传统经济受土地、劳动力、资源、环境等制约，增长速度必然会趋于缓慢，而新经济的增长空间无限，经济的持续增长主要以知识的生产、传播应用和技术创新为支撑，具备知识经济与创新经济的基本特征，对经济的波及效应将以网络乘数传递，从而促进生产力的快速发展。高速增长主要表现为报酬递增、成本降低、供需互动。

(1)报酬递增。新经济颠覆了边际效用递减和边际成本递增的规律。传统经济学认为，随着对商品消费的不断增加，其边际效用递减，随着生产要素投入的不断增加，其边际成本是递增的，而潜力巨大的新兴产业的自我发展和对传统部门的数字化改造，使传统的经济周期特点发生变化，延长了经济扩张期，减小了经济波动幅度。一方面，新经济具有边际效益递增的特点。传统经济中，土地、实物、劳动是社会资本的主要形态，具有竞争性和排他性，且存在使用损耗，因而报酬是递减的。新经济时代，知识成为社会资本的主要形态，知识的使用具有外溢性，可共享、可重复使用、可低成本复制等特性使价格成本大幅下降。另一方面，新经济是一种正反馈经济[①]，需求增加会创造更高的效率和报酬。在新经济时代，随着信息资源占有量的增加，其边际效用是递增的，边际成本是递减的。这种供需互为因果的正反馈机制，使得新经济发展具有自我实现的“滚雪球”效应。例如网络经济的扩张具有内在良性，网络用户越多，外部获益越大。

(2)成本降低。新经济在技术创新上表现为成本效应，新技术、新模式、新平台极大地降低生产和消费成本，打开新的投资需求和消费需求。在高新技术产业和企业的引领下，企业借助新技术、新平台优化生产工艺，简化交易流程，提高管理效率，大幅降低生产和运营成本，消费者原本需要支付费用的服务变为可以免费获取，市场交易活跃，企业竞争力和国家竞争力持续提高。发达国家降低成本的重要手段就是依靠新技术、新平台不断优化生产工艺，革新生产模式。如工业 4.0 和工业互联网，都是立足互联网技术，基于云制造模式构建共享制造资源的公共服务平台，对大量的社会制造资源进行“紧密相连”，从而实现制造生产资源与服务业开放协作资源高度共享。例如借助信息化、数字化、智能化技术，汽车组装时间可以缩短 30%，成本降低 20%。

(3)供需互动。供给自动产生新的市场需求是新经济独有的特征。信息技术革命以新供给创造了新需求，又以新需求推动了新供给，实现了供给和需求的良性互动。一方面，新经济满足潜在的、客观存在而没有被满足的需求。新经济能够主动发现这种客观存在的潜在却更本质的需求，并且使用创新的方法，以创新的产品/服务去满足这种需求。如将文化与信息技术有机结合形成网络游戏、手机动漫、电子书、文化旅游等新兴文化业态，既能带动新的消费热点，又可“催生”新的消费群体，极大拓展了消费渠道和市场空间。另一方面，新的需求又催生新技术与新业态。发达国家由于新技术的应用陆续推出的新产

① 华民. 新经济、新规则和新制度[J]. 世界经济，2001(3)：3-8.

品和新服务引领国内甚至全球的市场需求，开创了新的市场空间。这种新的需求又进一步催生生物、信息、能源等技术领域的前沿技术创新。在旅游、餐饮、医疗、教育等领域，互联网改变了传统的消费形式、商业模式和服务方式。即时性消费、场景化营销、极致化体验、众包化参与、分享式传播、社区 O2O、平台化沟通、智慧化养老、远程教育等不断更新和涌现。①

四、新经济与数字经济

数字经济是新经济的基础形态，其不是某个或某些行业特有的新的经济表现形式，而具有广泛的适用性、渗透性和融合性，也可以说，广义的数字经济就是新经济。2016 年，《政府工作报告》中首次提出了“新经济”的概念，随后在国家的相关政策文件中以数字经济作为新经济的具体表达形态，明确了我国发展新经济，培育新动能的战略方向。2017 年，党的十九大报告和中共中央政治局第二次集体学习明确提出建设数字中国；2019 年 11 月，河北省(雄安新区)、浙江省、福建省、广东省、重庆市、四川省等启动国家数字经济创新发展试验区创建工作；2021 年 3 月，《中华人民共和国国民经济和社会发展第十四个五年规划和 2035 年远景目标纲要(草案)》正式提出“加快数字化发展 建设数字中国”，指出“加快建设数字经济、数字社会、数字政府，以数字化转型整体驱动生产方式、生活方式和治理方式变革”。数字经济作为一种新经济形态，已经成为驱动我国经济高质量发展的新动能，其主要由四部分构成：一是技术层，二是数字产业，三是融合型产业，四是数字社会，如图 1-1 所示。

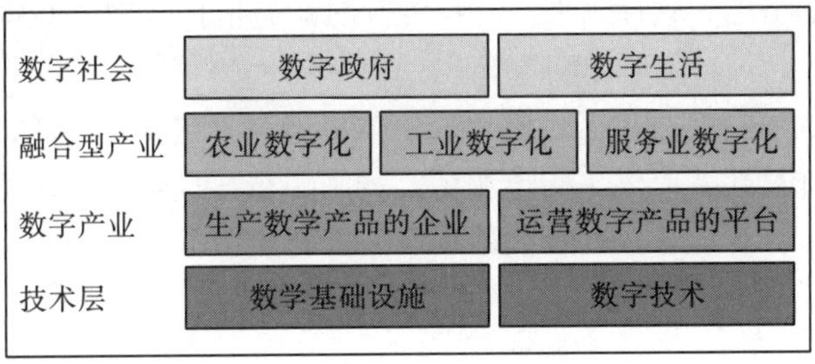

图 1-1　数字经济的系统构成

(一)技术层

数字经济的技术层主要由数字基础设施和数字技术构成，数字基础设施包括集成电路、传感器、光纤网、5G 基站、数据存储设备、数据处理设备等；数字技术包括网络技术、算法、算力、数据存储、数据处理等技术。技术层是开展一切新经济活动的基础，通过技术层连接企业将技术转化成产品，产品规模生产形成产业，才能完成技术到经济的演进。

① 陈文玲，刘秉镰，刘维林. 新经济爆发性增长的内在动因[J]. 全球化，2016(7)：5-21.

技术层构成了数字经济制造设备的技术与产品基础，是数字产业、数字社会的技术基础。互联网与物联网技术下的物联网、Wi-Fi 技术、云计算技术打破了人指挥机器的传统模式，让机器学会学习，学会交流，学会自主变化，人只要提要求，机器就能自主完成制造。工业大数据提升了产品的价值，生产者生产的每一个产品都有信息反馈，从而影响以后的生产者决策与行为。工业大数据的信息系统对制造设备提出了升级换代的要求，传统设备和工厂逐步升级为智能设备和智能工厂。信息技术形成信息产业，包括电子信息制造业、信息通信业、软件服务业等新兴产业。智能制造新技术形成新型生产服务系统。智能制造装备技术推动了产品的定制化生产，以 3D 打印技术为例，使用动力金属、塑料液滴和其他材料构成的类似于激光打印机的色粉盒生产产品，可以节约材料，降低成本。智能定制生产体系与在线控制技术是智能制造设备的质量“监控者”，产品本身将成为信息的载体，生产过程的一切信息由产品自动记录。配送系统与定位技术推动实现实时生产、快速送达的目标。

（二）数字产业

数字产业包括生产数字产品的企业和运营数字产品的平台。生产数字产品的企业有华为、中兴等。以华为为例，其针对普通消费者、运营商、企业三大类用户，生产不同种类的数字产品。针对普通消费者的主要是智能手机、平板、智能手表等。针对企业用户，主要提供 5G 芯片、5G 交换机、5G 设备等，几乎都是 5G 成型的单一化产品。比较复杂的是针对运营商，有接入网、传输网、核心网，这三大部分是华为的基础。接入网就是用户和基站之间的设备，如 5G 基站、5G 微波、5G 的 Wi-Fi 站点等；核心网就是用户最终数据的处理部分，如服务器、软件、平台等；传输网就是把接入网的数据传输给核心网之间的管道设备。

运营数字产品的平台有百度云、腾讯云、阿里云等，这些企业通过运营数字产品，提供大数据服务、云计算服务、人工智能服务。如阿里云，提供云服务器、云数据库、云安全、云企业应用等云计算服务，以及大数据、人工智能服务、精准定制基于场景的行业解决方案。

（三）融合型产业

融合型产业是指数字技术渗透（融合）到传统产业或传统产业的数字化转型与升级，包括农业数字化、工业数字化和服务业数字化。

农业主要从基础设施、生产方式、劳动力技能水平等角度进行数字化。在基础设施方面，利用大数据、人工智能等新技术升级农业基础设施，增加机械化、智能化设备，提高农业数字化水平，改变传统手工生产的方式，提升生产效率；在生产方式方面，采用线上线下全渠道的生产经营模式，在农业基础设施提升的基础上，实现规模化、智能化生产、网络化营销；在劳动力技能水平方面，打破传统农民形象，转变农民生产角色，培养网络营销新农民、网络带货新主播，实现农民转型。

工业的数字化主要具有三大特征。一是机器赋能，即把人的知识和智慧经过格式化、模块化、算法化处理，编成软件，将软件嵌入芯片，将芯片嵌入某个数字装置或模块，再把该数字装置或模块嵌入到物理设备中，从而赋予机器一定的自主能力，改变人的重复劳作，实现数字化、智能化。二是传感器普及，传感器作为制造设备或产品的“五官”，能极大增强产品和设备的感知能力，实时快速收集数据信息，助力数字化。三是软件定义，工业软件是工业化的顶级产物，是企业的“大脑”，软件的算法越好、芯片算力越强、工业数据越多，智能制造的程度就越高。

服务业的数字化是通过科技创新、组织创新、管理创新、模式创新等，推动大数据、云计算、人工智能、区块链等新技术在服务业中的应用，促进服务业与农业、制造业等融合发展，推动产业结构更加合理化、高级化。在生产性服务业领域，运用新一代信息技术、互联网技术，能有效提升产品研发设计、市场营销、物流配送等方面的效率，促进资本、人才、技术等资源要素的优化配置，提升服务质量；在生活性服务业领域，将新技术融入商业零售、文化、旅游、餐饮、医疗健康、教育、体育、家居等领域，涌现出诸如智慧服务、体验服务、定制服务、共享服务、绿色服务等新型业态。

（四）数字社会

数字社会包括数字政府和数字生活。数字政府是在新一代信息技术和数字技术的支撑下，政府机构日常办公、信息收集与发布、公共管理等事务在数字化、网络化的环境下进行的新型政府运行模式。包含政府办公自动化、智慧政务、数字民主等。各地政府高度重视探索运用大数据、云计算等新技术服务政务管理，北京、上海、深圳、杭州等城市走在全国前列。北京上线政务 App“北京通”，具备亮证、办事、查询、缴费、预约、投诉、通信 7 大类功能，用户注册后可以享受北京市政府相关部门提供的 650 项有特色的重点政务和公共服务；上海形成了“一网、一云、一窗、三库、N 平台、多渠道”的“互联网+政务服务”支撑体系；深圳市政府建设了城市运营中心，把全市 100 多类业务数据、28 万路视频监控、300 多个 GIS 业务图层和 80 多个重要业务系统汇集在一起，构建了“1+12+N”一体化指挥体系；杭州建立了统一的大数据资源中心，用统一规范、共享开放的数据和接口，推动网上政务运行。

数字生活方面，随着城市人口不断增多，城市应更加灵活地响应市民需求，立足“以人为本”，公共服务以惠民为出发点，切实提高居民生活品质，实现城市资源的优化配置。在新经济的推动下，教育、交通、医疗、环保、安全等众多行业和领域被新技术赋予高效便捷的应用场景，能以最快速度、最短距离把城市服务输送给市民。便民服务向居民提供了公安、医疗、教育、生活缴费等各类服务，居民可以足不出户地进行挂号预约、缴纳学费、打车出行等，改变了传统居民生活场景，提高了生活办事效率，通过供需匹配大幅提升社会效率，营造精益城市。生活的数字化正在往精准化、个性化方向发展，表现为实时连接、共享普惠、场景式服务，服务状态公开透明，服务效率大力提升，实现从“人跑”转变成“数据跑”。

第二节 新经济与高质量发展

党的十九大报告指出，我国经济已进入高质量发展阶段，正处在转变发展方式、优化经济结构、转换增长动力的攻关期，建设现代化经济体系是跨越关口的迫切要求和我国发展的战略目标。新经济是一种创新型经济，发展新经济有助于建设制造强国、质量强国、网络强国、数字中国，推进产业基础高级化、产业链现代化，助推高质量发展。

一、高质量发展的基本内涵

高质量发展从狭义上理解是指经济高质量发展，是以高效率、高效益的生产方式为全社会持续而公平地提供高质量产品和服务的发展，具体体现在高回报、高利润、高收入、高税收等方面。从广义上看，高质量发展是指经济运行平稳、社会治理有效、重大风险可控、资源环境可承载、发展成果共享。党的十九大报告指出，“要坚持质量第一、效益优先，以供给侧结构性改革为主线，推动经济发展质量变革、效率变革、动力变革，提高全要素生产率，加快建设实体经济、科技创新、现代金融、人力资源协同发展的产业体系，构建市场机制有效、微观主体有活力、宏观调控有度的经济体制”。高质量发展的基本内涵包括以下几点。

（一）高质量供给

高质量发展意味着高质量的供给，深化供给侧结构性改革是高质量发展的应有之义。我国产业体系门类齐全、配套完善，多种产品产量全球领先，但许多产品仍处在价值链的中低端，部分关键技术环节仍然受制于人。因此要提高产品供给质量，更好地满足居民日益多样化、个性化的消费需求。党的十九大报告指出，“建设现代化经济体系，必须把发展经济的着力点放在实体经济上，把提高供给体系质量作为主攻方向，显著增强我国经济质量优势”。为此必须“加快建设实体经济、科技创新、现代金融、人力资源协同发展的现代产业体系”，坚定不移地建设制造强国、质量强国、网络强国、数字中国，提高经济质量效益和核心竞争力。

建设制造强国，必须加快发展先进制造业，推动互联网、大数据、人工智能和实体经济深度融合，在中高端消费、创新引领、绿色低碳、共享经济、现代供应链、人力资本服务等领域培育新增长点、形成新动能。支持传统产业优化升级，推动传统产业高端化、智能化、绿色化，发展服务型制造。建设质量强国，必须完善国家质量基础设施，深入开展质量提升行动。建设网络强国，必须加快 5G、工业互联网、大数据中心等新型基础设施建设，大力推动以“互联网+”行动计划为代表的互联网应用。建设数字中国，就要发展数字经济，推进数字产业化和产业数字化，推动数字经济和实体经济深度融合，加强数字社会、数字政府建设，提升公共服务、社会治理等数字化智能化水平。

加快发展战略性新兴产业和现代服务业也是现代产业体系的重要内容。《中共中央关于制定国民经济和社会发展第十四个五年规划和二〇三五年远景目标的建议》提出“加快壮大新一代信息技术、生物技术、新能源、新材料、高端装备、新能源汽车、绿色环保及航空航天、海洋装备等产业。推动互联网、大数据、人工智能等同各产业深度融合。要培育新技术、新产品、新业态、新模式等新经济，促进平台经济、共享经济健康发展”。加快发展研发设计、现代物流、法律服务等服务业，推动现代服务业同先进制造业、现代农业深度融合，加快推进服务业数字化。推动生产性服务业向专业化和价值链高端延伸，推动生活性服务业向高品质和多样化升级。

（二）创新驱动发展

高质量发展是创新驱动发展。创新是引领发展的第一动力，是建设现代化经济体系的战略支撑，是我国现代化建设全局的核心。创新驱动发展强调科技自立自强。“要面向世界科技前沿、面向经济主战场、面向国家重大需求、面向人民生命健康，深入实施科教兴国战略、人才强国战略、创新驱动发展战略，完善国家创新体系，加快建设科技强国。”

创新驱动发展要提升企业技术创新能力。企业是技术创新的重要主体，要以市场为导向推进产学研深度融合，聚集各类创新要素，建立技术创新体系。加强对中小微企业创新的支持，使其成长为创新重要发源地。

创新驱动发展要强化现代金融、人力资源对创新的支撑作用。现代金融是整个现代产业体系的组成部分，更是国家创新体系的重要支撑。现代金融通过直接融资与间接融资体系的优化，特别是通过发展多层次的资本市场来加速社会创新资本的积累，为新经济、新业态、新创业发展提供风险和创业融资服务。因此必须进一步完善金融支持创新的体系，促进新技术产业化规模化应用。创新依赖于高素质人才和技能型人才，必须“加强创新型、应用型、技能型人才培养，实施知识更新工程、技能提升行动，壮大高水平工程师和高技能人才队伍”①。

（三）高质量需求

高质量发展意味着高质量的需求，形成强大国内市场，构建新发展格局是高质量发展的必然要求。党的十九届五中全会提出，要坚持扩大内需这个战略基点，加快培育完整内需体系，加快构建以国内大循环为主体、国内国际双循环相互促进的新发展格局。

新发展格局是国内国际双循环相互促进的发展格局。依托强大的国内市场，贯通生产、分配、流通、消费各环节，打破行业垄断和地方保护，形成国内大循环。同时要立足国内大循环，依托强大的国内市场，充分发挥比较优势，积极吸引全球资源要素，充分利用国内国际两个市场两种资源，积极促进内需和外需、进口和出口、引进外资和对外投资协调发展，促进国际收支基本平衡，建设贸易强国。

培育完整内需体系，重点是发挥消费和投资需求的重要作用。消费需求是经济发展的基础，投资需求是优化供给结构的关键。随着消费升级，人们对新型消费的需求越来越大，培育新型消费是培育完整内需体系的重要环节。新型消费更加注重商品和服务的质量品牌，更加强调绿色、健康、安全消费。数字化消费是一种新型消费，线上线下消费融合发展是未来消费的发展趋势，智慧商店、智慧餐厅、智慧超市等新业态和平台经济、共享经

① 资料来源：《中共中央关于制定国民经济和社会发展第十四个五年规划和二〇三五年远景目标的建议》。

济等新模式进一步完善了消费供给体系。投资需求是内需体系的重要构成部分，要优化投资结构，保持投资合理增长，投资的重点是新型基础设施、新型城镇化、交通水利等重大工程建设等“两新一重”项目。信息基础设施、融合基础设施和创新基础设施直接与数字经济密切相关，数字设施化和设施数字化是新型基础设施建设发展的方向，智慧城市、智慧教育、智慧医疗、数字乡村等都是新经济的应用场景。

（四）高水平的资源配置

高质量发展是高水平的资源配置。高水平的资源配置是有效市场和有为政府更好结合的资源配置，市场在资源配置中起决定性作用，更好发挥政府宏观调控作用，最终实现市场机制有效、微观主体有活力、宏观调控有度的目标。

市场机制有效，就是要把能由市场形成的价格交给市场，通过市场价格来配置资源。这就必须建设高标准市场体系，进一步破除各种形式的垄断，让反映真实经济情况和供求关系的市场价格能够顺利形成，进一步推进土地、劳动力、资本、技术、数据等要素市场化改革。

微观主体有活力，是市场机制真正有效的结果。通过市场价格来配置资源，产业和企业必须有竞争能力和创新能力，从而能够吸引各种资源。而各种资源在选择流向的时候，会自觉遵守比较优势，从而达到自身效用的最大化，这也会使整个经济体系充满创新的活力。要激发各类微观市场主体活力，必须完善产权制度和要素市场化配置，从而实现产权有效激励、要素自由流动、价格反应灵活、竞争公平有序、企业优胜劣汰。

宏观调控有度，则是要更好地发挥政府的作用，就是要完善宏观经济治理、提升大数据等现代技术手段辅助治理能力，发挥国家发展规划的战略导向作用，建立现代财税金融体制，加快转变政府职能。建设职责明确、依法行政的政府治理体系，持续优化市场化法治化国际化营商环境。宏观调控有度一个重要内容就是对新产业新业态实行包容审慎监管，为新经济发展提供了良好环境。

二、高质量发展的核心是培育新动能

实现经济高质量发展，关键在质量变革、效率变革、动力变革，动力变革在三大变革中起着核心和基础作用。当前实现经济高质量发展的核心是培育形成新动能。

（一）新动能的概念及演进

“新旧动能”一词自 2015 年开始出现在国家领导人讲话中，之后频繁出现在各种报告和会议中。2017 年 1 月，国务院办公厅印发的《关于创新管理优化服务培育壮大经济发展新动能加快新旧动能接续转换的意见》指出，“我国经济发展进入新常态，创新驱动发展战略深入实施，大众创业万众创新蓬勃兴起，诸多新产业、新业态蕴含巨大发展潜力，呈现技术更迭快、业态多元化、产业融合化、组织网络化、发展个性化、要素成果分享化等新特征，以技术创新为引领，以新技术新产业新业态新模式为核心，以知识、技术、信息、数据等新生产要素为支撑的经济发展新动能正在形成”。2018 年 1 月，国务院批复山东省设立新旧动能转换综合试验区，也是党的十九大以后国务院批复的首个以新旧动能转换为主题的区域性国家发展战略。

“新动能”指的是在新一轮科技革命和产业变革中形成的经济社会发展新动力，涵盖“四新”，分别是新技术、新产业、新业态、新模式。在我国，“新动能”和“新经济”密不可分。新动能前之所以有一个“新”字，就在于它诞生于一个新时代，源自新经济中的各种新兴产业、新技术、新生产模式、新的发展方式，采用更加清洁绿色的新资源利用方式和网络化智能化的新生产模式①。新动能对经济增长的贡献已超过 30%，对城镇新增就业的贡献超过 70%；所谓“旧动能”，是指通过资本、资源、劳动力的不断投入而获得经济增长的产业和企业，既涉及高耗能、高污染的制造业，也包含利用传统经营模式生产的其他产业或行业。新动能既包括“无中生有”的新技术、新产业、新业态、新模式等新生产力，又包括“有中出新”的传统产业等旧生产力的改造升级。王小广认为，新动力与新动能的关系可以从三方面进行理解：首先，从产业上来看，新动力主要体现为服务业拉动作用增强，新产业、新业务快速发展，传统产业升级换代；其次，从需求上讲，需求结构在明显优化，主要表现为消费对经济增长的拉动力在逐步增强，消费结构在加快升级；最后，新动力和新动能体现在新的增长空间得到明显扩展，包括国内和国际增长空间②。

新动能与旧动能是相对的，是动态发展的。旧动能经过升级改造可以变成新动能，新动能随着时间推移、技术升级也可能会变成旧动能。因此要以发展的眼光看待新旧动能转换，既要注重传统动能的改造升级，又要注重新动能的培育。要根据技术的前沿调整新动能的发展方向。推动新旧动能转换，将打破资源环境等给人类生存生活带来的各种约束，进一步拓展市场空间，推动人类生产方式和生活方式提升到一个历史的新阶段。由于不同地区、国家的资源禀赋条件不完全一样，新动能在不同区域的内涵也不完全相同。

改革开放以来我国先后完成了两次动能转换，目前正在进行第三次动能转换。

第一次动能转换是 1979～1998 年，这一时期宏观经济的特征是经济总量失衡，具体表现为个别年份较严重的通货膨胀及产品的供不应求。这一时期主要通过改革开放转换经济发展的动能。改革开放释放了经济发展的活力，增加了有效供给；实现了供需总量的平衡。农村家庭联产承包责任制改革调动了农民生产的积极性，大幅提高了农业劳动生产率，增加了农产品的供给；城市的国有企业改革则提高了工业生产率，增加了工业消费品的供给。城乡改革增加了物质产品的供给，初步解决了商品的短缺问题，尤其是 1992 年我国确立了市场经济体制改革的目标，随后通过改革极大地提高了社会生产率。

第二次动能转换发生在 1998～2010 年，这一时期受亚洲金融危机的影响，宏观经济的特征表现为需求不足、供过于求、通货紧缩。为此我国主要通过扩大内需和基建投资来拉动需求。通过扩大财政赤字，发行长期建设国债，增加了关系到经济社会可持续发展的基础设施建设和教育、公共卫生、社会保障等公共产品与服务的支出；同时调整收入分配政策，进行税制改革，扩大内需和鼓励投资。自 2002 年起，社会需求全面回升，经济持续快速增长。全球金融危机后，我国努力发展战略性新兴产业，加大对基础设施的建设。投资对经济的拉动作用显著③。

---

① 任保平，宋雪纯. “十四五”时期我国新经济高质量发展新动能的培育[J]. 学术界，2020(9)：58-65.

② 王小广. 新旧动能转换：挑战与应对[J]. 人民论坛，2015(35)：16-18.

③ 高珂. 我国经济动能转换的财政政策研究[D]. 北京：中央财经大学，2018.

2010 年以来我国进入第三次动能转换期。这一时期我国经济增长由高速增长变为中高速增长，增长率从 10.6%慢慢滑落至 7%以下。这一时期我国宏观经济的特征由总量失衡变成结构性失衡，具体表现为供给需求结构失衡、实体经济结构失衡、金融与实体经济结构失衡等。2016 年之前我国主要是从需求侧的消费、出口、投资“三驾马车”中寻求解决办法，但这种模式在新的经济形势下也面临新的问题。2017 年党的十九大报告指出，我国社会主要矛盾已经转化为人民日益增长的美好生活需要和不平衡不充分的发展之间的矛盾，新时期传统动能已经接近上限规模，消费结构面临升级转换，宏观政策调控向供给侧和结构性改革调整，改造提升传统动能，加快培育新动能。

（二）高质量发展的动力体系

高质量发展关键是重构经济发展的动力体系，着力推进动力升级，形成强大的推进高质量发展的新动能。高质量发展的动力体系包括创新新动能、要素新动能、改革新动能、开放新动能和消费新动能。

创新新动能是以科技创新、制度创新等形成支撑经济增长的新动力，创新新动能是建设现代化经济体系的战略支撑，也是推动质量变革、效率变革和动力变革的根本着力点。科技创新主要包括技术发明和成果扩散应用两部分内容。新一轮科技和产业革命催生的信息技术、新材料技术、新能源技术和生物技术等不断取得突破，人工智能、5G、3D 打印、石墨烯、基因测序等部分技术已经扩散应用，基于这些科技创新催生的新产品、新服务、新产业正在形成经济增长的新动能。同时，新技术的应用还会颠覆传统领域商业模式，催生一批基于互联网、大数据的新模式新业态，提高传统产业生产率，有助于优化资源配置效率，带动已有产业提质增效升级①。制度创新是不断升级和完善经济制度，以适应产业结构优化升级、创新与活力显著提升的需要。新经济所依赖的 5G、大数据、人工智能等新一代先进技术本身就是技术的创新，新经济通过这些新技术转化为高效的生产力，使社会生产力出现革命性发展。新经济下，技术领域的创新大多不是“单独”的，而是与信息技术和新材料“融合”或“复合”产生的，例如“生物打印”技术、自动驾驶技术、生物芯片、虚拟现实技术等。

要素新动能是以技术、信息、知识、数据等要素投入形成经济持续健康发展的新动力。中共中央、国务院《关于构建更加完善的要素市场化配置体制机制的意见》指出要素包括土地、劳动力、资本、技术、数据等，其中数据作为新型生产要素，成为拉动宏观经济的新引擎。数字经济通过数字产业化把分散的数据汇集起来整理加工成数据产品，形成数字产业，服务于人们的生产生活；通过产业数字化提升现有产业数字化智能化水平，以更好地满足消费者的需求。以杭州为例，其智慧产业链就是一种新经济，包含设备设施、信息数据和内容输出等，杭州“城市数据大脑”已汇集 66 个部门的 360 多亿条数据，在交通、能源、供水等方面建立了城市“数据网络”。

改革新动能是通过重点领域和关键环节全面深化改革激发创新创业创造活力，形成经济发展的新动力。全面深化改革优化了资源配置，市场主体活力得到有效释放，新模式新

① 盛朝迅.“十四五”时期推进新旧动能转换的思路与策略[J]. 改革，2020，2：5-19.

产业新业态得以孕育。改革新动能包括国有企业混合所有制改革，国有资本投资、运营公司改革，能源、铁路、电信、公用事业等行业竞争性环节市场化改革，现代财税金融体制改革，土地、劳动力、资本、技术、数据等要素市场化改革，行业协会、商会和中介机构改革等。新经济在要素市场化改革中发挥着重要作用。数据生产要素市场化改革将推动实体经济和数字经济融合发展，推动各类产业加速向数字化、网络化、智能化发展，同时也将提升国家治理现代化水平。

开放新动能是通过扩大开放，提升开放型经济发展水平，形成经济发展的新动力。更宽领域、更深层次、更大范围的对外开放将进一步拓展我国对外交流合作的空间，提高我国利用全球优质资本、技术、资源的能力，助力产业链整合优化配置，推动经济向纵深拓展。开放新动能包括建设更高水平开放型经济新体制、推动共建“一带一路”高质量发展、积极参与全球经济治理体系改革等。新经济通过推动共建“一带一路”高质量发展培育开放新动能。国内新经济的发展对“一带一路”沿线国家提供了宝贵的经验，在“一带一路”合作体系中，数字经济是各方合作的重要内容。

消费新动能是通过消费结构升级和消费倾向变化等形成经济发展的新动力。随着居民收入水平的提高，消费结构会发生显著变化，居民对产品和服务的质量、品质要求越来越高，普通商品和服务的消费需求将会越来越少，医疗健康、文化娱乐、教育培训等服务类消费将快速增长，个性化、多样化、高品质产品需求将持续增长。消费新动能包括传统消费的提档升级、新型消费的培育、公共消费的适当增加等。新经济通过消费场景的营造形成拉动经济增长的新动能。以线上影院、短视频平台、主流手游等为代表的各种“云消费”提升了消费者的满足感，同时提升了供给的质量和效率，从而推动了供给与需求之间的良性循环和高效互动，推动了发展动力机制的转换。

第三节 新经济培育新动能

新经济与新动能相互促进。发展新经济有助于促进新动能的产生，反过来，培育新动能又能促进新经济发展，助力我国经济高质量发展和转型。创新是经济高质量发展的动力，创新驱动催生新经济发展，以互联网为依托的新经济发展又带来持续的创新，形成了产业发展新的驱动力量，即新动能。

一、新经济通过创新驱动形成新动能

新经济是一种创新的经济活动，新经济对高质量发展的驱动作用本质上是创新驱动发展。新技术、新产业、新业态、新模式是新经济的主要表现，这本身就是一种创新。高质量发展大部分来自新技术、新产业、新业态、新模式的创新驱动。

（一）新技术催生高质量发展新动能

新技术通常指云计算、人工智能、大数据、数字孪生等先进技术，包括基础产业类新技术与智能制造新技术。新技术“从 0 到 1”是创新，但新技术不能被束之高阁，必须实

现“从 1 到 N”，即新技术必须通过推广实现产业化应用从而转化为现实生产力才有经济意义。大数据、人工智能、移动互联网、云计算等新技术的发展，推动关键领域技术的不断突破、充分融合和广泛应用，引发了生产理念、技术体系、产业链等领域的深刻变革。同时，传统产业依靠新技术不断进行改造和提升，其生产现代化水平和产品科技含量大幅提升，产品得以提档换代，产业得以转型升级，产业活力得到极大增强，从而助力实现经济的跨越式发展。新技术积聚了产业升级的内生动力，催生出高质量发展的新动能。

（二）新产业新业态激活高质量发展新动能

新技术与产业的跨界融合衍生出了电子商务、物联网、智慧交通、移动办公、人工智能等新产业新业态。以太阳能、风能、海洋能、核能技术为代表的新能源技术催生了新能源汽车、新能源住房等新的消费品。数字技术形成信息产业，具体业态包括电子信息制造业、信息通信业、软件服务业等新兴产业。党的十九届五中全会提出，要健全现代文化产业体系，实施文化产业数字化战略，数字阅读、数字出版、网络剧、互联网娱乐、动漫游戏等数字文化产业向上下游延伸，前端的技术研发，后端的呼叫中心、内容审核，都会创造大量就业。数字文化产业满足了消费升级背景下的全新文化消费需求，将会带动亿元级文化消费大市场的发展。以腾讯音乐为例，腾讯音乐的曲库运用大数据技术为用户画像，精准匹配音乐的生产和消费。截至 2019 年底，腾讯音乐全年总营收为 254.3 亿元人民币，同比增长 34%；营业利润为 46.2 亿元人民币，同比增长 126.7%。

（三）新模式塑造高质量发展新动能

新模式是指新的商业运行模式，这种运行模式以市场需求为中心，为实现消费者价值目标对可获得的资源要素进行整合，从而提升服务质量。新模式运用大数据技术、人工智能技术等对经营、生产、销售等过程进行改造，比如通过“大数据+”“人工智能+”实现技术与消费、零售的深度融合，打造数字化销售平台，开创共享经济、租赁经济等新型商业模式。这些新商业模式中蕴含着经济发展的新动力，推动新产业格局的形成，带动产业智能化发展从而推动经济高质量发展[①]。“美团单车”“滴滴出行”极大地方便了人们的出行，提高了资源配置效率；“蚂蚁短租”“小猪短租”大幅提高了空置房使用率，降低了租房成本；“猪八戒”、知乎、微信提供了知识交易、变现和分享的新渠道。

新模式不仅改变了人们的生活方式和工作方式，也创造了新的制度供给，对于推动国家治理体系和治理能力现代化具有重要作用。网络办公作为一种新的工作模式，可以大量减少高峰期的交通压力和碳排放，可以转化更多有效工作时间，劳动创造时间延长，工作效率、创新效率和幸福感也将相应提升。网络教育、远程医疗、网络视频、社交媒体等的发展将有利于促进教育、医疗、文化等公共服务均等化。运用大数据提升国家治理现代化水平，能够为百姓提供更加便捷的公共服务。比如浙江推进“最多跑一次”改革，各部门数据统一汇聚到大数据平台实现数据共享，打破了信息孤岛和条块分割，实现一网通办。比如福建推动“马上就办”掌上便民服务，通过对接数字福建公共平台，构建全省一体化掌上便民服务大平台。“江苏政务服务”“云端武汉”“内蒙古 i 税服务平台”……各地

① 任保平，宋雪纯．“十四五”时期我国新经济高质量发展新动能的培育[J]．学术界，2020，(9)：58-65.

在推进“互联网+政务服务”方面不断创新，日益实现政务服务“一网、一门、一次”的目标，“让百姓少跑腿、数据多跑路”，给群众带来实实在在的获得感[①]。

二、新经济助推供给侧结构性改革形成新动能

供给侧结构性改革就是用改革的办法推进供给结构调整，更好地满足需求，促进经济社会持续健康发展。新经济利用信息技术与一二三产业融合产生的新型经济模式，是对现有经济模式的迭代升级，是对新发展理念的具体承载。新经济是供给侧结构性改革的“有力抓手”和“重要途径”，新经济的发展有力推动了供给侧结构性改革。

(一)新经济助推生产领域的供给侧结构性改革

依托大数据和人工智能的新经济，让消费者在生产中的作用越来越大，新经济时代的消费关系不再是“生产什么就消费什么”，而是“消费什么就生产什么”，在个性化和定制化消费时代，消费者是生产中心，每件产品在生产之前就已确定为谁生产和按什么样的标准生产，“以需定产”的生产模式还可以让消费者发现产品更多的价值。新经济的实现形式之一 ——“C2B”模式，就是生产者根据消费者的要求来设计产品。C2B 模式的主要特征是：在前端，它们或是提供相对标准化的模块供消费者选择，或是吸引消费者参与设计、生产的环节；在内部，它们提升组织能力，以个性化定制方式服务于海量消费者；在后端，它们积极调整供应链，使之具备更强的柔性化特性。新经济时代，政府的政策供给也会更加科学合理，政府可以通过利用各种平台大数据进行宏观调控，从供给侧最大限度克服产能过剩的弊端，确保资源得到节约集约利用，促进生产消费更加绿色。

(二)新经济助推分配领域的供给侧结构性改革

新经济助推分配领域的供给侧结构性改革主要是推动分配领域的制度改革。分配环节是建设现代化经济体系的动力，是推动质量变革、效率变革、动力变革，提高全要素生产率的关键环节之一。人力资源是高质量发展的第一资源，收入分配政策是激发人力资源潜力和动力的重要政策，合理的收入分配政策能激励劳动者提升综合素质和专业技能，从而增强经济发展的内生动力。参与收入分配的各要素本身就是供给侧决定经济增长的动力源泉，收入分配不合理会影响要素所有者创造社会财富的积极性。收入分配包括初次分配和二次分配，政府在其中扮演不同角色，收入分配政策也有所不同。对初次分配，政府要做的是维护市场规则，让各种要素在市场中得到应有的收入分配，让一切创造社会财富的源泉充分涌流，体现效率。二次分配主要是通过社会政策守住民生底线，防止两极分化，维护社会稳定，促进公平。新经济的重要特征之一是智能化，将导致收入分配的两极分化：一方面是实体店、流水线操作岗位等大量传统的人工岗位消失或被替代，导致转移出来的劳动者失业；另一方面，富于创新、敢闯敢为的科技创新型人才、企业家、工匠、劳模等收入大幅提升。对于新经济发展产生的失业人员，通过强化基本公共服务，在医疗、教育、社保等方面减轻其后顾之忧，让其有更大的信心去消费和创业；对下岗人员再就业进行定

① 张建锋. 用大数据助力治理现代化[N]. 人民日报，2019-10-17(05).

向补贴，通过“授之以渔”的方式助其再就业，提升人力资本。

三、新经济助推新发展格局形成新动能

面对世界百年未有之大变局，党中央做出了构建以国内大循环为主体、国内国际双循环相互促进的新发展格局的战略决定，构建新发展格局是我国高质量发展的新要求，是根据我国发展阶段、环境、条件变化提出来的高质量发展的新实现路径。新经济通过新技术与实体经济的深度融合，既有利于挖掘内需潜力，促进国内大循环，又有利于联通国际国内市场，更好利用国际国内资源，实现更加强劲可持续的发展。

（一）新经济助推形成强大国内市场

构建新发展格局需要形成强大国内市场，坚持扩大内需这个战略基点，加快培育完整内需体系。新经济为扩大内需消费市场创造了条件，推动形成强大的国内市场。一方面，新经济能够更好地满足日益丰富的个性化新型消费需求，更好地满足人民群众对更加美好生活的需求；另一方面，新经济创造高品质、便利化的消费场景，改变人们的生活方式，能更好发挥消费端的牵引作用，为扩大内需消费创造了条件，助推形成高质量消费主导的国内大循环系统。新经济带来了新消费，网上购物、无人面馆、盒马鲜生、主题酒店、民宿客栈、外卖产业等新业态的兴起惠及零售业、住宿业和餐饮业，并不断向服务消费领域延伸，促进了消费升级。消费的升级促进了新兴产业的快速发展。新经济极大地改变了人们的生产生活方式，催生了线上线下融合的模式，又进一步推动了技术创新和服务创新，形成“新技术(创新)—消费升级—更多创新—消费再升级”的格局，进而实现新的更高层次的创新—消费循环。

新经济优化了投资结构。新经济增加了对传统产业的数字化改造投资，改变了传统的以有形固定资产为主的投资模式，形成了以知识产权等无形资产投资为主的投资结构。新经济企业往往注重知识产权产品投资，如“滴滴出行”主要投资数据资产而非专车、快车、顺风车、出租车等有形资产，这些有形资产不归属于“滴滴出行”，数据才是“滴滴出行”的主要资产，“滴滴出行”核心是通过数据平台把司机和乘客的信息匹配起来。“货车帮”通过数据资产把卡车司机和货源信息匹配起来，从而大大提高效率。阿里、腾讯、京东也非常重视数据资产投资，这种投资是经济增长的动力。近年来，人工智能、5G、区块链、基因生物等新技术，生物降解、土壤修复、重金属治理、生物固化等新环保，新零售、养老医疗、教育培训、文娱旅游等新服务成为国家投资的重点，国家对信息基础设施的投资也不断增加。

（二）新经济助推国内国际双循环有效链接

新发展格局是国内国际双循环相互促进的发展格局。构建新发展格局要推动国内国际双循环的相互促进。第一，要进一步扩大高水平开放，形成对外开放新格局。这种对外开放新格局不仅注重沿海开放，还注重内陆及陆海联动开放；不仅注重制造业开放，还注重服务业开放。这种开放是规则制度型开放而不是商品要素流动型开放，更加注重对标国际最高标准的经贸规则，提升我国参与全球经济治理的制度性话语权和影响力。第二，要提

升国内大循环的辐射带动作用，充分发挥我国的人口资源优势和市场优势，强化资源全球配置，在中国开放合作创新中充分发挥全球创新网络的作用。第三，要全面推动体制机制创新，包括扩大内需的体制机制和开放型体制机制。通过产权制度改革、要素市场化改革、“放管服”改革等全面改革营造良好市场营商环境，创造有利于扩大内需的体制机制条件；通过贸易自由化、投资便利化改革，打造国际化营商环境，构建高水平开放型市场经济体制。

新经济有利于推动国内国际双循环有效链接。以数字经济为例，数字产业化和产业数字化使人们对数字产品、数字技术的需求不断扩大，不仅带来强大的国内财富效应，推动国内大循环发展，还将因中国开放经济的助力推动中国与世界各国的数字经济合作，促进数字经济相关资源在全球范围内的流动，从而推动国际大循环发展。大数据等信息基础设施建设提升了信息传递的透明度，减少了跨国企业资源和市场搜寻成本，降低了签订契约和实施监督的交易成本。数字经济推动了国际分工的专业化、精准化、精细化，传统经济形态中的企业将更多地以“众包”的形式进行跨国外包，从而让各国经济主体之间的联系更加紧密；同时也将减少贸易保护主义，推动我国对外贸易和双向投资的发展，让国内国际双循环更好链接。比如我国基于数字经济的跨境电商2015～2019年年均增速近50%，发展迅速，极大地推动了我国对外贸易的发展①。

四、新经济助推发展方式转型形成新动能

党的十九大报告指出，我国社会的主要矛盾已经转化为人民日益增长的美好生活需要和不平衡不充分的发展之间的矛盾。中国特色社会主义进入新时代，与新时代相适应的是创新驱动的集约式经济发展方式和高质量经济发展。经济发展方式实质上是支撑经济发展的要素组合方式，转变发展方式实质上是转变经济发展要素的组合方式。新经济可以形成创新驱动的集约式经济发展方式。创新在可持续经济增长中的贡献度比较大，新经济依靠创新带来全要素生产率的提升。新经济发展形成的经济发展方式逐步提高了技术进步和劳动者素质在经济增长中的比重，对资源环境影响较小。

（一）新经济助推产业融合

新经济助推经济增长依靠第二产业带动向主要依靠一二三产业协同带动转变。信息技术与农业的结合出现了数字农业、农村电商、农村双创平台、创意农业等农业新经济，推动了农业生产方式的转变。数字农业作为一种农业新经济，优化了农业资源配置，通过农业生产过程中的废弃物资源化利用实现“零排放”，通过物联网改造实现农业可视化远程诊断、远程控制、自动预警等职能管理，在使农业生产变得更加自动化、标准化、精准化、可追溯化的同时，还有利于提高产出和培育优质农产品，让消费者安心、农户省力。创意农业、分享农业、众筹农业等农业新经济使农业的功能得到进一步挖掘，使农业增值的收益进一步被农民分享。以“互联网+”为代表的信息技术与工业领域的深度融合，促进了工业制造智能化、定制化和服务化，助推制造业向中高端迈进。以“互联网+服务”为代

---

① 蓝庆新. 数字经济为经济社会发展带来新动能[N]. 中国社会科学报，2020-09-22(008).

表的新兴服务业促进了经济结构的优化，为经济发展方式的转变注入了新的动力，新兴服务业在区域经济发展中的比重逐步提高。国家统计局发布的数据显示，从对经济增长的贡献率来看，2019 年第三产业的贡献率为 53.9%，第三产业对经济增长的贡献率比第二产业高 14.9 个百分点。

（二）新经济促进资源能源节约

新经济的一个重要特点是绿色低耗，其投入的生产要素以绿色生产要素为主。智能工厂能实时调整能源供应，减少生产过程中的能源浪费；新能源技术的推广减少了传统经济下化石能源的环境污染；3D 打印技术将传统经济下以模具为标准的“减材制造”转变为利用散碎材料的“增材制造”。绿色经济本身就是一种以最小的资源消耗获得最大的经济效益的经济模式，强调经济的绿色化和绿色的经济化。共享经济强调社会资源共享互惠的消费理念，倡导节俭的共同伦理，使得消费行为的重点从“以物为中心”逐步转移到“以人为中心”，提高了社会整体资源的利用效率①。创意经济通过各种创意对自然、人文等资源进行开发，使其转化为经营发展资本，促进了资源的充分利用。数字经济推动形成集约节约的生产生活方式，大数据决策、在线监测、远程维护、网络制造等新的在线化、数字化生产方式推动了资源节约高效利用，更加节能减排。

第四节　新经济与场景应用

一、场景的概念与性质

（一）场景的概念

场景一词由来已久，原指戏剧、影视、文学作品中的场面或情景，比如电影就是由一个个不同的场景组合构成了一个完整的故事。近些年，“场景”被广泛应用到传播或营销等领域，出现了诸如场景创新、场景设计、场景革命、场景经济、场景营销、场景思维等新名词。本书认为，场景是在特定的时间、空间范围内，以一定的连接方式促进人、事、物相互作用的一系列活动情景。从经济学角度看，场景是在一定的时间空间范围内，通过对资源要素的配置组合，从而实现某种经济效用或社会效益的活动及呈现出的形态。其中，人是场景的核心，具有主观能动性，既构建场景，又是场景的作用对象。场景的价值由其功能来体现，场景的核心功能是分析、识别、创新场景的关键。

新经济场景是在特定的空间、时间范围内，新技术、新业态、新模式等新要素融入经济社会发展，重构人、事、物相互关系及作用机理的过程和结果。数字化、智能化、绿色化、共享化、融合化是其主要过程，新产品、新产业、新技术、新业态、新模式是其重要结果。因此，数字化、智能化、绿色化等过程呈现出的各种活动和情景，新产品、新产业、新业态等呈现出的经济现象都是新经济场景。

① 李娅娌. 共享经济时代的消费伦理思考[N]. 光明日报，2017-11-13(15).

（二）场景的性质

⑴场景是一个过程。场景是在特定的时间、特定的空间内发生的行动，或者是人、事、物作用形成的情景，这些行动或情景由一系列动作流程串联，由一个个动作过程构成。例如人脸识别场景、指纹打卡场景，都是人与人脸识别机器或者指纹打卡机在居民小区、办公室等特定空间相互作用的过程。

⑵场景是一种组合。生活中的场景有大有小，大场景由多个小场景组合而成，例如将一个企业看成一个大场景，企业中有办公场景、会议场景、打印场景、下午茶场景等小场景。这些小场景又是由人、物品、活动、空间等要素组合而成，如组成办公场景的要素有员工、电脑、打印机、桌椅板凳等。

⑶场景是一种连接。移动互联技术的普及使线下的物理场景与线上虚拟场景相连接，通过打车平台连接顾客、司机，通过网购平台连接顾客、商品与货币，通过 VR、AR 技术连接真实场景与虚拟场景。在互联网的推动下，场景以人为中心，用内容重构产品与用户的连接，不断生成新的场景，连接不同的对象。

⑷场景是一种体验。在传统市场中，商品价格是消费者的优先考虑因素，当然这个因素依旧会长期存在，但随着人们对美好生活需求的提高，消费者对产品品质以及对环境的体验要求也更高了。以舒适的体验感深受顾客喜爱的星巴克，成功核心就在于个性化体验，其彰显个性，关注每个细节，奉上惊喜、送去满意，顺阻力而行，留下你的印记五大原则让星巴克从一间默默无闻的小店成长为行业巨擘。

⑸场景是一种思维方式。场景思维是用场景来进行相关问题的思考，对各种空间组合形态产生、功能、结构、效用及变化进行观察和思考的视角、方式、方法和习惯。不同的学科、不同的人，场景思维模式有很大的差别。如场景营销思维，从抢入口到争场景，强调以用户为中心、跨界融合、社群参与、场景再现。

⑹场景是文化价值混合体。场景理论认为使一个地方变成一个具有吸引力的空间，在于当地的娱乐休闲设施以什么样的方式组合来形成特定的场景，而这种组合形式能够使生活在其中的个体滋生出共同的文化价值。这种文化价值取向会吸引不同群体来生活、居住、工作，带动区域经济的发展。

二、场景是新经济落地的载体

场景存在于生产、生活的各个方面，是城市运行的基础细胞单元，不同的资源要素组合形成了不同的场景，不同的场景组合又形成了不同的城市形态。本书认为，场景营城是实现场景在城市中应用的具体路径。通过场景应用提高城市经营品质、促进城市价值转化，是未来城市发展的普遍选择。

（一）场景营城的概念和内涵

场景营城就是通过新经济应用场景的空间重构，优化城市空间结构，提高资源配置的效率和质量，由内而外地提高城市运行效率，提升城市功能的一系列活动。其内涵包括以下几点。

(1)场景营城是一个对城市实施新经济场景化的过程，场景的空间组合功能、资源配置功能、消费及学习等功能，将重塑城市经济地理空间，提升城市空间的经济形态和质量，增强城市的集聚功能和承载力。

(2)场景营城是一个经济运行流程再造过程，新经济场景将通过优化流程来优化资源配置，进而实现城市系统增值。

(3)场景营城是一场价值革命，是提升城市价值的活动，价值的功能是创造资本，因此，从经济学的角度可以认为场景营城即城市资本运营。

(4)场景营城的本质是创新，通过创新产生新动能，推动城市生产力—生产方式—生产关系向更高层次运动。

(二)场景营城的机理

1. 从城市场景到场景城市

场景营城是场景在城市经营中的运用，通俗地讲就是城市主体通过使用新经济应用场景、创造新经济应用场景来经营城市的一系列活动。场景营城包括运营主体、运营工具和方法、运营客体、运营效能等要素。场景营城是一个从城市场景向场景城市迭代演化的过程，或者说场景营城是一个场景识别、场景收集、场景分析和聚类、场景应用和场景创造并推动城市功能优化升级，促进新经济快速发展的循环迭代的过程，其通过流程再造实现系统增值。其机理如图 1-2 所示。

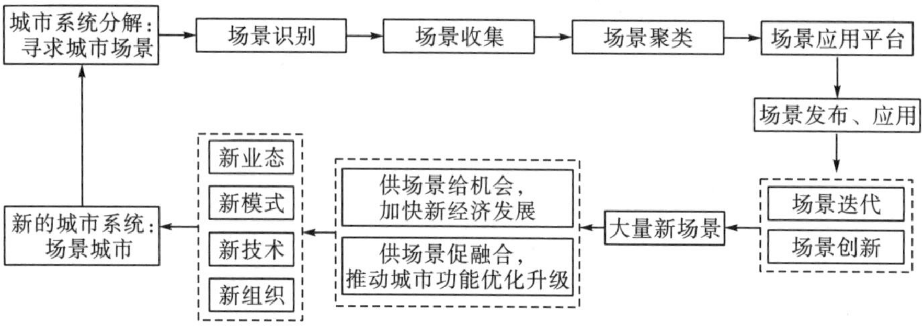

图 1-2　场景营城的机理

2. 场景的识别和收集

实现场景营城，使场景与城市的生产生活有效融合，首先需要拥有足够数量的场景。城市运营的主体包括民众、企业、产业(行业)和政府，因此可以从不同的主体活动空间对新经济应用场景及其核心功能进行识别并收集。当然也可以从技术应用等视角进行场景及其核心功能的识别和收集。

3. 场景的分析和聚类

由于收集到的场景功能、特征、类型不同，需要将收集的场景进行规范化，突出其核心功能，用统一的格式进行数据描述，并对这些场景进行聚合分类，形成场景集。

4. 场景的发布和应用

将场景集中的场景在平台上进行发布，并提供给城市的所有主体使用，各类主体根据自己的需求在平台上学习场景，获取场景资源，并和自己的工作结合运用于城市生产生活。

5. 场景的迭代和创造

各运营主体使用新经济场景的过程又将创造大量的新经济应用场景，这些场景又将被收集到场景集中丰富场景集，实现场景再生。

6. 场景营城的路径

场景营城的路径从两个方面推进，如图 1-3 所示。

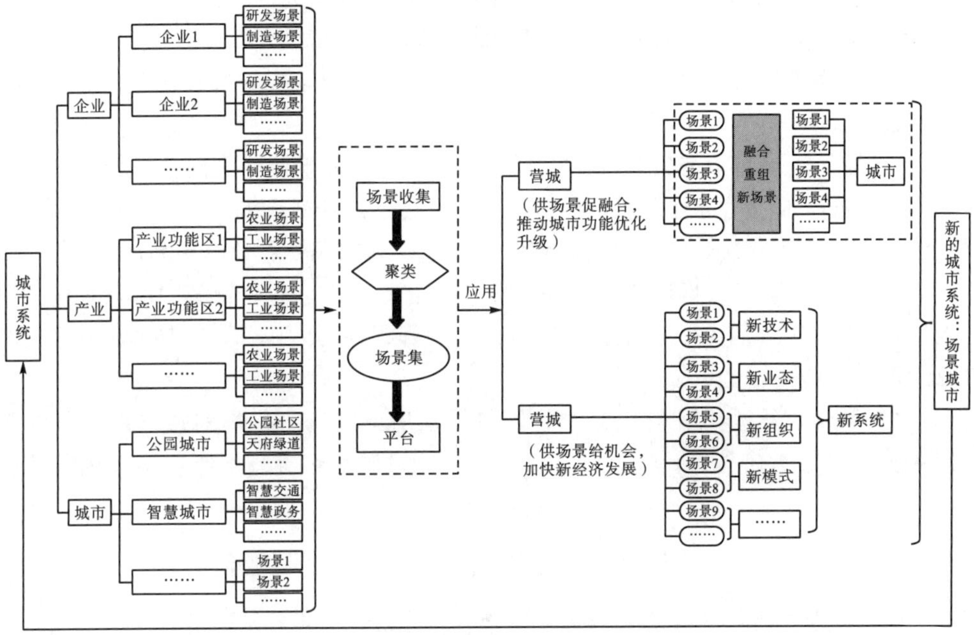

图 1-3　场景营城的路径

路径一，供场景给机会，加快新经济发展。根据城市发展的目标，从场景集中筛选提取出所需的场景，定期向社会发布场景清单和机会清单，实现场景的创新组合，创造出全新的场景，如创新应用实验室、未来场景实验室、高科技独角兽企业的孵化器、新技术产业生态的聚合器等，构成城市中新的子系统，形成城市发展的新竞争点。

路径二，供场景促融合，推动城市功能优化升级。将场景集中的场景应用到现有城市系统，替换或重构城市中原有的低效传统场景，通过对城市现有场景的分解，与场景集中的场景相互融合。这一工作需要通过要素、结构的重组，将场景资源重新配置，改造提升原有场景，实现场景迭代，产生新业态、新模式，从而大大提升城市运营效率。

三、建设新场景发展新经济

（一）提升包容度，柔性发展新场景，促进体制机制革新

发展新经济培育新动能，促进经济发展方式转变，需要市场和政府“双手”合力。政府的职责是通过创新体制机制，为企业创造一个良好、舒适和通畅的营商环境。用审慎包容的监管方式应对新技术、新模式、新组织及新产业，破解制约新经济场景构建的制度障碍，柔性发展新场景，为企业发展提供更多市场机会。

⑴建立场景供给统筹推进机制。筹建场景建设发展工作小组办公室（以下简称“工作小组办公室”），负责领导、统筹协调场景供给相关工作，制定场景供给、实施、反馈调整等相关政策措施，指定行业主管部门牵头协调，指派专人负责落实。

⑵制定出台工作方案。围绕场景构建、清单收集发布、清单应用、组织保障等方面，出台有实操性、针对性的《推进场景供给工作方案》，以政策指导场景构建，确保场景工作顺利推进。

⑶建立场景需求清单征集和发布机制。以市场需求为导向，面向全社会发布场景需求清单，对场景需求清单进行筛选，择优确定一批场景，以城市机会清单的形式发布，并根据需求变化、企业反馈等情况对已发布的清单进行动态调整和适时更新。

⑷建立场景供需对接推进机制。基于场景需求清单，行业主管部门对已对接的场景需求项目做好跟踪协调工作，对工作小组办公室做好跟踪问效工作，将取得显著成效的需求单位纳入应用场景示范单位。

⑸建立场景供给动态评价机制。将场景需求清单发布、供需对接落地工作纳入对应部门的工作绩效考核体系，建立动态评价机制，及时跟踪处理城市机会落地落实相关问题。

（二）强化场景供给，规划创造新场景，提升场景赋能能力

场景供给就是为新技术培育、新模式落地提供市场，为新经济企业提供入口机会，为广大市民提供情景体验，促进新技术推广应用、新业态衍生发展、新模式融合创新、新产业裂变催生，推动场景从创新走向应用、从概念走向实践。

⑴规划新场景。通过充分考虑前沿科技和颠覆性技术对未来生产、生活、生态的影响，结合城市发展重点战略部署，超前谋划、前瞻布局，在城市规划中充分留白，为前沿场景提供充分的发展机遇与空间。

⑵创造新场景。通过对接生产生活新需求，运用移动互联网、大数据、人工智能、物联网等新技术，创造新产业、新业态、新模式，鼓励企业围绕高质量发展、高品质生活、高效能治理提供解决方案，积极参与场景的建设。

⑶包容新场景。对新业态给予大胆包容，支持硬核技术攻关催生新场景，推动应用场景市场验证，主动释放公共资源。对经过市场考验、发展前景好的创新项目通过政府首购、试点示范等形式进行重点推广支持。

(三)聚焦硬核科技，孵化培育新场景，实现科技引领经济发展

硬核科技作为一种关键核心技术，具有广阔的市场前景和突破意义，但其技术研发不确定性很高。因此，围绕硬核科技等“卡脖子”技术，孵化培育新技术、新产品(服务)应用“试验场”，主动释放资源要素，为企业提供入口机会，激发企业创新创造的活力和信心，有利于将技术优势转换为生产力，推动经济发展的双循环、内循环，实现科技引领城市发展。

(1)抢抓科技发展大势，强化硬核科技研发。聚焦国家战略导向，重点发展航空航天、生物科技、信息科学、网络安全、智能智造等领域，强化物联网人工智能芯片、高温超导磁悬浮、量子通信等硬核科技，推动科技功能布局与区域战略方向相契合、科技攻关重点与主导产业需求相匹配、科技应用场景与美好生活向往相适应。

(2)增加场景新供给，深化场景供给产品。研究不同主体的新变化、新模式，掌握行业痛点、难点，推动传统场景转型升级。围绕城市重大战略，根据政策导向，融合需求，引导需求，重点打造创新型场景。围绕场景供给产品，政府上游重点规划新场景、创造新场景、包容新场景，企业下游重点选择新场景、适用新场景、建设新场景。

(3)谋划形成场景库，构建“未来场景实验室”。围绕 5G 关键技术、人工智能、大数据、云计算等关键核心技术，编制形成场景库。聚焦硬核科技、关键共性技术和前沿引领技术转化应用，实施城市“未来场景实验室”培育计划。通过开展应用场景创新项目申报，以产业功能区为载体，搭建新场景试验场，为新经济企业提供开放式线上线下测试空间，集聚优质人才和创新要素，完善以企业为主体、市场为导向深度融合的创新体系。

(4)围绕生产、生活、生态场景，打造新经济场景示范。聚焦城市生产、生活、生态场景，协调行业主管部门，各地结合区域发展战略和区域特色推进新经济场景试点示范，促进前沿技术、创新产品、新兴业态在本区域生产生活和治理领域延伸渗透。开展特色场景示范评选，总结提炼应用场景的经验做法和典型案例，通过试点先行、示范引领，加快形成一批可复制推广的创新成果、经验做法，加强宣传推广，营造有利于新经济发展的社会氛围。

第二章　新型信息基础设施建设

新型信息基础设施建设是以 5G、大数据、云计算、人工智能等为代表的公共服务系统。随着国家战略的发展，新型信息基础设施建设的内涵也在不断演变。2018 年 12 月中央经济工作会议首次提出加快 5G 商用步伐，加强人工智能、工业互联网、物联网等新型基础设施建设。2019 年 3 月《政府工作报告》再次指出加强新一代新型基础设施建设，此时的新基建涵盖七大领域(5G 基站建设、大数据中心、人工智能、工业互联网、特高压、城际高速铁路和城际轨道交通、新能源汽车充电桩)，业界称之为“新基建 1.0”。随着高层对新基建的多次提及，新基建的概念逐渐演变为“新型科技基础建设”，主要涉及三张网——交通网、信息网和能源网，业界称之为“新基建 2.0”。2020 年 4 月 20 日，国家发改委明确提出我国新型基础设施建设主要包含信息基础设施建设、融合基础设施建设、创新基础设施建设三大领域，业界称之为“新基建 3.0”。本章将着重介绍数据中心、人工智能、5G、工业互联网四种信息基础设施。

第一节　数 据 中 心

数字经济的快速发展催生了海量数据需求，数据中心应运而生，成为数据集中计算、传输、存储的“图书馆”。数据中心是 5G、人工智能、边缘计算、云计算等新兴技术发展的算力基础，自 2020 年以来受到政府和企业的高度重视，成为“新基建”的核心领域之一，是我国实现经济转型升级、高质量发展的重要基础设施之一，是保障数据信息安全、实现数字产业发展自主化的重要依托。

一、数据中心概述

(一)数据中心的定义

数据中心(data center)是全球协作的特定设备网络，用来在互联网络基础设施上传递、加速、展示、计算、存储数据信息①，一般含有计算机设备、服务器设备、网络设备、通信设备、存储设备等关键设备。

数据中心的发展经历了三个不同阶段：第一代的数据中心仅提供场地、带宽等基础托管服务；第二代的数据中心以增值服务和电子商务为核心服务；第三代的数据中心其实就是一个网络服务中心，主要提供融合的托管服务，可以实时将互联网信息、电话信息、传真信息等集成在一起，以客户最容易接受的方式将其交付给客户。

① 石述红. 信息时代的数据中心[J]. 数字通信世界，2018(11)：136.

数据中心服务的主要对象包括：大型跨国企业机构、互联网服务供应商、互联网内容供应商、电子商务服务供应商、应用软件服务供应商、系统集成供应商、多媒体服务供应商、网站设计及托管供应商等。

（二）数据中心的构成

根据电信互联网数据中心总体技术要求，数据中心应包含服务子系统、资源子系统、网络子系统、机房基础设施子系统、管理子系统和安全子系统六个逻辑功能部分(具体构成如图 2-1 所示)。

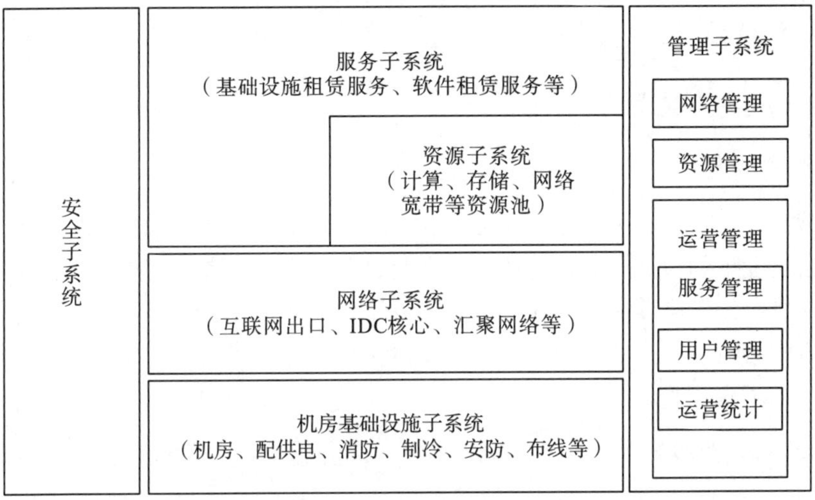

图 2-1　数据中心的构成

（三）数据中心的运行机制

数据中心的运行离不开云计算的支持，必须依托云计算的分布式处理、分布式数据库和云存储、虚拟化技术来对数据进行专业化处理。云计算指的是一种按使用量付费的模式，这种模式提供可用的、便捷的、按需的网络访问，进入可配置的计算资源共享池(资源包括网络、服务器、存储、应用软件、服务等)，这种计算资源池又叫作“云”。进入“云”后，巨大的数据计算处理程序被分解成无数个小程序，然后通过多部服务器组成的系统处理和分析这些小程序得到结果并返回给用户。

如图 2-2 所示，海量数据首先在数据中心被存储下来，然后通过云计算技术进行数据挖掘，进入计算资源共享池，根据数据需求和目标来建立相应的数据模型和数据分析指标体系对数据进行分析，最后将得到的结果发送给用户，让大数据产生最终价值。如果将数据中心看作数据“图书馆”，那么“云计算”就是“图书馆”管理员，二者不是孤立存在，而是相辅相成的关系。

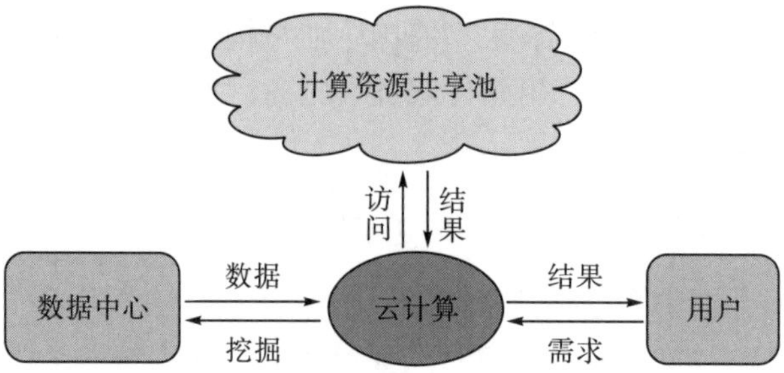

图 2-2 数据中心运行机制示意图

二、数据中心的分类

(一)按服务对象划分

1. 企业数据中心

企业数据中心(enterprise data center，EDC)是指由企业或机构建立并拥有，服务于企业或机构自身业务的数据中心，它是一个企业数据运算、存储和交换的核心计算环境，为企业、客户及合作伙伴提供数据处理、数据访问等服务。对于信息系统、数据安全、保密或者其他方面有特殊要求的行业或企业，会建设自己管理运行的数据中心，比如银行、保险、政府、大型企业等。

2. 互联网数据中心

互联网数据中心(internet data center，IDC)是由 IDC 服务商通过互联网向客户提供有偿信息服务，具体来说就是 IDC 服务商利用现有的互联网通信线路、带宽资源，建立标准化的电信专业级机房环境，通过互联网为客户提供服务器托管、租用及相关增值服务①。通过使用 IDC 服务，企业或政府单位不需要再建立专门的机房、铺设昂贵的通信线路，也无须建立专门的网络工程师队伍。与企业数据中心相比，互联网数据中心的服务对象范围更广，规模更大，设备和管理更专业。

3. 国家数据中心

国家数据中心(national data center，NDC)一般是由政府投资建设的，其是一种公共服务资源，代表一个国家的科技实力。虽然这些数据中心数量很少，但是规模都很庞大。如 2015 年启动建设的国家大数据中心，包括三大中心(中心基地北京的国家级超大云数据中心、南方基地贵州和北方基地乌兰察布的国家大数据灾备中心)和八大节点(北京、上海、广州、沈阳、南京、武汉、成都、西安)，其中北京基地产业园占地面积 8 万平方米，包含 9 栋数据中心机房和 1 栋感知体验中心。

① 邓招芬，张智岚. 金融行业 IDC 机房租赁模式采购分析[J]. 招标采购管理，2020(1)：41-44.

（二）按布局方式划分

1. 单级数据中心

单级数据中心是指以大规模的集中方式建设的数据中心，整个企业或机构只设置一个数据中心。

2. 多级数据中心

多级数据中心是指具有多层次、分布式的数据中心。对企业而言，总部级为一级数据中心，下级单位为二级数据中心，再下级单位为三级数据中心，以此类推（图 2-3）。目前，企业（机构）数据中心部署以单级和两级数据中心为主。

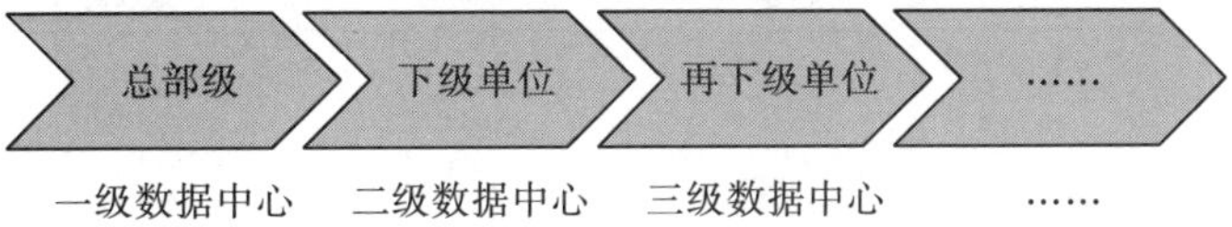

图 2-3　多级数据中心示意图

（三）按规模划分

根据 2013 年 1 月工信部等五部委联合发布的《关于数据中心建设布局的指导意见》，数据中心分为超大型、大型和中小型三种：①超大型数据中心是指规模大于等于 10000 个标准机架（功率 2.5kW）的数据中心；②大型数据中心是指规模大于等于 3000 个标准机架小于 10000 个标准机架的数据中心；③中小型数据中心是指规模小于 3000 个标准机架的数据中心。不同规模的数据中心对于能源的消耗和当地环境的影响存在很大差异。超大型数据中心应该优先建设在气候寒冷、能源丰富的地区，而中小型数据中心则需要建设在离用户近且易于获取能源的地区。①

（四）按安全等级划分

全球数据中心标准组织和第三方认证机构——正常运行时间协会（Uptime Institute）根据数据中心基础设施的实用性和安全性的不同要求，把数据中心分为 TIER Ⅰ～TIER Ⅳ四个等级：①TIER Ⅰ，使用单一路径，没有冗余设计；②TIER Ⅱ，使用单一路径，增加部件的冗余；③TIER Ⅲ，提升在线维护，拥有多路路径；④TIER Ⅳ，拥有多路有源路径，增强容错能力。具体如表 2-1 所示。

① 黄海峰. 五部委规范数据中心建设布局 安全、绿色、云计算成关键词[J]. 通信世界，2013(3)：8.

表 2-1 国际正常运行时间协会数据中心级别认证①

级 别		具体情况
TIER Ⅰ	基础级	只有一组通信信道、一个供电分配系统、一组冷却系统、一套 UPS 系统，没有冗余设备，无架构地板，安全单点隐患较多，出现问题就会导致数据中心异常，一年至少需要完全关闭一次进行维护
TIER Ⅱ	冗余部件级	相比于基础级，增加了架空的防静电地板，并配备少量的冗余设备，比如 UPS 和发电机，设计容量为 *N*+1，降低中心异常的概率，但是针对关键供电分配系统和基础设施进行维护仍然需要关闭设备
TIER Ⅲ	并行维护级	在冗余部件级的基础上提升了在线维护能力，冗余部件不仅限于电气系统，通信、温控都具备冗余部件，可以在不关闭计算机硬件设备的情况下进行计划性的维护，但在面对非计划性的故障时，中心服务仍会中断
TIER Ⅳ	容错级	充分考虑了所有计划性的维护和非计划性的维护，所有设备具备容错性、多重性、独立性，系统和设备以“双”的概念形式呈现，比如两条供电分配系统，两个独立的 UPS 系统，同时具备完善的应急处理系统，保证数据中心不间断地运行

三、数据中心的层次架构

根据业务类型、建设及运营成本、网络互联要求等差异，可构建层次化的数据中心架构，如图 2-4 所示。

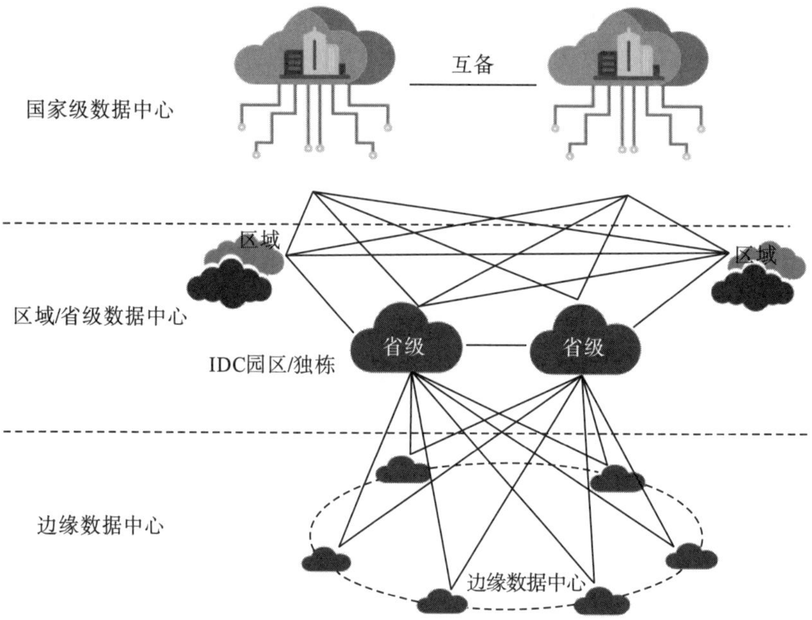

图 2-4 数据中心层次架构图②

① 资料来源：国际正常运行时间协会，前瞻产业研究院整理。
② 李晨，陈元谋，孙雪媛．“新基建”赋能大数据中心演进及布局思考[J]．通信世界，2020(21)：37-40.

1. 国家级数据中心

国家级数据中心主要面向全国性经营业务、大型客户托管类业务，以冷数据①、离线计算分析等对网络时延要求较低的业务为主。由于需考虑建设和运营成本，国家级数据中心园区优先选择政策利好、能源充足、土地成本低、自然气候适宜、自然冷源充沛、地质稳定的区域规划布局。在网络互联要求方面，国家级数据中心应满足建设骨干网节点的传输、光缆资源和安全可靠性要求，同时需具备多个直连骨干网链路，实现全国性业务的快速转接。例如，位于乌兰察布的国家级大数据灾备中心②——内蒙古政务云大数据灾备中心，于 2020 年 11 月正式投产运营，远期规划蓝光存储容量达到 4000 PB，将面向全国、国家部委和各行业企业，为其提供大数据异地、异质存储和灾备服务。

2. 区域(省级)数据中心

区域数据中心主要面向区域集中经营业务，以温数据③为主，需考虑国家及地方相关政策、市场业务驱动、网络能力、灾备等因素。网络能力应考虑所服务区域内用户访问、业务时延、安全可靠性等要求。因此，区域数据中心主要布局在需求旺盛、发展潜力大的省/市及周边地区或信息产业集群区。比如四川成都第二枢纽机房，建设面积约 6000 平方米，是中国电信第一个灾难备份服务中心和整个西南地区的通信枢纽中心。

3. 边缘数据中心

边缘数据中心部署在信息源附近，一般在地级市及以下，分布极为广泛，可以满足当地用户需求，具有规模小、数量多、分散部署等特点。边缘数据中心更多面向 5G、人工智能、物联网等新兴技术的落地部署，在兼顾安全性和可靠性的同时，需要保证用户的业务体验。因此，数据中心的布局应尽可能接近用户端，还要满足边缘数据中心机房资源和配套、网络的安全可靠性等要求。运营商拥有大量的边缘机房，在边缘数据中心的部署方面具有天然优势④。例如，四川省内江市的大数据电信运营中心，建设面积约为 1500 平方米，主要为当地政府部门、企业及民众提供信息化服务。

四、数据中心的产业链构成

数据中心产业链主要由上游企业、中游企业和下游用户构成。上游主要提供基础设施和硬件设备，中游主要提供 IDC 集成、运维、云计算等服务，下游主要是终端用户。⑤具体构成如图 2-5 所示。

---

① 冷数据是指离线类不经常访问的数据，用于灾难恢复的备份或者因为要遵守法律规定必须保留一段时间。
② 数据灾备中心能够为核心数据中心提供容灾和备份，能在遭遇灾害、病毒入侵、误删除时保证核心数据中心正常运行。
③ 温数据是非即时的状态和行为数据，也可以简单理解为把热数据和冷数据混在一起就成了温数据。
④ 李晨，陈元谋，孙雪媛．“新基建”赋能大数据中心演进及布局思考[J]．通信世界，2020(21)：37-40.
⑤ 连一席，郭双桃．数据中心：新基建 抓住数字经济新机遇[J]．发展研究，2020(8)：37-49.

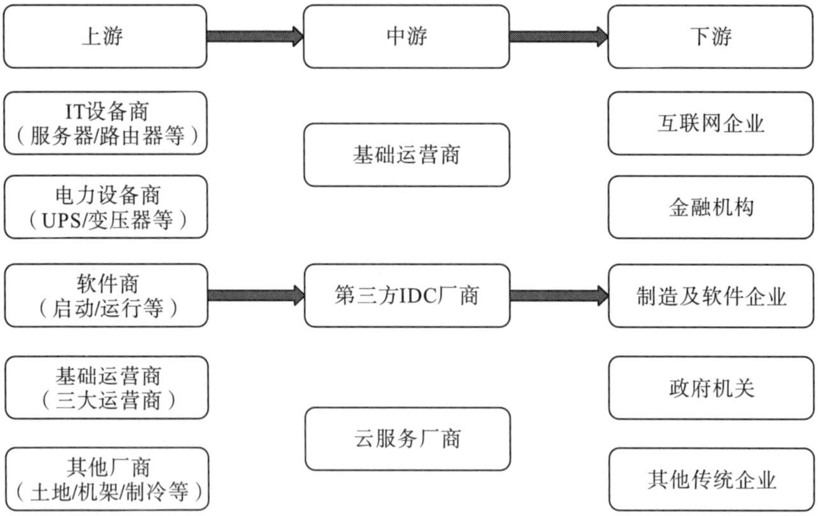

图 2-5 数据中心产业链①

（一）上游——基础设施提供商

上游主要为建设数据中心的基础设施和硬件供应商，包括 IT 设备商（服务器、路由器、交换机等）、电力设备商（UPS②、变压器等）、软件商（启动、运行等）、土地与机架供应商，以及基础运营商提供的带宽服务等。

电力供应和通信网络建设是数据中心建设的基础，我国已建成世界上规模最大的信息通信网络。据工业和信息化部统计，截至 2020 年 9 月，我国移动通信基站达 852.3 万个，其中 4G 基站 551 万个。截至 2020 年底，我国已建成 5G 基站超 70 万座，5G 终端连接数已超过 2 亿，已基本实现了大部分地级市的 5G 基站全覆盖。

（二）中游——服务商

中游主要为服务商，包括基础运营商（中国移动、中国电信和中国联通）、第三方 IDC 厂商、云服务厂商，向用户提供 IDC 集成、运维、云计算服务。

基础运营商和第三方 IDC 厂商提供 IDC 集成和运维服务，目前基础运营商依然占据较大份额，但随着网络流量的爆发和增值服务需求的提升，第三方 IDC 厂商正在快速发展；基础运营商和云服务厂商提供带宽资源和机房资源，腾讯、百度、阿里等云服务厂商通过租用或自建（以租用为主）机房的方式来提供基础设施租赁、软件租赁等云服务。2019 年我国云计算市场规模达 191.2 亿美元，同比增长 38.6%；其中公有云服务市场规模达 98.7 亿美元，同比增长 57.6%，首次超过私有云服务市场规模（92.5 亿美元）。云计算需求的快速增长成为 IDC 行业增长的主要驱动力。

（三）下游——终端用户

下游终端用户指所有需要将内容存储或运行在数据中心机房托管服务器的组织，主要

① 资料来源：IDC 圈，恒大研究院。
② UPS 即不间断电源（uninterruptible power supply），是一种含有储能装置的不间断电源。

包括互联网企业、金融机构、制造及软件企业、政府机关和其他传统企业等。

随着5G商用进程加速，大数据已从概念落到实地，各行各业对数据存储、分析、计算等方面的需求大幅增加。例如，美团等互联网企业通过海量的数据分析客户行为，制定有针对性的营销方案，以提高广告投放效率；制造及软件企业利用大数据分析优化工业供应链，实现降低成本、提升效率；智能电网运用大数据技术掌握用户用电信息，分析用户的用电需求，合理设计电力系统，从而提高电网运行效率。数据中心产业链下游终端应用还广泛分布在能源、教育、医疗保健等领域，未来大数据中心应用市场将更为广阔①。

五、数据中心的行业构成

数据中心行业是指从事数据中心相关业务的生产、服务单位或个体的组织结构体系。整体来看，数据中心行业参与者主要分为三大类别，分别是以中国电信、中国联通、中国移动为代表的基础电信运营商，以万国数据、世纪互联、鹏博士等企业为代表的第三方IDC服务商，以阿里云、腾讯云、华为云等为代表的云服务厂商，详见表2-2。此外还有以其他民营企业为主的第四阵营。

表2-2　我国IDC行业市场分析

分类	典型企业	特点
基础电信运营商	中国电信、中国联通、中国移动	自建机房，提供互联网带宽资源和机房资源，在资本、网络带宽和客户规模等方面具有明显优势
第三方IDC服务商	万国数据、世纪互联、鹏博士、光环新网、数据港、北京万网志成（中国万网）、中金数据等	利用民营资本自建机房，提供数据中心托管及增值服务，主要面向大客户
云服务厂商	阿里云、腾讯云、华为云、百度云、网易云、京东云等	通过租用或自建机房提供云服务，主要面向中小型客户

中国最大的数据中心是三大基础电信运营商，长期拥有大部分大数据中心市场份额。根据中国信息通信研究院数据，2019年我国数据中心厂商中，三大基础电信运营商在IDC行业中所占市场份额占比高达70%。与三大运营商相比，国内第三方IDC服务商机柜量明显不足，但与运营商相比，第三方服务商位置优越、定制化服务能力强、上架率高，能够更好地满足大型企业的定制需求。同时，第三方服务商能够供应电信、联通等多家运营商网络。目前，在第三方IDC服务商中，万国数据、世纪互联、鹏博士、数据港、光环新网等企业在市场上占据一定的主导地位②。

综合互联网建设能力、网络社会影响力、企业的行业地位三大因素，阿里云、腾讯云、华为云、百度云、网易云的综合实力处于国内云服务厂商的优势地位。2020年4月20日，阿里云率先宣布未来3年将投入2000亿元，用于云操作系统、服务器、芯片、网络等重大核心技术研发攻坚和面向未来的数据中心建设；2020年5月26日，腾讯云对外宣布，腾讯未来5年将投入5000亿元，用于新基建的进一步布局，其中将陆续在全国新建多个

① 李寒湜，牛胜男. 国资布局新基建之数据中心篇[J]. 企业管理，2020(9)：9-13.
② 李峰，朱海钢，伏如祥，等. 基于泛在物联网背景下的商业模式研究[J]. 电力与能源，2019，40(5)：475-482.

百万级服务器规模的大型数据中心；百度在2020年6月19日宣布，未来10年将继续加大在人工智能、芯片、云计算、数据中心等新基建领域的投入，预计到2030年百度智能云服务器台数超过500万台；快手宣布将在内蒙古乌兰察布市投资百亿建数据中心，一场科技巨头间的新竞赛就此拉开。[①]

六、数据中心的业务构成

按照服务类型划分，数据中心相关业务一般包括以下几种：IaaS(Infrastructure as a Service，基础设施服务)是基础层，在IaaS之上的是PaaS(Platform as a Service，平台服务)，更上层的是SaaS(Software as a Service，软件服务)，越来越多的数据沉淀、抽象形成了新的服务——DaaS(Data as a Service，数据服务)，如图2-6所示。

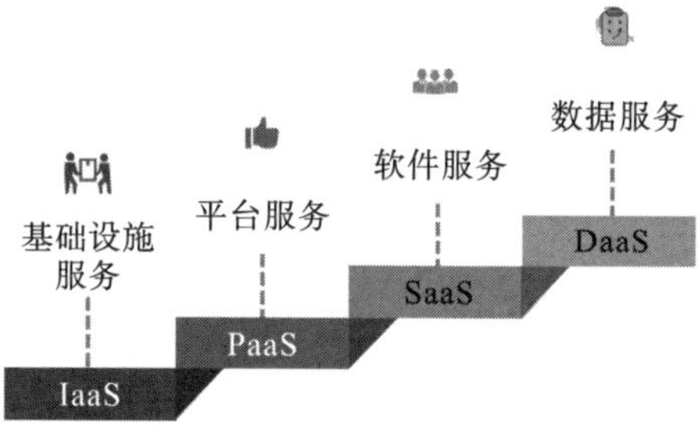

图2-6 数据中心业务构成图

1. IaaS

服务商提供IT环境的底层基础设施，包括服务器、磁盘柜、计算机网络和其他基本的计算资源(图2-7)。用户或企业能够远程部署和运行任意软件(包括操作系统和应用程序)，服务商则按照用户使用存储服务器、带宽、CPU等资源的数量收取服务费。这种方式使用户不必自己建设这些基础设施，通过付费即可使用这些资源。

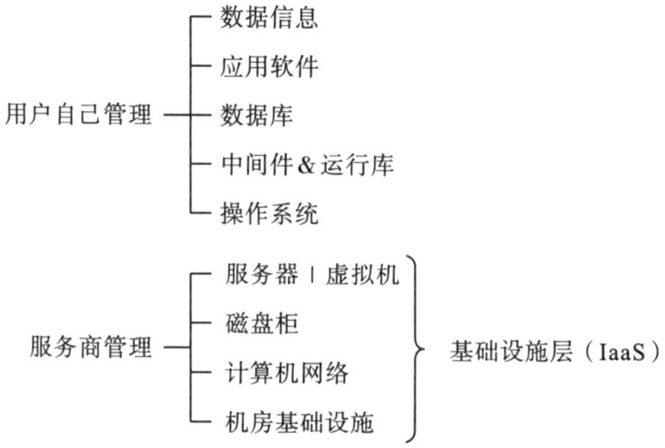

图2-7 IaaS示意图

① 刘景丰. 为什么下一个十年的大战场在数据中心?[J]. 大数据时代，2020(8)：72-80.

IaaS 的主要用户为开发者和企业，服务商典型代表有亚马逊、微软和阿里巴巴等等。根据 2019 年 Gartner 发布的统计数据，亚马逊在 IaaS 服务商市场上连续多年排名第一，占据 45%的市场份额，其次是微软、阿里巴巴、谷歌和腾讯。排名前五的 IaaS 厂商占据了 80%的市场份额，高于 2018 年的 77%。

2. PaaS

服务商将一个完整的计算机平台作为一种服务提供给用户（图 2-8）。作为一个完整的开发服务，PaaS 提供了从开发工具、中间件到数据库软件等开发者构建应用程序所需的所有开发平台的功能。用户不需要购买硬件和软件，只需要利用 PaaS 平台，就能创建、测试和部署应用和服务。

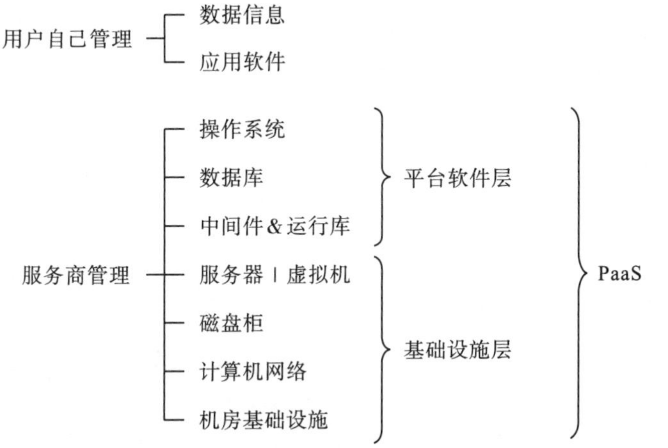

图 2-8 PaaS 示意图

PaaS 的主要用户为开发者，服务商典型代表有 Google App Engine（谷歌应用引擎）、微软 Azure[①]和 AppFog[②]。例如 Google App Engine 平台，是 Google 提供的基于 Google 数据中心的开发、托管网络应用程序的平台，每个 Google App Engine 应用程序都可使用 500 MB 存储空间，以及可支持每月约 500 万页面浏览量的 CPU 和宽带。

3. SaaS

服务商提供完整并可直接使用的软件，用户通过网页浏览器即可接入使用（图 2-9）。SaaS 是用户获取软件服务的一种新形式，用户不需要将软件产品安装在自己的电脑或服务器上，而是按照某种服务水平协议直接通过网络向专门的提供商获取自己所需要的、带有相应软件功能的服务。

① 微软 Azure 是微软的公有云解决方案，是运行在微软数据中心之上的云计算平台。
② AppFog 是一个基于 Cloud Foundry 的 PaaS 平台。

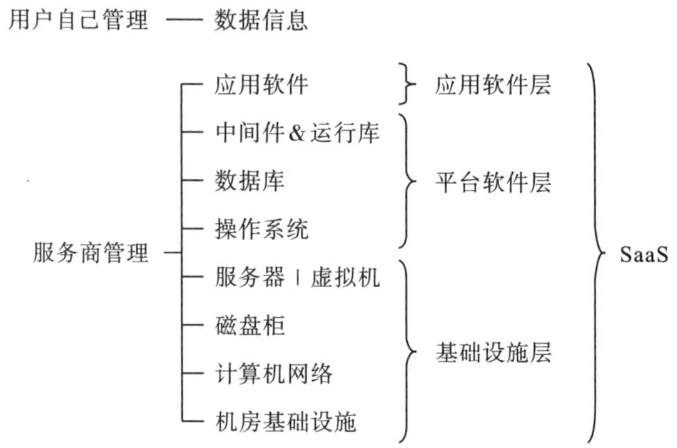

图 2-9 SaaS 示意图

SaaS 主要面向企业或个人终端用户，服务商典型代表有 Salesforce[①]、微软 Azure[②]和 SAP[③]等。SaaS 服务商市场竞争格局较为分散，据国际数据公司发布的数据显示，在 2019 年全球 SaaS 服务商市场上，Salesforce 占据了 7.8%的市场份额，处于领先地位，其次是微软 Azure 和 SAP。

4. DaaS

服务商负责建立全部的 IT 环境，收集用户需要的基础数据并且做数据分析。简单来说就是服务商对数据进行聚合抽象，把数据转换成通用信息，从而为企业提供信息服务(图 2-10)。

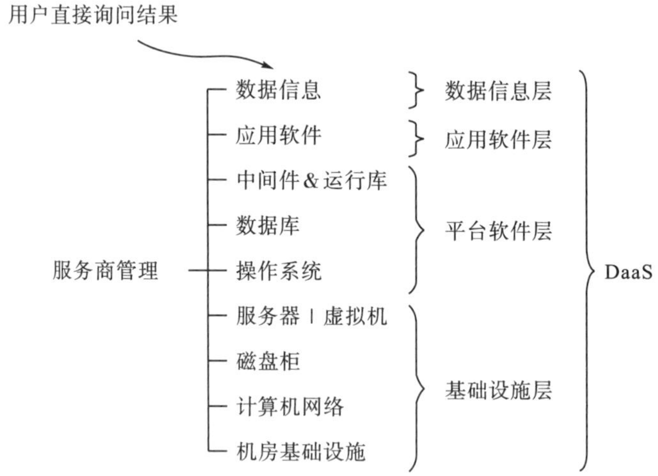

图 2-10 DaaS 示意图

① Salesforce 是一家客户关系管理软件服务提供商，可提供随需应用的客户关系管理平台。
② 微软 Azure 是微软基于云计算的操作系统。
③ SAP 即 System Applications and Products，是 SAP 公司的产品——企业管理解决方案。

DaaS 的主要用户为开发者和企业，服务商典型代表有亚马逊、谷歌、百度云和阿里云。例如，百度云平台具备大容量数据存储能力、高并发处理能力、统计分析能力以及智能推荐与运营能力，可以帮助开发者更好地实现大数据价值。

七、国家相关政策文件

数据中心是新基建的重点，处理所有行业的数据存储和分析。2020 年 2 月，工业和信息化部发布《关于调整互联网骨干网网间结算政策的通知》，提出要加快推进网络资源整合力度，促进互联网产业和数字经济发展；3 月 2 日国家广播电视总局召开电视电话会议，推动全国一网整合进程，促进 5G 和数据中心业务发展；3 月 4 日中共中央政治局常务委员会召开会议，明确强调要加快 5G 网络、数据中心等新型基础设施建设进度。相关政策详见表 2-3。

表 2-3　数据中心历年政策梳理

发布时间	发布部门	文件名称	主要内容
2010.10.18	国务院	《国务院关于加快培育和发展战略性新兴产业的决定》	加快建设宽带、泛在、融合、安全的信息网络基础设施，大力发展数字虚拟等技术
2012.06.28	工业和信息化部	《工业和信息化部关于鼓励和引导民间资本进一步进入电信业的实施意见》	支持民间资本在互联网领域投资，引导民间资本参与 IDC 和 ISP 业务的经营活动
2012.11.30	工业和信息化部	《工业和信息化部关于进一步规范因特网数据中心业务和因特网接入服务业务市场准入工作的通告》	监管政策降低了 IDC 市场准入门槛，进一步明确 IDC、ISP 申请企业资金、人员、场地、设施等方面的要求
2013.01.15	工业和信息化部	《关于数据中心建设布局的指导意见》	市场需求导向原则：从市场需求出发，合理规划建设数据中心
2015.01.30	国务院	《国务院关于促进云计算创新发展培育信息产业新业态的意见》	加快推进实施“宽带中国”战略，到 2017 年，新建大型云计算数据中心 PUE 值优于 1.5
2017.08.02	工业和信息化部办公厅	《关于组织申报 2017 年度国家新型工业化产业示范基地的通知》	年度优先支持工业互联网、数据中心、大数据、云计算、产业转移合作等新增领域集聚区积极创建国家示范基地
2019.02.14	工业和信息化部等三部门	《关于加强绿色数据中心建设的指导意见》	2022 年数据中心平均能耗基本达到国际先进水平，新建大型、超大型数据中心的电能使用效率值达到 1.4 以下，高能耗老旧设备基本淘汰
2019.11.08	工业和信息化部	《绿色数据中心先进适用技术产品目录(2019 年版)》	开展了绿色数据中心先进适用技术产品筛选工作；先进示范予以公告
2020.03.04	—	中央政治局常务委员会会议	强调“加快 5G 网络、数据中心等新型基础设施建设进度”

八、数据中心的发展趋势

1. 市场规模持续扩张

随着基础设施建设的不断完善，受“互联网+”、大数据战略、数字经济等国家政策指引，在云计算、移动互联网、物联网、大数据、人工智能等快速发展的驱动下，我国数据中心市场规模保持稳定增长。如图 2-11 所示，2019 年，我国 IDC 业务市场规模达到 1562.5 亿元，同比增长 27.2%，增速放缓 2.6 个百分点，与 2018 年相比市场规模绝对值年增长超过 300 亿元，2014～2019 年我国 IDC 市场规模同比增速保持在 30%左右，规模增长较快，预计到 2024 年我国 IDC 市场规模将超过 2500 亿元。移动互联网、视频、网络游戏等垂直行业客户需求稳定增长，是拉动 IDC 市场规模的核心驱动力。

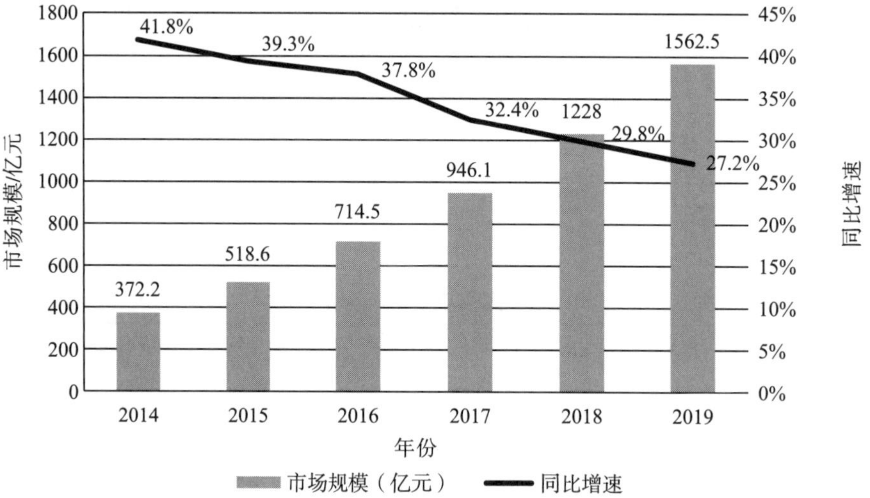

图 2-11 2014～2019 年我国 IDC 业务市场规模及增速[①]

与此同时，在 2020 年初，由于新冠肺炎疫情暴发，政府和企事业单位大量使用科技防疫。而基于云计算的远程办公、远程教育、电子商务以及其他线上应用也产生了大量新的客户需求，这些都已经成为中国 IDC 行业客户需求规模量级增长的重要驱动力[②]。

2. 新一代信息技术助力未来增长

当前，全球信息技术创新进入新一轮加速期，5G、物联网、人工智能、VR/AR 等新一代信息技术和应用发展迅速，对数据中心的规模、建设模式、性能等方面产生重要影响。从规模来看，5G 和物联网将导致数据量爆炸式增长，引领数据中心需求猛增，推动数据中心总体建设规模持续高速增长，并且集约化建设的大型数据中心比例将进一步增加。从性能来看，新型技术及其应用需要大量计算、存储、分析以及灾备等能力，对数据中心提出了更高的要求，如高性能计算设备和 GPU 服务器的使用，将使单机架[③]用电规模朝着 20～30kW 甚至更高规模发展，而用电规模的提升又对数据中心的制冷系统提出了挑战。

① 数据来源：中国 IDC 圈研究中心。
② 资料来源：《2019—2020 年中国 IDC 产业发展研究报告》。
③ 数据中心机架用于包容数据中心 IT 设备，如服务器、存储器、HUB 和网络交换机等，旨在提高数据中心网络办理和运营的效率。

3. 边缘数据中心推进两极化发展

随着物联网、人工智能、VR/AR 等新型技术的应用，“云计算+边缘计算”的数据处理新模型逐步发展，数据中心建设将呈现两极化发展的特点。一方面，资源逐步整合导致云数据中心规模越来越大；另一方面，大量边缘数据中心将会出现，以保障边缘侧的实时性业务。云数据中心将卸载对时延敏感的业务，并将其传输到边缘数据中心进行处理，从而减少网络流量和往返延迟。边缘数据中心负责实时性业务和短周期数据的存储，云数据中心则负责非实时性、长周期的数据存储业务，确保良好的用户体验。

4. 节能减排政策促进绿色化发展

2020 年初 *Science* 刊登的论文《重新校准全球数据中心能耗估算》显示：与 2010 年相比，2018 年全球数据中心计算实例增加了 550%，而同期电量仅增加了 6%。因此，数据中心的节能减排成为了行业关注的焦点。近年来，中央和地方均积极出台数据中心节能减排政策，促进数据中心的绿色化发展。2019 年 2 月，我国出台《关于加强绿色数据中心建设的指导意见》，明确提出到 2022 年数据中心平均能耗基本达到国际先进水平，新建大型、超大型数据中心的电能使用效率值达到 1.4 以下，高能耗老旧设备基本淘汰，水资源利用效率和清洁能源应用比例大幅提升，废旧电器电子产品得到有效回收利用。具体的重点工作任务包括加强在用数据中心绿色运维和改造、加快绿色技术产品创新推广、提升绿色支撑服务能力和探索与创新市场推动机制①。各地方政府也对数据中心能耗问题提出了要求，如全国数据中心最密集的北京和上海，均对数据中心提出了 PUE②值的规定。

第二节　人 工 智 能

随着我国经济的发展，社会迫切需要科技产物的助力来进一步提升生产效率和抗风险能力，因此人工智能被列入新型信息基础设施建设中。人工智能作为新基建在科技领域发展的基础设施支撑之一，已经被广泛应用到日常生活中，切实改变了人们的生活方式，其不仅是新一轮产业变革的核心驱动力量，也是新一轮科技竞赛的制高点。作为经济高质量发展的有力支撑，人工智能在催生新技术、新产品的同时，大幅提高了社会劳动生产率。发展人工智能，将推动我国经济数字化、智能化转型升级，实现社会生产力的整体跃升。

一、人工智能概述

1. 人工智能的定义

人工智能是利用计算机或者计算机控制的机器去模拟、延伸和扩展人的智能(包括感知能力、思维能力、行为能力)，可以感知环境、获取知识并使用知识，能像人一样思考和活动的系统。该系统包括机器人、指纹识别、智能控制、语言识别、图像识别、自然语

① 中国信通院《数据中心白皮书(2018)》。
② PUE(power usage effectiveness)即电源使用效率，是数据中心能耗的所有能源与 IT 负载使用的能源之比。

言处理和专家系统等子系统。人工智能的“智能”包括学习、推理、认知、规划、交流、感知、移动和操作物体等能力。

2. 人工智能的分类

根据人工智能是否能真正实现推理、思考和解决问题，可以将人工智能分为弱人工智能和强人工智能。

弱人工智能是指不能真正实现推理和解决问题的智能机器，是擅长单个方面的人工智能，比如战胜世界围棋冠军的 AlphaGo 就只会下围棋。弱人工智能其实并不具备思考的能力，其能力是通过统计学、拟合函数等实现的。目前国内的主流研究仍然集中于弱人工智能领域，并取得了显著进步，如语音识别、图像处理和物体分割、机器翻译等方面取得了重大突破。

强人工智能是在各方面都能与人类比肩的机器智能，与人类一样拥有开展所有工作的可能，可以自行推理问题和独立解决问题。从一般意义来说，达到人类水平的、能够自适应地应对外界环境挑战的、具有自我意识的人工智都能被称为“强人工智能”。

二、人工智能的特征

1. 服务性

人工智能系统是按照人类设计的程序逻辑或软件算法通过芯片等硬件载体来运行或工作的机器，是人类有目的的行为，其必须体现服务人类的特点，遵循伦理道德标准，而不应该出现伤害人类的行为，特别是有目的的伤害人类的行为。

2. 互补性

人工智能系统可以借助传感器等器件来获得感知外界环境的能力，在像人一样通过视觉、嗅觉、听觉、触觉等渠道接收外部环境的各种信息的同时，通过输入产生文字、语音、表情、动作等反应反馈给外部环境，甚至能产生影响环境或人类的行为。

人与机器之间的互动可以通过按钮、键盘、屏幕、手势、鼠标、表情、体态、VR/AR 等方式来实现，从而使智能机器设备越来越能“理解”人类甚至与人类共同协作、优势互补。人工智能系统能够帮助人类做其不擅长、不喜欢甚至是危险（但机器能够完成）的工作，从而人类可以去做一些更具创造性、洞察力、想象力、灵活性、多变性乃至需要用心领悟和情感交流的工作。

3. 迭代性

人工智能系统在理想情况下具有一定的自适应能力和学习能力，即具有一定的随环境、数据或任务变化而自动调节参数或更新优化模型的能力，并且能够在此基础上，通过云、端、人、物进行越来越广泛的数字化连接、扩展，实现机器客体乃至人类主体的演化迭代，从而使系统具有一定的适应性、灵活性、扩展性来应对不断变化的现实环境和应用场景，丰富人工智能系统在各行各业的应用。[①]

三、人工智能的四大要素

人工智能的发展需要四大必备要素：数据、算力、算法、场景。

数据是人工智能的基础。要实现真正的智能，就需要大量的数据，覆盖各种可能的场景，通过机器的反复训练，总结出规律，建立模型，进而应用到新的场景中。如计算机能对多种语言进行翻译，机器能通过指纹、人脸进行识别等，每一项技术都是在海量数据的积累下反复训练的结果。在数据的支持下，人工智能才会有无限可能。

算法是人工智能的关键。算法是指解决方案的准确而完整的描述，是一系列解决问题的清晰指令，代表着用系统的方法描述解决问题的策略机制。人工智能主流的算法是机器学习算法和神经网络算法。机器学习算法是促使计算机智能化的根本途径，专门研究计算机怎样模拟或实现人类的学习行为，重新组织已有的知识结构使之不断改善自身的性能，以获取新的知识或技能。[②]神经网络算法是将信息具体化，用符号进行表示，写成串行指令让计算机执行。算法能针对不同的行业建立对应的模型，从而进行分析，提供决策。举个简单的例子，"今日头条"App通过对用户日常浏览文章的偏好、页面停留的时间长短、关键词的搜索等行为进行数据分析，构建模型，然后个性化地推荐每位用户喜爱或者关注的信息。

算力是人工智能的核心。算力是人工智能运算的能力和效率，是未来人工智能应用取得突破性的决定因素。算力的核心是芯片，存在于各种硬件设备(如手机、计算机)，通俗来讲，算力高的手机运行流畅，算力低的手机运行卡顿。随着人工智能算法的突飞猛进，越来越多的模型训练需要大量的算力支撑才能快速有效地实施。在这个数据高速累积的时代，现有的计算能力已经赶不上数据爆发式增长的速度，人工智能想要突破发展，必须提高算力，算力越强，处理数据的能力就越强、越精确。要想实现人工智能的更高端应用，实现在各个产业的更广泛应用，就必须考虑算力这个重要因素，可以说算力就是生产力。在整个人工智能发展的要素中，无论是数据还是算法，都离不开算力的支撑，算力在人工智能中扮演着越来越重要的角色。

场景是人工智能的应用。人工智能需要数据、算力、算法的输入，而场景就是人工智能的输出，只有在实际的场景中应用，才能体现其价值，没有场景的支撑，再强大先进的技术也无法落地应用，无法开展业务，如滴滴打车的交通场景、美团外卖的餐饮场景、支付宝的支付场景等。人工智能作为面向未来的新事物，依赖于场景的创新推动，其在各类场景中的应用互联互通，能达到提高城市运维效率、提升资源管理效率、改善居民生活品质等目的。简而言之，应用场景是人工智能发展的主要驱动力。

---

① 资料来源：中国电子技术标准化研究院《人工智能标准化白皮书(2018版)》。

② 田恬. 英国皇家学会发布新的调研项目——机器学习[J]. 科技导报，2016，34(3)：93.

四、人工智能产业链

人工智能的产业链分为上游硬件供应商(基础层)、中游AI技术与平台(技术层)、下游应用领域(应用层)(图2-12)。基础层主要是为人工智能技术的应用落地提供硬件等基础保障；技术层主要是构建人工智能的技术框架、路径等，同时提供算法及各种通用技术；应用层是将人工智能技术应用到各个领域及现实场景中。

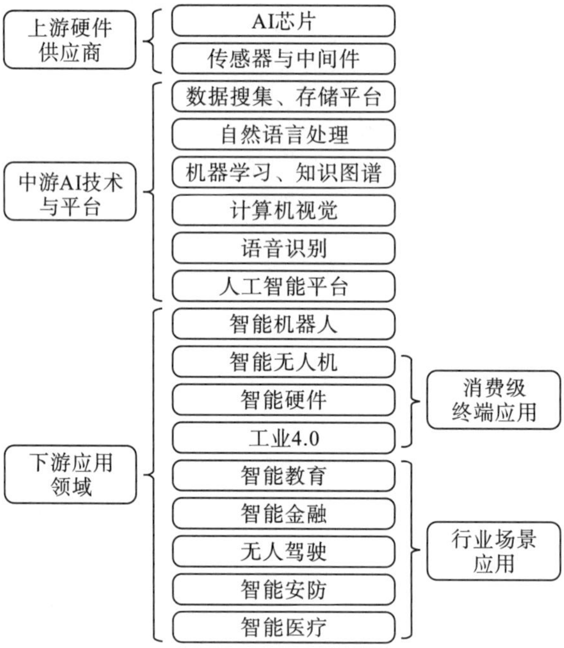

图2-12 人工智能产业链分布图[①]

(一)上游硬件供应商

上游基础层主要是为人工智能技术提供芯片、传感器、中间件等各类硬件及基础设备，为人工智能技术的应用落地提供后台保障。例如，华为在人工智能领域主要提供人工智能芯片。

人工智能芯片又叫AI芯片，AI芯片作为衡量一个国家科技发展水平及实力的重要参考标准，是人工智能产业的核心硬件。AI芯片也被称为AI加速器或计算卡，是专门处理人工智能应用中需要大量计算任务的模块。由于传统芯片的计算架构无法支撑深度学习等大规模并行计算的需求，因此需要新的底层硬件来更好地储备数据、加速计算过程。AI芯片的分类主要包括GPU、DSP、FPGA、ASIC以及类脑芯片[②]等，用于提升计算机性能，

① 王佳佳，马黴伦，罗珺，等. 国资布局新基建之人工智能篇[J]. 企业管理，2020(10)：22-25.

② GPU意为图形处理器；DSP意为数字信号处理；FPGA意为现场可编程门阵列，是在可编程器件的基础上进一步发展的产物，是作为专用集成电路领域中的一种半定制电路而出现的；ASIC意为集成电路；类脑芯片是人工智能芯片中的一种架构，主要模拟人脑进行设计，在功耗和学习能力上具有更大优势。

而传感器及其他中间件[①]主要用于搜集海量数据，并将数据实时或离线传输到数据中心进行处理。

（二）中游 AI 技术与平台

中游技术层是人工智能产业链的核心，其是以模拟人的智能特征为出发点，并基于研究成果来实现人工智能的商业化构建，其主要是由数据抓取、存储、处理平台以及各类感知技术与深度学习技术组成，具体包括计算机视觉、自然语言处理、机器学习、知识图谱、语音识别以及人工智能平台构建等领域。常见的人工智能平台有百度 AI 开放平台、搜狗 AI 开放平台等。

在中游技术层中，各类数据搜集、处理及存储企业都为 AI 技术的使用提供数据支持。其中计算机视觉是指使用摄像机或电脑以及其他相关设备对生物视觉进行模拟，从而使电脑处理的结果成为更适合人眼观察或传送给仪器更方便检测的图像；自然语言处理是指机器通过理解人类自然语言的能力，实现人与机器之间的有效沟通，具体包括机器翻译、信息检索和过滤等；机器学习是人工智能的核心，是指利用数据优化计算机程序的性能来提高机器的学习效率；语音识别是一种可以让机器通过识别和理解将语音信号转变为相应文本或命令的技术。

（三）下游应用领域

下游应用领域是指基于上游基础层与中游技术层，实现人工智能与传统产业融合发展以及不同场景的应用。根据应用对象的不同，下游应用层可以分为消费级终端应用与行业场景应用两部分。其中消费级终端应用包括智能机器人、智能无人机和智能硬件三个方向；行业场景应用主要用于对接各类行业的 AI 应用场景，主要包括工业 4.0、智能教育、智能金融、无人驾驶、智能安防、智能医疗等众多领域。随着人工智能及其相关技术的不断发展，其应用场景将会越来越广阔。[②]

五、人工智能产业生态

从产业配置的角度看，人工智能主要包括核心产业、关联产业、衍生产业，如图 2-13 所示。

核心产业主要分为智能基础设施、智能信息及服务、智能技术服务、智能产品等。其中智能基础设施包括智能芯片、智能传感器、分布式计算框架等；智能信息及服务包括数据采集、数据集分析、数据分析处理等；智能技术服务包括技术平台、算法模型、整体解决方案、人工智能在线服务等；智能产品包括智能语音处理、计算机视觉、智能语音、生物特征识别、VR/AR 等。关联产业主要有软件产品开发、信息技术咨询、电子信息材料、

① 传感器是一种检测装置，能感受到被测量的信息，并能将感受到的信息按一定规律变换成为电信号或其他所需形式的信息输出，以满足信息的传输、处理、存储、显示、记录和控制等要求。中间件是介于应用系统和系统软件之间的一类软件，它使用系统软件所提供的基础服务（功能），衔接网络上应用系统的各个部分或不同的应用，能够达到资源共享、功能共享的目的。

② 王佳佳，马儆伦，罗珺，等. 国资布局新基建之人工智能篇[J]. 企业管理，2020（10）：22-25.

信息系统集成、互联网信息服务、集成电路设计、电子计算机、电子元器件等。衍生产业主要有智能制造、智能家居、智能金融、智能教育、智能交通、智能安防、智能物流、智能医疗等。

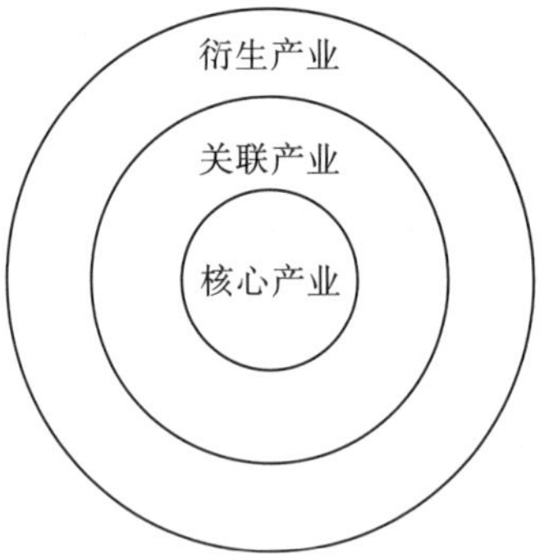

图 2-13 人工智能的产业生态[①]

六、人工智能的关键技术

人工智能领域普遍包含了计算机视觉、自然语言处理、生物特征识别、智适应学习、机器学习、智能芯片、知识图谱等关键技术，如图 2-14 所示。

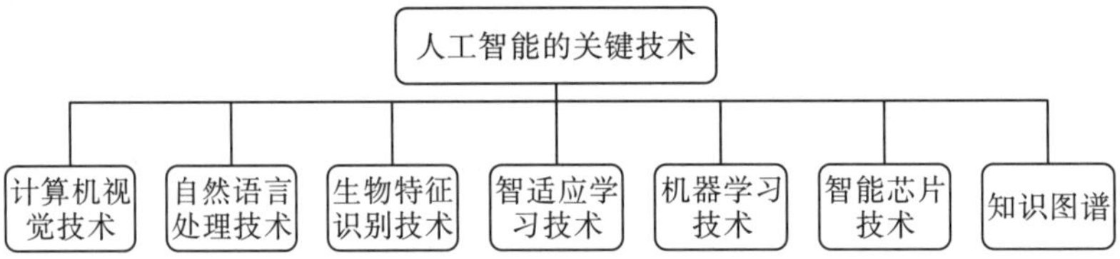

图 2-14 人工智能的关键技术

(一)计算机视觉技术

计算机视觉是通过使用计算机模仿人类视觉系统，让计算机拥有类似于人类提取、处理、理解和分析图像以及图像序列的能力。更进一步地说，计算机视觉是指用摄影机和电脑代替人眼对目标进行识别、跟踪和测量的技术。计算机视觉系统的主要功能有图像获取、预处理、特征提取、检测/分割和高级处理，详见图 2-15。

① 资料来源：中国电子技术标准化研究院《人工智能标准化白皮书(2018 版)》。

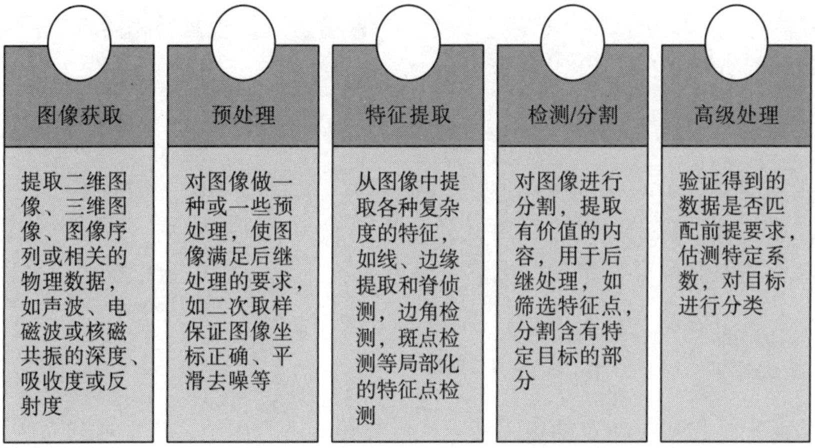

图 2-15　计算机视觉系统的主要功能①

根据解决的问题，计算机视觉技术主要分为计算成像、图像理解、三维视觉、动态视觉和视频编解码五大类。

1. 计算成像

计算成像是将照明、光学传播路径、光学系统、成像电路和显示等以全局观点描述的方式。计算成像技术因具有高性能的计算能力及全局化的信息处理能力，解决了传统成像技术难以突破的种种难题，带来了成像领域的又一次新的变革。

2. 图像理解

图像理解是通过利用计算机系统解释图像来实现类似人类视觉系统理解外部世界的技术。图像理解技术主要涉及获取图像的方法、装置和具体的应用实现，通常可以根据理解信息的抽象程度分为三个层次：浅层理解、中层理解、高层理解。其中浅层理解包括图像边缘、图像特征点、纹理元素等；中层理解包括物体边界、区域与平面等；高层理解则根据需要抽取的高层语义信息，大致分为识别、检测、分割、姿态估计、图像文字说明等。目前，高层图像理解算法已逐渐应用于人工智能系统，如刷脸支付、智慧安防、图像搜索等。②

3. 三维视觉

三维视觉是通过视觉获取三维信息（三维重建）以及如何理解所获取的三维信息的技术。所谓三维重建就是指从单幅图像加景物约束、二幅、二幅以上图像恢复空间点三维坐标的过程，其是人类视觉的主要目的，也是计算机视觉的最主要研究方向。三维重建根据重建的信息来源不同，可分为单目图像重建、多目图像重建和深度图像重建等。三维信息理解，即使用三维信息辅助图像理解或者直接理解三维信息，根据其理解的深浅，三维信息理解可分为浅层、中层以及高层。其中浅层主要包括角点、边缘、法向量等，中层包括

① 图片来源：中国科学院大数据挖掘与知识管理重点实验室《2019 年人工智能发展白皮书》。
② 资料来源：中国电子技术标准化研究院《人工智能标准化白皮书(2018 版)》。

平面、立方体等，高层包括物体检测、识别、分割等。三维视觉技术可以广泛应用于机器人、无人驾驶、智慧工厂、VR/AR 等领域。

4. 动态视觉

动态视觉即通过分析视频或图像序列来模拟人处理时序图像的技术，其与静态视觉是相对的。通常动态视觉问题可以定义为寻找图像元素，如像素、区域、物体在时序上的对应，以及提取其语义信息的问题。动态视觉被广泛应用在视频分析以及人机交互等方面。①

5. 视频编解码

视频编解码是指通过特定的压缩技术，将视频流进行压缩，其主要分为两大类：无损压缩和有损压缩。无损压缩是指使用压缩后的数据在进行重构时，其重构的数据与原来的数据完全相同，此类压缩是完全可恢复的或无偏差的，没有失真，例如磁盘文件的压缩。有损压缩也称为不可逆编码，是指使用压缩后的数据在进行重构时，重构的数据与原来的数据有差异，但并不会影响人们对原始资料所表达的信息的理解，允许有一定的失真，视觉效果一般是可以接受的，例如视频会议、可视电话、视频广播、视频监控等。相对于无损压缩，有损压缩的应用范围更加广泛。

（二）自然语言处理技术

自然语言处理技术就是人与计算机之间进行有效沟通交流的各种理论和方法。自然语言处理是指用计算机对自然语言的形、音、义等信息进行处理，即对字、词、句、篇章的输入、输出、识别、分析、理解、生成等的操作和加工。可以说，自然语言处理就是要计算机理解自然语言，其机制包括自然语言理解和自然语言生成。自然语言理解是让计算机把输入的语言变成有意思的符号和关系，然后根据目的再处理；自然语言生成则是把计算机数据转化为自然语言。自然语言处理包括语音分析、句法分析、语义分析、句用分析，如图 2-16 所示。

自然语言处理主要包括机器翻译、语义理解和问答系统等技术。

1. 机器翻译

机器翻译技术是指利用计算机技术实现从一种自然语言到另外一种自然语言的翻译过程。现有的机器翻译方法突破了之前基于规则和实例翻译方法的局限性，使得翻译性能有了巨大提升。随着上下文的语境表征和知识逻辑推理能力的发展，自然语言知识图谱不断扩充，机器翻译也将会在多轮对话翻译及篇章翻译等领域中取得更大的进展。目前，基于深度神经网络的机器翻译已经在日常口语等场景中成功应用，并显现出了巨大的潜力。

2. 语义理解

语义理解技术是指利用计算机技术实现对文本篇章的理解，并且回答与篇章相关问题

① 资料来源：中国电子技术标准化研究院《人工智能标准化白皮书(2018 版)》。

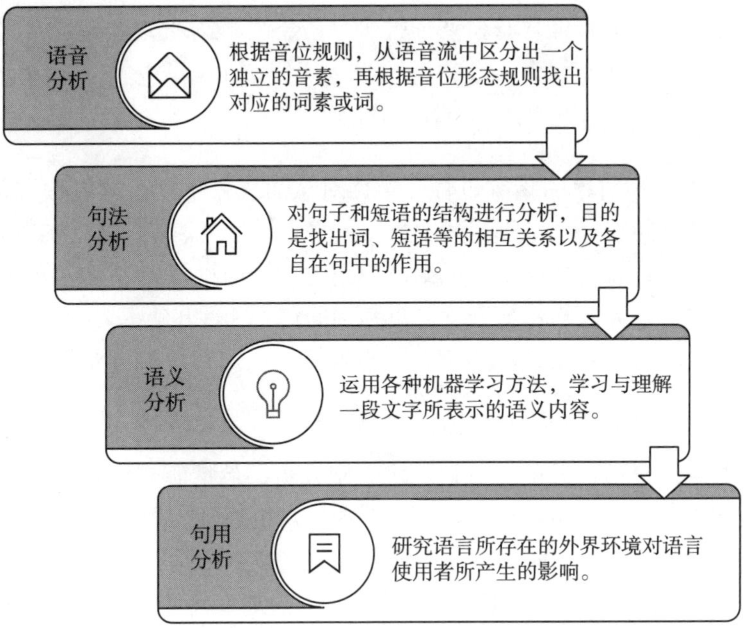

图 2-16　自然语音处理的内容

的过程，注重于对上下文的理解以及对答案精准程度的把控。在数据采集方面，语义理解主要是通过自动构造数据方法和自动构造填空型问题的方法来有效扩充数据资源。目前的语义理解技术将在智能客服、产品自动问答等相关领域发挥重要作用，从而进一步提高问答与对话系统的精度，但对于进一步泛化的答案，语义理解技术仍有较大的提升空间。

3. 问答系统

问答系统是信息检索系统的一种高级形式，是指让计算机像人类一样用自然语言与人交流的技术，它能用准确、简洁的自然语言回答用户提出的问题，其分为限定域问答系统和开放域问答系统。限定域问答系统是指系统所能处理的问题只限定于某个领域或者某个内容范围；开放域问答系统可回答的问题不限定于某个特定领域，在回答开放领域的问题时，需要一定的常识、知识或世界知识并具有语义词典。在人们向问答系统提交用自然语言表达的问题时，系统会返回关联性较高的答案。尽管问答系统目前已经有不少应用产品出现，但大多是在实际信息服务系统和智能手机助手等领域中的应用，在问答系统鲁棒性[①]方面仍然存在着问题和挑战。[②]

（三）生物特征识别技术

生物特征识别技术是指通过个体生理特征或行为特征对个体身份进行识别认证的技术。生物特征识别技术涉及的内容十分广泛，主要包括指纹、人脸、虹膜、声纹等多种生物特征，其识别过程涉及图像处理、计算机视觉、语音识别、机器学习等多项技术。目前

① 鲁棒性是指在异常和危险情况下系统生存的能力。比如说，计算机软件在输入错误、磁盘故障、网络过载或有意攻击情况下，能否不死机、不崩溃，就是该软件的鲁棒性。
② 资料来源：中国电子技术标准化研究院《人工智能标准化白皮书(2018 版)》。

生物特征识别作为重要的智能化身份认证技术，在金融、公共安全、教育、交通等领域得到广泛的应用。①

1. 指纹识别

指纹识别是将识别对象的指纹进行分类比对从而进行判别，其过程通常包括数据采集、数据处理、分析判别三个过程。其中数据采集是通过光、电、力、热等物理传感器来获取指纹图像的过程；数据处理则是根据采集到的数据进行预处理、畸变校正、特征提取的过程；分析判别是对提取的特征进行分析判别的过程。近几年来，指纹识别技术大部分是应用于智能手机和防盗门上，成为支持手机解锁、在线支付的重要基础技术。

2. 人脸识别

人脸识别是利用分析比较的计算机技术识别人脸，包括面部识别和面部认证两方面，基本实现了快速而高精度的身份认证，是典型的计算机视觉应用。从应用过程来看，人脸识别技术可划分为检测定位、面部特征提取及人脸确认三个过程。人脸识别技术的应用会受到光照、拍摄角度、图像遮挡等多个因素的影响，在约束条件下人脸识别技术相对成熟，但在自由条件下人脸识别技术还需要不断改进。由于人脸识别技术属于非接触型认证，只需看到脸部就可以实现应用，因而大部分被应用到证件中的身份认证、重要场所中的安全检测和监控、智能卡中的身份认证、计算机登录等多种不同的安全领域。

3. 虹膜识别

虹膜识别是基于眼睛中的虹膜进行身份识别，包括虹膜图像分割、虹膜区域归一化、特征提取和识别四个部分。其中虹膜图像分割是针对影响虹膜识别性能的眼睑及睫毛遮挡以及瞳孔边界非标准圆等情况提出的一种新方法，其采用活动轮廓模型技术计算出瞳孔的精确边界；虹膜区域归一化是指对虹膜图像进行一系列标准的处理变换，使之变换为一固定标准形式的过程；特征提取是指利用计算机提取虹膜图像中属于特征性的信息的方法及过程；识别是指通过对比特征提取后的虹膜图像和计算机中已收录的图像，判定出该虹膜的归属方。现如今虹膜识别技术应用的主要难题在传感器和光照影响两个方面：一方面，由于虹膜尺寸小且容易受黑色素遮挡，需要在近红外光源下采用高分辨图像传感器才能清晰成像，这对传感器的质量和稳定性要求都比较高；另一方面，光照的强弱变化会引起瞳孔缩放，从而导致虹膜纹理产生复杂形变，增加了匹配的难度。但有统计表明，到目前为止，虹膜识别的错误率是各种生物特征识别中最低的。

4. 声纹识别

声纹识别就是根据待识别语音的声纹特征把说话人的声信号转换成电信号，再用计算机进行识别的技术，也被称为“说话人识别”。声纹识别包括说话人辨认和说话人确认，前者是用来判断某段语音是若干人中的哪一个说的，为“多选一判别”问题；后者则是用来确认某段语音是否是指定的某一个人所说的，为“一对一判别”问题。声纹识别的过程

① 资料来源：中国电子技术标准化研究院《人工智能标准化白皮书(2018版)》。

其实就是将某段来自某个人的语音经过特征提取后与多复合声纹模型库中的声纹模型进行相关度匹配。声纹识别的任务包括语音信号处理、声纹特征提取、声纹建模、声纹比对、判别决策等，主要应用于安防领域，比如刑侦破案、门禁、银行交易等。

5. 语音识别

语音识别技术也被称为自动语音识别，是利用超大规模语言模式识别及自主学习技术，预测对话语境，对各类业务生成的声音信号做集中的分析处理，实现高效的语音转写文字服务，其目标是将人类的语音中的词汇内容转换为计算机可读的输入[①]。与声纹识别不同的是，前者在于通过声音特征来识别说话人的身份，后者则是尝试识别或确认说话人发出的语音包含的词汇内容。

（四）智适应学习技术

智适应学习技术作为教育领域最具突破性的技术，模拟了老师与学生一对一教学的过程，赋予了学习系统个性化教学的能力，其体系包括知识状态诊断、能力水平评测和学习内容推荐等。和传统的教学方式相比，智适应学习系统在带给学生个性化的学习体验的同时，提升了学生的学习投入度和学习效率。采用智适应学习技术的学习系统能够针对学生的具体情况提供个性化的学习解决方案，包括定位学生的知识漏洞、评估学生的学习能力水平和知识状态、实时动态提供个性化学习内容。智适应学习技术解决了教育领域一直困扰的质量、成本、可获取性三大矛盾因素。

（五）机器学习技术

机器学习是模拟人类的学习行为以获取新的知识或技能，重新组织已有的知识结构使之不断改善自身的性能的技术，是人工智能技术的核心，也是使计算机具有智能的根本途径，涉及统计学、系统辨识、逼近论、神经网络、优化理论、计算机科学、脑科学等诸多领域。

根据学习模式的不同，机器学习可分为监督学习、无监督学习和强化学习三类。监督学习是利用已标记的有限训练数据集，通过某种学习方法建立模型，实现对新数据的标记，其算法主要包括回归和分类。无监督学习是通过利用无标记的有限数据集，描述隐藏在未标记数据中的结构或规律。强化学习是智能系统映射从环境到行为的学习，目的是使强化信号函数值最大，其主要依靠自身经历进行学习。

根据学习方法的不同，机器学习可以分为传统机器学习和深度学习。传统机器学习是指通过分析训练样本，以发现不能通过原理分析获得的规律，实现对未来数据行为或趋势的预测。[②]深度学习又称为深度神经网络，是建立深层结构模型且层数超过 3 层的神经网络的学习方法。

① 资料来源：北京互联网法院 《互联网技术司法白皮书》。
② 资料来源：中国电子技术标准化研究院《人工智能标准化白皮书(2018 版)》。

（六）智能芯片技术

目前，关于智能芯片的定义并没有一个严格和公认的标准。一般来说，运用了人工智能技术的芯片都可以称为智能芯片，但是狭义的智能芯片特指针对人工智能算法做了特殊加速设计的芯片。随着互联网用户量和数据规模的急剧增加，人工智能的发展对计算性能的要求也随之提高。未来的智能芯片将主要向两个方向发展：一是模仿人类大脑结构的芯片，二是量子芯片。智能芯片可按技术架构、功能和应用场景等维度分成多种类别。

从技术架构来看，智能芯片可以分为通用类芯片（CPU、GPU、FPGA）①、基于FPGA的半定制化芯片、全定制化ASIC芯片、类脑计算芯片。按功能角度来划分，智能芯片可以分为训练和推理两种类型。训练过程涉及海量的训练数据和复杂的深度神经网络结构，需要庞大的计算规模，主要使用智能芯片集群来完成。与训练的计算量相比，推理的计算量较少，但仍然涉及大量的矩阵运算。从应用场景来看，智能芯片可以分为云端和设备端两大类。目前，训练和推理通常都在云端实现，只有对实时性要求很高的设备会交由设备端进行处理。②

（七）知识图谱

知识图谱是利用可视化技术来描述知识资源及其载体、展示知识发展进程与结构的关系及其相互联系的技术，主要涉及应用数学、图形学、信息可视化技术、信息科学等学科的理论与方法。通俗地讲，知识图谱就是把所有不同种类的信息连接在一起而得到的一个关系网络，提供了从“关系”的角度去分析问题的能力。②知识图谱主要应用于反欺诈、不一致性验证、组团欺诈等公共安全保障领域，尤其在搜索引擎、可视化展示和精准营销方面具有很大的优势，目前已成为业界的热门工具。

七、人工智能的相关政策

2015年，国务院出台了《国务院关于积极推进“互联网+”行动的指导意见》，提出将人工智能列为11项重点发展项目之一。2016年5月，国家发改委、科技部、工信部、中央网信办联合发布了《“互联网+”人工智能三年行动实施方案》，提出到2018年，打造人工智能基础资源与创新平台，基本建立人工智能产业体系，突破人工智能的基础核心技术，形成千亿级的人工智能市场应用规模。2017年，我国出台了《新一代人工智能发展规划》《促进新一代人工智能产业发展三年行动计划（2018—2020年）》等相关政策文件，推动了人工智能技术研发和产业化发展。同年10月，党的十九大报告指出，将推动互联网、大数据、人工智能和实体经济深度融合，人工智能至此上升为国家战略。2019年3月，十三届全国人大二次会议表示，已将与人工智能密切相关的立法项目列入立法规划。目前，国内人工智能的发展正处于高峰期的上升阶段，已具备了一定的技术和产业基础，在芯片、数据、平台、应用等领域集聚了一批人工智能企业，在部分方向取得阶段性

① CPU为中央处理器；GPU为图形处理器；FPGA是在可编程器件的基础上进一步发展的产物，是作为专用集成电路（ASIC）领域中的一种半定制电路而出现的。

② 资料来源：中国电子技术标准化研究院《人工智能标准化白皮书（2018版）》。

成果并向市场化发展。国家相关政策如表 2-4 所示。

表 2-4 人工智能的相关政策

时间	文件名称	颁发机构
2017.07	《国务院关于印发新一代人工智能发展规划的通知》	国务院
2017.12	《工业和信息化部关于印发〈促进新一代人工智能产业发展三年行动计划（2018—2020 年）〉的通知》	工业和信息化部
2018.07	《教育部办公厅关于成立教育部人工智能科技创新专家组的函》	教育部办公厅
2019.02	《关于支持北京建设国家新一代人工智能创新发展试验区的函》	科技部
2019.05	《关于支持上海建设国家新一代人工智能创新发展试验区的函》	科技部
2019.08	《科技部关于印发〈国家新一代人工智能开放创新平台建设工作指引〉的通知》	科技部
2019.10	《关于支持天津建设国家新一代人工智能创新发展试验区的函》	科技部
2019.10	《关于支持深圳建设国家新一代人工智能创新发展试验区的函》	科技部
2019.10	《关于支持杭州建设国家新一代人工智能创新发展试验区的函》	科技部
2019.10	《关于支持合肥建设国家新一代人工智能创新发展试验区的函》	科技部
2019.11	《关于支持德清县建设国家新一代人工智能创新发展试验区的函》	科技部
2019.11	《国家林业和草原局关于促进林业和草原人工智能发展的指导意见》	国家林业和草原局
2020.07	《国家新一代人工智能标准体系建设指南》	国家标准化管理委员会等五部门

八、我国人工智能发展现状

人工智能的发展对减少我国人口老龄化带来的负担、实现可持续发展有着关键意义，是我国经济发展的重大机遇。人工智能领域的建设发展已成为国家战略。在“2020 无锡人工智能产业高峰论坛暨 AI 精准赋能中小企业对接”活动上，工信部赛迪研究院副总工程师、人工智能产业创新联盟秘书长安晖发表报告称，2019 年中国已拥有 206 家人工智能独角兽企业，位居全球人工智能独角兽企业国家榜榜首，2015～2019 年，中国人工智能公司筹集资金达 400 亿美元，位居全球第二。截至 2019 年 10 月中旬，全国有智能机器人企业 1499 家，无人机企业 2707 家，人脸识别企业 6722 家，智能语音企业 2855 家，智能驾驶企业 6143 家。

投融资方面，根据 CB Insights 发布的《全球人工智能投资趋势年度报告》，2019 年，全球范围 AI 投融资分布中，美国的占比由 2014 年的 71%逐渐下降到 2019 年的 39%，中国占比为 13%，其次是英国的 7%、日本的 5.3%和印度的 4.9%。专利方面，根据 incoPat 全球专利数据库中人工智能相关专利数据的整理统计可知，从 2017 年开始，中国在人工智能领域公开的专利数量已超过美国，并以明显超过其他国家或组织的增长率快速增长，到 2019 年，中国的专利数量达 25721 件，已经是美国的 2.5 倍，说明我国在人工智能领域发展极快，已经是世界领跑者。[①]截至 2019 年底，我国人工智能核心产业的规模超过

① 王和勇，古龙. 基于专利计量的人工智能发展现状研究及关键技术分析[J]. 科技管理研究，2020，40(21)：202-210.

510亿元，人工智能企业超过2600家。2021年2月，工业和信息化部印发通知，支持创建北京、天津(滨海新区)、杭州、广州、成都国家人工智能创新应用先导区，这是继上海(浦东新区)、深圳、济南-青岛3个先导区后，工业和信息化部发布的第二批先导区名单。至此，全国人工智能创新应用先导区已增至8个。

九、人工智能的应用

人工智能技术将成为推动社会经济发展的重要基础支撑，其将与互联网一样，通过与实体经济的融合，利用各种技术、产品和工具，融入各行各业，不断提升各个行业的发展水平，创造新的服务体系、价值体系和产业体系，并在多个行业拥有深度应用的前景。在人工智能技术向各行各业渗透的过程中，不同产品由于使用场景复杂度及技术发展水平的不同，其成熟度也不同。在各行各业中，安防和金融行业的人工智能使用率普遍偏高，零售、交通、教育、医疗、制造行业次之。

(一)安防

人工智能在安防行业的应用围绕着视频监控不断改革升级。在政府的大力支持下，我国已建成了集数据传输和控制于一体的自动化监控平台。随着人工智能的计算机视觉技术出现突破，安防行业迅速向智能化方向发展。安防行业的人工智能技术主要集中应用于人脸识别、行人识别、行为识别、结构化分析、大规模结构化和半结构化视频信息检索等方面。按照应用场景来看，人工智能在安防行业的应用主要分为卡口场景和非卡口场景。卡口场景主要为人脸/人员卡口和车辆卡口，此类场景摄像机的采集位置、光线、角度等条件可控；非卡口场景指的是普通治安监控场景，对摄像机安装位置和角度以及采集光线等不做严格要求。①目前，人工智能基本实现了在安保、警务、治安、人车流监控等场景的全面应用。人工智能在安防行业的建设将为智慧城市建设提供基础性支持与保障，为智慧城市的其他环节建设提供关键的技术支撑，同时也将助力国家治理体系的完善与治理能力的提升。

(二)金融

随着人工智能技术的不断发展，人工智能已经渗透到金融领域。在金融行业，人工智能技术以智能风控为主，同时渗透支付、理赔、投资研究、投资顾问等场景，主要应用于智能客服、智能投顾、交易预测三个方面。其中，金融领域的智能客服具有很强大的人机交互功能和自动性，不仅可以实现与人的交流，还可以自行处理业务，同时具备银行从业人员所需的能力；智能投顾就是人工智能与投资顾问的结合，其为普通投资者提供投资建议，并鼓励低收入投资者进入市场，使各类投资者的利益能被同等对待；交易预测就是通过算法和大数据信息对金融市场的走向做出预测，其运用人工智能技术使得预测不被传统交易员的情绪性问题影响，自身十分理性，大大提高了预测的精确性，使得金融市场的发展较为稳定。②

---

① 吴参毅. 人工智能在安防行业的应用[J]. 中国安防，2020(11)：91-96.
② 王奕翔. 人工智能在金融领域的应用分析[J]. 财经界，2020(28)：29-30.

人工智能技术在金融领域的应用不仅提高了其运行效率，还为其输送了发展所需的“新鲜血液”，但同时为其发展带来了一定的风险问题。目前，人工智能技术在金融领域中的应用大多停留在算法、数据处理等层面，如果想获得进一步的发展，就需要开拓和解决更加复杂的任务，特别是运用理解、思考以及推理等人类特有的感知领域去解决相关的问题。①

（三）零售

零售业作为对新兴技术颇为敏感的行业之一，也被人工智能所青睐，无人零售店、图像识别、语音识别、虚拟私人小助手、健康机器人等的出现，让人工智能在零售业的应用更加深入。这些技术的发展与应用为新零售的出现提供了强有力的动力支撑，帮助零售业降低成本，提高效率，打造竞争优势，提高服务水平和顾客体验。用机器替代人力，可以节约人力成本，提高效率和准确率。采用深度学习技术，可以提高决策效率和精准度，还可以全方位了解和满足顾客需求。

未来，在人工智能的助力下，零售业发展方向在于打通供应链各环节，使得各环节数据共享，建立生产者、零售商、顾客等利益相关者之间的新链接，从而降本增效、颠覆体验、增加更多的商业价值。②

（四）交通

以人工智能和互联网技术为基础的智能交通，全面利用大数据技术来优化城市交通，促进城市交通顺畅。在交通领域，人工智能的应用主要体现在自动驾驶汽车、智能交通机器人、智能交通监控等方面。自动驾驶汽车是凭借计算机控制系统实现无人操控的智能化汽车，即通过智能路线设计、计算机视觉、网络定位等相关技术，保证计算机操作系统在无人控制的情况下，自动操控机动车辆，并提供安全维护与保障。智能交通机器人是指在道路口处指挥交通的智能机器人，能通过人工智能技术实时监控交通道路，获取路况交通信息，并根据指定的计算模式、辅助指示传输有关信息，完成道路交通的指挥工作。智能交通监控是指智能计算机与交通摄像头通过网络连接，利用图像监控、辨别技术等，剖析全部的道路交通状况，保证交警部门能够及时掌握道路的车流量、拥堵、红绿灯等状况，优化交通管理，实现交管智能化，减少交通堵塞现象。③

人工智能应用于拥堵分析、路线优化、车辆调度、驾驶辅助等交通场景，能有效改善交通问题。随着信息化技术的不断进步，智慧交通已成为未来发展的必然趋势，特别是对未来城市交通而言，其势必会向智慧化方向发展。

（五）教育

目前，人工智能在教育领域上的应用也越来越广。将人工智能应用于教育领域，能达到提升教育质量的目的。国内一些企业尤其重视“人工智能+教育”产品的研发，并依托人工智能技术开发了各类教育智能产品，初步构建了智慧校园、智慧课堂、智慧学习、智

① 王奕翔. 人工智能在金融领域的应用分析[J]. 财经界，2020(28)：29-30.
② 谢晶，张景铭. 人工智能与新零售发展关系探析[J]. 商业经济，2020(5)：66-67.
③ 李曦. 人工智能技术在智慧交通领域的应用分析[J]. 中国公路，2020(15)：94-95.

慧考试一体化的教育智能产品体系。智能教育是人工智能与教育深度融合发展的结果，是教育信息化和创新发展的突破口，可以优化教育信息化流程、促进教育变革。

人工智能已融入老师教学、学生学习、评测等各个教育环节，相关产品具有拍照搜题、分层排课、口语测评、组卷阅卷、作文批改、作业布置等功能，涉及自适应、语音识别、计算机视觉、知识图谱、自然语言处理、机器翻译、机器学习等多项人工智能技术，正在创造更加个性化、服务于终身学习的智能高效学习环境。①

（六）医疗

随着机器学习病例的增多，人工智能可以丰富系统的知识，自动或在人工干预下进行知识的积累和分析，提高医疗水平。人工智能依靠其准确的分析及高效的计算能力，有效解决医疗服务供给与需求严重失调、人才需求大、医疗资源紧张等问题。对医生而言，人工智能技术可以辅助诊断与决策，提高诊断能力，减少筛选对比患者病例的时间，还可以为医生临床诊疗提供数据和工具支持，为医护人员减负。对医疗机构而言，人工智能通过其先进的技术合理地配置资源，提高机构统筹管理能力，有针对性地管理人员，合理制定预算，可显著节约医疗成本，同时提高患者服务质量。通过全流程的人工智能应用，医疗机构可以节约一半的人力成本，减少患者的等待时间。对患者而言，人工智能技术在为患者节省医疗时间成本的同时，还能通过提供精准、权威、可信的诊断，缓解医患间由于信息不对称造成的不信任，增强患者对医疗服务的信心。

（七）制造

相比于人工智能在安防、医疗、教育、金融等行业的广泛应用，人工智能与制造业的融合目前还处于初级阶段。人工智能在制造业的服务主要体现在非制造的研发、营销和售后服务环节。“人工智能+制造”是人工智能技术应用到制造业的结果，在自动化、数字化、网络化的基础上实现了制造业的智能化，其核心在于机器和系统实现自适应、自感知、自决策、自学习以及能够自动反馈与调整。将人工智能技术应用于制造业将有效提高生产效率，实现柔性化生产，提高产品质量，降低人为错误，提升成品率，降低生产成本。未来几年，中国制造业转型升级的巨大需求可以为“人工智能+制造”市场的拓展提供良好的机遇。②

目前人工智能在制造业领域的应用主要体现在设备健康管理、智能质检、工艺参数性能优化、3D 分拣机器人等场景。人工智能基于特征分析和机器学习可以进行设备故障预测和全生命周期管理，实现预测性维修，保证设备始终处于可靠受控状态，大幅降低维护保养费用；利用计算机视觉技术可以进行产品缺陷检测，降低成本，提升品质；结合专家经验及智能分析技术，可以充分挖掘设备运行数据背后的规律，优化工艺生产参数，提升生产效能；借助 3D 视觉技术，通过物体识别、姿态估计、尺寸测量、运动规划等步骤，能够抓取不规则物体并实现有序放置。

---

① 资料来源：中国科学院大数据挖掘与知识管理重点实验室《2019 年人工智能发展白皮书》。

② 厉俊. “人工智能+制造”的机遇与挑战[J]. 张江科技评论，2019(4)：12-15.

第三节　5G

5G，即第五代移动通信技术，于 2018 年 12 月在中央经济工作会议中正式被纳入“新型基础设施建设”。作为支撑社会数字化、协同化、网络化、智能化转型的关键新型基础设施之一，5G 不仅在疫情防控期间对复工复产具有重要作用，也在稳固投资、促进消费、助力升级、培育新动能等方面具有巨大潜力。同时，5G 带动了电信运营业、设备制造业、信息服务业等多个产业的快速发展，并通过产业间的联动效应，与数据中心、人工智能等基础设施共同构建了一个全社会广泛参与、跨行业融合创新的生态系统。

一、5G 概述

1. 移动通信技术发展历程

移动通信技术是固定物体与移动物体、移动物体与移动物体之间进行无线通信的一种现代化技术。在过去的几十年时间里，我国移动通信技术的发展先后经历了以下多个时代。①1G 模拟话音时代（1980～1990 年），主要用于语音通信；②2G 数字话音/低速数据时代（1991～2000 年），拓展为短信通信；③3G 语言/数据/互联网时代（2001～2010 年），拓展到图像传输功能，是我国通信技术的自主创新阶段；④4G 数据主导/Apps/高速移动时代（2011 年至今），扩展到视频功能，成为我国移动通信的拓展发展阶段；⑤如今正处于以海量连接、超大带宽及超低时延技术特征为代表的 5G 时代。

2. 5G 的定义

5G 即第五代移动通信技术，简称 5G 或 5G 技术，是最新一代移动通信技术。作为 4G 的延伸，5G 也是数字蜂窝网络[①]。在这种蜂窝网络中，供应商提供的服务区域被划分成一个个小的区域，声音和图像的模拟信号在终端设备中被数字化，由模拟转换器转换成比特[②]流传输。蜂窝中的所有 5G 无线设备通过无线电波与蜂窝中的天线阵以及低功率自动收发器进行通信。收发器可以在公共频率池分发频道，而区域内的蜂窝可以重复使用这些频道。蜂窝中的天线可以通过高带宽光纤与电话网络连接以及与互联网连接，当用户从一个蜂窝穿越到另一个蜂窝时，移动设备将会自动切换到新蜂窝中的天线，进而继续保持通话和上网。随着无线移动通信系统带宽的增加和能力的增强，面向个人和行业的移动应用快速发展，移动通信相关产业生态将逐渐发生变化，5G 不仅仅是更高速率、更大带宽、更强能力的空中接口技术，也是面向业务应用和用户体验的智能网络[③]。

---

① 蜂窝网络，也被称为移动网络，主要包括终端设备、基站设备以及计算机系统设备。由于构成网络覆盖的各通信基地台的信号覆盖呈六边形，从而使整个网络像一个蜂窝而得名。

② 比特：计算机专业术语，是信息量单位，是由英文 bit 音译而来。

③ 资料来源：前瞻产业研究院《2020—2025 年中国 5G 产业发展前景预测与产业链投资机会分析报告》。

二、5G 的特征

与 4G 相比，5G 具有超高速率、超低时延、超大连接、泛在网、万物互联等特征。

1. 超高速率

超高速率是 5G 最大的一个特点。与 4G 相比，5G 由于引入高频段，解决了信道狭窄、拥堵的问题，使得通信道路更加宽广，提高了带宽的速率，使其速率为 4G 的 100 倍。在一般情况下，5G 能实现 10Gb/s 的峰值速率，可以用手机、平板等电子设备流畅观看 4K、8K 高清视频以及畅玩 360° 全景 VR 游戏。

2. 超低时延

超低时延是 5G 的又一个亮点。5G 空口时延可以降低到 1 毫秒，大约是 4G 时延的十分之一。5G 低时延的时间远远低于人类应激反应的时间，因此 5G 被广泛应用于无人驾驶、工业自动化等领域。

3. 超大连接

5G 每平方公里可以有 100 万的连接数，与 4G 相比，其用户连接数大大提升。在手机、电脑、平板等电子设备广泛使用 5G 网络的同时，家居产品、可穿戴设备、工业设备等不同领域的设备也可以使用 5G。

4. 泛在网

泛在网即广泛存在的网络，是以任何人、任何物能在任何时间、任何地点进行顺利互联互通为目标而建设的网络，有横向与纵向两层基本含义。横向主要指的是网络广度上的覆盖，5G 通过在高山高原地区部署大量的传感器，可保证野外通信，还可以进行环境、空气质量、地震等情况的检测与预测。纵向主要指的是网络深度上的覆盖，可确保在卫生间、地下室、地下车库等领域的通话与联网的顺畅。

5. 万物互联

4G 时代还只是一个手机、电脑、平板联网的时代，而 5G 时代实现了万物皆可连接的愿景，不管是家电、可穿戴设备，还是汽车、轮船、飞机都可以进行联网，联网之后便都可以进行实时管理与使用智能化的相关功能。

三、5G 产业链

5G 产业链分为上游、中游、下游三个层面。如图 2-17 所示，上游主要是移动通信基础设施供应商，中游主要是移动通信运营服务商，下游主要是终端商。

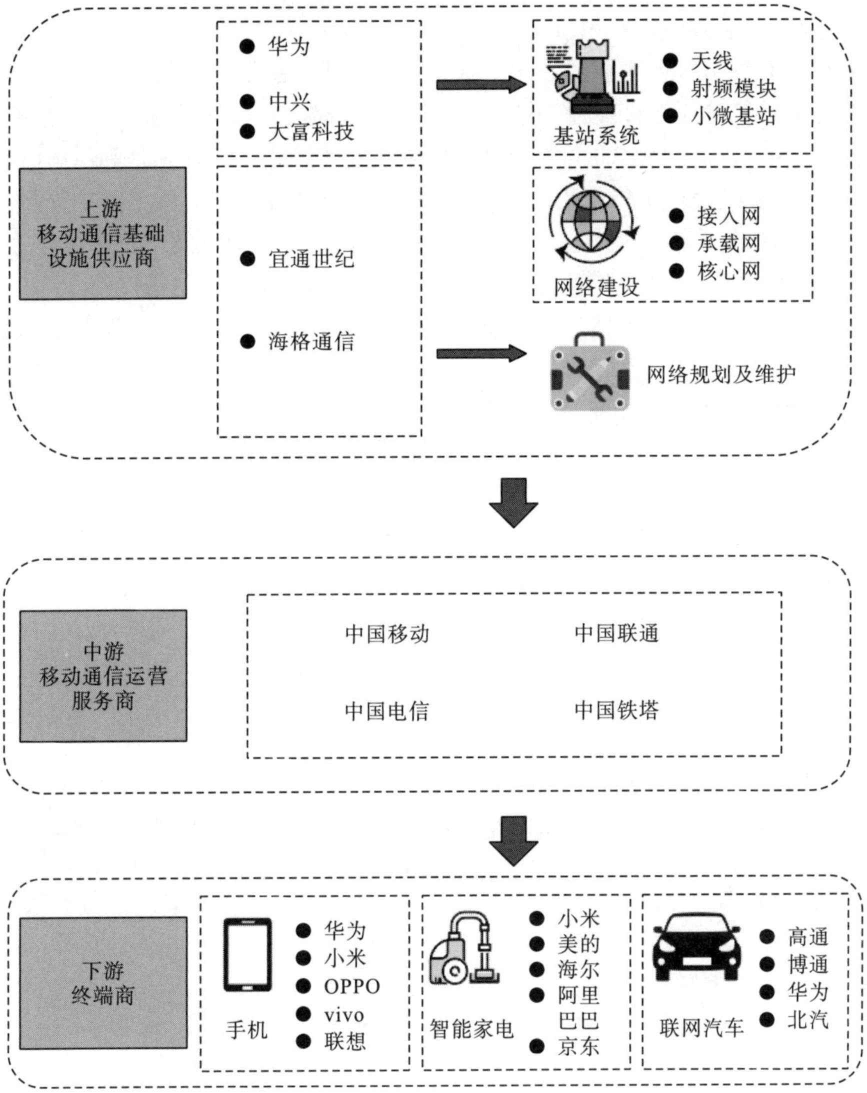

图 2-17 5G 产业链

(一) 上游

移动通信基础设施供应商主要负责网络建设基础设备的提供，以华为、中兴、大富科技为代表的企业主要供应基站系统相关设备，以宜通世纪、海格通信为代表的企业主要提供网络建设、网络规划及维护等服务。

1. 基站系统

基站系统是指基站及相关设备相互联系、相互作用形成的一个整体。基站也被称作公用移动通信基站，是无线电台站的一种形式，指的是在一定的无线电覆盖的区域内，通过移动通信交换中心，与移动电话终端进行信息传递的无线电收发信电台。换句话说，基站就是用来保证人们在移动时使用手机也能有信号以及能完整地通话、收发信息、联网等，其主要包括天线、射频模块和小微基站三大部分。

(1)天线。天线是一种变换器，作用就是将传输线上的导行波与自由空间中传播的电磁波进行相互转换，其在无线设备中是用来发射或者接收电磁波的部件。无线电通信、广播、电视、雷达、导航、电子对抗、遥感、射电天文等工程系统，凡是利用电磁波来传递信息的，都依靠天线进行工作。此外，在用电磁波传送能量方面，非信号的能量辐射也需要天线。一般天线都具有可逆性，即同一副天线既可用作发射天线，也可用作接收天线。我国供应天线的主要企业有电连技术、硕贝德、飞荣达与信维通信等。

(2)射频模块。射频模块是一种比较小型的电子设备，用于在两个设备之间发送和接收无线电信号。其作用就是将无线电信号转换成有线电信号，或者是将有线电信号转换成无线电信号。射频模块有成本低、施工周期短、适应性强、良好的可扩展性、设备恢复快等特点。我国提供射频器件的企业主要有信维通信、三安光电、卓胜微电子、智慧微电子等。

(3)小微基站。小微基站也就是小基站，用来补充宏基站覆盖地区信号弱的漏洞，以此来保证信号的质量。特别是在如汽车站、火车站、飞机场等热点区域，小基站凭借功率小的特点，可以在小范围内实行频率复用，提升用户容量，帮助宏基站分流。我国帮助建设小基站的企业主要有华为、中兴、京信通信、三元达等。

2. 网络建设

在网络建设中，5G 可分为接入网、承载网与核心网，如图 2-18 所示为一个简单的 5G 网络架构。整个通信网络架构的逻辑就是移动终端通信设备→接入网→承载网→核心网→承载网→接入网→移动终端通信设备。我国提供网络建设服务的企业主要有中国铁塔、宜通世纪、海格通信等。

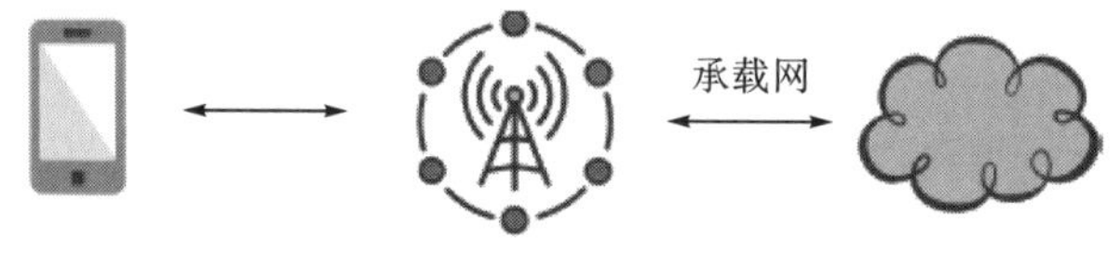

图 2-18 5G 网络架构

(1)接入网。简单来说，接入网就是将所有的移动终端设备都接入通信网络中的网络，常见的基站就属于无线接入网。

(2)承载网。承载网就是指位于接入网和核心网之间用于传送各种语音和数据业务的网络，传输媒介一般选择光纤。承载网可分为接入层、汇聚层、核心层以及骨干层。接入层是承载网中离我们最近的一个层级，它下连基站和其他接入设备，通过基站，无线信号就能和手机相连了。汇聚层位于接入层的上方，其速率比接入层高。核心层位于汇聚层的上方，速率比汇聚层更高。骨干层位于核心层的上方，只有跨省的电话才有资格进入骨干层传输，也就是说跨市电话或者跨县电话，甚至于跨更低等级地域的电话是无须通过骨干层的，如图 2-19 所示。

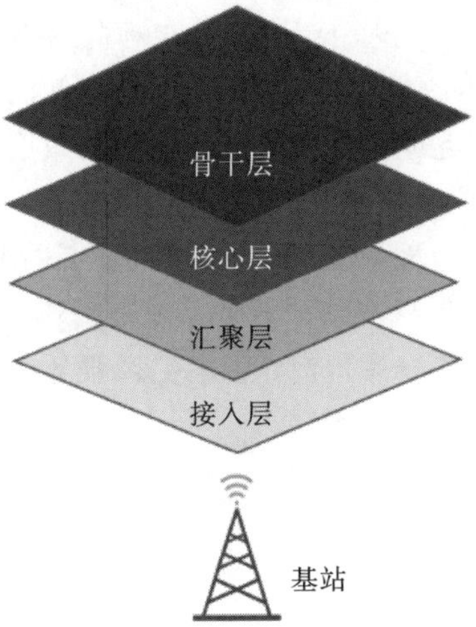

图 2-19 承载网层级示意图

(3)核心网。核心网的主要作用是提供用户连接、对用户的管理以及对业务完成承载，作为承载网络提供到外部网络的接口，主要涉及呼叫的接续、计费、移动性管理、补充业务实现、智能触发等方面的主体支撑。

3. 网络规划及维护

网络规划是指在搭建网络之前，需要对整体网络进行分析，统筹安排好网络的搭建工作；网络维护是指一种日常维护，包括网络设备管理(如计算机、服务器)、操作系统维护(系统打补丁、系统升级)、网络安全(病毒防范)等。在网络正常运行的情况下，对网络基础设施的管理主要包括确保网络传输的正常，掌握公司或者网吧主干设备的配置及配置参数变更情况，备份各个设备的配置文件。我国提供网络规划及维护服务的主要企业有中兴、华为、三维通信、邦讯技术、国脉科技、海格通信等。

(二)中游

移动通信运营服务商主要为广大用户提供移动网络服务，涉及 5G 通信的企业主要包括中国移动、中国联通、中国电信以及中国铁塔(中国铁塔股份有限公司)，我们日常接触到的运营商主要是中国移动、中国联通与中国电信，而中国铁塔与基站设备联系比较多。中国铁塔，是在落实“网络强国”战略、深化国企改革、促进电信基础设施资源共享的背景下，由中国移动通信有限公司、中国联合网络通信有限公司、中国电信股份有限公司和中国国新控股有限责任公司出资设立的大型国有通信铁塔基础设施服务企业。该公司主要从事通信铁塔等基站配套设施和高铁地铁公网覆盖，大型室内分布系统的建设、维护和运营等业务。

中国移动、中国联通、中国电信的主要业务包括以下几点：一是向服务器供应商、网络通信设备供应商、操作系统开发商、数据系统开发商等众多厂商购买或租用各种设备、软件系统与通信线路，来构建应用系统运行平台，然后再售卖或租用给各个用户使用以满足客户的信息化应用需求。运营商负责应用平台的运营、客户的接入、业务的推广、渠道的管理以及统一的客户服务。二是基于 IP 技术，融合网络、提供融合应用，比如向客户提供集语音、数据、视频等为一体的业务应用。三是延伸网络，拓展网络应用，实现从人人通信、人机通信到各种设备之间的互相连接。四是为政府企业网络、数据、业务系统提供 ICT①服务，一般包括网络通信设施(如交换机、路由器)、IT 硬件设施(如服务器)、IT 应用系统(如办公软件)、业务流程系统(如 ERP 系统、CRM 系统)等，这些服务根据不同客户的需求而定制。五是基于自身网络、业务系统还提供增值的网络和 IT 服务，满足客户的整体解决方案需求，不仅在产品售前、售中提供服务，也会在产品售后提供一系列的运输、技术维修等服务。

(三)下游

下游终端商主要是以生产售卖手机、智能家电、汽车以及工业设备的企业为代表。

(1)手机。手机是最基本也是最常见的联网移动终端设备，在 4G 时代就已经开始了全面商用，打电话、发信息、上网聊天、玩游戏、看视频、网上购物等应用都已经得到了实现。我国手机企业主要有华为、小米、OPPO、vivo、联想等。

(2)智能家电。智能家电就是将微处理器、传感器技术、网络通信技术引入家电设备后形成的家电产品，能够自动感知住宅空间状态和家电自身状态、家电服务状态，能够自动控制及接收住宅用户在住宅内或远程的控制指令；同时，智能家电作为智能家居的组成部分，能够与住宅内其他家电和家居、设施互联组成系统，实现智能家居功能。比如智能冰箱的用户可通过手机或电脑，随时随地了解冰箱里食物的种类、数量、保鲜保质信息，可为用户提供健康食谱和营养禁忌，可提醒用户定时补充食品等。智能家电企业主要有美的、海尔、阿里智能、京东等。

(3)汽车。汽车可通过无线通信技术实现多车互联、自动驾驶。涉及联网汽车的企业主要有高通、博通、华为、北汽等。

(4)工业设备。工业设备和联网汽车技术略微相似，在加入 5G 网络之后，也可实现远程操控，更多的操作也逐渐朝智能化、自动化的方向发展。例如，基于 5G 网络的工业移动专网具有大带宽、广连接、高可靠、低时延特性的特点，同时能够实现私网部署、生产数据不外流的密闭性和安全性。通过将 5G 技术与工业 PON、MEC(移动边缘计算技术)等相结合，能够降低工业场景下的协议转换和设备接入难度，提升工业互联网异构数据接入能力，有效解决设备互联的问题。

四、5G 技术

5G 网络的技术主要分布在核心网、承载网、无线接入网三个部分。

(一)核心网

核心网的关键技术主要包括网络功能虚拟化(network functions virtualization，NFV)、软件定义网络(software defined network，SDN)、网络切片以及多接入边缘计算(mobile

① ICT：信息与通信技术，包括所有通信设备或应用软件以及与之相关的各种服务和应用软件。

edge computing，MEC）。

1. 网络功能虚拟化

网络功能虚拟化就是凭借虚拟化技术将网络功能软件化，不再局限于硬件[①]架构，并将其使用在硬件设备之上，以此来代替传统专用网络设备。网络功能虚拟化将网络功能以虚拟机的形式运行于通用硬件设备或者白盒之上，目的是实现配置的灵活性、可扩展性和移动性以及降低网络资本性支出和运营成本。

2. 软件定义网络

软件定义网络是一种将网络数据面与网络控制面分离开来的网络设计方案。网络数据面与网络控制面是通过标准接口连接的，控制面一般是由软件定义网络控制器实现，而数据面一般被称作为交换机。其核心技术主要表现在网络能力开放化（网络可编程，网络功能服务化发展）和控制逻辑集中化（数据转发与控制分离，网络控制集中化管理）。如图 2-20 所示，软件定义网络将网络控制面解耦到通用设备上，通过软件化集中控制网络资源；通过南向应用程序接口连接软件定义网络控制器和交换机，通过北向应用程序接口连接软件定义控制器和应用程序。软件定义网络可以实现集中管理，提升了网络流量的灵活性，使网络作为管道变得更加智能。根据市场预测，随着 5G 商业化，2023 年中国 SDN 行业销售规模有望突破 2500 亿元，2019～2023 年年均复合增长率将达 58.5%。

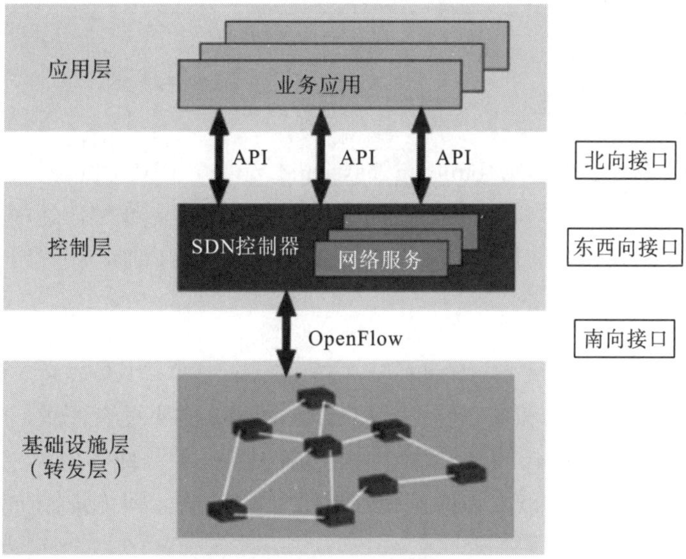

图 2-20　软件定义网络示意图

3. 网络切片

由于 5G 网络需要面临多个不同的场景，比如 4K/8K 超高清视频、AR/VR、物联网车联网等，这些不同的场景对网络的移动性、安全性、可靠性以及时延、计费方式的要求也

① 硬件是指计算机系统中由电子、机械和光电元件等组成的各种物理装置的总称。

是不同的，因此迫切需要将一张物理网络分成多个虚拟网络以满足不同的场景需求。网络切片就是这样一种将一个网络切分成多个虚拟网络的技术。值得注意的是，只有在实现网络功能虚拟化以及软件定义网络的前提下才可以实现网络切片。

4. 多接入边缘计算

多接入边缘计算也叫作移动边缘计算，是为网络运营商与服务提供商提供云计算能力以及网络边缘的 IT 服务环境。这种技术可以使网络的数据存储和计算能力更靠近用户，从而降低网络时延，可以更好地提供低时延高带宽的应用。移动边缘计算可以通过开放生态系统引入数据分析、定位服务、AR 和数据缓存等应用，从而为运营商提供更丰富的增值服务。

（二）承载网

承载网的关键技术主要包括前传技术和回传技术，如图 2-21 所示。

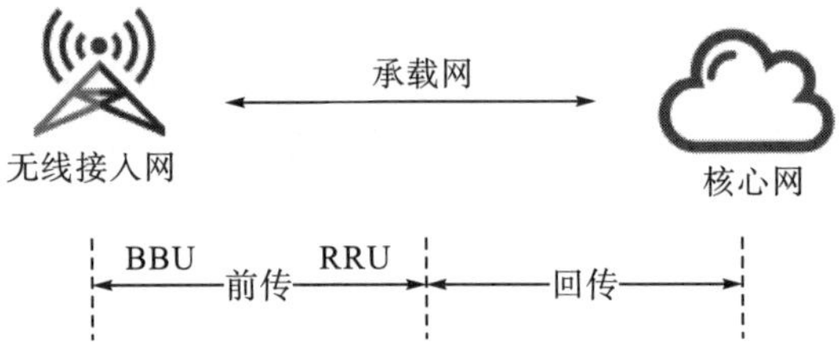

图 2-21 承载网前传与回传

1. 前传技术

前传指的是基带处理单元（building baseband unite，BBU）和射频拉远单元（remote radio unit，RRU）连接的部分。前传链路的容量主要取决于无线空口速率和多入多出天线的数量，随着 5G 无线速率的提升以及多入多出天线数量的增加，相关组织正在积极研究和制定新的前传技术。

2. 回传技术

回传指的是无线接入网和核心网连接的部分。回传技术主要有两种，一种是无线回传，另一种是光线回传。光线回传的可靠性要强于无线回传，但是成本更高一些，这是因为大面积铺设光纤需要花费大量的人力成本和土地使用成本，所以无线回传成了替代方案，比如点对点微波、毫米波回传等。

（三）无线接入网

无线接入网的关键技术主要包括集中化无线接入网（centralized radio access network，C-RAN）、软件定义无线电（software defined radio，SDR）、认知无线电（cognitive radio，CR）、小基站（small cells）、自组织网络（self organization network，SON）、设备到设备通信（direct to direct，D2D）、大规模多入多出技术（massive MIMO）、毫米波（millimeter wave）、波束赋形技术、非正交多址接入技术（non othogonal multiple access，NOMA）、载波聚合和双连接技术、低时延技术、低功耗广域网络技术（low power wide area，LPWA）、卫星通信。

1. 集中化无线接入网

集中化无线接入网是根据现有的网络条件和技术进步提出的，是基于集中化处理、协作式无线电以及实施云计算架构的绿色无线接入网架构。在这个网络架构中，基带处理单元的功能是虚拟化、集中化的；射频拉远单元与天线呈分布式部署，通过前传网络与基带处理单元相连接，基带处理单元就可共享射频拉远单元的资源以及灵活分配处理各个信号。换句话说，集中化无线接入网的本质就是通过实现减少基站机房数量，减少能耗，采用协作化、虚拟化技术，实现资源共享和动态调度频率，实现低成本、高带宽和灵活度的运营，进而大幅度提升计算效率和能效。

2. 软件定义无线电

软件定义无线电是一种无线电广播通信技术，它是基于软件定义的无线通信协议而并非通过更换硬件来实现的。也就是说，频带、空中接口协议和功能可通过软件下载和更新来进行升级，而不用更换硬件。

3. 认知无线电

认知无线电是指具有学习和周围环境交互信息的能力，可以通过感知和利用在该空间的空闲频谱，限制和降低冲突发生的智能无线电技术。认知无线电包括多种关键技术，如频谱感知技术、频谱资源的共享与分配技术、动态频率选择技术和传输功率控制技术等。

4. 小基站

和宏基站相比，小基站的发射功率更低，覆盖范围更小，为 10 米到几百米。根据覆盖范围的大小来划分小基站，又可将其分为微基站（MICrocell）、微微基站（Picocell）、毫微微基站（Femtocell）。小基站是宏基站信号的有效延伸，是热点和盲点地区的信号覆盖的有力保障，也是实现特定场景的高品质通信要求。

5. 自组织网络

自组织网络也被称为移动自组织网络，指的是可以自动协调相邻小区、自动配置和优化的网络，是移动计算机网络的一种，用户终端可以在网内随意移动或保持通信，优势是可以减少网络干扰和提升网络运行速率。

6. 设备到设备通信

设备到设备通信是一种基于蜂窝系统的近距离数据直接传输技术。设备到设备通信的数据可以直接在两个用户终端之间进行传输，不需要通过基站传送，但是相关的控制信令，比如会话的建立与维持，无线资源的分配，计费、鉴权、识别、移动性管理等仍由蜂窝网络负责。这种通信技术不仅可以减轻基站负担，降低端到端的传输时延，还可以提升频谱效率，降低终端发射功率。特别是在无线网无法覆盖的地区中，用户终端就可借助设备到设备通信连接一个用户终端，利用端到端通信间接接入蜂窝网络。

7. 大规模多入多出技术

大规模多入多出技术是4G多入多出技术的高级阶段，是指在发射端和接收端分别使用了多个发射天线和接收天线，使信号可以通过多个天线对发射端和接收端进行传送和接收，从而改善通信质量的一种技术。这种技术的优势是能充分利用空间资源，通过多个天线同时实现多发多收，并且能在不增加频谱资源和天线发射功率的前提下实现系统信道容量的成倍提升。大规模多入多出技术下运用的天线体积比较小，因此适合部署在小基站、室内、固定无线和回传等场景中。

8. 毫米波

5G与4G最大的区别之一就是引入了毫米波。毫米波是指频率在30～300GHz的无线电波，波长范围是1～10mm。其优点是带宽大、速率高，但是在传播过程中损耗比较大、穿透能力也比较弱。

9. 波束赋形技术

波束赋形技术是对第四代移动通信技术多入多出天线技术进行改良的又一个新兴技术。大规模的多入多出天线阵列技术由于天线头的紧密排列可能会导致不同子信道之间的干扰，而波束赋形技术就能够解决这一问题。波束赋形在扩大覆盖范围、改善边缘吞吐量以及抑制干扰等方面都有极大的优势。

10. 非正交多址接入技术

非正交多址接入技术工作的原理为：在同一信道中传送多个信号，这些信号是按照功率不同大小的顺序来发射的，接收端在接收的时候总会优先接收信号最强的波（功率最大），将这个信号作为有用信号并同时过滤掉其他信号；但是如果这个信号最强的波不是想要接收的，就用一个与其相反的波形来抵消，随后再次解码次强信号的波，如果还不是，则用相反波形再次抵消，直至找到需要的那个信号。

11. 载波聚合和双连接技术

载波聚合（Carrier Aggregation，CA）指的是通过组合多个独立的载波信道来提升带宽、数据速率和容量的一种技术。目前，5G物理层可支持聚合16个载波，以此来保障数据的高速传输。双连接（Dual Connectivity，DC）指移动终端设备在连接状态下可以同时使用至少两个不同基站的无线资源。

12. 低时延技术

5G网络不同于4G网络，为了满足多个场景的应用（比如自动驾驶、远程控制等），迫切需要把时延降到最低。在降低时延方面，5G主要从无线空口和有线回传两方面来实现。一方面，在无线空口侧，主要通过缩短传输时间间隔以及增强调度算法等来减低空口时延；另一方面，在有线回传通过多接入边缘计算，使数据和计算更靠近用户，从而减少网络回传带来的物理距离上的时延。

13. 低功耗广域网络技术

低功耗广域网络技术包含多种技术，如窄带物联网（Narrow Band Internet of Things，NB-IoT）、新型低功率广域蜂窝技术（LTE Cat M1）、低功耗局域网无线标准（Long Range，LoRa）等，是一种用在物联网可以用低比特率进行长距离通信的无线网络，其技术特点是功耗低、覆盖面广、成本低、连接数量大，但是这些技术的特点之间又存在矛盾。一方面，人们希望能降低功耗，比如让物联网终端发送完数据之后就进入休眠状态以及缩小覆盖范围来延长电池寿命；另一方面，又必须增加每比特的传输功率、降低数据速率来增强覆盖范围。

14. 卫星通信

卫星通信接入已经被纳入 5G 标准，将会被整合到 5G 架构中，届时可实现由卫星、地面无线和其他电信基础设施组成一个整体的互联网络，未来的 5G 流量将会根据带宽、时延、网络环境和应用需求在无缝因特网中进行动态流动。

五、5G 的相关政策文件

5G 作为全球科技革命中的引领性技术，充分发挥了规模效应和带动效应，推动了经济社会的高质量发展。因此，我国对 5G 的建设和发展给予高度重视。2016 年 7 月，国务院推出《国家信息化发展战略纲要》（国务院公报 2016 年第 23 号），要求 2020 年我国 5G 技术研发和标准制定要有突破进展。紧随其后，国家陆续出台《“十三五”国家信息化规划》《信息通信行业发展规划（2016—2020 年）》等政策文件，加速推动了 5G 技术的研发、标准的制定及 5G 商用的启动。2019 年 6 月 6 日，工信部正式颁发 5G 牌照，我国超预期正式启动了 5G 商用。2020 年 3 月 4 日，中央政治局常务委员会议明确指出要加快 5G 网络、数据中心等新型基础设施建设进度，要注重调动民间投资积极性，5G 网络建设的重要性日益提升。我国关于推动 5G 发展的政策文件如表 2-5 所示。

表 2-5　我国关于推动 5G 发展的相关政策文件

时间	部门	政策文件	主要内容
2016.07	中共中央办公厅、国务院办公厅	《国家信息化发展战略纲要》	要求 2020 年我国 5G 技术研发和标准制定要有突破进展
2016.12	国务院	《“十三五”国家信息化规划》	到 2018 年开展 5G 技术研发和测试工作；到 2020 年 5G 完成技术研发测试并商用部署
2017.01	工业和信息化部	《信息通信行业发展规划（2016—2020 年）》	指出在“十三五”规划末期成为 5G 标准和技术的全球引领者之一
2017.08	国务院	《关于进一步扩大和升级信息消费持续释放内需潜力的指导意见》	指出加快第五代移动通信标准研究、技术试验和产业推进，力争 2020 年启动 5G 商用

续表

时间	部门	政策文件	主要内容
2018.05	工业和信息化部、国资委	《关于深入推进网络提速降费加快培育经济发展新动能2018专项行动的实施意见》	指出加快推进5G技术产业发展
2018.07	工业和信息化部、国家发展和改革委员会	《扩大和升级信息消费三年行动计划(2018-2020年)》	提出加快5G标准研究、技术试验，并确保2020年启动5G商用
2019.03	工业和信息化部等	《超高清视频产业发展行动计划(2019-2022年)》	指出要积极探索5G应用于超高清视频传输，实现超高清视频业务与5G的协同发展
2019.06	国家发展和改革委员会等	《推动重点消费品更新升级 畅通资源循环利用实施方案(2019-2020年)》	加快推进5G手机商业应用
2019.11	工业和信息化部办公厅	《工业和信息化部办公厅关于印发"5G+工业互联网"512工程推进方案的通知》	设定到2022年，突破一批面向工业互联网特定需求的5G关键技术
2020.03	工业和信息化部	《工业和信息化部关于推动5G加快发展的通知》	指出全力推进5G网络建设，加快5G网络建设部署，丰富5G技术应用场景
2020.05	工业和信息化部、国资委	《关于推进电信基础设施共建共享 支撑5G网络加快建设发展的实施意见》	提出加强5G网络规划布局，鼓励5G网络共建共享

六、5G发展现状

1. 建设规模逐渐扩大

根据工业和信息化部的数据，截至2020年底，我国累计建成5G基站71.8万个，国内已实现所有地市5G覆盖，5G用户数超过2亿。在2021年1月20日，我国三家通信企业——中国移动、中国电信、中国联通均发布了自家的业绩情况，详情如表2-6所示。

表2-6 三家通信企业2020年业绩情况[①] （单位：万户）

项目	中国移动	中国电信	中国联通
移动用户	94191.8	35102.0	30581.1
5G套餐用户	16500.3	8650.0	未公示
4G用户	77530.6	未知	27018.1
有线宽带用户	21032.1	15853.0	8609.5

2. 网络性能显著提升

与4G网络相比，5G网络的上下行速率明显提升，用户体验获得明显优化。2020年8～10月中国信息通信研究院在全国14个重点城市开展了移动网络质量专项评测，结果显示，14个城市中有10个城市的下载均值速率超过800Mbps、上传均值速率超过100Mbps。2020年10月28日发布的《中国移动2020智能硬件质量报告(第一期)》的评测结果也显示，在5G网络下直播类(4K高清直播)、网盘类、社交类、应用市场类应用

① 资料来源：根据公开数据整理。

的用户体验大幅提升。

3. 共建共享不断深化

中国电信与中国联通签署《5G 网络共建共享框架合作协议书》，历经 1 年双方累计建设开通 5G 基站超 30 万个，初步估算可为两家节省建设投资超 600 亿元。2020 年 5 月 20 日，中国移动与中国广电签订有关 5G 共建共享合作框架协议。伴随着 4 家基础电信企业持续推动共建共享相关工作，我国 5G 网络建设进程开始加快，进而实现 5G 高速网络服务惠及广、覆盖深、时间快、投资少的效果。①

七、5G 的业务场景

5G 网络的应用将使人们迈入超链接时代，实现万物互联。5G 与人工智能、大数据、云计算、VR/AR 等新技术的深度融合，将成为各行各业转型升级的重要基础设施，是发展新经济的关键技术。相比于前四代移动通信网络技术（1G、2G、3G、4G），5G 不只是涉及移动通信，也包括了更多的物联网未来应用场景。②根据国际电信联盟 ITU 的定义，5G 有三大业务场景，分别是增强型移动宽带（enhanced mobile broadband，eMBB）、海量机器类通信（massive machine type of communication，mMTC）与超高可靠低时延通信（ultra-reliable & low-latency communication，URLLC），如图 2-22 所示。

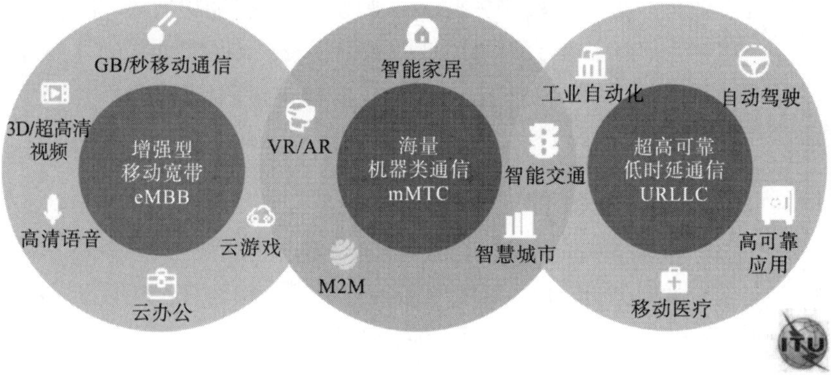

图 2-22　5G 三大业务场景③

增强型移动宽带主要面向人，是在现有移动通信业务的应用上，使用户体验进一步提升，可广泛应用于互联网视频、现场直播等场景，是最接近人们日常生活的应用场景，最直观的感受是网速进一步提升，满足 4K/8K 超高清视频的传输要求，传输速率能够达到 1Gbps。

海量机器类通信主要面向大规模物联网业务，连接设备的数量很大，每一个设备所需要传输的数据量比较少，而且对时延的要求较低，主要解决传统移动通信技术无法支持的

① 资料来源：中国信息通信研究院《中国 5G 发展和经济社会影响白皮书（2020 年）》。
② 资料来源：亿欧智库，5G 的三大使用情景下的应用场景都有什么？2018-09-28.
③ 图片来源：国际电信联盟。

物联网及垂直行业应用，如智能家居、智慧城市、环境监测、森林防火等。

超高可靠低时延通信的应用场景主要面向工业互联网，对时延、性能可靠性要求极高，时延往往要达到1ms，可广泛应用于无人驾驶、工业自动化控制、远程医疗手术、远程控制、交通安全和控制等领域，其中在无人驾驶方面，甚至要求时延要小于1ms。

八、5G的应用

5G作为新一代移动通信技术，不仅能带来巨大的经济价值，还能为社会生产生活带来全方位变革，产生新的产业结构、商业模式和经济形态，构建“5G+”生态系统。下面从5G+行业、5G+城市、5G+生活三个方面来介绍5G的应用，并列举几个应用场景。

（一）应用

1. 5G+行业

5G带来的技术创新，深度融入各个行业，产生了如车联网、智慧农业、智慧水务、智能电网等新业态。车联网是无人驾驶的关键基础技术，通过装在车上的各种感应装置，感知周边环境，收集周围人和物的信息，实现汽车、驾驶员、行人、车联网平台互联互通，从而达到智能驾驶、安全驾驶。智慧农业是农业生产的高级节点，通过部署在农业生产现场的传感节点，远程遥控农作物生产环节，实现智能施肥、智能灌溉、智能监控、智能预警、智能分析，为农业生产提供精准化种植、可视化管理、智能化决策。同理，智慧水务、智能电网等新业态也利用5G技术高可靠、低时延的特征，结合传感技术、物联网、大数据等实现水务系统和电网系统的实时控制、精细化管理、智能分析、辅助决策，达到“智慧”的状态。

2. 5G+城市

在城市基础设施、资源环境、社会民生、经济产业、市政管理领域中，充分将5G技术与物联网、云计算、数据分析、人工智能等新兴技术手段相结合，对城市居民生活工作、企业经营发展、生活环境改善和政府行使职能过程中的相关活动与需求进行智慧地感知、互联、处理和协调，构建成一个由新技术支持的涵盖市民、企业和政府的新城市生态系统，即智慧城市。智慧城市的建设内容涵盖城市发展各个方面，主要包括智慧的交通、智慧的公共事业、智慧的医疗、智慧的教育与科技、智慧的公共安全、智慧的市民服务。5G在城市的应用，能打破4G技术的瓶颈，实现精准感知、信息快速处理以及城市资源的高效配置，使城市真正“智能”，进一步提高市民生活品质，推动城市高质量发展。

3. 5G+生活

“5G+生活”的典型业态是智慧家庭，它以家庭为载体，以5G技术为纽带，综合运用物联网、云计算、大数据技术、自动控制技术，将家庭设备智能控制、家庭环境感知、家人健康感知、家居安全感知以及信息交流、消费服务等家居需求有效地结合起来，创造出健康、安全、舒适、低碳、便捷的个性化家居生活。当人们早上醒来，窗帘会自动拉开，通过厨房的智能插座，电饭煲或面包机自动工作，离开家时，窗帘、灯光、电器自动关闭……这些场景将不只是在电视上看到，新技术的应用将使其成为现实。当然，智慧家庭不仅体现在家庭内部，未来还将实现家庭与社区、家庭与社会的互联互通，打造完整的智慧家庭生态链，为家庭提供舒适便捷、安全智能、高品质的家庭生活服务才是智慧家庭的真正价值所在。

（二）应用场景

1. 车联网/自动驾驶

车联网主要指的是车辆上的车载设备可以通过无线通信技术和信息网络平台相连，通过信息网络平台对相连的车辆进行实时掌控，在车辆运行中提供不同的服务。自动驾驶是在人工智能、视觉计算、雷达、监控装置以及全球定位系统的协同合作之下，让设备可以在没有任何人操作的情况下自动安全地进行操作。

2. VR/AR

VR/AR 之前的产品大多数是用于娱乐和游戏领域，带上 VR 眼镜、感知手套，穿上触感衣服，立刻就能通过视觉、听觉、触觉全方位感受新世界；如今，在有 5G 网络的“加持”之后，VR/AR 也被应用于更多的领域。比如在医疗领域，在 VR/AR 的帮助下，医疗人员可以利用虚拟现实和增强现实的功能来学习新技能，在这种环境下避免了操作不当给被实验者带来的真实伤害。

3. 工业互联网

工业互联网即工业与新一代信息技术相互融合渗透的结果。我国不断推进 5G+工业互联网融合创新，目前全国建设项目超过 1100 个，涌现出机器视觉检测、精准远程操控、现场辅助装配等一系列应用成果。

4. 8K 高清视频

按照产业主流标准，4K 与 8K 视频传输速率一般在 50Mbps 与 200Mbps 以上，4G 网络已无法完全满足该标准。5G 网络的大带宽能力成为解决该场景需求的有效手段。当前 4K、8K 超高清视频与 5G 技术结合的场景不断出现，广泛应用于文体娱乐等行业，成为市场前景广阔的基础应用。

5. 指挥城市

指挥城市即智慧城市，是指利用各种信息技术或创新概念将城市的系统和服务打通、集成，以提升资源运用的效率，优化城市管理和服务，改善市民生活质量。

6. 远程医疗

简单来说，远程医疗指的就是远程的医生专家通过电子设备对病人进行诊断和治疗，这种方法充分发挥了大医院或者专科医疗中心的医疗技术和设备的共享优势，很好地解决了医疗条件差、看病就医难的问题。

第四节 工业互联网

近年来，我国对工业互联网的关注度越来越高，新型的工业科技与产业应用引起了新一轮产业变革。通过新一代信息技术与制造业的深度融合，以及对网络、平台、安全三大体系的构建，工业互联网不仅为企业研发设计、经营决策、组织管理提供了新的工具，还为上下游产业链提供了新的平台，从而逐渐催生出智能化生产、网络化协同、个性化定制、服务化延伸等一系列新业态、新应用场景，进而加快国家新型信息基础设施建设。发展工业互联网不仅是推进网络强国建设的重要基础，还是我国全面建成社会主义现代化强国的有力支撑。

一、工业互联网的定义与内涵

工业互联网的概念最早是 2012 年由美国通用电气公司提出的。它与“互联网”的定义有所不同。“互联网”也称“国际网络”，指的是网络与网络之间所串连成的庞大网络。而工业互联网指的是通过工业互联网平台把生产商、供应商、消费者、产品、设备、工人紧密地连接起来，是工业系统利用高级技术、算力与互联网进行连接融合的一种结果。它不是简单的网络，也不单单是一个平台，而是新一代信息技术与工业经济深度融合的关键基础设施，是一种全新的业态和应用模式。

工业互联网包括两方面内涵。首先，工业互联网是关键基础设施。它不仅依托于互联网，它的发展还能促进现有互联网的演进和迭代。它不仅能够使制造业产业链拓宽拉长，形成跨界、跨行业的互联互通，还能使工业经济各种生产要素之间高效流通，推动整个制造服务体系智能化，从而推动制造业融合发展。其次，工业互联网是一种全新的业态和应用模式。虽然在形式上与传统的互联网、移动互联网相似，但是工业互联网与工业生产、工业经济相关联，并且有很多创新的应用，比如网络化协同、智能化生产等。

二、工业互联网的基本要素

工业互联网的基本要素包括互联网、智能机器、高级分析以及工作人员。其中工业互联网的智能机器主要是一些用于数据采集的传感器、智能化的控制系统以及软件应用程序。高级分析主要是对智能机器采集的数据信息进行物理分析、预测计算来理解整个大型系统的运作方式。在这两个过程中都需要建立起员工之间的实时连接，连接每个工业场景中的人员，以支持整个工业生产流程的设计研发、操作维护以及更高质量的安全保障。即通过对数据信息的采集、分析和处理来提升控制系统的性能，使得工业控制系统向安全化、集成化、智能化以及自动化方向发展，从而更有保障地实现智慧化决策。

三、工业互联网的特征

1. 高度融合

工业互联网的高度融合主要体现在以下两个方面：一是OT(Operational Technology，运营技术)与IT(Information Technology，信息技术)的融合；二是流程、数据与场景的融合。OT和IT的融合主要是指工业互联网平台中引入的数据建模机制，可以通过“物”模型将来自OT的数据赋予意义以及业务价值化，从而与IT中的数据进行协同和融合，将其整合成一个整体，将企业的计划、组织、执行和控制等活性实现双向贯通，即工业4.0中的“三项集成”(纵向、横向以及端到端集成)。流程、数据与场景的融合主要涉及ERP(Enterprise Resource Planning，企业资源计划管理系统)、MES(Manufacturing Execution System，制造执行系统)等IT系统、业务流程的端到端以及数据驱动形成的多种典型应用场景的融合。

2. 智能化工业分析

传统的工业企业数据不仅在企业与企业间产生割据状态，同一企业许多环节都存在割据的状态，比如生产、设计、研发、管理、运营等环节。因此，日益增长的工业互联网终端不再是靠传统的“端-管-云”模式来保证工业生产控制的实时性和可靠性，而是靠“云计算+边缘计算”的智能化工业分析能力处理大数据，进而支撑本地业务的实时智能化执行。

3. 变革性产品供应链

传统供应链管理限于流程性关联，缺少数据驱动带来的整体价值传递，供应链协同效率低。工业互联网则通过智能化工业分析能力，使得工业数据、流程以及应用场景高度融合，实现对产品数据的实时采集和管理，对供需双方进行精准匹配和连接，进而实现供应链的有效动态管控。

四、工业互联网的体系架构

工业互联网的体系架构主要包括网络体系、平台体系以及安全体系。其中网络体系是工业互联网的基础，平台体系是工业互联网的核心，安全体系是工业互联网的保障。如图2-23所示。

(一)网络体系

该体系将服务对象延伸到全产业链、工业全系统，可实现人、物、机、车间、企业等全要素以及设计、研发、生产、管理、服务等各个环节的深度融合互联。其主要包括工厂内网、工厂外网、标识解析、应用支撑等体系。

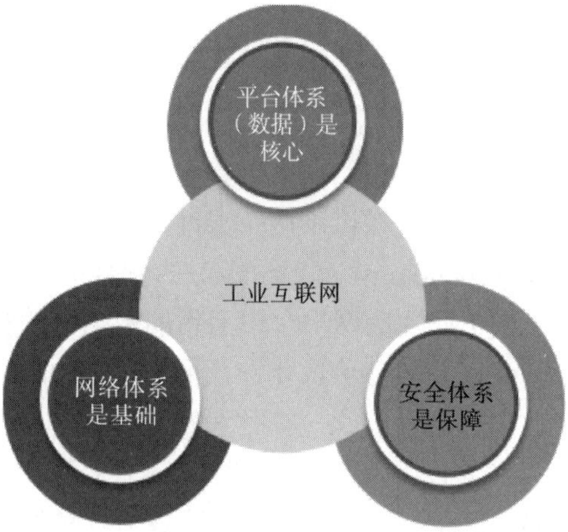

图 2-23 工业互联网的体系架构

1. 工厂内网

工厂内网主要强调操作技术与网络技术的融合，包括企业级网络、车间级网络和现场级网络。其中企业级网络通过传统宽带支持 ERP、PLM（Product Lifecycle Management，产品生命周期管理系统）、MES、EDW（Enterprise Data Warehouse，企业数据仓库）等企业级应用。车间级网络主要通过车间通信接口支撑工业 PC、SCADA（Supervisory Control And Data Acquisition，数据采集与监视控制系统）、历史数据管理并与企业级网络里的 MES 进行集成。而现场级网络是通过现场总线、工业以太网等将标识读写器、智能机床、智能机器人等现场设备组网，并将采集到的数据传输到车间级网络。如图 2-24 所示。

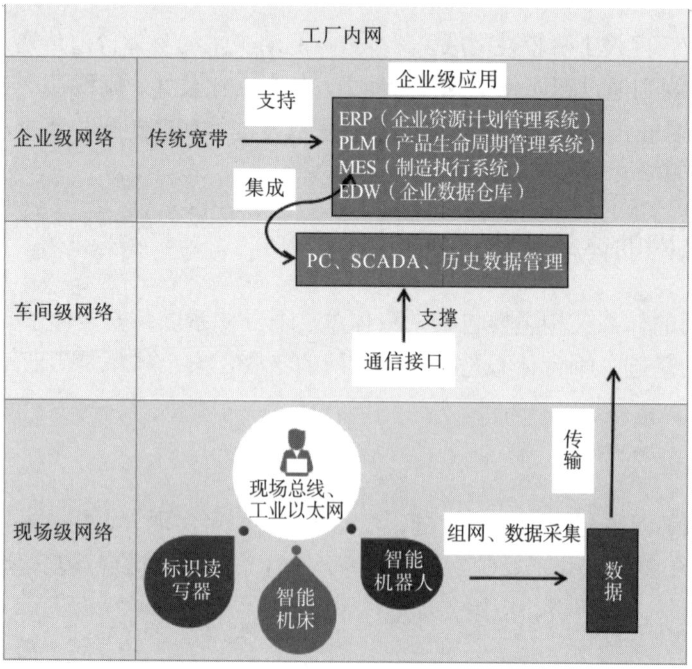

图 2-24 工厂内网连接现状

2. 工厂外网

工厂外网是指为了支撑工业全生命周期各项活动，用于连接企业上下游、企业与智能产品、企业与用户之间的网络，是基于云平台的数据集成。工厂外网涉及四个要点。一是基于工业互联网的终端数量海量，需要考虑到IPv4到IPv6的过渡网络方案。二是对于一些制造企业对网络质量有更高需求，或者需要处理比较关键的业务，则需要用专网或虚拟专用网络的方式承载。三是泛在无线接入，利用5G、NB-loT(窄带物联网)等技术，实现对各类为满足海量的智能产品的无线接入。四是支持相关云平台的接入和数据采集。

3. 标识解析

工业互联网标识解析技术是指可以根据所测对象的标识编码检测到其网络位置或者其他信息的过程。目前，国内外存在多种标识解析技术，包括标码、对象标识符、国际物品编码协会以及我国的物联网统一标识编码体系等。工业互联网标识解析是工业互联网的重要组成部分，我国现有的标识解析技术只应用于个别领域，并且缺少一些工序流程复杂的工业互联网特定应用场景，在数据互认、互操作等方面还未能满足工业互联网全产业链协同发展的需求。

4. 应用支撑

应用支撑体系包括以下三个方面：一是实现工业互联网应用、系统与设备之间数据集成的应用使能技术，二是工业互联网应用服务平台，三是服务化封装与集成。实现工业互联网应用、系统与设备之间数据集成的应用使能技术是制造企业内部与互联网数据分析平台间数据采集和互相操作的基础协议。工业互联网服务平台主要作用是通过应用使能技术对各类工业云服务能力和资源进行高效整合，其目的是向一些中小制造企业提供在线设计研发、协同开发等云计算服务。而服务化封装与集成主要存在于工厂运营层信息系统中，很多企业会利用企业服务总线(Enterprise Service Bus，ESB)把客户关系管理(Customer Relationship Management，CRM)、企业资源计划管理系统(ERP)、制造执行系统(MES)等通过传统服务化(Service-Oriented Architect，SOA)重新进行组织，为企业运营提供所需要的基础管理。详情如图2-25所示。

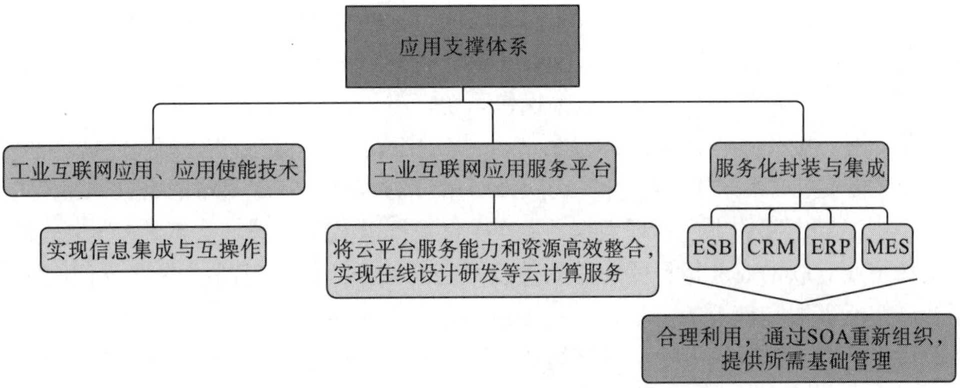

图2-25　应用支撑体系

（二）平台体系

在工业互联网体系架构中，平台是核心。工业互联网平台体系是基于制造业智能化需求，构建起海量数据采集、整合、分析、流通的服务体系，支撑制造资源流通共享、高效配置的载体。如图 2-26 所示，平台体系主要包括边缘层、PaaS 层（平台服务层）、应用层三大核心层级。其中边缘层主要是通过设备接入进行数据采集、数据处理、协议解析以及边缘智能分析；PaaS 层主要是通过平台对开发环境、运行环境、运营环境的所有资源进行高效整合管理，再通过信息建模、数据共享、数据标识、数据可视化进行工业数据管理与服务，提供研发设计、图形化编程等应用开发工具和人机交互支持；应用层则是在前两个步骤的基础上驱动工业应用创新开发，实现工业价值转化。

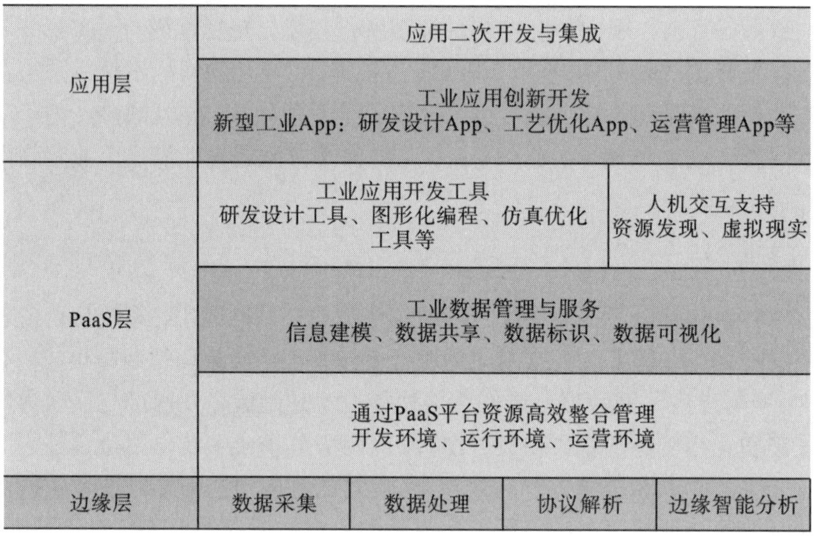

图 2-26 平台体系架构图

（三）安全体系

如图 2-27 所示，安全体系主要涉及设备安全、控制安全、网络安全、数据（平台）安全、应用安全五大方面。在工业互联网作业过程中，需要采取一定的防护措施对整个过程所用设备、控制、网络、数据、应用技术进行定期安全防护管理。其中设备安全是指相关工业设备、装备以及产品的安全，包括操作系统、芯片、相关软件以及功能安全；控制安全主要是针对工业生产控制系统的安全，包括控制协议安全、控制平台和控制软件的安全；网络安全主要是指工厂内网络安全、工厂外与用户协作企业实现互联的公共网络安全；数据安全是指工厂内部的生产管理数据、生产操作数据以及工厂外部数据的安全；应用安全是指支撑工业互联网业务运行的应用软件及平台的安全。针对不同的设备、不同的网络、不同的应用所采取和部署的安全防护措施也不同，需要根据实时监测结果发现其中的问题并及时做出反应，明确基于安全目标的可持续改进的管理方针，提供相应的解决方案，从而保障整个工业系统的安全和正常运行。

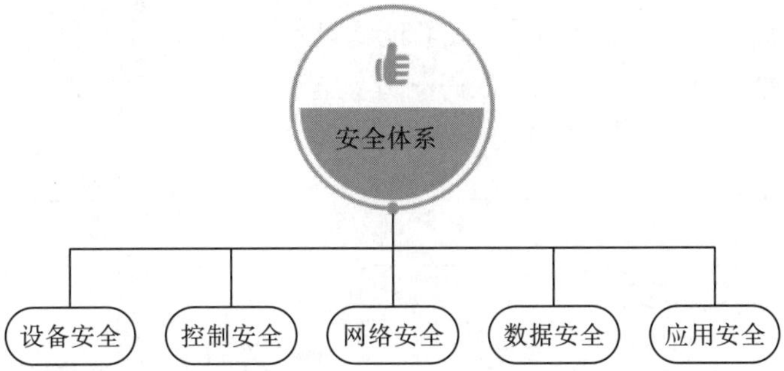

图 2-27　安全体系架构图

五、工业互联网产业链

我国工业互联网产业链主要分为上游、中游、下游。上游主要包括工业互联网平台所提供的硬件设备以及网络，中游主要包括工业云平台、研发设计、信息管理以及生产控制软件，下游主要是一些工业应用软件以及垂直行业的工业应用场景。

（一）上游硬件设备

如图 2-28 所示，上游的硬件设备是由工业互联网硬件设施制造企业（比如工业数字化装备产业中的航天科工等）提供的，一般利用构建工业互联网平台的智能硬件设备和网络技术，以支撑数据采集、存储、分析和开发。硬件设备主要包括工业级芯片、传感器、控制器、智能机床、工业机器人等。感知及控制器件的关联、传输与接收网关、本地数据及信号处理所需要的器件与设备是工业互联网产业链中十分重要的基础。尤其是当中的智能机床以及工业机器人，它们是提升企业核心竞争力的关键基础，企业通过其实时通信，使得设备数据与生产数据关联，依次实现整个生产流程的有效监控①。

（二）中游平台服务层

中游平台服务层是工业互联网产业链中的关键环节。该部分主要是由相关平台企业（比如工业互联网平台产业中的华龙迅达）通过对上游硬件设备采集的数据进行处理，然后再通过传感器、传输网关等设备将其传递至后续平台及应用层。依托工业互联网平台技术来实现对终端设备和资产的管控与运营一体化，为工业互联网各行业提供通用的数据路由、数据挖掘与处理、通信管理等服务能力。即通过协同研发、协同制造、信息交易和数据收集等工业云平台相关功能来对产品进行研发设计、信息管理和生产控制。

（三）下游应用领域

工业互联网的下游主要是基于工业互联网平台服务层来实现对工业企业（比如工业软件产业中的东方国信等）的场景融合。比如通过相关技术研发出的工业 App 以及用于设备监测、能耗分析、供应链管理、智能诊断的工业大数据分析都属于工业互联网下游的应用

① 袁雪，罗珺，马儆伦，等. 国资布局新基建之工业互联网篇[J]. 企业管理，2020(08)：10-13.

场景。另外高耗能设备、通用动力设备、新能源设备、高价值设备和仪器仪表专用设备等也经常应用于能源电力、冶金化工、医药制造、电子信息、军工航天、汽车装备以及轻工机械等领域。

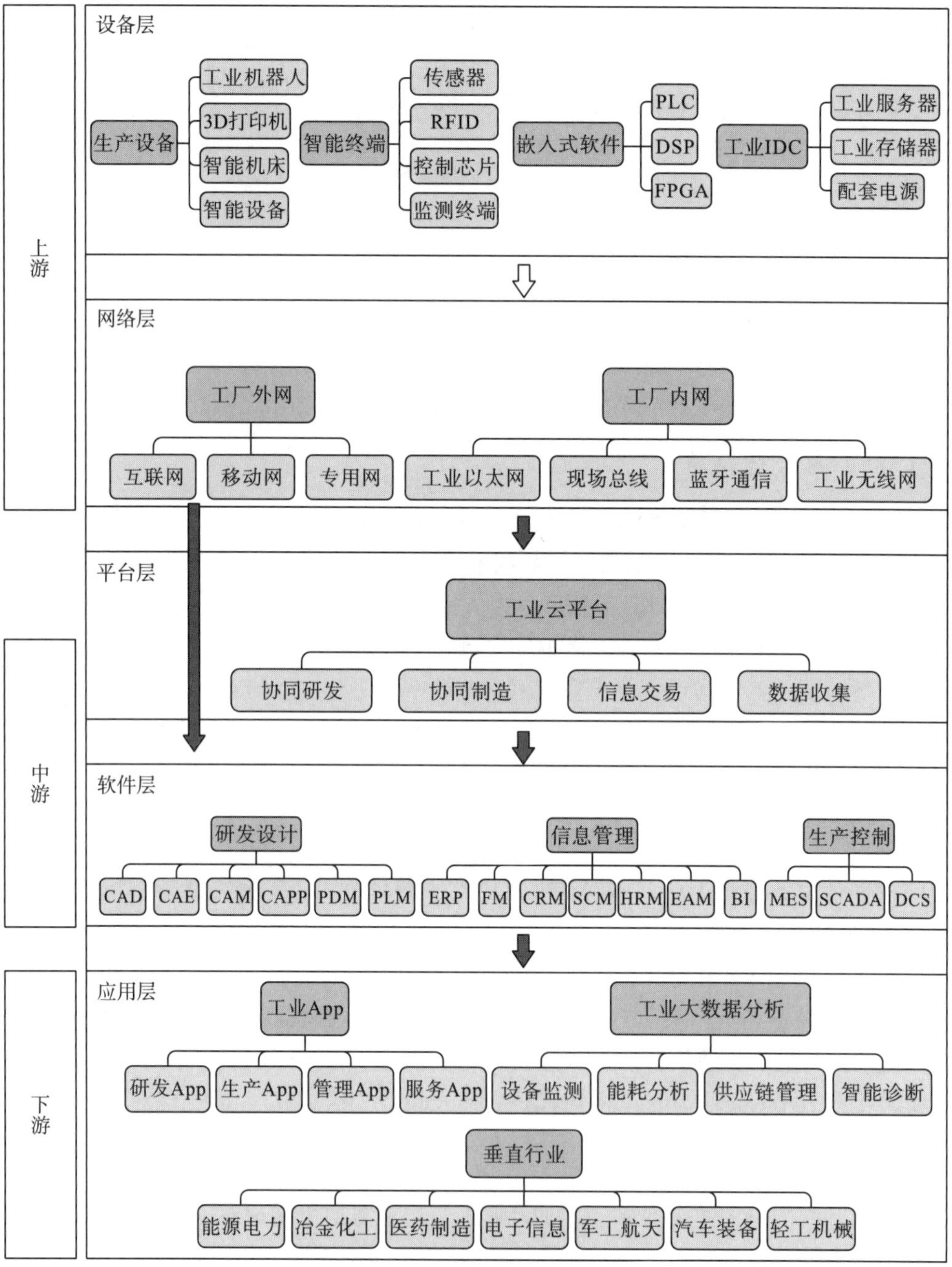

图 2-28 工业互联网产业链全景图

六、工业互联网的相关政策

2017 年，国务院发布的《国务院关于深化“互联网+先进制造业”发展工业互联网的指导意见》提出增强工业互联网产业供给能力，持续提升我国工业互联网发展水平，形成实体经济与网络相互促进、同步提升的良好格局。《2019 年国务院政府工作报告》提出国家将围绕推动制造业高质量发展，强化工业基础，开发工业技术创新能力，打造工业互联网平台，促进先进制造业和现代服务业融合发展。

2020 年 3 月 20 日，工业和信息化部办公厅印发的《工业和信息化部办公厅关于推动工业互联网加快发展的通知》提到，各部门要加快落实中央关于推动工业互联网加快发展的决策部署的脚步，大力推进新型基础设施建设，力争让工业互联网在范围更广、程度更深、水平更高的层次上融合创新。为规范工业互联网标识服务，保护用户合法权益，促进工业互联网标识解析体系健康有序发展，保障标识解析体系安全可靠运行，工业和信息化部于 2020 年 12 月 25 日印发了《工业互联网标识管理办法》。这些文件的颁布与政策的实施充分地体现了我国对发展工业互联网、推进新型基础设施建设的重视。相关政策文件如表 2-7 所示。

表 2-7　2017～2020 年中国关于发展工业互联网的相关政策汇总

颁布时间	文件/政策名称	颁发部门
2017 年 11 月 27 日	《国务院关于深化“互联网+先进制造业”发展工业互联网的指导意见》	国务院
2018 年 9 月 28 日	《工业和信息化部办公厅关于开展 2018 年工业互联网试点示范项目推荐的通知》	工业和信息化部办公厅
2018 年 12 月 17 日	《工业和信息化部办公厅关于公布 2018 年工业互联网试点示范项目的通知》	工业和信息化部办公厅
2019 年 1 月 9 日	《工业互联网网络建设及推广指南》	工业和信息化部
2019 年 3 月 8 日	《工业互联网综合标准化体系建设指南》	工业和信息化部、国家标准化管理委员会
2019 年 7 月 11 日	《工业和信息化部办公厅关于组织开展 2019 年工业互联网平台创新应用案例征集活动的通知》	工业和信息化部办公厅
2019 年 7 月 26 日	《加强工业互联网安全工作的指导意见》	工业和信息化部、教育部等 10 个部门
2020 年 3 月 20 日	《工业和信息化部办公厅关于推动工业互联网加快发展的通知》	工业和信息化部办公厅
2020 年 9 月 21 日	《建材工业智能制造数字转型行动计划(2021-2023 年)》	工业和信息化部
2020 年 10 月 10 日	《“工业互联网+安全生产”行动计划(2021-2023 年)》	工业和信息化部、应急管理部
2020 年 12 月 25 日	《工业互联网标识管理办法》	工业和信息化部

七、工业互联网的发展现状①

从转型进程看，2018 年我国工业互联网步入“快车道”，我国工业领域数字化转型水平与发达国家的差距不断缩小。2018 年，我国工业数字化渗透率为 18.3%，5 年间与比例最高国家之间差距缩小 5 个百分点。从转型水平看，在工业领域，超过 50%的企业跨过了单点应用的起步阶段，22.5%的企业进入了综合集成的深化阶段，5%的企业迈入了创新突破的高级阶段。截至 2019 年，全国开展网络化协同、服务型制造和个性化定制的企业比例分别达到 35.3%、25.3%和 8.1%，中国工业增加值达 31.7 万亿元，占同期国内生产总值的 32%，我国工业行业的稳定发展为工业互联网的应用提供了广阔的市场空间。

（一）工业互联网核心产业稳步发展

工业互联网核心产业方面，各产业快速增长。工业数字化装备产业通过在传统工业装备加载数字通信、数字控制、智能分析等附加功能的设备、模块或装置，实现数字化感知、分析、推理、决策和控制能力。截至 2019 年底，该产业存量规模高达 1045 亿元，比 2017 年增长 387 亿元，占核心产业规模的 19.5%①。工业互联自动化产业为工业控制、工业传感器、边缘计算网关等提供数字化感知、控制、执行等能力的产品与解决方案，该产业是支撑工业互联网发展的关键产业之一，2019 年其产业规模占工业互联网核心产业的 21.5%。此外，工业环境下人、机、物全面互联的工业互联网网络产业也得到快速发展。工业互联网平台产业构建起了基于海量数据采集、整合、分析、流通的服务体系，更加满足制造业实现数字化、智能化的要求。而工业软件产业主要面向工业领域或工业场景提供研发设计、生产管理、经营管理等各类软件，并加速向云化轻量化软件转变。

（二）工业互联网向三次产业加速渗透融合

随着工业互联网的渗透，企业加快了数字化转型，衍生出了网络化协同、智能化生产等新的模式、新的业态。这些模式和业态的出现带动了第二产业相关行业和领域的工业应用场景的落地和实现。截至 2018 年底，规模以上工业企业的生产设备数字化率、关键工序数控化率、数字化设备联网率分别达到 45.9%、48.7%、39.4%。工业软件普及率不断提升，重点行业企业加快应用计算机辅助设计（Computer Aided Design，CAD）、制造执行系统（MES）、产品生命周期管理系统（PLM）等工业软件。在融合带动方面，工业互联网应用范围已由制造业延伸到建筑、能源、交通、医疗、智慧城市等领域，并不断向一二三产业其他相关领域拓展。在建筑行业，企业利用工业互联网，设计开发协同办公、虚实结合的施工应用，大幅提高了施工质量和安全生产水平。在交通领域，工业互联网通过智能识别、智能决策等相关技术与应用实现了自动驾驶，并且通过实时分析、优化、追溯和调配提升了交通管控的效率和质量。

---

① 数据来源：中国信息通信研究院《工业互联网产业经济发展报告 2020》。

(三)工业互联网平台建设主体多元化

在工业互联网核心产业发展和融合带动过程中，工业互联网平台建设主体逐渐多元化。截至2020年12月底，工业互联网持续提速提质，已培育形成100余个具有一定行业、区域影响力的工业互联网平台，连接工业设备4000万台(套)。从参与方角度来看，工业互联网平台参与企业大致分为头部制造企业、系统解决方案服务商、传统软件企业、互联网企业和单点突破的创业企业五类。在头部制造企业中，以海尔、美的、富士康、中船工业、航天科工等为代表的企业群体的主要作用是建设运营平台以及提升第三方平台的服务能力，其优势是熟悉生产制造流程。在系统解决方案服务商方面，华为和宝信软件等领头行业可以为制造企业提供基础设施、平台、应用服务等整体信息化服务。主要代表性软件企业有用友、索为、东方电信等。互联网企业主要以百度、阿里巴巴、腾讯为代表。此外，单点突破的创业企业以天泽智云、昆仑数据、寄云等企业为代表。各主体详情如表2-8所示。

表2-8　工业互联网平台各建设主体详情

建设主体类型	作用	代表企业	优势
头部制造企业	孵化平台公司、建设运营平台、提升第三方平台服务能力	海尔、美的、富士康、中船工业、航天科工	熟悉生产制造流程
系统解决方案服务商	从传统系统解决方案服务商向平台解决方案服务商转型	华为、浪潮、宝信软件、浙江中控、华龙迅达	可为制造企业提供基础设施、平台、应用服务等整体信息化服务
传统软件企业	加速软件云化发展，强化工业机理模型的开发部署	用友、索为、东方国信	将原有成熟软件解决方案向工业领域延伸
互联网企业	工业领域拓展或与传统制造企业合作共建工业互联网平台	百度、阿里巴巴、腾讯	云计算技术领先
单点突破的创业企业	重点围绕解决特定工业行业或领域业务痛点，提供平台解决方案服务	天泽智云、昆仑数据、寄云	领域专注度高、专业性强，创始团队一般来自头部信息科技与工业企业

八、工业互联网的典型应用

随着信息技术的不断更新迭代以及工业互联网的融合渗透，智能化生产、网络化协同、个性化定制、服务化延伸等一系列典型应用应运而生。

(一)智能化生产

智能化生产是指以网络信息技术为媒介，以先进制造工具为手段，对生产流程进行智能化改造，实现数据的流动、共享、采集、分析与优化，完成设备性能感知、过程优化、智能排产。企业主要围绕研发设计、生产制造、经营管理等环节，应用工业互联网将人员、机器、原理、方法、环境等资源进行集成与分析，实现生产管控一体化、制造工艺优化、制造柔性化、能耗管理以及仓储物流优化。比如，工业互联网平台BEACON通过整合互联网、大数据、云计算等软件和工业机器人、传感器、交换机等硬件将数据信息整合、采集、分析与优化，使端与端之间得以控制和管理。

（二）网络化协同

网络化协同是指制造企业基于工业互联网平台集成设计企业、供应链企业的业务系统，实现协同设计与供应链协同优化，在制造装备联网的基础上，远程下达加工制造需求、对外开放空闲制造能力，实现云制造①。这样的模式不仅能够快速降低资源获取成本，还能打破封闭边界，扩大资源利用范围，促使企业加速向产业协同转变，从而提升整个产业竞争力。比如沈阳机床是依托 iSESOL 网络协同制造平台将设计、制造、供应链、服务等环节进行并行组织和协同优化。设计协同主要是面向机加产品和工艺，利用网络协同制造平台来匹配适合完成该产品设计工作的人员，再依托平台的工艺设计师设计明确的工艺方案。制造过程主要是面向制造过程的产能、生产进度以及异常处理协同等内容。供应链协同是 iSESOL 网络制造协同平台依托接入的产业链上下游企业，根据不同产品的生产需要和特点，达到信息交流共享。服务协同主要是面向机加装备，依托平台实现一些专门的加工服务。

（三）个性化定制

工业互联网的个性化定制主要指企业为了满足市场多样化需求，解决企业的库存和产能过剩问题，利用工业互联网平台以及智能工厂，以用户为中心，实现更加精准的个性定制和按需生产的供需动态平衡。随着互联网的不断发展和柔性化生产能力与水平的逐渐提升，个性化定制发展迅速。依托互联网平台，销售商可与购买方进行深度交流和需求征集，并运用大数据分析建立模型，完成对市场需求的调查和分析，借助柔性生产线在保持规模经济性的同时提供个性化的产品。例如青岛红领集团形成了以西装厂、衬衣厂和休闲裤厂为主的三个专业研发制造工厂。该公司在与消费者建立新购买体验和情感的同时，为其提供了设计、搭配、研发等穿着文化服务的完全解决方案，为消费者提升了服务的附加值并为其提供了个性化定制服务。

（四）服务化延伸

服务化延伸是工业互联网最为典型的应用模式，也是工业互联网发展的必然结果。它指的是在产品上增添智能模块，使企业可随时随地对运行数据进行采集和分析，为客户提供更多样化的智能服务。其过程是企业应用工业互联网将研发设计数据、运行状态数据、历史维护数据、用户使用行为数据等进行汇聚分析，实现故障预测、远程维护与反馈优化等，以更好地满足用户需求，提供智能化服务。例如树根互联技术有限公司打造的根云平台，包括 MRM（Machines Relationship Management，机器关系管理）平台和 IOM（Infrastructure Operation Monitoring，基础架构运行监控管理）平台。其中 MRM 平台主要是通过机器的互联和数据的收集和整理，对接云端数据存储、数据分析和智能服务平台，提供资产管

① 工业和信息化部、国家标准化管理委员会《工业互联网综合标准化体系建设指南》。

理、设备跟踪、故障预测等创新业务；IOM 平台是为设备提供全生命周期管理，包括物联监控、智能服务、共享租赁等环节，帮助用户降低成本、提高运营效率，实现商业模式创新。[①]

① 三一集团：推出根云 RootCloud 平台 | 工业互联网平台案例汇编。

第三章　新经济的形态(一)

大数据、云计算、人工智能等新技术催生的数字经济和智能经济，并不是某个或某些行业特有的新的经济表现形式，而具有广泛的适用性、渗透性和融合性。数字经济的主战场并不在于大数据、人工智能、云计算等这些信息通信技术本身的产业化，即“数字产业化”，而是运用这些数字技术与各行各业融合、提升和改造传统产业，即“产业数字化”。根据《中国数字经济发展白皮书(2020 年)》，中国的产业数字化增加值在 2019 年已达到 28.8 万亿元，占比数字经济 80.2%。智能经济除了以智能机器人、智能汽车、智能可穿戴设备等为代表的智能技术产业化，还通过智能+的方式促进传统的生产、生活、社会治理与服务方式全面向智能化方向转变，从而形成以智能制造、智能家居、智慧交通、智慧城市、智慧医疗、智慧教育、智慧金融、智慧安防等为代表的典型应用。数字经济和智能经济作为新经济的基础形态，在更大范围内催生出新技术、新业态、新模式和新产业。

第一节　数字经济的内涵和特征

当前新一轮科技革命和产业变革正在席卷全球，数字产业化快速推进，数字技术与实体经济深度融合，产业数字化应用潜能迸发释放，新模式新业态全面变革，国家治理能力现代化水平显著提升。目前我国数字经济规模不断扩张，对社会经济的贡献不断增强。

一、数字经济概述

(一)数字经济的定义

数字经济是以数据为关键生产要素，以现代信息网络为重要载体，以数字技术为核心驱动力，通过数字产业化及产业数字化，使数字技术与实体经济深度融合，提升经济社会生产、交易、交流、治理和生活的数字化水平，促进形成经济结构优化、新旧动能转换的新型经济形态。

相关组织和学者对数字经济的界定和定义进行了广泛的探讨。经济合作与发展组织从生态系统视角将数字经济定义为“一个由数字技术驱动的，在经济社会领域发生持续数字化转型的生态系统，该生态系统至少包括大数据、物联网、人工智能和区块链”。G20 杭州峰会通过的《二十国集团数字经济发展与合作倡议》提出“数字经济是以使用数字化的知识和信息作为关键生产要素、以现代信息网络作为重要载体、以信息通信技术的有效使用作为效率提升和经济结构优化的重要推动力的一系列经济活动”。

中国信息化百人会认为：“数字经济是全社会信息活动的经济总和；数字经济是以数字化信息为关键资源，以信息网络为依托，通过信息通信技术与其他领域紧密融合，形成了基础型、融合型、效率型、新生型、福利型五个类型的数字经济”。

(二)数字经济的内涵

1. 从要素、载体、技术、系统四个维度理解

中国电子信息产业发展研究院发布的《2019 年中国数字经济发展指数》从要素、载体、技术、系统四个维度认识和理解数字经济的内涵，如图 3-1 所示。

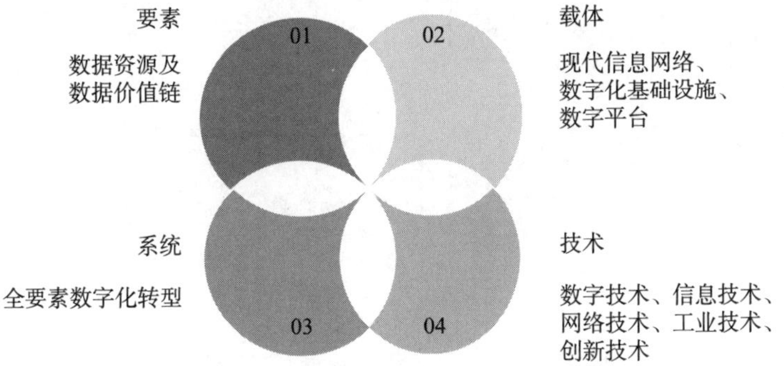

图 3-1　数字经济内涵的认识维度①

从要素维度看，数据已经成为驱动数字经济发展的关键要素。在数字经济时代，数据化的知识与信息成为继土地、资本、人力、技术之后的又一核心生产要素，数字资源的无限性、可再生性、可共享性大大弱化了传统要素有限供给对经济增长的制约。

从载体维度看，现代信息网络、数字化基础设施和数字平台成为数字经济发展的重要载体。现代信息网络为数据的存储与传输提供了必要条件；数字化的基础设施为实现人、机、物的相互融合提供了数据源和交互基础；数字平台主要为开发者的创新提供了生态环境，为参与者的信息交换提供了场所。

从技术维度看，数字技术的创新与融合为数字经济提供重要推动力。一大批信息技术的持续突破促进了多种技术相互支撑的技术群的发展，为数字产业的蓬勃发展与应用提供了支撑，例如 5G、大数据、人工智能、量子计算、物联网、区块链、虚拟现实、超高清视频等。

从系统维度看，数字经济为整个经济环境和经济活动带来系统性变化。数字产业是以数字技术为核心工具进行价值创造的经济活动，重点在于数字技术本身的价值实现。而相比于数字产业，数字经济的概念范畴和影响范围更加广阔。其强调的是数字技术对经济各领域的赋能作用，是数字技术为整个经济环境和经济活动带来的系统性变化或结果的经济活动。

2. 从“四化”理解

中国信息通信研究院发布的《2020 年中国数字经济发展白皮书》提出了数字经济“四化”内涵框架。数字经济是生产要素、生产力和生产关系的辩证统一，主要包括数字化治

① 图片来源：《2019 年中国数字经济发展指数》。

理、数字产业化、产业数字化、数据价值化四个部分，如图 3-2 所示。

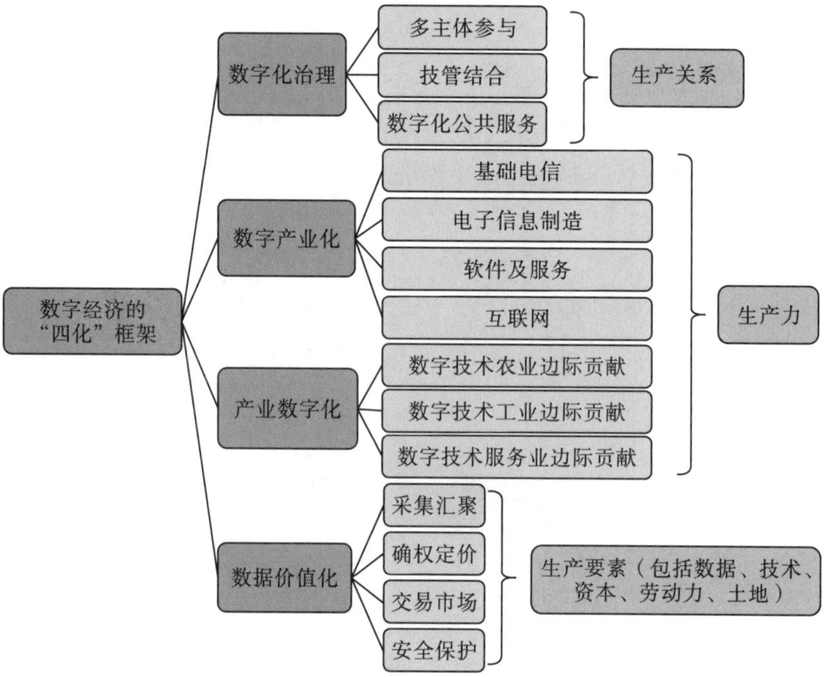

图 3-2 数字经济的"四化"框架①

其中，数据是数字经济发展的关键生产要素，而发展数字经济的本质要求是加快推进数据价值化进程。数据贯穿于数字经济发展的全部流程，与技术(以数字技术为引领)、资本、劳动力和土地等其他生产要素交叉组合，并作为"倍增器"提升其他生产要素的效率，引发生产要素多领域、多维度、系统性的突破。数据价值化主要包括采集汇聚、确权定价、交易市场、安全保护等过程。

数字经济发展的核心是通过数字产业化和产业数字化重塑生产力。数字产业主要是信息通信产业，是数字经济发展的先导产业，主要为数字经济的发展提供技术、产品、服务和解决方案等。产业数字化是指将数字技术应用于传统产业，从而提升传统产业的生产数量和效率，其新增产出构成了数字经济的重要组成部分。

数字化治理引领生产关系深刻变革，是数字经济发展的保障，是推进国家治理体系和治理能力现代化的重要组成部分，是运用数字技术建立健全行政管理、创新服务监管方式的制度体系，是实现行政决策、行政执行、行政组织、行政监督等体制更加优化的新型政府治理模式②。

① 资料来源：中国信息通信研究院。
② 佚名. "四化"协同，数字经济发展新阶段[J]. 信息化建设，2020(07)：39-41.

二、数字经济的特征

数字经济具有高融合性、高颠覆性、高增长性等特征。

1. 高融合性

数字经济主要表现在通过数字技术对传统产业进行改造，数字技术与实体经济深度融合。数字经济的高融合性主要体现在以下三个方面。一是技术体系的高融合。数字经济通过新一代信息技术与产业的跨界融合，将传统产业数字化，形成高融合的数字经济技术体系。二是生产体系的高融合。数字经济通过聚焦新型数字基础设施建设和全产业链布局，以实现产业全要素、全流程、全生命周期的数字化转型与融合创新为目标，构建数字驱动、智能主导的数字经济高融合生产体系。三是政策体系的高融合。数字经济以推进供给侧结构性改革为主线，借助"互联网+"和政府大数据决策平台，围绕转方式、优结构、换动力等视角，全力打造能实现高质量与高融合共同推进的多维政策体系，为实现政府政策制定的科学化提供重要支撑。

2. 高颠覆性

数字技术多种特性的协同作用使数字经济加速向经济、国防、科学、技术、政治、外交和社会生活等各个领域全面渗透，颠覆传统边界、规律和模式。其高颠覆性主要表现在以下三个方面。一是颠覆产业界限。数字经济不仅突破了原有产业的经济边界，实现了跨时空自由穿越、流动和交互，信息服务业加速向一二产业扩张，三大产业之间的界限逐渐模糊并相互渗透。二是打破传统企业边界与成长规律。数字经济以提升企业数字化、网络化、智能化发展水平为主要特征，数字经济发展促进企业间网络化协同，打破传统企业边界，同时将数据采集、传输、存储、平台、服务等功能集聚于一体，形成由制造能力、创新能力、服务能力等驱动的企业新成长规律。三是颠覆传统商业模式与资源利用方式。数字经济借助其在生产要素配置中的快速优化和集成共享等特性，通过数字技术的加速渗透，从基础设施、融合应用、企业和政府数字化转型、数据治理等多层次、多维度进行突破，从而实现快速颠覆传统商业模式，并加快形成拉动经济增长、促进经济高质量发展的资源利用新方式。①

3. 高增长性

随着传统的土地、资源、劳动力、资本四大生产要素的增长曲线趋于平缓，数据作为一种重要的生产要素对经济的增长和发展空间的影响越来越大，尤其是对提高全要素生产率作用明显。数字经济以数字技术以及数据化的知识与信息为支撑，数据化的知识与信息不仅本身创造新的价值，还可以提升相应的数据要素价值，多重价值叠加，实现经济的高增长，从而提高全要素生产率。

① 罗贞礼. 我国数字经济发展的三个基本属性[J/OL]. 人民论坛·学术前沿：1-7(2020-10-15).

三、数字经济的企业特征

面对日益发展的数字经济，各个企业为顺应数字经济发展的浪潮呈现出独具特色的运营智慧化、生产柔性化、线上线下融合化、商业结构扁平化以及市场竞争激烈化等特征。

1. 运营智慧化

在每个时代，企业管理者都在思索如何完善运营流程、激发员工活力、适应瞬息万变的市场环境和提高组织效率等问题。在数字经济时代，互联网、人工智能、大数据等技术为企业管理赋能，让企业运作更智慧、更高效。比如物联网和设备监控技术可以帮助企业实时采集生产线数据，优化生产计划和进度，准确掌握和控制价值链全流程，提高生产经营的可控性。

例如，西班牙某快时尚服装经营商，在市场调研、设计、样衣制作、批量生产、运输和零售各个环节，将数据采集与决策紧密结合；采用 RFID 技术对货物实时跟踪，迅速获取实时销售数据，进行补货或者产品更新。线下店铺的智能落地试衣镜可检测到顾客手持服装的款式和型号，生成模拟试衣效果，提供搭配建议。在网购取货专区，顾客只需出示网购订单条码，智能机械臂就会进行全自动操作和交货。

2. 生产柔性化

柔性生产以互联网平台为基础，依靠技术和数据驱动，实现企业对客户的个性化大规模定制生产。柔性生产需要管理、设备、技术和人才多方面的支持，可以运用于 B2B（Business to Business，企业对企业）、B2C（Business to Customer，企业对个人）、C2C（Customer to Customer，个人对个人）、C2B（Customer to Business，个人对企业）等商业模式。在数字经济时代，满足用户个性化需求的大规模定制生产成为可能。

比如中国青岛服装企业——酷特智能（原红领集团）的个性化服装定制生产线整合数据驱动、3D 打印逻辑、智能制造、精益生产、互联网深度融合、全球化产业链协同和实时交易等于一体。酷特智能积累了超过 200 万名顾客个性化的版型数据，酷特智能工厂生产线满负荷按个性化订单生产，实现了产品的零库存。同时，酷特智能还帮助其他企业进行生产线柔性化改造升级。

3. 线上线下融合化

传统线下企业通过建立线上渠道和接触点，提供线上线下无缝衔接的便捷化服务。例如，盒马鲜生凭借大数据、互联网、自动化等数字技术及先进设备，将整个门店的运营打造成有机的整体，通过流程化、数据化和标准化管理供应链、仓储以及配送环节。盒马鲜生采用“线上电商+线下门店”的经营模式，实体店集“生鲜超市+餐饮体验+线上业务仓储”三大功能为一体。消费者可以到店购买，也可以在盒马 App 上下单。对于线上订单，盒马鲜生承诺 5 公里内 30 分钟内送达。其高效率、便捷的配送服务获得了顾客的青睐。

4. 商业结构扁平化

数字技术使信息流通更直接，使商业结构更趋扁平化。企业借助各种网络平台对信息进行收集和处理，摆脱传统模式的分销体系，直接接触最终客户。扁平化的商业结构减少了中间商，在信息更畅通的基础上，有效降低了交易成本。比如淘宝电商，在平台上实现买方和卖方直接联系和沟通，减少了中间环节，降低了买卖双方的沟通成本，提升了整个买卖流程的效率。

5. 市场竞争激烈化

数字经济不仅加快了信息流动，而且突破了地域的限制，扩大了信息的来源和受众群体。从需求端看，由于信息更畅通，消费者的搜索和比较成本降低，企业间的竞争加剧。从供给端看，市场进入门槛降低，企业间的竞争更趋激烈。另外，信息的流动在打破地域限制的同时，也模糊了行业的边界，使跨行业、跨地区的竞争成为常态。

四、数字化产品的特征

数字化产品指的是信息、计算机软件、视听娱乐产品等可用数字化表示并可用计算机网络传输的产品或劳务。这些产品不再像往常那样以特定的实物形式存在，其可以通过计算机网络在线售卖给消费者，具有无形资产的特性，具体特征主要表现在以下几个方面。

1. 无形性

传统经济时代下的原材料、产品和库存，主要以实物形态存在；在数字经济时代，数字化产品的形态可以是具体的实物，也可以是无形的形态。比如，通过云计算技术向用户提供数据资源、运算能力及云存储服务等产品就是以无形化的形态存在的。数字化产品几乎可以无限产出，供应商无须囤货。此外，对数字化产品进行资产评估不能使用传统的会计方法，而应针对数字化产品进行特定的产品价值评估。

2. 生产虚拟性

一般产品的生产，从原料到最终成品，要经过工艺设计、零部件制造、产品装配等有形流程。但数字化产品的生产制造过程具有虚拟化的特点。其研发和生产大多是在计算机里完成，生产制造过程虚拟化可大大降低成本。比如，游戏开发员借助服务器制作网络游戏，需经过以下流程：策划—引擎—建模—美工—测试，而这些过程完全是在计算机里进行，即虚拟化的过程。

3. 收益模式多样性

对于传统有形产品，企业或个人需支付金钱获取商品的所有权，所以传统物质产品是以直接定价的模式获取收益。但在数字经济时代，数字化产品的定价或收益模式是多种多样的，可根据时长(比如视频网站 VIP 包月)、数量(比如云存储空间、文档数量)或功能(某些基础功能免费、某些高阶或特色功能收费)进行计费。企业将大量数字化产品(如在线视频、社交 App、邮箱、地图等)免费提供给顾客，从广告、增值服务等方面获取收益。

4. 产品使用非排他性

数字化产品在使用过程中不会磨损，一个用户使用不会限制其他用户的同时使用，也不会降低其他用户的使用效率。并且某些数字化产品具有可复制性，更强化了使用的非排他性。比如，数据、电影、音乐、文档等产品可以供不同的人下载、观看、分析或使用。

第二节 数字产业化

一、数字产业化概述

1. 产业化的概念

“产业化”的概念是由“产业”的概念发展而来的，指的是某种产业以行业需求为导向，提升生产、流通、消费、各个环节的效益，同时依靠专业服务及质量管理，形成品牌化和系列化的经营方式和组织形式。它是一个动态的过程，是达到一定规模的市场化经济的运作形式，即产业形成和发展的过程。

2. 数字产业化的概念

数字产业化是以数字化的知识和信息为生产要素，应用大数据、云计算、人工智能、区块链等数字技术，将数字技术的创新成果转化为推动产业持续健康发展的驱动力量，最终形成数字产业集群的过程。

二、数字产业行业分类

中国信息通信研究院认为数字产业主要包括电子信息制造业、电信业、软件和信息技术服务业、互联网和相关服务业等，包括但不限于 5G、大数据、集成电路、云计算、人工智能、区块链，如图 3-3 所示。

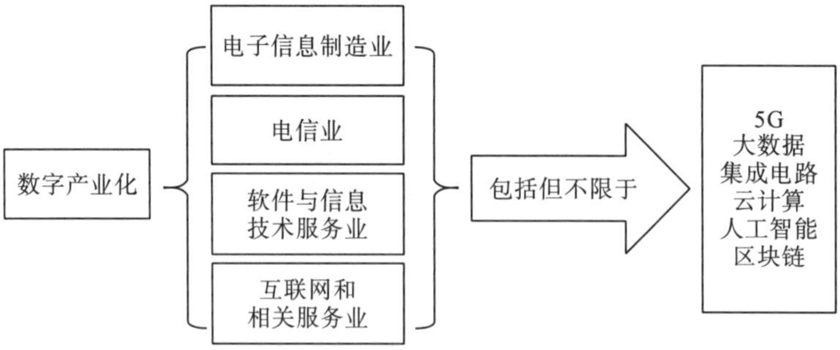

图 3-3 数字产业化的内涵构成

电子信息制造业是研制和生产电子设备及各种电子元器件的行业，由广播电视设备、通信设备、雷达设备、电子计算机、电子元器件和其他电子专用设备等生产行业组成。它可以细分为通信设备制造业、电子元件及电子专用材料制造业、电子器件制造业、计算机制造业四个行业①。

电信业一般指的是从事电信业务的行业，电信业通过电信网向公众提供业务，电信业务主要可以分为四大类：电话业务、数据业务、电话卡业务和增值业务。

软件与信息技术服务业是指利用计算机、通信网络等技术对信息进行生产、收集、处理、加工、存储、运输、检索和利用，并提供信息服务等业务的行业②，是关系国民经济和社会发展全局的基础性、战略性和先导性产业，具有技术更新快、产品附加值高、应用领域广、渗透能力强、资源消耗低、人力资源利用充分等突出特点，对经济社会发展具有重要的支撑和引领作用。软件和信息技术服务业包括软件产品(如工业软件产品)、信息技术服务(如电子商务平台技术服务、云服务、大数据服务)、嵌入式系统软件。

互联网和相关服务业包括信息服务(网络音乐和视频、网络游戏、新闻信息、网络阅读等)、互联网平台服务(生产服务平台、生活服务平台、科技创新平台、公共服务平台等)和互联网数据服务(数据中心业务、云计算业务等)等细分领域。

依据国家国民经济分类目录，有的城市将数字经济分为下一代信息网络产业(32 个行业)、电子核心制造产业(27 个行业)和新兴软件服务产业(57 个行业)三大类，共 116 个行业，详情见表 3-1 和表 3-2。

表 3-1　数字经济行业细分(1)

下一代信息网络产业	电子核心制造产业
计算机整机制造	半导体器件专用设备制造
计算机零部件制造	电子元器件与机电组件设备制造
计算机外围设备制造	其他电子专用设备制造
工业控制计算机及系统制造	电线、电缆制造
信息安全设备制造	光纤制造
其他计算机制造	光缆制造
通信系统设备制造	电子真空器件制造
通信终端设备制造	半导体分立器件制造
广播电视节目制作及发射设备制造	集成电路制造
广播电视接收设备制造	显示器件制造
广播电视专用配件制造	半导体照明器件制造
专业音响设备制造	光电子器件制造
应用电视设备及其他广播电视设备制造	其他电子器件制造
雷达及配套设备制造	电阻电容电感元件制造
电视机制造	电子电路制造
音响设备制造	敏感元件及传感器制造
影视录放设备制造	电声器件及零件制造
可穿戴智能设备制造	电子专用材料制造
智能车载设备制造	其他电子元件制造

① 李城璋. 基于混沌理论的电子信息制造业产业集群演化及预测研究[D]. 哈尔滨：哈尔滨工业大学，2015.
② 何建兵. 论驻天猫平台电商企业的会计处理[J]. 知识经济，2020(01)：51-52.

续表

下一代信息网络产业	电子核心制造产业
智能无人飞行器制造	其他电子设备制造
服务消费机器人制造	工业自动控制系统装置制造
其他智能消费设备制造	电子测量仪器制造
计算机、软件及辅助设备批发	其他专用仪器制造
固定电信服务	钟表与计时仪器制造
移动电信服务	光学仪器制造
其他电信服务	衡器制造
有线广播电视传输服务	其他仪器仪表制造业
无线广播电视传输服务	
广播电视卫星传输服务	
其他卫星传输服务	
互联网接入及相关服务	
工程和技术研究和试验发展	

表 3-2 数字经济行业细分(2)

新兴软件服务产业		
互联网批发	支撑软件开发	金融信息服务
互联网零售	应用软件开发	房地产中介服务
出租车客运	其他软件开发	汽车租赁
公共自行车服务	集成电路设计	其他综合管理服务
旅客票务代理	信息系统集成服务	互联网广告服务
其他仓储业	物联网技术服务	票务代理服务
外卖送餐服务	运行维护服务	遥感测绘服务
互联网搜索服务	信息处理和存储支持服务	工业设计服务
互联网游戏服务	信息技术咨询服务	专业设计服务
互联网其他信息服务	地理遥感信息服务	其他未列明教育
互联网生产服务平台	动漫、游戏数字内容服务	数字出版
互联网生活服务平台	其他数字内容服务	广播
互联网科技创新平台	呼叫中心	电视
互联网公共服务平台	其他未列明信息技术服务业	广播电视集成播控
其他互联网平台	网络借贷服务	电影放映
互联网安全服务	证券经纪交易服务	其他文化艺术业
互联网数据服务	期货市场管理服务	其他体育组织
其他互联网服务	非金融机构支付服务	电子游艺厅娱乐活动
基础软件开发	其他文化艺术经纪代理	网吧活动

三、数字产业化的发展态势

近年来，中国数字产业不断夯实基础，内部结构持续优化。从规模上看，2019 年，数字产业化增加值规模达 70878 亿元，占 GDP 比重 7.2%，同比增长 10.54%。相比 2014 年的 42115 亿元，增加了 28763 亿元(约增长 68%)。从结构上看，数字产业化内部结构持续优化，软件产业占比持续提升，由 2012 年的 35%增长到 2019 年的 50%左右，而电子信息制造业占比却小幅度回落，从 2012 年的 55%下降到 2019 年的 30%左右。详情如图 3-4、图 3-5 所示。

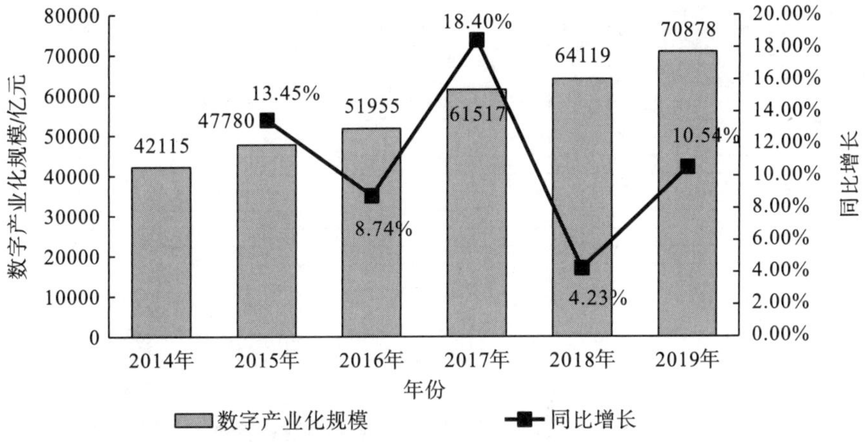

图 3-4　2014～2019 年中国数字产业化规模和增速①

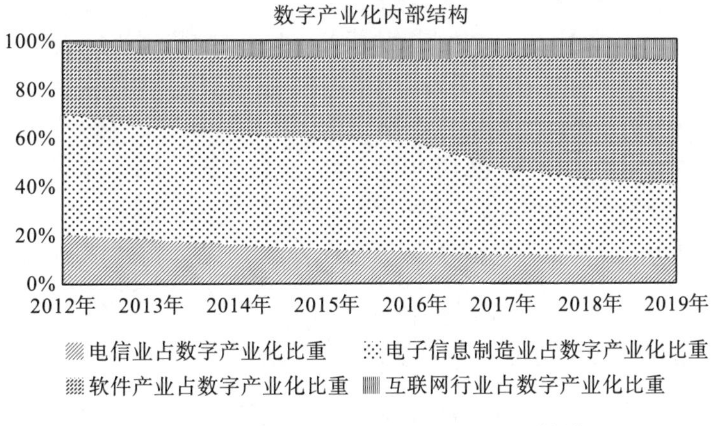

图 3-5　2012～2019 年数字产业化内部结构②

(一)电子信息制造业稳步增长

根据工业和信息化部发布的数据，2016～2019 年电子信息制造业固定资产投资每年

① 数据来源：前瞻产业研究院《2020 年中国数字经济发展报告》。
② 图片来源：中国信息通信研究院《中国数字经济发展白皮书(2020 年)》。

保持 15%以上的增长势头，高于全国固定资产投资增长 10 个百分点左右，高于制造业固定资产投资增长 12 个百分点左右；同期，该行业占规模以上(简称“规上”)企业营业收入比重基本稳定在 11%左右，2019 年主营业务收入达 11.4 万亿元。2020 年上半年，营业收入为 5.14 万亿元人民币，在制造业中占比达到 12.7%，产业地位进一步凸显。

电子信息制造业维持较快增长，2016～2019 年增加值增速分别为 10%、13.8%、13.1%、9.3%。如图 3-6 所示，受新冠疫情影响，该行业增加值增速在 2020 年 1～2 月大幅回落，降至-13.8%，但从 3 月开始回升，5 月达到 12.7%。2020 年上半年，增加值同比增长 5.7%，高于同期工业增速 7 个百分点。

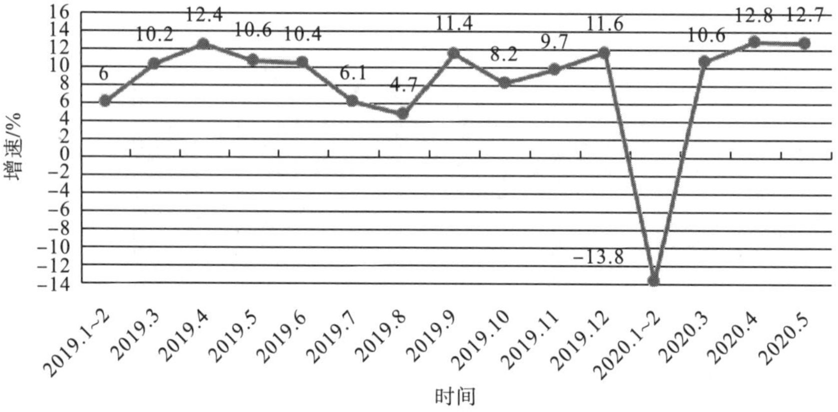

图 3-6 2019～2020 年电子信息制造业增加值增速变动情况[①]

(二)电信业基础支撑作用不断增强

我国大力推进网络强国建设，着力提升新型信息基础设施能力，助力释放信息消费活力，有力支撑社会经济的数字化转型。电信业发展稳中有进，网络提速卓有成效，千兆光纤覆盖家庭超过 9000 万户，千兆用户规模近 500 万户。移动网络覆盖向纵深延伸，2019 年净增 4G 用户 1.17 亿户；截至 2019 年底，4G 用户总数达到 12.8 亿户，占移动电话用户总数的 80.1%。根据工业和信息化部的数据，2020 年全国新增 5G 基站数量达到 58 万个。截至 2020 年底，我国累计建成 5G 基站 71.8 万个，国内已实现所有地市 5G 覆盖，5G 用户数超过 2 亿。如图 3-7 所示，电信业务收入在 2019 年为 13100 亿元，同比增长 0.8%。

(三)软件和信息技术服务业较快增长

发展和提升软件和信息技术服务业，对于推动信息化和工业化深度融合、提高国家信息安全保障能力和国际竞争力具有重要意义。根据工信部数据，如图 3-8 所示，自 2012 年以来，我国软件和信息技术服务业务收入规模急剧上升，从 2012 年的 24796 亿元飙升至 2019 年的 71768 亿元，累计增长高达 189%；近年增速虽有放缓趋势，但每年增速依然不低于 12%，2019 年增速为 15.9%。从软件和信息技术服务业细分领域看，2019 年工业软件产品收入 1720 亿元，同比增长 14.6%；电子商务平台技术服务收入 7905 亿元，同比

① 数据来源：前瞻产业研究院《2020 年中国数字经济发展报告》。

增长 28.1%；云服务、大数据服务收入共计 3460 亿元，同比增长 17.6%；嵌入式系统软件实现收入 7820 亿元，同比增长 7.8%。截至 2019 年底，全国软件和信息技术服务业规模以上企业超过 4 万家，从业人数稳步增加。信息技术服务加快云化发展，软件应用服务化、平台化趋势明显。

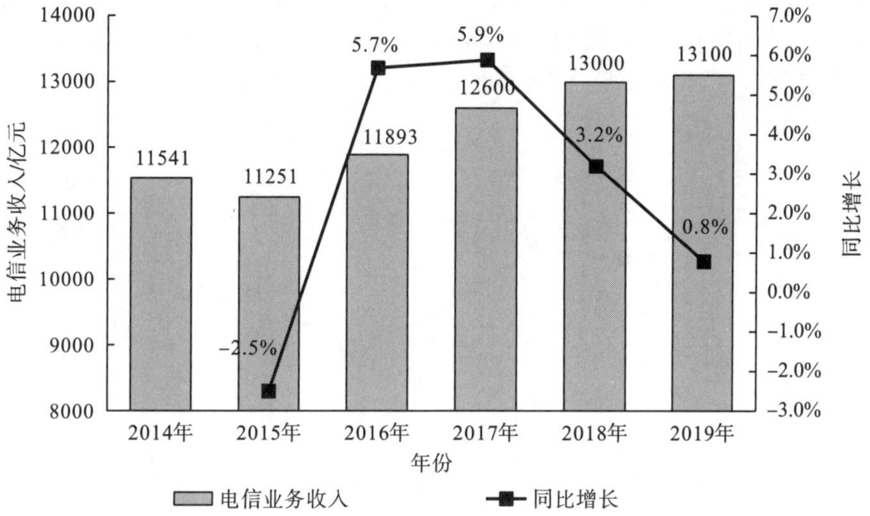

图 3-7　2014～2019 年中国电信业务收入及增长情况[①]

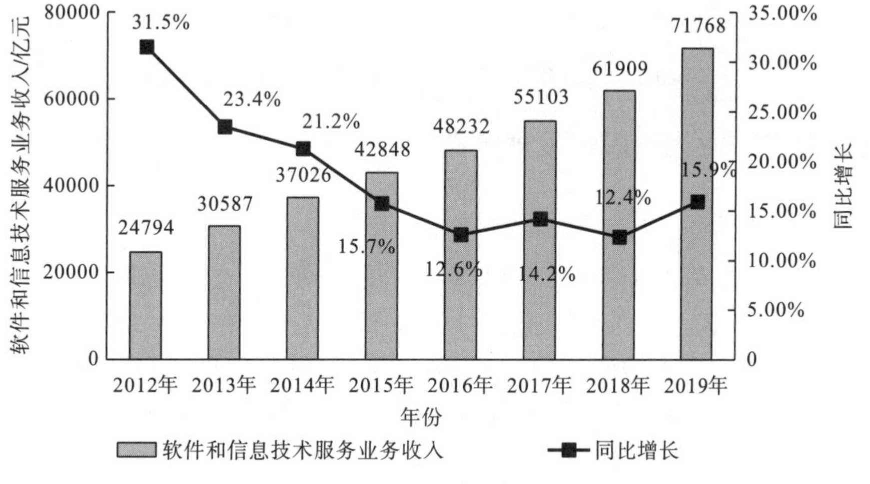

图 3-8　2012～2019 年软件和信息技术服务业务收入规模及增长情况[①]

(四)互联网和相关服务业快速增长

在人工智能、云计算、大数据等信息技术和资本力量的助推下，我国互联网和相关服务业保持快速增长态势，研发投入快速提升，业务模式不断创新拓展，对数字经济发展的支撑作用不断增强。

① 数据来源：前瞻产业研究院《2020 年中国数字经济发展报告》。

如图 3-9 所示，2013～2019 年，互联网和相关服务业维持不低于 18%的规上企业业务收入增长；2019 年规上企业业务收入 12061 亿元，同比增长 21.4%，较 2013 年增加 8744 亿元，增幅高达 264%。从细分领域看，2019 年信息服务(如网络音乐和视频、网络游戏、新闻信息、网络阅读等)业务收入 7879 亿元，同比增长 22.7%，其中互联网视频业务增长尤为迅速；互联网平台服务(含生产服务平台、生活服务平台、科技创新平台、公共服务平台等)业务收入 3193 亿元，同比增长 24.9%；随着新型基础设施加快建设和人工智能等新技术快速应用，互联网数据服务(如数据中心业务、云计算业务等)实现收入 116.2 亿元，同比增长 25.6%。

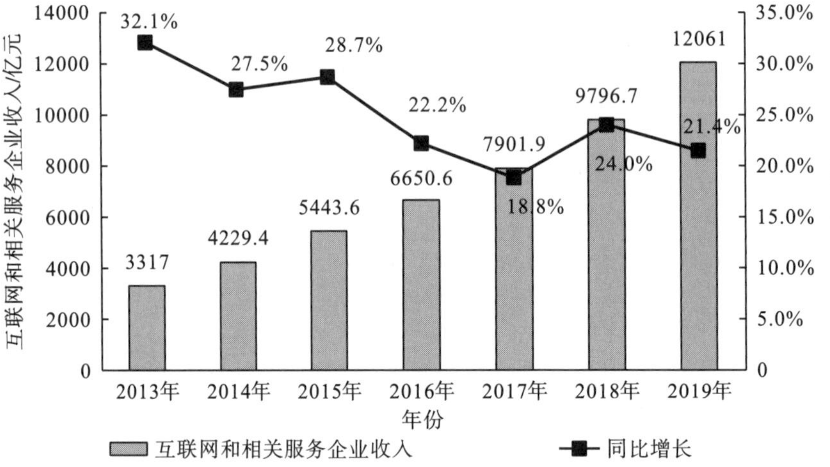

图 3-9　2013～2019 年互联网和相关服务业企业收入及增长情况①

四、推动数字产业化高质量发展的路径

1. 加快新型信息基础设施建设

新型信息基础设施建设主要包括数据中心、人工智能、5G 和工业互联网等领域的建设。推动数字产业化，实现经济高质量发展，必须贯彻新发展理念，吸纳科技变革成果，聚焦新一代数字技术关键领域，大力推进 5G 基站、大数据中心的建设。通过 5G 赋能工业互联网，促进人工智能与工业的深度融合，充分发挥经过数字化转型、智能升级和融合创新的基础设施的作用。

2. 加强数字产业集群

加快培育主导产品突出、创新能力强、技术含量高的数字企业，鼓励电子信息制造业、人工智能与智能装备、大数据与物联网等数字企业向特定区域聚集，形成数字产业集群。在传统产业领域，加快先进技术和创新产品的研发，提升技术和装备水平；在战略性新兴产业领域着力提升自主创新能力，加快形成技术含量高的产业链，从而带动集群综合实力提升。围绕产业链打造高新技术产业集聚区，以关键核心技术研发和重大数字技术集成为

① 数据来源：前瞻产业研究院《2020 年中国数字经济发展报告》。

突破，构建创新型数字产业集群，推动集群产业横向、纵向双向延伸发展，加强其集聚效应，推动集群向高质量、高档次和高效益发展。

3. 加大数字产业化发展保障力度

在落实国家关于 5G、大数据、人工智能、区块链相关产业发展政策的同时，探索与健全相关配套政策体系，为数字产业化的发展创造良好条件。一是强化人才支撑。鼓励数字产业相关企业采取柔性方式引进高端技术人才，并对相关技术人才给予补贴，对设立博士后工作站的数字企业给予补贴。二是保障建设用地。优先保障数字产业重点建设项目建设用地。三是完善公共服务数字平台。加强建设数字产业化重点实验室、技术创新中心等创新平台，定期对各类研发和公共服务平台开展服务能力测试与可信度评估，支持其为中小微企业进行数字化转型提供服务。

第三节 产业数字化

一、产业数字化概述

(一)数字化的概念

数字化时代的上一个时代被称作“信息化时代”，信息化是数字化的基础。数字化中数据的采集、存储、使用都是建立在信息化的基础上的。比如现在推广的物联网，其底层的技术，包括传感器、传输协议数据储存，都是信息化的标准功能。也可以说数字化是信息化的高阶阶段，是从收集数据、分析数据到预测数据、经营数据的延伸。脱离信息化的支撑就无法实现数字化，没有坚实的信息化作为基础，数字化是不稳固的。

从概念来讲，数字化就是将许多复杂多变的信息转换成可测量的数字和数据，再以这些数字和数据建立一个适当的数字化模型，并将其转换为一系列二进制代码，用 0 和 1 表示，在计算机内部进行统一处理，这就是数字化的基本过程①。

数字化具有业务数据化和数据业务化两个特点。

1. 业务数据化

业务数据化是指业务相关的信息、数据以数字方式进行储存，但简单的储存还只停留在信息化阶段，没有实现数字化，信息、数据要通过建立数字化模型，实现指标化，实现业务数据的可分析、可利用、可改进功能，使数据进入运营环节才能称得上业务数据化。业务数据化能实现更精细更高效的运营。

2. 数据业务化

数据业务化指数据转变为带有建议性的信息帮助客户实现商业目的。例如人们常用的网购平台淘宝，会根据用户的历史购买记录和搜索浏览记录，通过算法判断用户的喜好，对客户进行商品推荐或推送。

① 董卉，骆源喜. 高校智能化校园建设的一体化策略分析[J]. 无线互联科技，2017(20)：15-16.

（二）数字化的功能

1. 数据收集

数据收集是数字化的基本功能。信息化中的数据收集是对所需的数据进行传统收集，人工录入。如企业要掌握员工的姓名、性别、年龄等基本信息，需要将员工上报的信息手动输入表格，这种方式并没有减轻员工工作量，并且如果数据录入有误，会直接影响领导分析决策。而数字化的数据源头不是人工负责，不用人工录入，而是系统自动化采集，如现在的手机能自动记录每天走路的步数，手环能记录心跳和运动数据。数字化不仅能减少人工成本，还能提升工作效率，最重要的是大数据由此产生。

2. 数据分析

数据分析的本质是将现实事物抽象为数学模型，以便计算、统计，然后得出某个数学结论，再使其回归到现实事物，以实现对现实事物的分析、判断及预测。换言之，数据分析能将收集到的数据经过整理、加工、建模，采用一定的算法，将零散的数据转变成可视化、可理解、可以辅助决策的信息。如在电商领域，卖家可通过对用户的相关信息进行收集分析，完成用户画像，简单来说就是提炼出用户标签，从而为用户提供有针对性的服务。不过，要完成数据分析，需要大量的数据，才能确保分析结果的准确性，所以前期的数据收集工作对数据分析非常重要。

3. 数据预测

数据预测是利用收集到的现有数据，通过建立数学模型推测某些空缺或未知情况。数据预测是数字化的重要功能，数据预测帮助企业估算业务经营的结果，从而辅助企业进行决策，规避风险。最直观的数据预测应用就是交通状况预测，如百度地图可以基于历史路况数据以及当前实时路况数据对未来的路况进行预测，用户只需要选择始发地和目的地，再选择未来出行时段，界面就能预估交通拥堵情况和两地之间所需交通时长，有利于用户决定出门时间和选择交通工具。从国民经济走势预测到客户流量的预测，数据预测有着非常广泛的应用。

二、产业数字化的概况

（一）产业数字化占数字经济比重不断增加

产业数字化是指将数字技术应用于传统产业所带来的生产数量和效率提升。从数字经济内部结构来看，数字产业化占比逐年下降，产业数字化占比则逐年提升。2019 年中国产业数字化增加值达 28.8 万亿元，占数字经济的比重已由 2005 年的 49.1%提升至 2019 年的 80.2%（图 3-10）。从世界其他经济体数字经济构成看，这一特征具有共通性，即产业数字化在全球所有主要经济体数字经济中居主导地位（图 3-11）。

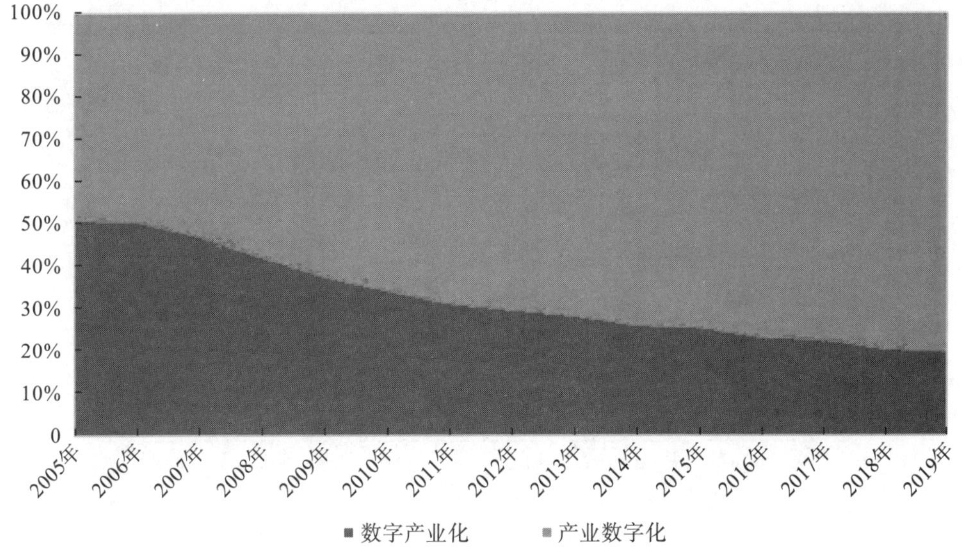

图 3-10　我国数字经济内部结构①

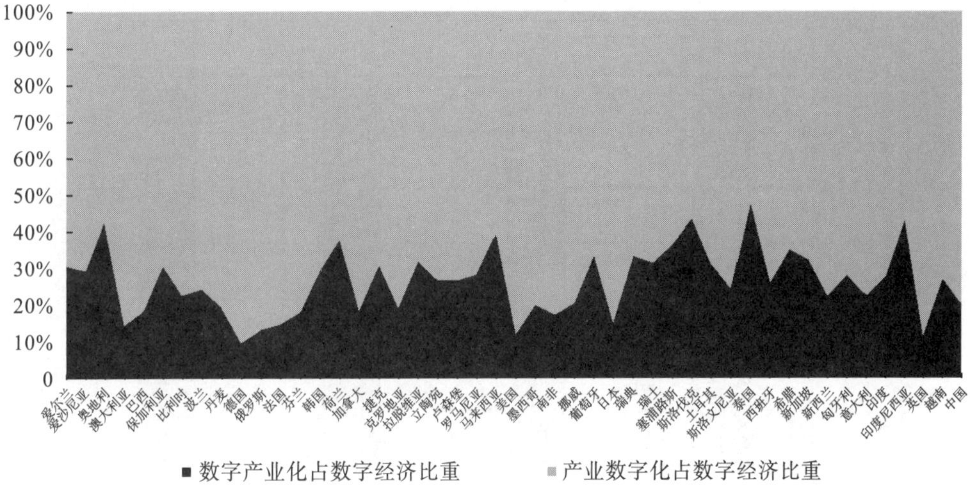

图 3-11　2018 年全球主要国家数字经济各部分占数字经济比重②

(二)蓬勃发展的产业数字化为我国经济增长提供关键动能

如图 3-12 所示，2014～2019 年，我国产业数字化规模快速增长，从 2014 年的 119525 亿元增长到 2019 年的 287524 亿元，累计增长 141%；年增速均高于 15%，远高于同期 GDP 增速，也高于同期数字产业化增速。数字经济对 GDP 增长的贡献度不断提升，2016～2019 年，我国数字经济对 GDP 增长始终保持在 55%以上的贡献率，2019 年数字经济对经济增长的贡献率达到了 67.7%(图 3-13)。由此可见，数字经济已成为驱动我国经济增长的核心关键动能。

① 资料来源：中国信息通信研究院《中国数字经济发展白皮书(2020 年)》。
② 资料来源：中国信息通信研究院《全球数字经济新图景(2019年)》。

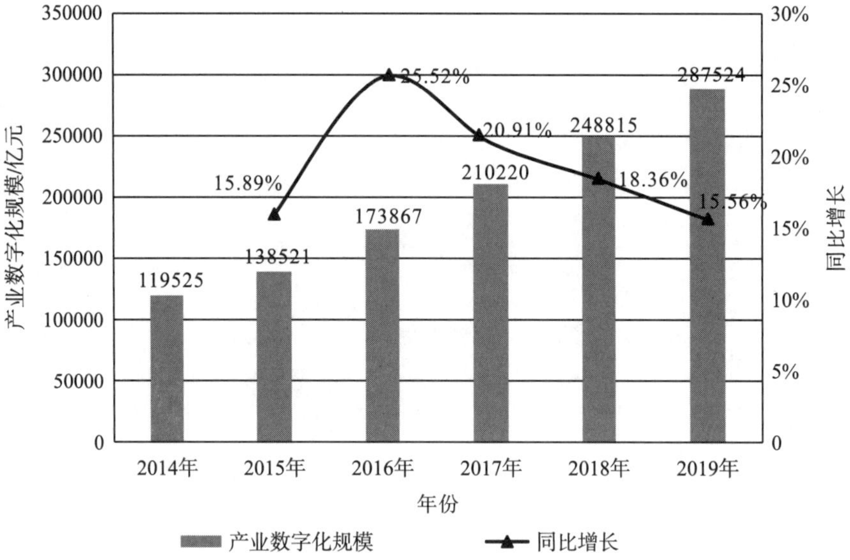

图 3-12 2014～2019 年中国产业数字化规模情况①

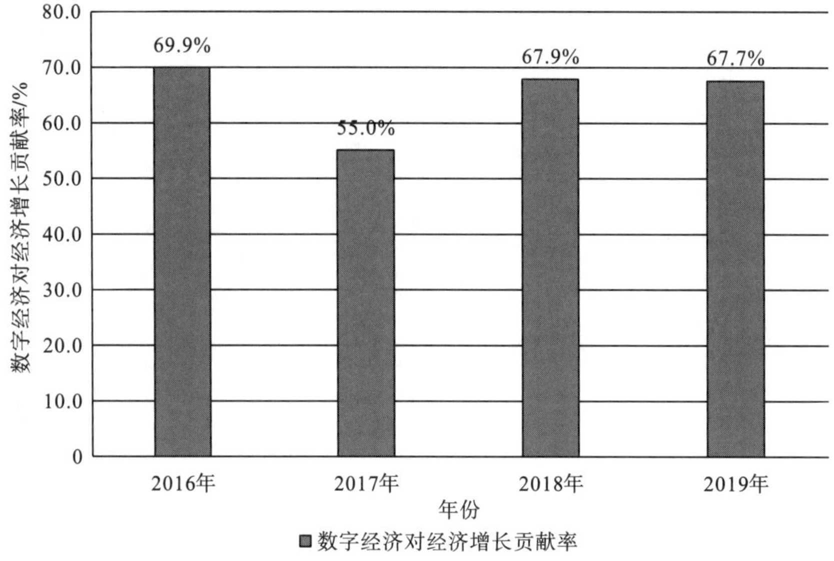

图 3-13 2016～2019 年中国数字经济对经济增长的贡献情况①

(三)三次产业数字化不平衡

总体上，数字经济与农业、工业和服务业的融合和渗透稳步提升，但三次产业数字经济发展不平衡(图 3-14)。农业数字化转型较弱，2019 年农业数字经济增加值占行业增加值比重仅为 8.2%；2019 年工业数字经济增加值占行业增加值比重为 19.5%；服务业产业数字化程度最高、增幅最大，2019 年服务业数字经济增加值占行业增加值的比重达到 37.8%。

① 资料来源：前瞻产业研究院《2020 年中国数字经济发展报告》。

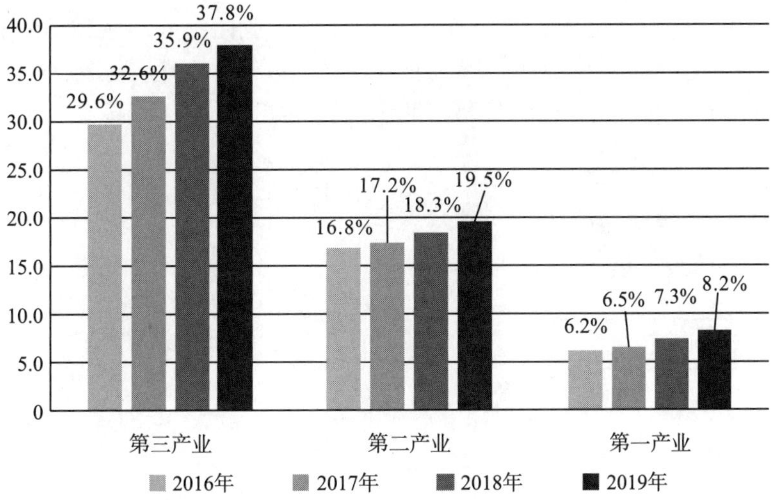

图 3-14　2016～2019 年数字经济在三次产业中的渗透情况(%)[①]

三、产业数字化主要领域

如图 3-15 所示，产业数字化包括但不限于工业互联网、智能制造、平台经济、车联网等融合型新产业、新模式、新业态。

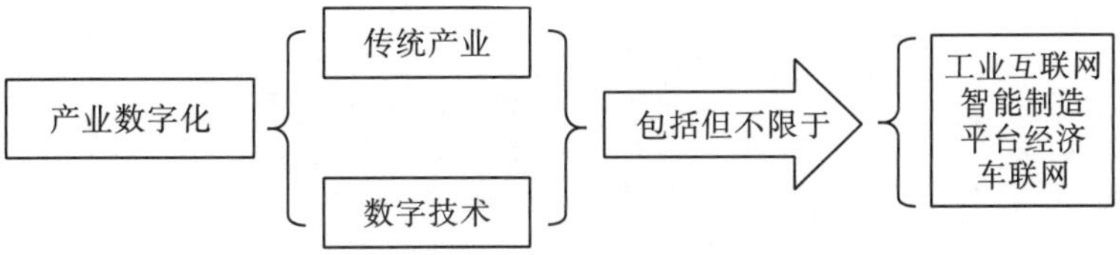

图 3-15　产业数字化构成情况

(一)工业互联网

工业互联网是新一代信息技术与工业经济深度融合的全新经济生态、关键基础设施和新型应用模式。根据中国信息通信研究院测算数据，2019 年中国工业互联网产业经济增加值规模为 21315 亿元，同比实际增长 47.30%，占 GDP 比重为 2.2%，对经济增长贡献为 9.9%。其中工业互联网核心产业增加值规模为 5361 亿元，工业互联网融合带动的经济增加值规模为 16000 亿元，如图 3-16 所示。

(二)智能制造

制造业是数字经济的主战场，近年来，制造企业的数字化基础能力稳步提升，制造业企业的设备数字化率和数字化设备的联网率不断提升。根据人民日报数据，2019 年，规模以上工业企业的生产设备数字化率、关键工序数控化率、数字化设备联网率分别达到 47.10%、49.50%、41.00%，工业企业数字化研发设计工具普及率达到 69.30%；2019 年，

① 资料来源：前瞻产业研究院《2020 年中国数字经济发展报告》。

全国开展网络化协同、服务型制造和个性化定制的企业比例分别达到 35.3%、25.3%和8.1%。重点行业制造执行系统(MES)等工业软件普及率不断提升。制造业从单点、局部的信息技术应用向全面数字化、网络化和智能化转变，如图 3-17 所示。

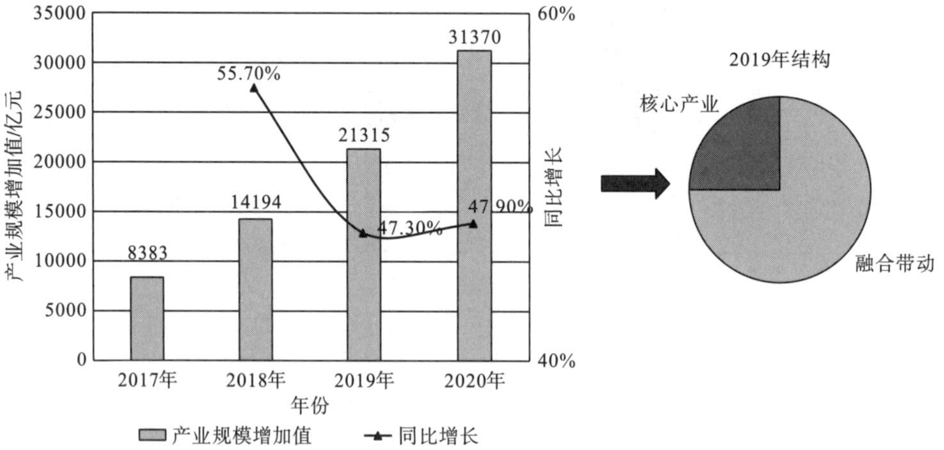

图 3-16　2017～2020 年中国工业互联网产业经济总体情况①

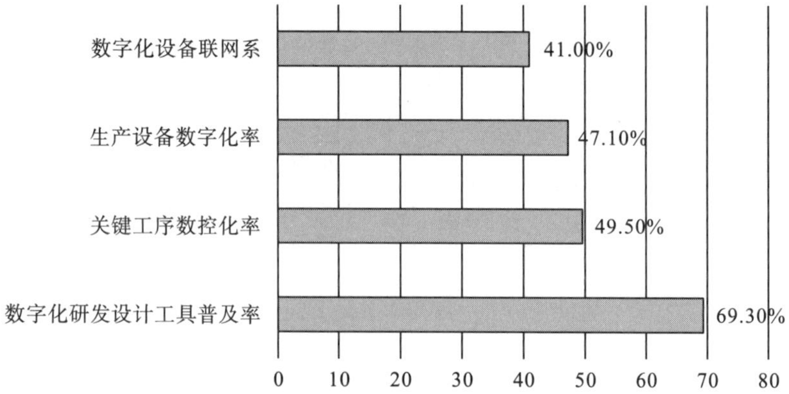

图 3-17　2019 年规模以上工业企业数字化能力情况(%)①

(三)平台经济

平台经济是围绕数字化平台，以平台企业为核心，通过多种类型的市场主体和资源的汇聚整合而形成的一种新模式、新业态。根据中国信息通信研究院发布的数据，截至 2019 年底，我国价值超 10 亿美元的数字平台企业达到 193 家，较 2015 年增加 126 家。从价值规模看，2015～2019 年我国数字平台总价值由 0.80 万亿美元增长至 2.35 万亿美元，年复合增长率达到 31.1%。腾讯、阿里巴巴、百度、京东、美团、滴滴、字节跳动、微软、苹果、亚马逊、谷歌、脸书是国内外平台经济企业的典型代表。2019 年全球市值最高的十家公司中，有七家是平台企业(即微软、苹果、亚马逊、谷歌、脸书、腾讯、阿里巴巴)。

① 数据来源：前瞻产业研究院《2020 年中国数字经济发展报告》。

中国数字平台数量和市场价值逐年增长，如图 3-18 所示。

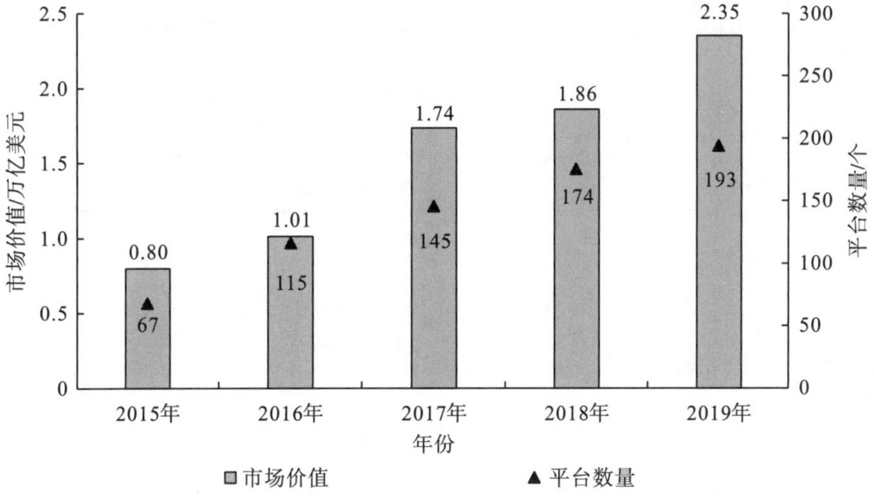

图 3-18　2015～2019 年中国数字平台数量和市场价值情况①

我国平台经济向远程医疗、在线出行、远程教育、公益扶贫、物品共享、跨境电商、远程办公、政府服务等各领域延伸渗透。淘宝、微信、滴滴、抖音、闲鱼、水滴筹等数字化平台改变了城市居民购物、社交、出行、娱乐、闲置物品处置、筹款的模式；钉钉、腾讯课堂、猿辅导等平台改变了居民办公、会议和学习的模式；电子商务平台和精准扶贫公益平台帮助农村居民销售优质农产品，助力增收和脱贫。天府市民云等平台助力政府更高效地为市民提供社保、生活缴费、公积金、就业、养老等公共服务。海尔 COSMOPlat 等工业互联网平台为企业高效精准匹配供应商，提供生产运营解决方案，协助企业提高运营效率。平台经济已与国民经济深度融合，正深刻影响我国生产制造的全流程、全产业链、全生命周期，成为推动我国产业降本增效，迈向中高端的关键支撑。

（四）车联网

根据公安部数据，2020 年我国汽车保有量达到 2.81 亿辆。高达 75%的消费者在购买新车时偏好联网的车辆，然而目前市面上不到 15%的车辆具备车联网功能②。巨大的汽车保有量和市场需求为车联网(智能网联汽车)产业发展提供了巨大的机遇。

车联网产业链长，包括元器件供应商、通信设备提供商、汽车电子系统供应商等中上游环节，以及整车厂等下游环节；此外还涉及地图等软件与数据提供商、通信服务商、二手车改装服务商等。如图 3-19 所示，2017～2019 年，中国车联网市场规模保持高增长，2019 年达到 1074 亿元，较 2017 年增长 152%；2020 年市场规模爆发式增长，同比增速超过 60%；随着 5G 进一步推广应用，V2X(Vehicle to Everything，车对外界的信息交换)技术不断完善和用户增值付费意愿提升，预计到 2025 年行业整体市场规模将超过 2000 亿元。②

① 资料来源：前瞻产业研究院《2020 年中国数字经济发展报告》。
② 数据来源：中研普华研究报告《2020-2025 年中国车联网行业全景调研与投资战略研究咨询报告》。

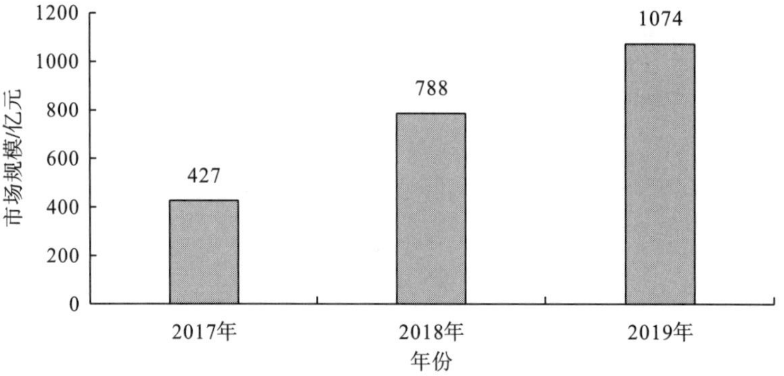

图 3-19 2017～2019 年中国车联网行业市场规模[①]

四、数字经济驱动传统产业转型升级的机理

在产品市场，大数据、云计算、移动互联等新技术完善信用机制，减少信息不对称引起的市场失灵，更精准地连接供需两端，降低交易成本。在要素市场，不同于稀缺的土地、劳动力和资本等传统要素，数据不仅是海量的和不断增加的，而且可以共享、复制和反复使用。作为一种新的要素参与经济价值创造过程(即数字产业化)，数据不仅能够优化要素配置，还对其他要素效率有“倍增”的作用(即产业数字化)，推动生产可能性曲线向外移，提高全要素生产率。数字经济驱动传统产业转型升级的内在机理主要包括以下几个方面。

1. 数字经济提高生产效率与质量可靠性

数字化生产、智能化制造为企业提高生产效率、提升产品质量提供支撑。在数字化工厂，基于数字平台的虚拟工厂和物理工厂无缝对接，虚拟工厂执行与物理工厂相同的制造过程。数字化工厂对制造过程中产生的大量数据进行分析和挖掘，及时预判和发现制造过程中的问题，优化生产制造流程，有效提高生产效率和产品质量稳定性。

2. 数字经济提高供应链效率

与传统供应链相比，数字化、网络化的供应链平台缩短了时间，拉近了距离，为提高供应链效率提供了支撑。大数据和人工智能技术的发展以及共享模式的普及，强有力地解决了供应链中的连接、搜索和交互问题，实现了生产商、供应商、分销商等成员相互连接、及时沟通，可节约沟通时间，降低沟通成本。除此之外，数字化、网络化的供应链平台还可以让上游的供应商直接参与下游企业的研发、生产、试用等环节，可极大提高供应链的效率。总之，大数据、人工智能、共享工厂等技术和模式让供应链上下游企业同步参与研发、测试、生产等价值链环节，实现设计商、供应商、制造商、集成商、渠道商等成员的有机协同，提高供应链效率[②]。

3. 数字经济打破研发瓶颈

数字经济正在摒弃传统的产品研发模式，朝着消费者需求的方向发展。数字化的开放

① 来源：中研普华研究报告 《2020-2025 年中国车联网行业全景调研与投资战略研究咨询报告》。
② 赵西三. 数字经济驱动中国制造转型升级研究[J]. 中州学刊，2017(12)：36-41.

式平台使得消费者能够参与产品的设计，通过平台即时在线体验、评价与反馈，设计者可即时收取反馈，调整产品性能，快速创新和迭代。设计者与消费者之间的隔阂被打破，设计者通过平台就可直接了解消费者的产品需求，减少了市场收集信息的时间、财力成本，规避了设计出的产品销售不畅的风险。另外，网络化和数字化协同研发平台打破地域、行业等限制，让全球各地的优质研发资源可以共享，利于企业更快捷地、在更大范围内匹配研发资源，突破研发瓶颈，降低研发成本和时间。最后，设计工具云端化和平台化有利于统一标准，提高研发效率。

4. 数字经济帮助企业向价值链更高环节攀升

数字经济为企业服务化转型提供技术和平台支撑，大数据、互联网、物联网等技术使企业可以更高效、更快捷、更方便地开展在线监测、远程运维和线上服务；与此同时，数字化、平台化模式还可以帮助企业整合内外部资源，创新服务模式，助推企业成为综合解决方案提供商，向“微笑曲线”两端的高附加值环节攀升。另外，服务化可以催生第三方网络服务平台，为同类型企业提供专业化服务。

5. 数字技术推动企业运营方式变革

数字技术推动企业组织结构扁平化、柔性化、网络化，提高运作效率，降低运作成本。比如电子商务作为一种全新的商务运作模式，不仅改变了企业与消费者之间的沟通方式，也影响了企业内部运作和企业之间的协调模式。企业网络中的各个终端可以同时获得全面的数据与信息，在信息的采集、汇总和处理过程中实现自动化，从而提高管理者的管理效率和水平。同时，计算机技术和互联网技术的应用，使企业内部和外部信息传递更便捷、直接，高层管理者接近生产第一线，中层管理者失去存在的基础，管理层级减少，组织结构更扁平化。这种模式不仅加强了组织内部和跨组织沟通，也加快了对市场和竞争动态变化的反应。

第四节 数字经济的应用场景①

一、5G+柔性生产

柔性生产线可以根据订单的变化灵活调整生产任务，是实现多样化、个性化、定制化生产的关键。5G 以以下两种方式赋能柔性生产线。第一，提高生产线的灵活部署能力。未来，柔性生产线的制造模块需要具备灵活快速的再部署能力和低成本的转型升级。5G 网络进入工厂后，生产线上的设备将摆脱线缆的束缚，通过与云端平台无线连接，进行功能的快速更新和扩展，实现自由移动、拆分和组合，从而在短期内实现生产线的灵活改造。第二，提供灵活的网络部署方式。5G 网络中的 SDN（Software Defined Network，软件定义网络）、NFV（Network Functions Virtualization，网络功能虚拟化）和网络切片功能，根据不同的业务场景可以支持制造企业灵活安排网络架构，根据需要建立自己的传输网络，还可

① 成都格润创新科技研究院《新经济应用场景词典》。

以根据不同的传输需求对网络资源进行分配，通过带宽限制和优先级配置等方式，提供适合不同生产环节的网络控制功能和性能保证。在这个框架下，柔性生产线的流程可以根据原料和订单的变化而改变，设备之间的联网和通信关系也会随之发生改变。例如，昊志机电使用 5G 技术、物联网、大数据和人工智能等信息技术搭建的智慧工厂投入试运营，实现了车间的全方位监控和设备的数据采集和分析，以及 224 款产品的柔性的生产能力。车间技术员和生产员工从 70 人减少至 11 人，最终到 1～2 人，每年节省人力成本 700 多万元，整体生产效率提高 50%左右。

二、5G+物流供应

通过 5G 低延时的网络传输技术建立设备到设备（Device to Device，D2D）的实时通信，并利用 5G 中的网络切片技术完善高时效、低能耗的资源分配。比如工装数字化配送系统包括 AGV（Automated Guided Vehicle）小车设备（集成叉车功能）、扫码与工卡识别设备、手持终端呼叫设备、调度系统与工装管理系统信息交互设备、自动充电桩等。在手持终端呼叫设备上将工装信息发送至调度系统，调度系统接收到工人发出的指令，得到工人的工位信息、工人的身份信息和物料的信息。然后调度系统指派适宜的 AGV 小车至库料区，AGV 上需安装 RFID（Radio Frequency Identification，射频识别）识别器，根据调度系统给出的指令，对于物料进行自动识别转运。物料从库区或立库到工位的转运过程，系统将自主规划最优路径，利用 5G 传输图像通过深度学习平台进行实时避障，并实现自动开关车间升降门。到达工位后，工人通过员工卡或其他设备来扫码设备，完成物料登记后方可提取。完毕后，AGV 小车再根据调度系统指令，继续进行配送或在指定区域休息（自动充电），无须人员干涉分配，这就是基于 5G 的智慧物流供应。

三、个性化产品定制

通过大数据对用户需求进行分析，以此为基础告诉研发部门做什么、怎么做。对产品进行市场用户需求评测，从用户的角度出发，以用户的想法为核心来建模，通过数据可视化展现，进一步明确用户到底想要什么。一方面，要求制造业企业生产符合消费者个人喜好的产品或服务；另一方面，需要互联网为消费者提供个性化定制需求。制造业企业对这些数据进行处理，然后传递给设备进行数据挖掘、设备调整、原料制备等步骤，最终生产出满足个性化需求的定制产品。①

四、产品研制协同平台

通过建立设计平台，对产品研制过程中的各种工作内容进行集成展现和管理，并根据用户岗位和工作内容的不同，管理并查看相应的内容，用户可通过研发设计工作台直接开始设计工作。协同设计研发平台以基础数据、产品数据、运营数据管理为基础，将设计经验、工艺信息、制造信息、产品服役过程信息（零部件寿命、质量问题记录等）应用于实际。

① 王喜文. 大数据驱动制造业迈向智能化[J]. 物联网技术，2014，4(12)：7-8.

如阿里云将客户需求等统一纳入设计需求范畴，保证了对设计需求的全面响应，为实现定制化奠定基础，逐步协助企业服务化转型。

五、数字孪生工业设计

在数字模型设计阶段，使用 CAD 工具开发出符合技术规范的产品虚拟原型，准确记录并直观显示产品的各种物理参数，并通过一系列验证手段来验证设计的准确性。通过一系列可变参数、可加速的仿真实验来验证产品在不同外部环境中的性能和表现，在设计阶段就开始验证产品的适用性。如在汽车设计过程中，由于对节能减排的需求，达索利用数字孪生帮助包括宝马、特斯拉、丰田在内的汽车公司利用 CAD 和 CAE 平台 3D Experience，准确进行空气动力学、流体声学等方面的分析和仿真，在外形设计时应用数据分析和仿真，大大提高了汽车的流线性，减少了空气阻力①。

六、自动化运维

自动化运维是将大数据自动化运维与知识库、人工智能算法相结合，通过健康检测、资源预测、作业优化、数据多维分析、日志关联分析等多种功能，打通运维过程中的故障发现、故障定位、故障解决、故障规避的全过程，旨在辅助运维人员解决实际问题。如中国移动上海公司将智能运维应用于大数据统一聚合平台上，集群节点数超过 180 个，平均日处理作业数达到 2000 余个。大大缓解了集群维护工作对于运维人员的高度依赖，有效缩短了集群故障排查和处理的耗时，降低了人员操作的风险。

七、环卫大数据管理中心

综合应用计算机技术、无线网络技术、地理信息系统(Geographic Information System，GIS)、视频监控技术，通过建立一个统一的管理中心，实现对环卫作业效果、环卫作业车辆、环卫设施、废弃物终端处置的监督以及对卫生环境的全程监控，将环卫作业情况形成数据分析表。通过程序化、自动化功能进行环卫作业监督评估，实时管理一线作业部门的绩效情况。如中联环境“环卫设备远程监控运维大数据平台”在用户需要了解环卫工作实际状态时，通过掌上环卫 App 平台便可以解决作业监控、应急调度、加油管理、违章告警、数据应用等问题，极大地降低了管理难度。

八、网上政务大厅

采用“互联网+政务服务”，使政府各部门业务信息在网上集成，让企业和群众办事可以“网上办”“简化办”，让政务服务实体大厅与网上大厅形成优势互补，具有网上咨询及反映问题、网上办公等功能。如上海已经建成覆盖全市的网络政务平台，实现 24 小时、一站式、全流程政务服务，实现了网上政务大厅与实体办事大厅的联动。

① 时培昕. 数字孪生的概念、发展形态和意义[J]. 软件和集成电路，2018(09)：30-33.

九、社区数字家政

通过社区数字家政平台发布育婴服务、儿童看护服务、老人服务、宠物看管服务、家教及家庭保洁服务的信息，社区居民可以根据自己的需要，通过高清 IPTV 电视终端、PC 终端、手机终端、平板终端等多种终端，获取所需的家政服务信息，预定所需服务。例如，福州市鼓楼区的家政服务平台上设置了供老人使用的“安享通”App 和供子女使用的“孝情通”App。老人在“安享通”App 可以下单享受家政服务，而且 App 还配置了 SOS 紧急救助功能，对老人实时定位，一旦发生意外会立即报警。“孝情通”App 及微信小程序可以预约清洁、做饭、理发、家电维修等服务，“亲情监护”功能还能实时监控家中老人情况，并设定多达 99 个电子栅栏，防止老人走失。

十、物业智能调度中心

物业智能调度中心集远程监控、调度、大数据为一体，24 小时视频巡逻检测，减少安防人员社区走动，同时对社区活动区域、道路人流进行监测，如遇到可疑人员的流动，物业系统会实时警报，物业人员 24 小时随时统一调度，提高社区服务效率。例如，富力公司为社区的各项设备建立平台化档案，引入精细化的智能设备管理模式。同时通过物联网技术定时线上派发工作计划，相应物业人员实时通过移动端回传上报工作完成情况，全面实现社区防控实时线上监管。

十一、猪舍环境监控

将猪舍的氨气、温度、湿度等环境变量统一监控并在客户端(App、PC、演示大屏)中集中呈现，让猪舍环境随时可见。对于监控中的环境变量，当其达到预设危险值时通过电话、现场声光、微信等示警方式告知用户。如深圳信立科技设计的养猪场智能环境监控系统，利用无线传感网络技术搭建，选用智能网关、无线测控装置、无线传感器等设备，将采集的猪舍各项参数数据以 GPRS(General Packet Radio Service，通用无线分组业务)的方式接入公网，以实现实时监控。

十二、数字化教育资源服务

构建数字化教育资源服务平台，提供资源中心、教育资讯、教育网盘等服务。该平台向教师提供备课授课、教研活动管理、教学题库等服务；向学生提供自助学习资源、在线作业、答疑中心等服务。例如徐州市数字化教育公共服务平台，学生或老师可登录网站，查找数字图书、云教学视频、科研课题、国家期刊等资源，便于老师提升教育水平，也便于学生读书学习。

十三、数字档案

通过构建成长空间服务平台，利用大数据、AI 技术，实时收集学生的学习、生活、实践、运动、体检等信息，对其进行分析，形成动态成长档案。其中包括记录学习成绩、成长过程的学习档案，记录体育成绩、课外运动的运动档案，记录课内外实践课程为主的实践档案，记录学生在校体检情况、健康监测情况的健康档案等。最后，在此基础上，对学生的个人成长给予综合评价。例如深圳市已在中小学建立学生动态健康档案，整合学生因病缺勤、年度健康体检、医疗机构诊疗服务、学生眼健康和眼病监测等数据，促进学生健康检测信息集中汇聚，为每个学生建立动态健康成长档案，当学生出现疾病需要就医时，医生可根据该档案，有针对性地展开诊疗。

十四、垃圾分类辅助系统

运用“物联网+智能资源回收系统”，由云服务平台、微信平台、垃圾袋自动发放机、垃圾分类箱、垃圾分类可手持终端组成，通过二维码、GPS、IC 卡、红外线等技术，实现垃圾分类投放、回收，使垃圾减量化、资源化、无害化。例如上海丰裕里小区，居民投放垃圾只需要靠近投放处，红外感应装置扫描后，门便会自动打开，在投放完成后门会自动关闭，并配有温馨语音播报，引导居民正确投放垃圾。

十五、社区基础信息管理系统

该系统统一管理社区概况、社区人口信息、社区居民信息、社区组织情况、社区居民房产、社区物业情况以及社区周边商家等基础信息，定期维护和更新，并发布社区的最新动态、相关新闻和通知，扩展居民获得信息的渠道。系统管理员可对这些基础信息进行修改、添加，用户可以通过登录系统对社区基础信息进行查询。例如北京众智创业科技开发有限公司的社区信息管理系统可以满足社区居委会管理各项工作需求，利用计算机软件全面、准确、可靠、及时地记录和处理城市社区日常工作过程中发生的各种信息和社区居民的各项人口基础数据平台，规范社区工作，提高管理效率。该系统可以对各种数据进行收集和整理，可以提供各种数据的查询和统计结果①，还能够对来自市、区、街、社区居委会的各项数据进行处理，形成完整的基础数据平台。

十六、VR 电力虚拟培训

模拟各种电力场所，有助于操作员了解电力场所的详细结构和各种功能区的具体作用，操作员还可以对设备进行模拟操作，熟练操作流程，提升操作能力。幻威动力等科技公司搭建的系统能够让操作员直接对仿真设备进行拆解和组合，从设备的内部结构了解其工作原理，提升培训效果。通过模拟触电事故体验，还原某施工单位施工作业过程中因违

① 周江峦. 基于 CRM 社区电子政务研究[D]. 贵阳：贵州大学，2009.

章操作，触碰高压线造成的设备与人身触电事故的现场，让体验者亲历事故发生过程，达到强化安全意识、提升应急处置能力的目的。

第五节 智能经济

一、智能经济的定义与内涵

(一)智能经济的定义

智能经济是以云计算、大数据、物联网、移动互联网等新一代信息技术为基础，以人工智能、虚拟现实、5G、区块链等智能技术为支撑，以智能感知的信息与数字化的知识为关键生产要素，以智能产业化和产业智能化为主要形式，以智慧工厂、智慧旅游、智慧生活、智慧城市等为应用领域，推动人类社会生产方式、生活方式和社会治理方式智能化变革的经济形态。简言之，智能经济就是在信息经济充分发展的基础上，由智能技术推动形成和发展的新型经济形态①。

(二)智能经济的内涵

智能经济包括以下三个层级：基础层、产品层和应用层。基础层即新一代信息技术。以人工智能、物联网、云计算、边缘计算为代表的新一代信息和智能技术为新一轮的经济发展提供坚实的技术底座。产品层即智能产品。以人工智能技术赋能传统设备、硬件、终端等智能化升级，形成新的产品，包括智能家居、智能穿戴、智能汽车等相关产品。应用层即以创新应用为切入点，推动智能技术和智能终端在多元化场景落地，改造传统经济发展模式和形态。具体如图 3-20 所示。

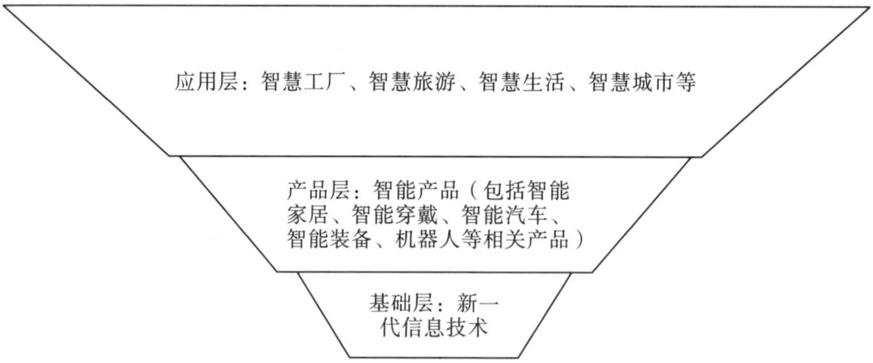

图 3-20 智能经济层级示意图

① 何雄伟. 智能经济：开启“智能+”新时代[N]. 江西日报，2019-06-24(010).

二、智能经济的特征

(一)智能经济的基本特征

智能经济开发利用包括智能感知的信息与数字化的知识等多种资源，可促进技术、知识、经验在更大范围、更宽领域、更深层次的利用，提高人们的分析和控制能力。与其他经济形态相比，智能经济具有数据驱动、人机协同、跨界融合、自主优化四个特征。

1. 数据驱动

智能经济是数字经济发展的高级阶段，数据是物理世界在虚拟空间的客观映射，作为核心要素驱动智能经济发展。没有数据，智能经济就是无源之水、无本之木。云计算、大数据以及人工智能是智能经济的底层技术支撑。在智能经济时代，依托新一代技术，现实世界中的人、事、物实时数据化，物理世界与数字世界全面融合，依托数据优化决策与预测，创造新的经济和社会价值。

2. 人机协同

人机协同是人与机器在经济活动中的和谐状态的体现，是智能经济发展中智能设备与技术(机器、信息、传感器、人工智能等)与人类生态、环境、活动和谐共生的表现。人机协同是指在智能经济的结构中，人和智能机器与技术相互依存[①]。通过成熟的感知技术，机器能够以全新的人机交互模式感知人类，与人进行交互，比如在制造领域，感知技术将推动传统的自动化生产设施和工业机器人向智能化升级。机器作业任务比重增加，人与机器的关系逐渐演变为人机融合，并进一步实现人机协同。通过人机协同，人们的工作舒适度将大幅提高，其工作效率和工作质量也会有极大提高。这种人机协同模式将覆盖从决策到运营、从生产到服务的经济活动全链条，成为未来智能经济的一个重要特征。

3. 跨界融合

相比以往的信息技术，人工智能具有更强大的垂直渗透和横向整合能力。人工智能已经逐渐渗透到各行各业，医疗、汽车、金融、零售、安防、教育、家居等行业通过“人工智能+”的方式，将信息技术与传统产业深度融合。另外，数据作为新的生产要素，也会改变原有的产业链结构。跨界获取数据将极大增强产品的竞争力，并将数据应用到其他行业，也可能衍生新的商业模式和产品。行业之间的界限已经变得模糊，跨界、跨行业融合发展正在成为一种经济发展的新常态。

4. 自主优化

自主优化体现在智能经济发展的成熟阶段，随着智能感知信息的不断增加和更新，面对动态的环境，生产设施能够自主适应变化，智能完成相应处理，避免潜在风险，优化资源使用效率，提升经济价值。

---

① 孙守迁. 智能经济构建未来形态[J]. 杭州(周刊)，2018(36)：13-16.

（二）智能经济的企业特征

1. 以安全和快捷为服务基础

智能经济企业的基础是高安全性和快捷性，没有安全保障的服务是没有意义的，智能产品服务通过端到端的安全技术实现了对用户信息的保护，建立用户对服务的信任，进而形成持续消费和服务升级。智能产品的普及，极大地消除了空间和时间的阻碍，优化了办事流程，提高了人们的工作效率。如搜索类智能产品，只要用户使用搜索引擎，输入关键词，便可得到相关资讯，也可输入完整信息得到精确服务。

2. 以智慧高效为核心目的

智能产品的重要特征是节能环保，智能经济企业在构建整套智能服务系统时，如最大程度降低能耗、减小污染，就能极大降低运营成本，使智能产品多、快、好、省，产生效益，一方面更广泛地为用户提供个性化服务，另一方面也为服务的运营者带来更高的经济和社会价值。

3. 以高新技术为支撑

智能企业以高新技术为支撑，实现线下和线上的无缝结合。分布式计算平台的广泛部署和应用，增大了线上服务的应用范围。同时人工智能技术的发展和产品不断涌现，为智能服务带来新的渠道或新的传播模式，使得线上服务与线下服务的融合进程加快，促进多产业升级。

三、智能经济产业分布

当前，智能化正不断渗透到各行各业，引领商业模式变革，推动实体经济发展。我国实施加快智能产业布局与发展规划，陆续发布了《新一代人工智能发展规划》《关于促进人工智能和实体经济深度融合的指导意见》等重要指导文件，提出鼓励发展人工智能，构建新型智能经济形态，进一步完善我国智能发展的政策环境。智能经济产业可以细分为基础软件硬件、智能制造、智能产品和智能服务四类，如图 3-21 所示。

（一）基础软件硬件

基础软件硬件是发展智能经济的底层支撑。传统硬件是独立的硬件载体，不具有连接外网的功能。例如普通的手表、眼镜、功能型手机等。而智能硬件是指“载体+操作系统”的双层平台产品，与传统硬件最大的区别是具有开放的操作系统，可以实现用户需求的个性化定制。通过软硬件结合的方式，对传统设备进行改造，进而使其具有智能化的功能。智能化之后，硬件具备连接的能力，实现互联网服务的加载，形成“云+端”的典型架构，创造了大数据等附加价值。

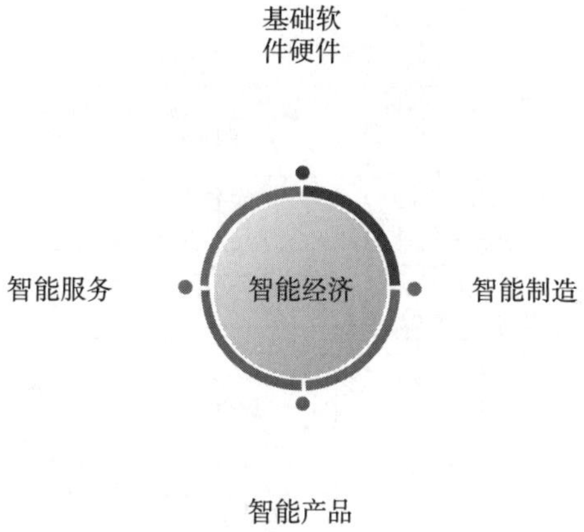

图 3-21　智能经济产业分类

基础软件硬件可以包括人工智能支撑软件开发、人工智能基础软件开发、集成电路设计、智能数控金属切削机床制造、智能数控金属成形机床制造、智能数控机床功能部件及附件制造等，如图 3-22 所示。

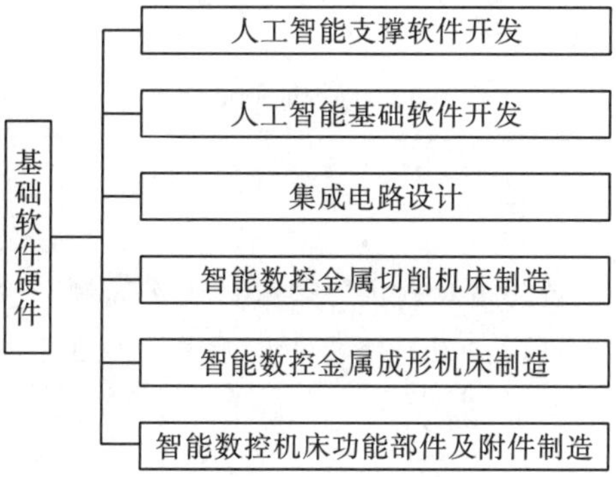

图 3-22　基础软件硬件分类

(二)智能制造

智能制造是基于新一代信息技术，贯穿制造活动的设计、生产、管理、服务等各个环节，具有信息深度自感知、智慧化自决策、精准控制自执行等功能的先进制造过程、系统与模式的总称。其更新了制造自动化的概念，并将其扩展到柔性化、智能化和高度集成化的程度。智能制造以智能工厂为载体，以关键制造环节智能化为核心，以端到端数据流为基础，以网络互联为支撑。实现智能制造可以缩短产品开发周期、降低资源和能源消耗、降低运营成本、提高生产效率、改善产品质量[①]。智能制造主要包括三个方面的内容：产品和装备的智能化、生产过程的智能化、服务的智能化。智能制造产业包括半导体器件专用设备制造、电子元器件与机电组件设备制造、集成电路制造、工业自动控制系统装置制造等，详情如图 3-23 所示。

① 刘玉书. 反全球化背景下的智能制造升级与金融支持研究——基于工业 4.0 的视角[J]. 学术探索，2020(01)：120-136.

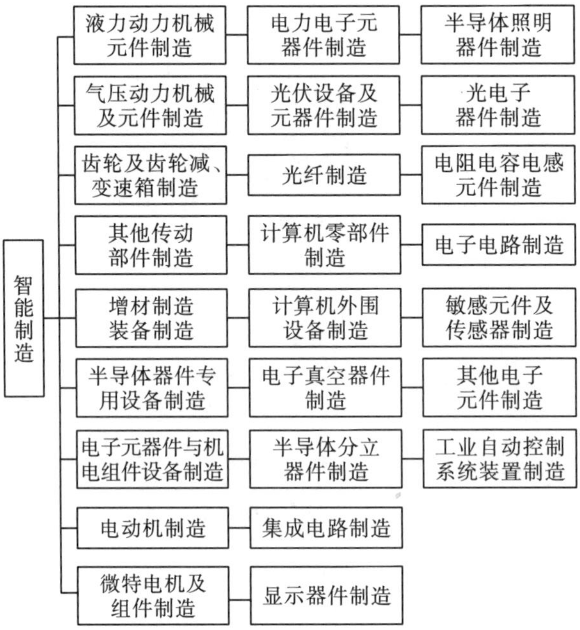

图 3-23　智能制造分类

案例：智能制造平台

海尔互联工厂，前端是名为“众创汇”的用户交互定制平台，在这个平台上，海尔与用户能够零距离对话，用户可通过多种终端查看产品“诞生”的整个过程，如定制内容、定制下单、订单下线等 10 个关节性节点，根据个人喜好自由选择产品的颜色、款式、性能、结构等定制专属产品，用户提交订单后，订单信息实时传到工厂，智能制造系统自动排产，并将信息自动传递给各个工序生产线及所有模块商、物流商，海尔生产线可以兼容不同模块同时生产。用户通过收集终端可以实时获取整个订单的生产情况，产品生产过程都在用户“掌握”中。运用工厂可视化将用户评价体系由生产完成后提前到生产完成前，实现了用户对产品品质的提前“倒逼”，使产品达到个性化定制要求。

沈阳机床，运用具有网络智能功能的 i5 数控系统，推出的智能机床作为基于互联网的智能终端，实现了智能补偿、智能诊断、智能控制、智能管理。运用数字伺服驱动技术、实时数字总线技术等运动控制领域的底层核心技术，同时融汇了移动互联、大数据中心等时尚技术，使得特征编程、加工仿真、实时监控、智能诊断、远程控制等网络智能制造以及工厂分布式、分级式布局得以实现。原来 70 分钟的数控机床加工准备时间被缩短到 5 分钟。管理人员凭借一部手机就可以在千里之外实现管理。“i5”系统使工业机床“能说话、能思考”，满足了用户个性化需求，工业效率提升了 20%。

(三)智能产品

智能产品是智能技术的具体体现，其利用先进的计算机、网络通信、自动控制等技术，将原来被动静止的物品转变为“智慧”的工具，简化操作过程，优化人们的生活方式，帮助人们有效地安排时间。智能产品具有记忆、感知、计算和传输功能，能够实现产品与产品、产品与系统、产品与用户之间的高效对话，快速、准确地满足用户信息交互需求，使设备、产品接受与理解操作者、用户，实现高效人机交互、人机协同的能力。智能产品行业包括工业机器人制造、智能照明器具制造、可穿戴智能设备制造、智能无人飞行器制造等，详情如图 3-24 所示。

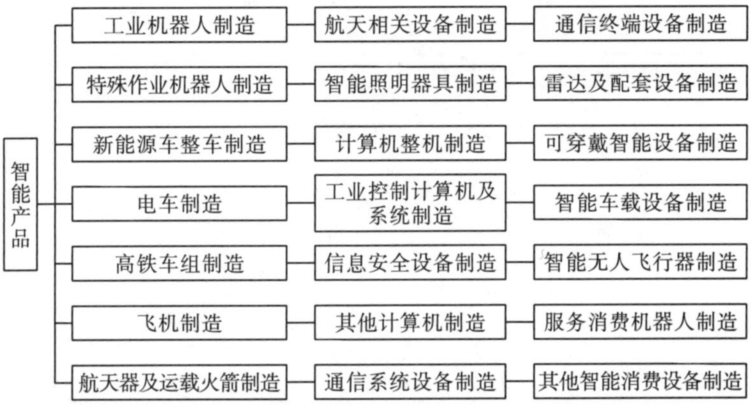

图 3-24　智能产品分类

案例：京东智能产品

京东无人客服，此产品依靠京东自主研发的 JIMI 系统，使用京东大数据与学习类技术，可根据用户浏览、点击等信息，在用户咨询前实现对用户问题的预判。在接入用户在线咨询流程中，JIMI 系统使用语义类技术进一步了解与确认用户咨询的问题，对简单问题可以进行自动回复，对部分需要升级处理的问题，也可以自动生成人工单。此产品能够对用户历史会话信息进行摘要，帮助人工客服快速了解用户意图；实时理解用户当前问题，为人工客服推送标准回复答案，提升人工回复速度；根据当前问题自动创建工单，提升了工作处理效率。无人客服系统具有全天候的快速响应、自主学习，通过扩展硬件计算能力便可以无限量扩展用户服务能力的优势，并且服务范围已经覆盖到电商售前咨询、售后咨询、闲聊等各个环节。

(四)智能服务

智能服务基于传感器和物联网，可以感知产品的状态，进行预防性维护，及时帮助客户更换备件，通过了解产品运行状态，为企业带来商机；通过采集产品运营的大数据，帮助企业进行营销决策，即智能服务通过获取用户的原始信息，积累后台数据，构建需求结构模型，进行数据挖掘和商业智能分析。除了分析用户的习惯、喜好等显性需求，还可以进一步挖掘与时空、身份、工作生活状态相关的隐性需求，主动为用户提供准确、高效的服务。这里不仅需要数据的传递和反馈，还需要对系统进行多维度、多层次地感知和主动、深入地识别[①]。智能服务产业包括互联网游戏服务、互联网生产服务平台、互联网生活服务平台、人工智能应用软件开发等，详情如图 3-25 所示。

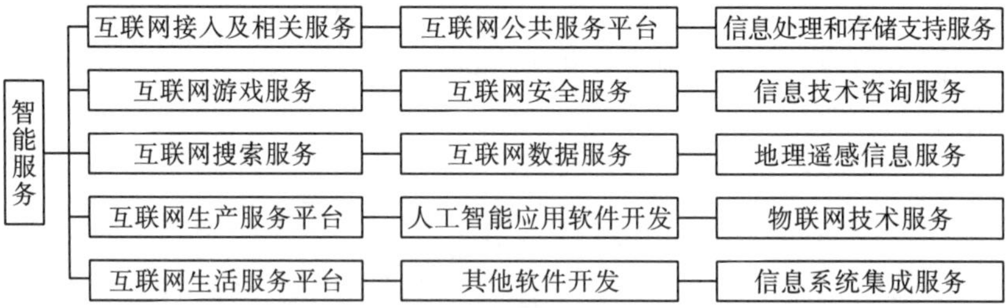

图 3-25 智能服务分类

第六节 智能经济的应用场景

一、智慧城市

智慧城市是运用信息和通信技术手段，对城市运行核心系统的关键信息进行感测、分析和整合，对民生、环保、公共安全、城市服务、工商业活动等各种需求做出智能响应。其实质是利用先进的信息技术，实现城市智慧管理与运营，为城市居民创造美好生活，促进城市和谐可持续发展[②]。智慧城市有助于解决城市发展追求规模扩张，城镇管理水平低、协同度低，“城市病”现象蔓延等突出问题。

智慧城市通过全面感知、信息共享、智能解题，在城市规划、建设、管理和运行过程中采用信息化、智慧化、人性化手段促进管理创新。从内容上看，智慧城市涵盖城市产业、民生、环境、防灾减灾、行政治理、基础设施等领域。从概念上看，智慧城市以智慧系统为“黏合剂”，将集约、低碳、绿色、人文等新理念融入城镇化的全过程。智慧城市建设最大的难点是通过信息共享和系统共生来消除部门“信息孤岛”和利益壁垒[③]。

二、智能健康管理

智能健康管理主要通过体检报告、电子病历、可穿戴设备、智能手机等来源或设备收集用户身体状况相关数据，提供分析报告及健康管理建议。例如健康管理平台 Welltok，

① 叶惠. 迈普：迎接“智能服务”时代的到来[J]. 通讯世界，2012(03)：22-25.
② 高瑜. 智慧社区服务助力智慧城市建设[J]. 中国物业管理，2019(12)：46-47.
③ 李强. 智慧城市的解决方案[J]. 管理观察，2013(36)：22-23.

运用人工智能技术分析来源于可穿戴设备的Map My Fitness[①]和Fitbit[②] 等合作方的用户体征数据，提供个性化的生活习惯干预和预防性健康管理计划。

三、智慧院区

智慧院区利用5G技术海量连接，构建院内医疗物联网，将医院大量医疗设备和非医疗类资产有机连接，可以实现医院资产管理、院内急救调度、医务人员管理、设备状态管理、门禁安防、患者体征实时监测、院内导航等服务，促进医院管理效率的提升，优化患者就医体验[③]。例如，道一循公司将室内导航技术整合进广州市妇女儿童医疗中心的App，将道一循的蓝牙定位标签贴在医院墙壁上，借助信标发的信号可精确定位，为患者提供导航、自主查询导航及位置分布等服务，有效降低了医院导诊投入。

四、智能药物研发

传统的新药研发通常最少需要十年时间，在多年的投入之后，失败率仍高达92%。而AI 技术的加入，可以使药物研发更快速、更低价、更有效。从药物结构、疾病病理生理机制、现有药物的功效、显微镜下的样本观察等方面进行快速分析，极大提升了新药发现的效率。在研发阶段，AI 可以帮助科学家从体量巨大的化合物数据库中完成文献搜索，理解数据。其他研发场景包括：化合物筛选、预测 ADMET[④]性质、药物晶型预测、辅助病理生物学研究以及发掘药物新适应证等。借助机器学习技术，研究人员可以对大量患者进行试验，获得不同的结果，将其映射到患者的分子标记遗传上，从而在更稳固的基础上定义疾病。制药巨头默克公司开展的一个项目，旨在利用深度学习技术发现新型小分子。辉瑞公司已开始与IBM Watson[⑤]合作研发免疫肿瘤药物。总部位于马萨诸塞州的生物技术公司Berg的研究人员开发了一种模型，通过对1000多种癌细胞和健康人类细胞样本的测试识别未知的癌症。

五、智慧医疗

智慧医疗是在传统医疗方式的基础上，运用先进的物联网技术来实现医务人员和医疗机构与患者之间的互动，从而达到跨区域医疗发展的目的，实现患者与医务人员、医疗机构、医疗设备之间的互动，逐步达到信息化。智慧医疗包括实现远程会诊，医生利用现代化通信技术，为患者完成病历分析、病情诊断，进一步确定治疗方案的治疗方式，通过采用通信技术、网络技术、软件技术、电子病历技术、多媒体技术、虚拟现实技术实现音视

---

① Map My Fitness 是一家综合性的健身服务公司，旗下拥有 Map My Ride、Map My Run 和 Map My Walk 三个网站，为用户提供个性化的健身数据跟踪、统计和分享功能。用户可以通过网站和手机 App 来管理自己的健身计划，监控并分享健身的效果。

② Fitbit 是美国旧金山的一家新兴公司，其记录器产品名扬世界。该公司是一支朝气蓬勃的团队，致力于研发和推广健康乐活产品，从而帮助人们改变生活方式。2019 年 11 月 2 日，谷歌宣布以 21 亿美元的价格收购 Fitbit。

③ 方金武，刘硕鹏，王道洋. 5G 引领医疗智慧化转型[J]. 上海信息化，2020(03)：26-28.

④ ADMET：药物的吸收、分配、代谢、排泄和毒性。

⑤ IBM Watson 是认知计算系统的杰出代表，也是一个技术平台。认知计算代表一种全新的计算模式，包含信息分析、自然语言处理和机器学习领域的大量技术创新，能够帮助决策者分析大量非结构化数据。

频交互式会诊、远程病例讨论、远程视频查房、远程学术交流等功能。智慧医疗还包括远程超声，采用IT技术、网络技术、多媒体技术、云影像服务、远程视频平台、医疗协作云平台等使远端专家操控机械臂对基层医院的患者开展超声检查，实现跨区域、跨医院之间的远程操作指导。智慧医疗还包含智能手术，通过5G网络、通信技术等先进技术，利用医工机器人和高清音视频交互系统，连接远端医生、医工机器人、患者，使远端专家可以及时对患者进行远程手术救治。中国移动、华为协助海南总医院通过操控接入5G网络的远程机械臂对位于北京的患者进行了远程人体手术，成功完成了全国首例5G网络下实施的远程手术。

六、智能考勤

智能考勤为学生、教职工、学校管理者、宿管提供完善的校园考勤服务，可为不同人员灵活设置考勤规则，支持人脸识别、校园卡刷卡、刷卡+拍照、扫码等多种考勤方式，管理系统可实时分析学生到校时间、请假时间、缺课次数、入寝时间等多维度报表，并可向老师、学生家长推送学生考勤记录，有效杜绝了学生找别人替代上课、逃课等情况。例如，广东水利学院应用了一款手机App考勤系统，学生可利用手机进行考勤，系统会分析学生数据，精确描绘每一名学生的时间管理画像，有效减少了学生逃课现象。

七、智能监考

智能监考将AI技术和大数据技术引入考场，对考生进行管理和舞弊监督，基于计算机视觉感知技术对数以万计的考场视频中的考生动作进行分析，借助大数据比对抓取疑似作弊行为，从而建设智能考场的AI感知分析体系，全面提升监考效率与考试的公平性。例如，知名考试机构ATA(全美在线)已经应用智能监考机器人将AI技术引入考试，利用人工智能和大数据技术精确地识别作弊行为，节省了监考人力。

八、AI分级阅读

传统分级阅读仅仅根据学生年龄建议阅读书目，没有根据学生阅读能力和兴趣爱好等因素进行个性化精准推荐，AI分级阅读取代了教师的书目收集、书目推荐和阅读监督等工作，极大地提高了教师的工作效率，实现了学生自适应阅读，达到了分级阅读的核心目标——匹配适合学生个体的书目，解决了学生因阅读的书籍太难而失去阅读兴趣、因阅读的书籍难度低而无法提升阅读能力的问题。AI分级阅读能培养学生的阅读习惯，掌握学生个人阅读水平，清楚了解学生阅读能力变化，使教师和家长全方位监测学生学习，分析报告也能达到快速准确。如考拉阅读是一家致力于中文AI分级阅读技术开发的公司，其采用阅读能力测评的方式收集数据，基于人工智能和深度学习算法为学生提供有针对性的阅读文本。

九、智能批改

大数据、文字识别等技术的发展，推动了文字的规模化智能批改和个性化反馈。美国计算机科学家乔纳森开发了一款英语语法纠错软件，其可以根据上下文理解全文，然后做出判断，提高了英语翻译软件或程序翻译的准确性，解决了不同国家之间的交流问题。语音识别和语义分析技术的进步，使机器智能批改作业成为可能。对于简单的文义和语法，机器可以自动识别并纠正错误，甚至提出修改意见，这将大大提高教师的批改效率。中国的批改网也是在这一领域做出探索的一种产品。

十、智能办公

智能办公使用人工智能、知识管理、移动互联网等技术，根据办公人员的职责、偏好和使用频率等，对用户界面、系统功能进行自动优化。系统能满足随时办公的需求，能根据事项重要程度和紧急程度进行排序，并进行自动提醒。智能办公还可集成政府知识库，方便办公人员查询政策法规和办事流程等。具有移动 OA、公文处理、流程审批、电子签章、自定义桌面、任务提醒和预警、通信录、通知公告、即时消息等功能。例如，湖州市吴兴区全面推进各级政府及其部门移动办公，建设智慧政务管理云平台协同办公系统，通过办文办会办事、督查督办、在线培训、财务预算、资产管理、后勤管理、绩效管理、档案管理等数字化应用，实现政府内部业务流程的整合、优化、精简和高效①。

十一、智能决策

智能决策系统采用数据仓库、数据挖掘、知识库系统等技术手段，根据领导的要求，自动生成统计报表，形成辅助政府领导干部决策的“面板”，把经济运行情况、社会管理情况等形象地呈现在政府领导干部面前，有助于提升领导决策效率②。例如，巴中市政务大数据平台及决策分析系统立足于城市级政务数据整合与应用，整合巴中市 50 个部门的政务数据，建立 1329 个决策指标。利用电子政务应用系统中产生的大量政务数据，根据政府领导决策和业务管理的需要，建立决策体系和决策分析模型，涵盖经济发展辅助分析、目标工作分析、精准扶贫、工业管理分析、农业管理分析、服务业管理分析、旅游产业分析七个主题。在提高政府效能、服务城市产业和社会发展等方面起到重大作用。

十二、移动执法

利用现代移动终端技术、移动通信技术、GIS、GPS（Global Positioning System，全球定位系统）和智能手机，执法人员可以进行拍照、摄像、录音、GPS 定位、查询被监督单位信息、现场打印罚单、打印执法文书等操作。例如，同方旗下北京壹人壹本信息科技有限公司推出的 E 人 E 本移动监察执法解决方案，由现场执法业务应用系统、移动执法后

① 佚名. 浙江省深化“最多跑一次”改革[J]. 中国建设信息化，2020(03)：48-53.
② 马蓉蓉，周凤婷. 广州建设智慧城市的现实基础及措施[J]. 探求，2012(05)：25-31.

台支撑系统、现场执法终端硬件等组成。现场执法业务应用系统依据具体执法业务设定，切实贴合执法信息采集、证据提取、执法单合成等环节，能实现信息查询、现场执法、任务管理、环保手册查询、执法作业指导、地图查询、队伍管理等功能。移动执法后台支撑系统建立环境监察一体化平台，强化污染源监督管理及稽查考核功能，同时依托环境管理数据库，与现场执法业务应用系统互联，支撑其设计功能，并为执法检查前的准备、执法检查中的信息调用和采集，以及执法检查后的信息分析汇总提供辅助支持。现场执法终端硬件采用 E 人 E 本平板电脑，将移动执法的便捷性和手写签字确认结合，执法结束时，对执法采集的各种证据（照片、音频）进行签字确认，现场传回服务器进行信息汇总和分享。

十三、政务智慧大厅

政务智慧大厅深度融合互联网、物联网、政务智能与服务理念，辅以智能科技产品与大数据平台系统，对政务大厅硬件进行统一赋能与管理，提供智能引导、自助服务、智慧体验等智能化服务，实现政务大厅软硬件系统的智慧化管理与联动调度，具备实时监控政务大厅各应用系统和智能设备运行情况的功能。例如，深圳市鼎易鸿基科技有限公司的政务智慧大厅解决方案，深度融合互联网、物联网技术，辅以智能科技产品（智能机器人、智能/自助终端机、多功能仪、超级柜台、智能交互大屏等）与云脑系统对政务大厅硬件进行统一赋能与管理，构建政务各部门整体联动、协动一体，业务、数据互通及一网通办的政务智慧大厅。

十四、智慧视频监控

智慧视频监控依托远程视频、人脸识别等技术，借助智能摄像机、智能闸机等设备，金融行业用户可通过视频核对人员身份，做好出入人员监制。视频监控已成为金库的第三把锁，用户通过视频核对人员身份后，进行“远程授权”，可实现现场无人值守，降低内控风险，同时减少非法入侵时人员的伤亡。例如，兴业银使用智能摄像机，使用 WIFI 联网，无须连接电脑，通过移动 App 即可远程监控一切。摄像机将监控与报警结合，画面一旦出现异常，会第一时间推送信息到用户手机上，发出警告。

十五、智能巡检机器人

智能巡检机器人携带红外热像仪和可见光摄像机等检测设备，可四处移动，将图像和数据传输到远程监控系统。2018 年，上海银行张江数据中心启用智能巡检机器人，其身上集成了多自由度机械臂、OCR 智能识别相机、高清夜视相机、红外成像仪、环境监测传感器、激光导航仪、超声波传感等多个智能单元模块，通过运用自主和规划导航组合、多传感器融合、智能识别、智能监控等技术，机器人可以自动巡逻、自主避障、自主充电、实时监控和远程控制，并实时上传移动巡检数据到智能运检平台，数据实时显示并可定制报表输出①。

① 李梦霄，顾心诚，裴佳翔，等. 深度学习在银行业的应用[J]. 中国金融电脑，2020(09)：38-43.

十六、智慧洗车

智慧洗车系统采用扫码识别系统和车牌识别系统，搭载光电传感器，自动检测车型，在电脑系统中重现车辆的外观，使洗车机保持合适的距离进行洗车作业。系统能自动辨别不能进行洗车的条件，在保证安全的前提下清洗车辆死角。车主只需确认洗车流程，只要洗车开始就可以完成安全洗车，可支持 24 小时无人值守。例如，驿公里智能洗车系统通过搭建在车上的车载系统或手机上的软件终端，自动为车主搜寻附近的驿公里智能洗车站点，并规划好行进路线。在洗车时，车主只需要拿出手机扫二维码付款便可轻松开启洗车设备。智慧终端会提示车主检查相应的安全停车操作是否完成，查看车辆是否已停到指定位置，车主还可以选择快洗、标准洗以及打蜡精洗等不同的洗车模式。

第四章　新经济的形态（二）

随着数字技术的运用和推广，原有的经济发展模式产生了革命性的变革，甚至衍生出新的商业模式和产业组织形式。绿色经济不仅是环保、清洁能源、污染治理等生态产业化的部分，低碳、绿色的发展理念和技术能够且应该融入和运用于各行各业，从而形成绿色工业、绿色农业、绿色建筑、绿色物流、绿色金融等绿色产业。创意经济以文化创意产业为抓手，通过提供原创资源，为原有的产业提供新的经济增长元素，延长产品价值链，形成更高级的产业形态。流量经济通过整合集聚物资、人才、资金、技术、信息等资源要素，显著提升各层次经济资源的配置效率，形成新的经济增长点。共享经济主要包括生活性资源和生产性资源的共享，渗透于衣食住行等各个方面，将闲散的物品或者服务整合，通过平台以较低的价格提供产品或服务，消费者共同拥有物品使用权。

第一节　绿 色 经 济

一、绿色经济的定义与内涵

（一）绿色经济的定义

绿色经济是建立在生态环境良性循环基础之上，以生态经济为基础、知识经济为主导的可持续经济发展模式，包括经济的绿色化和绿色的经济化。

（二）绿色经济的内涵

改革开放以来，我国实现了由农业大国向工业大国的快速转变，经济高速增长的同时也付出了沉重的资源和环境代价。习近平总书记提出“绿水青山就是金山银山”“纵观世界发展史，保护生态环境就是保护生产力，改善生态环境就是发展生产力”。从习近平总书记的生态文明理念中可以看出，绿色经济丝毫不是降低对经济发展水平的要求，更不是不要经济发展，而是要在绿色、低碳和循环的正确发展道路上推动更高质量、更高效益的经济发展。[①]当前，中国经济已进入增速放缓、结构优化、追求质量的新常态，发展绿色经济成为这一经济转型关键时期的必然选择。绿色经济具体包含以下几方面内涵。

1. 绿色经济强调经济与环境的协调发展

生存与发展是人类的永恒主题，其是建立在尊重自然规律、合理利用资源环境的基础之上的。环境资源既是经济发展的内生变量，也是经济发展的前提条件，生态环境容量和自然资源的承载能力是经济发展的刚性约束。绿色经济强调经济发展的可持续性，必须把

---

① 孙凌宇. 习近平生态文明制度思想的包容性探析[J]. 青海社会科学，2018(3)：29-35.

经济规模控制在资源再生和环境可承受的界限之内，　既要考虑当代的可开发利用，又要考虑后代的可持续利用；同时，经济要具有可持续的发展模式，以原生资源投入为主的工业发展模式终究是不可持续的，必须发展以绿色产业为支柱的经济发展模式。①

2. 绿色经济以低碳和循环为主要实现路径

绿色经济通过低碳发展和循环发展予以实现。低碳经济是以“环境保护”为重心，以节能减排技术和可再生能源技术的开发和应用为核心，实现低污染、低能耗、低排放，并取得高能效、高收益、高效益的新型经济发展模式。循环经济强调的是在生产、流通和消费等过程中进行减量化、再利用和资源化，是资源节约和循环利用活动的总称。

3. 绿色经济涵盖生产、流通、分配和消费等经济活动全过程

绿色经济不仅适用于生产环节，而且在流通、分配和消费等经济环节依然大有作为。绿色生产是指以节约能源、降低能耗、减少污染为目标，以管理和技术为手段，对工业、农业生产全过程进行污染控制，最大限度降低污染物的产生量；绿色流通是指产品流通过程中，在抑制物流对环境造成危害的同时，实现对物流环境的净化，使物流资源得到最充分的利用，包括流通作业环节和流通管理全过程的绿色化；绿色分配是指有形资源和无形资源向有利于环境保护的生产领域流动；绿色消费是指消费者对绿色产品的需求、购买和消费活动，是一种具有生态意识的、高层次的理性消费行为。只有在生产、流通、分配和消费全经济过程实现绿色经济的发展，才能有效推进全社会的绿色发展。

二、绿色经济的特征

(一)绿色经济的产业特征

绿色经济是环境友好性与经济效率性在本质上相统一的经济形态，将成为 21 世纪可持续经济发展的主导形态。相应地，绿色经济产业有环境友好性、经济效率性和企业集群链接性三大特征。

1. 环境友好性

绿色经济产业具有环境友好性。传统经济发展模式以高消耗、高排放和高污染为基本特征，由于矿石能源的大量消耗，人类面临严重的环境污染、资源枯竭和生态退化等问题，这些问题不断威胁着人类的生存和发展。这种建立在对资源环境过度消耗的基础上、忽视生态保护的不可持续的经济发展模式又被称为“褐色经济”。与褐色经济相对应的绿色经济，以亲环境为基本特征，追求经济发展的环境友好性，要求在较小的环境代价、较低的资源消耗下实现经济发展，即在低消耗、低排放、低污染的条件下进行生产生活。绿色经济的环境友好特性使绿色经济在资源配置上有利于实现社会利益的最大化。

① 吴晓青. 加快发展绿色经济的几点思考[J]. 环境经济，2009(12)：13-16.

2. 经济效率性

绿色经济产业同样具有经济效率性。人的行为具有极强的“经济理性”，也就是人在既定法律和制度约束下是自利的、理性的和效用最大化的追逐者，人们从事经济活动是为了满足自己的经济需求，实现个人利益的最大化是人们从事经济活动的原生动力。发展绿色经济，并不是片面地为了保护环境来牺牲经济效率，而是要求在资源配置时，既要保护环境实现社会利益，又要通过发展低碳、循环等产业，促使经济效率提升，有效实现个人利益。绿色经济主要体现在最小资源耗费与最大经济产出、清洁生产资源循环利用及高新技术创新的生态系统中。只有绿色经济效率实现了最大化，才能保证生态系统在新的条件下实现和谐，也才能为社会公平提供坚实的经济基础。

3. 企业集群链接性

绿色经济时代背景下，产品工艺和生产工序的内在联系增强，使得相关企业或产业间的关联度也得到增强，更有可能在多个企业或产业间进行新的工业生态链接，进一步延伸产业链条，形成多产业横向扩展和资源深加工纵向延伸相结合的绿色产业链。这也将进一步加快绿色产业集聚区的建设，同时依托高新区、经济开发区，营造良好的软环境，推广资源节约和环境友好的两型产业，推动绿色产业集群化。

（二）绿色经济的产品特征

1. 以环境友好为特性，降低甚至消除对环境造成的压力及破坏

产品从设计阶段就要考虑系统优化问题，降低甚至消除产品生产、流通、使用、回收等环节对环境造成的压力或破坏。从“人-产品-自然”系统动态平衡的角度去思考设计，是绿色设计思想从全局高度对现代产品设计提出的具体要求。比如良好的拆卸性能不但会节约装配时间进而降低生产成本，同时也能为产品的回收处置创造新价值。对产品环境友好特性的全生命周期的关注，能够确保将产品的实体功能转换成贯穿产品生产、流通以及消费等产品生命周期不同阶段的设计目标和准则，从而保证最终制成品在满足市场需求的基础上不破坏原有的生态平衡。

2. 以高新技术为支撑，实现低碳性、环保性、再生性

绿色经济下的产品，是以高新技术为支撑，市场化和生态化有机结合的可持续发展的产品。其可以出现在绿色农业、绿色工业、环保工业、绿色服务业等很多行业。例如对污染物的处理、废物利用、循环使用，对固体废物排放进行循环、加工、回收利用，对生活垃圾、生活污水、工业废水进行无害化处理和循环利用等。高新技术可以在产品设计领域使“经济发展”与“生态平衡”之间保持平衡，通过产品与生态环境的和谐共生来展现其积极价值。

三、绿色经济的产业分布

自然资源和社会经济发展空间分布不均衡是地球表面最显著的特征，在一定自然资源

和社会经济条件下，各地对绿色产业的发展有不同需求。不同的国家或地区由于环境污染的类型和程度不同、自然禀赋的差异、居民的环境诉求不同等原因，所规划发展的绿色产业内容、发展速度、发展规模也会产生差异，因此，各国或地区会根据本区域自然社会情况，因地制宜地制定本区域的绿色产业发展体系。绿色经济可以包括新能源产业、节能环保产业、新能源汽车产业、绿色建筑产业、绿色物流产业、绿色低碳第三方服务业、绿色金融产业、城市静脉产业、森林康养产业等。具体如表 4-1 所示。

表 4-1　绿色经济的产业目录

一级目录	二级目录
新能源产业	海洋天然气及可燃冰开采、其他稀有金属矿采选、石墨和滑石采选、其他未列明非金属矿采选、其他开采专业及辅助性活动、其他采矿业、核燃料加工、生物质液体燃料生产、生物质致密成型燃料加工、石墨及碳素制品制造、硅冶炼、其他常用有色金属冶炼、水轮机及辅机制造、风能原动设备制造、其他原动设备制造、液力动力机械元件制造、电工机械专用设备制造、半导体器件专用设备制造、电子元器件与机电组件设备制造、其他专用设备制造、发电机及发电机组制造、变压器 / 整流器 / 电感器制造、光伏设备及元器件制造、电线和电缆制造、燃气及类似能源家用器具制造、太阳能器具制造、电阻电容电感元件制造、电子专用材料制造、水力发电、核力发电、风力发电、太阳能发电、生物质能发电、其他电力生产、电力供应
节能环保产业	环境污染处理专用药剂材料制造、特种玻璃制造、锅炉及辅助设备制造、泵及真空设备制造、烘炉/熔炉及电炉制造、风机和风扇制造、气体 / 液体分离及纯净设备制造、制冷 / 空调设备制造、其他未列明通用设备制造业、其他电子专用设备制造、环境保护专用设备制造、水资源专用机械制造、电工仪器仪表制造、供应用仪器仪表制造、环境监测专用仪器仪表制造、核子及核辐射测量仪器制造
新能源汽车产业	塑料包装箱及容器制造、内燃机及配件制造、气体压缩机械制造、阀门和旋塞制造、滚动轴承制造、齿轮及齿轮减/变速箱制造、新能源车整车制造、汽车用发动机制造、改装汽车制造、低速汽车制造、电车制造、汽车车身及挂车制造、汽车零部件及配件制造、电动机制造、配电开关控制设备制造、其他输配电及控制设备制造、锂离子电池制造、镍氢电池制造、铅蓄电池制造、锌锰电池制造、其他电池制造、其他未列明电气机械及器材制造、机动车燃气零售、机动车充电销售
绿色建筑产业	城市轨道交通工程建筑、水源及供水设施工程建筑、河湖治理及防洪设施工程建筑、海洋油气资源开发利用工程建筑、海洋能源开发利用工程建筑、海底隧道工程建筑、海底设施铺设工程建筑、其他海洋工程建筑、工矿工程建筑、节能工程施工、环保工程施工、生态保护工程施工、水力发电工程施工、核电工程施工、风能发电工程施工、太阳能发电工程施工、其他电力工程施工、园林绿化工程施工、工程设计活动
绿色物流产业	铁路货物运输、客运火车站、货运火车站(场)、普通货物道路运输、冷藏车道路运输、集装箱道路运输、大型货物道路运输、危险货物道路运输、邮件包裹道路运输、城市配送、搬家运输、其他道路货物运输、货运枢纽(站)、其他道路运输辅助活动、远洋货物运输、沿海货物运输、内河货物运输、货运港口、航空货物运输、机场、多式联运、其他运输代理业、装卸搬运、通用仓储、低温仓储、油气仓储、危险化学品仓储、其他危险品仓储、谷物仓储、棉花仓储、其他农产品仓储、中药材仓储、其他仓储业、邮政基本服务、快递服务、其他寄递服务、互联网生活服务平台
绿色低碳第三方服务业	互联网接入及相关服务、互联网其他信息服务、互联网生产服务平台、互联网公共服务平台、互联网数据服务、其他互联网服务、投资与资产管理、资源与产权交易服务、环保咨询、认证认可服务、环境保护监测、生态资源监测、规划设计管理、节能技术推广服务、新能源技术推广服务、环保技术推广服务、科技中介服务、水资源管理、其他水利管理业、自然生态系统保护管理、野生动物保护、野生植物保护、植物园管理服务、市政设施管理、环境卫生管理、绿化管理、城市公园管理、名胜风景区管理、土地整治服务
绿色金融产业	—

续表

一级目录	二级目录
城市静脉产业	畜禽粪污处理活动、金属废料和碎屑加工处理、非金属废料和碎屑加工处理、生物质能发电、生物质燃气生产和供应业、污水处理及其再生利用、其他水的处理/利用与分配、管道工程建筑、地下综合管廊工程建筑、水污染治理、大气污染治理、固体废物治理、危险废物治理、放射性废物治理、土壤污染治理与修复服务、噪声与振动控制服务、其他污染治理
森林康养产业	中草药种植、其他中药材种植、化学药品原料药制造、化学药品制剂制造、中药饮片加工、中成药生产、生物药品制造、基因工程药物和疫苗制造、药用辅料及包装材料制造、制药专用设备制造、旅游饭店、其他一般旅馆、民宿服务、露营地服务、园区管理服务、商业综合体管理服务、健康咨询、医学研究和试验发展、检测服务、兽医服务、其他技术推广服务、其他自然保护、森林公园管理、其他游览景区管理、专科医院、疗养院、门诊部（所）、采供血机构服务、计划生育技术服务活动、健康体检服务、临床检验服务、健身休闲活动、体育健康服务、休闲观光活动

四、绿色经济的支撑技术

科技是绿色创新发展的第一推动力，绿色技术的发展是推动绿色经济发展的先引力。绿色技术是指以绿色市场为导向，立足于节约资源、保护环境，遵循绿色发展规律，实现社会可持续发展的现代技术体系。绿色技术的研究和创新与产业深度融合，贯穿于产业链的上下游，驱动产业改造升级。目前我国研发及应用的绿色技术主要分为数字技术、绿色生产技术、清洁工艺技术和污染治理技术四个类别，分别从不同角度发挥绿色效应。

数字技术指借助一定的设备将各种信息(包括图、文、声、像等)转化为电子计算机能识别的二进制数字“0”和“1”后进行运算、加工、存储、传送、传播、还原的技术。数字技术是一项与电子计算机相伴相生的科学技术，随着计算机性能的不断提升，数据技术也在突飞猛进，大数据、云计算、人工智能、物联网长足发展，开始从根本上改变我们的生产方式和生活方式，对世界产生深远的影响。数字技术在经济领域的广泛运用，为减少资源浪费、科学合理生产、降低污染、保护环境提供了强有力的技术保障。

绿色生产技术是指在设计、研发、生产的全过程节约能源、预防污染，从生产源头输出易于回收利用和再生产品的技术，包括清洁生产、新材料、生物工程、基因工程等。

清洁工艺技术主要指在产品销售、流通、消费过程中提高资源效率，减少污染物排放和废弃物产生的技术，包括新能源节能技术、回收再利用技术和环境监测技术等。

污染治理技术是指在生产最后环节消除生产过程中产生的污染，进行末端污染控制的技术，包括废水、废气、固体废物的净化处理技术等。①

五、绿色经济的应用领域

（一）生态产业化

生态产业化是指按生态经济原理和知识经济规律，基于环境承载能力，组织生态要素

① 亿欧智库《2018 中国绿色经济发展之路——从理论到实践》研究报告。

的产业发展，即用产业发展的理念去保护生态。

生态产业化发展过程具有三个特征：一是产业结构合理、综合效益好；二是产业具有强大的物质循环、能量流动、信息传递和价值增值功能；三是产品与环境友好，能够实现“人造资产与环境资产”的双丰收。一二三产业中的生态要素都可以实现产业化发展。

生态产业以市场手段实现环境保护，生态产业发展不仅提高了环境的产出和生态价值，而且能够帮助贫困地区依靠生态资源脱贫致富，实现社会的均衡发展。

1. 生态服务产业化

生态服务是指人类直接或间接地从生态环境中获得效益以满足自身的需求，如供给服务(提供食物和水)、调节服务(控制洪水和疾病)以及文化服务(精神、娱乐和文化收益)。

随着社会与经济的飞速发展，社会各界广泛关注生态服务，人民群众对生活环境的需求从满足基本生存需求到追求“生活”和“生态”，人们对优质环境的需要不断增长，这是生态服务实现产业化的根基。

生态服务实现产业化需要结合地域特色及自然资源禀赋，形成一定规模的生态经济。各地区应依托本地的地域特色、资源禀赋及现有基础设施条件，培育生态服务产业，如森林康养、生态旅游等。通过政府引导、市场主导的方式将当地具有特色的、有创造性的生态服务产业聚集起来，形成生态服务产业集群，创造更大的经济价值、社会价值以及生态价值。

生态服务实现产业化需要创新发展，依托引资、融资借力发展。发展生态服务产业仅仅依靠自身资源是不够的。资金保障是实现生态服务产业化的前提，各地区可借助生态产业招商引资推介会等形式发布生态服务产业招商项目，加大社会各界对生态服务产业的投资、融资力度。借力招商引资的方式不仅有助于实现生态服务产业化，同时有助于进一步提升生态服务的效能，使生态服务的价值最大化。

1)发展森林康养产业

“森林康养”是指以森林生态环境为基础，利用森林生态资源、景观资源、食药资源和文化资源，与医学、养生学有机融合，以促进大众健康为目的的开展保健养生、康复医疗、健康养老的服务活动①。“森林康养”是在援引西方的“森林浴”“森林疗养”“森林健康”等各词的基础之上而形成的一个本土概念②。国家林业和草原局、民政部、国家卫生健康委员会、国家中医药管理局四部委于2019年3月联合出台了《关于促进森林康养产业发展的意见》，对森林康养产业发展进行了首次全面布局。

四川、贵州、湖南等地的康养产业蓬勃发展，2015年，四川吸取国外理念，在全国率先提出“森林康养”的概念，即让人们在森林里寻求健康生活，并出台《关于大力推进森林康养产业发展的意见》《森林康养基地建设资源条件》《森林康养基地建设基础设施》《森林康养基地建设康养林评价》等森林康养基地建设标准，发布首个全国森林康养指数。四川森林康养走在全国前列，不断将森林康养诠释得更加清晰，被称为“森林康养的破译者”。截至2019年，仅四川一地的森林康养资本总额就已经突破1200亿元。

---

① 国家林业和草原局、民政部、国家卫生健康委员会、国家中医药管理局联合印发的《关于促进森林康养产业发展的意见》。

② 黄雪丽，张蕾. 森林康养：缘起、机遇和挑战[J]. 北京林业大学学报(社会科学版)，2019，18(03)：91-96.

成都以提供优质生态产品为宗旨，坚持林旅融合、医养并重，促进产业共融、业态相生，重点推出一批以特色医疗、疗养康复、森林康养等为主题的康养旅游产品，建设集医疗保健、休闲养生、康复养老、旅游度假等为一体的康养综合体。2017 年成都编制完成《成都市森林康养产业发展纲要》，打造“森林康养+旅游”“森林康养+养老”“森林康养+健康”等不同主题，推出不同的康养内容，吸引不同的受众群。目前已经建成崇州市的三郎康养基地、青城国际颐养中心等森林康养基地 14 个。

2）发展生态旅游业

“生态旅游”是指依托良好的自然生态环境和独特的人文生态系统，采取生态友好方式，开展生态体验、生态教育、生态认知以实现身心愉悦的旅游方式。“生态旅游”以保护生态环境为前提，以统筹人与自然和谐为准则，是实现可持续发展的重要路径，也是对“绿水青山就是金山银山”进行最佳诠释的产业。

从资源角度看，传统的生态旅游主要包括草原旅游、森林旅游、山岳旅游、沙漠旅游、冰雪旅游、河流湖泊旅游、海洋旅游等。随着时代的发展，生态旅游的范围在延伸，具体如图 4-1 所示。

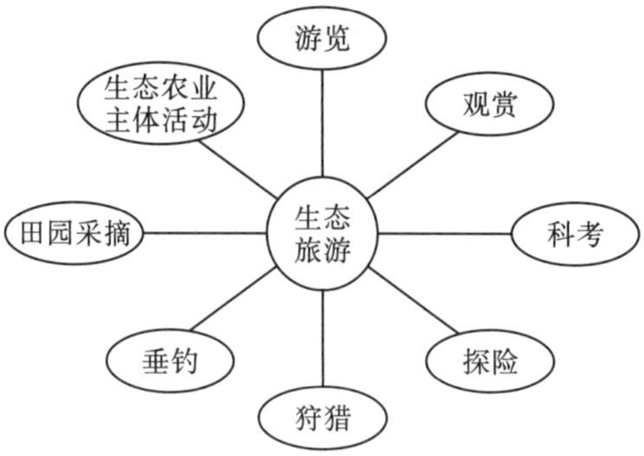

图 4-1 生态旅游项目图

2. 生态资源产业化

生态资源的产业化发展须建立在生态资源所有权明确的基础之上，否则就会造成“公地的悲剧”。生态资源作为一项公共资源，具有非排他性，每一位公民都拥有使用权，而无权利阻止其他人对其的使用。人的自利性使得生态资源被无限使用，从而造成资源的浪费、破坏甚至枯竭，这就是“公地的悲剧”。“公地悲剧”的表现形式多为对公共品（public good）的肆意掠夺式使用，如过度放牧、过度开采。由此来看，如果一种资源没有排他性的所有权，就会导致对这种资源的过度使用，要实现资源的有效配置与利用，首先必须实现资源产权明晰化。[①]建立起公共资源的产权制度，产权落实到个体，最终做到产权明晰、“公物有主”，促使公众做出更加长远、理性的行为。

2016 年 11 月，我国决定在吉林等 12 个省份开展为期一年的自然资源统一确权登记试点。我国计划从 2019 年起，利用 5 年时间基本完成全国重点区域自然资源统一确权登

① 刘正山. “公地悲剧”的治理[J]. 金融博览，2019(01)：18-19.

记，在此基础上，通过补充完善的方式逐步实现全国全覆盖。

案例：坚持生态优先绿色发展——蒲江县依托现代农业推进生态价值转换

蒲江县地处成都、眉山、雅安交会处，是成都市的西南门户和进藏入滇的咽喉要道。全县辖区面积583平方公里，总人口25.56万人，其中农业人口13.45万人，占总人口的52.64%。蒲江县是晚熟柑橘、猕猴桃、茶叶的适宜种植区，全县位于东经103°，北纬30°，属四川盆地亚热带季风湿润气候，年均气温16.4摄氏度，降雨量1280毫米，常年无霜期302天，年均日照数1137.2小时，具有良好的气候条件；县域内有蒲江河、临溪河等岷江流域支流，纯净的水源达到了中国Ⅲ类水域标准，森林覆盖率达66.79%，具有良好的生态条件；土壤以黄壤和紫色土壤为主，矿物质含量丰富，土壤理化性质好，pH5.0～6.5，有机质含量较高，具有良好的土壤环境。

近年来，蒲江县自觉践行“两山”理论，一届接着一届干，一届为一届打基础，坚持生态优先、绿色发展，依托生态禀赋优势，集中连片发展晚熟柑橘25万亩(1亩≈666.67平方米)、猕猴桃10万亩、茶叶10万亩；并围绕农业供给侧结构性改革，不断加强农业投入品监管，全域实施耕地质量保护提升，全力推广绿色防控技术，全面整治农业面源污染，全面推行畜禽粪污资源化利用，不断提升现代农业绿色发展能级，先后荣获“国家地理标志产品保护示范县”“国家有机产品认证示范区”“全国出口食品农产品质量安全示范区”“国家现代农业产业园”“国家循环经济示范县”“国家生态文明建设示范县”等称号。2019年，全县农村居民人均可支配收入达23788元，排位全省第9名；城乡居民收入比为1.55∶1，城乡融合发展水平进一步提升。

第一，科学规划引领，促进绿色有机农业发展。以增加绿色优质农产品供给为主攻方向，编制《蒲江县有机事业发展规划》《蒲江县全面实施“两个替代”战略 争创全国农业绿色发展先行区工作方案》，绘制绿色有机农业发展蓝图。对标有机食品国家标准，制定完善有机茶叶、柑橘、猕猴桃生产技术操作规程，指导生产主体规范建立农事操作记录档案，建设有机生产基地，加强有机认证；开展农药化肥零增长行动，推广灯诱、食诱、性诱、“以螨治螨”和“8S健康植保体系”等病虫害绿色防控技术，推广增施有机肥料、测土配方施肥、绿肥种植等肥料施用技术，有效促进农业节本增效，确保农业绿色可持续发展。目前，蒲江县有“三品”①及GAP(Good Agricultural Practices，良好农业规范)认证面积14万亩，其中，有机(有机转换)认证面积4.5万亩，产品55个。

第二，健全标准体系，坚持标准化生产。制定并完善了《蒲江猕猴桃标准化生产技术规程》《蒲江猕猴桃冷藏技术规程》《蒲江柑橘栽培技术规程》《蒲江丑柑生产技术规范》等地方标准，强化农业标准化技术推广，开展农业实用技术培训，督促种植企业、合作组织、农户等严格按照统一标准、统一培训、统一管理、统一检测“四个统一”要求进行种植生产，标准化生产覆盖率达90%以上，柑橘、猕猴桃、茶叶三大主导产业全部建成“全国生产标准化示范区”。

第三，狠抓源头管理，规范农资市场经营秩序。严格执行农药经营许可制度和限制使

---

① 无公害农产品、绿色食品、有机食品(农产品)，三者简称“三品”。

用农药定点经营制度，规范审核发放《农药经营许可证》400余份；开展农业投入品专项整治行动，加强部门联动，坚决打击违法违规行为，保持执法威慑高压态势；建立完善投入品经营单位备案、进销货台账和索票索证等制度，更新禁限用农业投入品名录，鼓励支持绿色投入品生产使用；开展标准化农资经营示范门店创建活动，配置生物农药和有机肥专柜，培育一批管理制度健全、商业信誉良好、技术服务强的农资经营示范店，引导全县农资经营者规范经营行为，确保全县广大农户买上用上放心农资。

第四，结合多种方式，实现农业废弃物资源化利用。明确以养殖粪污、枝条秸秆、农膜果袋等为重点，通过就地消纳、定期转运、定向回收、种养循环、综合利用等方式全面推进农业废弃物资源化利用。鼓励和引导市场主体积极参与，培育养殖粪污转运服务队8支，采取PPP(Public Private Partnership，公共私营合作制)模式推进畜禽粪污转运还田资源化利用，年转运畜禽粪污10万立方米，实现沼肥还田3万亩，畜禽养殖粪污综合利用率达95.88%；成立了蒲江县农业废弃物资源利用服务联盟，推行“5+1”综合服务模式，建立土壤环境大数据平台，在全国率先实施了耕地质量保护与提升行动，累计完成土壤改良95万亩次。

第五，创新监管模式，确保农产品质量安全。认真贯彻落实中央“四个最严”的要求，整合市场监管、农业、公安等行政资源力量，创新农业标准、质量管理、综合服务、巡查执法“四位一体”的农产品质量安全监管模式；逐步完善县、乡、村三级检测网络，建成以县级检测站为骨干、镇(街)级检测室为基础、村级检测室为补充的农产品质量安全检验检测体系，农产品质量安全抽检合格率达99%。

(二)产业生态化

产业生态化是指以技术改造为依托，实施低碳生产和循环生产，提高资源和能源的利用率，在企业内部实现资源的循环利用。产业生态化是缓解能源资源短缺的根本出路，是减轻环境污染的有效途径，是产业结构升级的重要途径，是实现可持续发展战略的必然选择。[①]产业生态化的途径是产业低碳化和产业循环化。

1. 发展低碳产业

所谓低碳产业，是以低能耗和低温室气体排放为基础的产业。低碳产业的特点是低能耗和低排放，这包括两个层面的含义：一是产业本身就具有低能耗和低排放的特点；二是经过技术改造以后具有低能耗和低排放的特点。低碳产业可以从多个角度进行分类，首先可以从传统产业和新兴产业两个角度进行分类。对于传统产业，低碳产业有两种情况：一是产业本身就具有低碳特征；二是传统上是高碳产业，但经过技术改造为低碳化的产业。大部分新兴产业都属于低碳产业，但根据低碳经济的技术路径，新兴产业又可以分为非能源类新兴产业和能源类新兴产业[②]。低碳产业的具体分类如图4-2所示。

---

① 张媛媛，袁奋强，刘东皇，等. 产业生态化水平的测度及其影响因素研究[J]. 长江流域资源与环境，2019(10)：2231.
② 李成威. 低碳产业政策[M]. 上海：立信会计出版社，2011：42.

图 4-2　低碳产业分类图[①]

1）发展传统低碳产业

传统型低碳产业是指在传统产业体系中本身就具有低能耗和低排放的特点，不需要经过技术创新和改造的低碳产业，例如第一产业中的林业，第二产业中的水电、自来水的生产，第三产业中除了交通运输之外的其他产业基本都是低碳产业。

2）发展改造型低碳产业

改造型低碳产业是指在传统产业中为高碳产业，但经过低碳改造和升级后，也具有低能耗和低排放特点的产业，包括低碳农业、低碳工业、低碳服务业和低碳建筑业等。

低碳农业是指以减少大气温室气体含量为目标，通过兴建基础设施、调整产业结构、提高土壤有机质、防治病虫害、推广可再生能源等措施，实现高效率、低能耗、低排放、高碳汇的农业[②]。低碳农业既减碳又固碳，有节水农业、生态农业、有机农业等多种形式。

低碳工业主要指节能工业，指借助科学技术的进步，对传统产品工艺、产品设计、生产管理等进行节能减排的优化，具体包括工业结构节能、工业技术节能和工业管理节能三个方向。在发展中国家，70%的碳是企业排放的，30%的碳是居民排放的，这意味着，发展中国家减少碳排放的关键是在工业生产领域[③]。2015 年，国家将能源总量控制纳入国民经济和社会发展第十三个五年规划，节能工作由单一强度目标约束转向总量和强度双控目标约束。目前，国家在石油化工、钢铁、建筑、水泥、造纸、纺织等行业实行节能减排，成效显著[③]。此外我国的汽车制造业以纯电动、电式混合动力、氢燃料动力为动力源的新型汽车获得长足发展，国务院办公厅 2020 年 10 月发布《新能源汽车产业发展规划（2021—2035 年）》，计划到 2025 年，新能源汽车新车销售量达到汽车新车销售总量的 20%左右。

低碳建筑业是建筑行业发展的方向。建筑业在建材、建造、运营维护的各个环节消耗了全球 50%的能源和资源，同时产生了全球接近 50%的各类污染物。中国的建筑业目前仍然是国民经济的支柱产业之一，如果仍然延续以往消耗大量资源和排放大量污染的行业状态，将给社会造成沉重的资源负担和严重的环境破坏。随着国家发改委、住建部“绿色建筑行动方案”的出台，建筑设计、节能建材、智能建筑等领域上万亿元的巨大市场将加速

①李成威. 低碳产业政策[M]. 上海：立信会计出版社，2011.
② 徐帮学. 低碳农业 引领农业新时尚[M]. 天津：天津人民出版社，2013：33.
③ 石晓娜. 低碳工业 让污染远离我们的生活[M]. 天津：天津人民出版社，2013.

形成。绿色建筑产业方兴未艾，具有非常广阔的前景。[①]建筑行业的低碳化需要重点发展装配式建筑、绿色建筑材料和技术、成品住宅绿色环保装修、绿色家居等行业。

低碳服务业指运营中以面向环境管理为理念，通过采取技术革新、优化服务流程或标准等手段降低污染物排放、减少资源消耗的服务行业，比如低碳餐饮、低碳旅游、低碳金融等。

3）发展非能源类新型低碳产业

非能源类新型低碳产业是指以新的技术发明或科研成果应用于社会而形成的新兴行业，比如电子产业、信息产业、生物工程产业等。非能源类新型低碳产业通常研发、开发投资成本高，但生产制造成本相对较低，是技术与资金密集型产业，但是相较于传统产业，这些新型低碳产业二氧化碳等温室气体的排放较少，甚至为零，具有较强的亲环境性。

4）发展新能源低碳产业

新能源是与传统能源相对而言技术含量更高，更为清洁、低碳、高效、安全的能源。现阶段世界上新能源领域主要涉及太阳能、风能、生物质能、地热能和海洋能等，如图 4-3 所示。目前我国新能源发展主要是风能和太阳能，生物质能、地热能和海洋能涉及较少。[②]2007 年我国将新能源发展正式列为国家能源发展战略的重要组成部分，不再提“以煤炭为主”。在《战略性新兴产业十二五规划》中，我国提出要“加快发展技术成熟、市场竞争力强的核电、风电、太阳能光伏和热利用、页岩气、生物质发电、地热和地温能、沼气等新能源产业”。

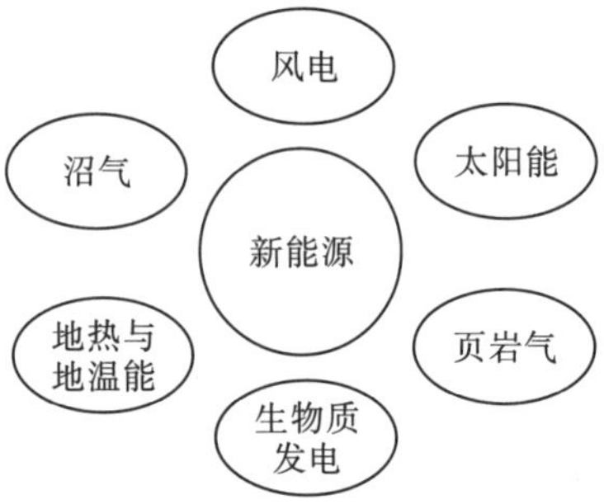

图 4-3 我国发展的新能源种类示意图

2. 发展循环产业

循环产业是指按照自然生态系统物质循环和能量流动规律重构的新形态的产业系统，这种产业系统以提高资源利用率为核心，与自然生态系统、社会经济系统相协调。产业循环发展的主要特征是低消耗、高利用、低排放，它以“减量化、再利用、再循环”为经济活动的行为准则，即“3R”原则，如图 4-4 所示。

① 陈宝胜，毛世辉. 绿色建筑产业链专业化投资研究[M]. 上海：复旦大学出版社，2015.
② 刘若霞. 中国新能源产业空间布局优化研究[M]. 北京：新华出版社，2017.

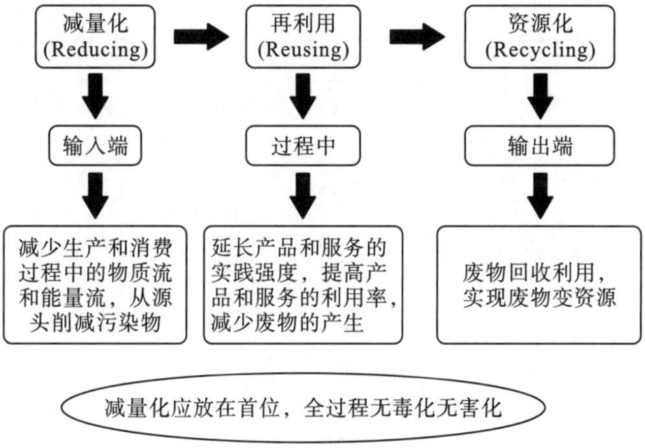

图 4-4　“3R”原则的关系示意图①

我国高度重视循环经济的发展，早在 2005 年，国务院就出台了《国务院关于加快发展循环经济的若干意见》，在 2008 年颁布的《中华人民共和国循环经济促进法》将循环经济的发展纳入法治轨道，根据社会经济发展的实际情况，该法在 2018 年进行了修正。国务院在 2013 年印发《循环经济发展战略及近期行动计划》，对循环经济发展进行专门部署，各个部委在循环产品标示、循环产品质量控制及循环经济的财税政策等方面陆续出台各种政策，逐步构建起一个完整的循环经济发展政策体系。

目前，我国循环经济主要分为循环工业和循环农业。

1) 发展循环工业

循环生产主要是以“节约资源”为核心，循环生产方式与传统生产方式最根本的区别在于传统的经济增长模式是以经济增长为唯一目的，不考虑环境的保护和资源的浪费，以“资源—产品—废弃”的形式实现线性增长。循环生产则是以“变废物为财富”为核心，强调资源的利用率，最大限度地节约资源，以“资源—产品—再生资源”的方式可持续发展。传统生产方式与循环生产方式的详细对比如表 4-2 所示。

表 4-2　传统生产方式和循环生产方式的比较一览表②

传统生产方式	循环生产方式
大量生产	最优生产
假定不存在资源约束	假定存在资源约束
利润最大化，不承担环境责任	正利润，承担环境责任
以资源低价格维持大规模生产	资源价格反映资源稀缺程度
资源依赖性增长模式——物质经济(产品经济)	非物质化增长模式——知识经济(功能经济)
生产者责任止于销售环节	生产者责任延伸(延长产品寿命、服务创新生态设计、产品回收等)
大量消费	最适消费
片面追求产品的便利性而不顾资源浪费和环境污染	追求便利性的同时兼顾环境负荷

① 张华，等. 绿色制造[M]. 北京：中国环境出版社，2017：26.
② 杨雪峰. 绿色低碳文明[M]. 北京：中国环境出版社，2015：179.

续表

传统生产方式	循环生产方式
产品周期缩短，即用即丢	延长产品寿命，循环使用
占有产品，强调数量，排他性使用	获得服务，重视功能，尽可能共享
大量废弃	最少废弃
大量生产造成大量排放，大量消费造成大量废弃	尽可能减少排放物进入环境，或进行无害化处理
废物排放速率超过环境吸纳能力	废物排放速率与环境吸纳能力相适应
末端治理	全程控制

案例：格林美——中国“开采城市矿山”第一股

格林美股份有限公司(下文简称“格林美”)于2001年12月28日在深圳注册成立，以“消除污染、再造资源”作为企业文化，奉行“生态设计，低碳制造，最大限度循环利用，最大限度节能减排”的环境方针，坚守“城市矿山+新能源材料”核心产业战略，用绿色技术践行循环产业。

据统计，格林美年回收处理废弃物资总量达400万吨以上，年回收处理小型废旧电池占中国报废总量的10%以上，年回收钴资源总量与中国原钴开采量相当，年回收钨资源占中国原钨开采量的8%，年回收锗资源占世界锗产量的6%，年循环再造锂离子电池正极原料占中国市场的20%以上，年回收报废家电1000万台以上，占中国总量的15%以上，年处理报废线路板占中国总量的20%以上。通过循环再造钴、镍、铜、钨、金、银、钯、铑、锗、铟、稀土等25种稀缺资源以及超细粉末、新能源汽车用动力电池材料、塑木型材等多种高技术产品，格林美形成了完整的稀有金属资源化循环产业链。

2)发展循环农业

循环农业是建立在农业生态学、生态经济学等多学科理论基础上，与可持续发展需求相适应的农业生产经营模式①。农业是有生命的生物性生产系统，其生产的物质与能量具有可再生性，发展循环农业是一种真正的可持续发展。

循环农业较之传统农业具有以下三个特征。

(1)科技含量高。循环农业注重生态科学在农业中的运用，根据动植物生长的客观规律，在农业内部建立食物链循环，形成资源共享、副产品互换的产业化组合，优化农业生产的投入要素，减少不必要的消耗，提高资源利用效率。

(2)区域产业化程度高。循环农业的产业化发展到较高水平后，可以建立农业生态系统层次和区域层次的资源多级循环利用体系，使农业系统的简单食物链与生态工业链交织构成产业生态网络。

(3)成本低，效益高。循环农业因为注重资源的循环利用，减少了资源的投入量，降低了农业生产对自然的负面影响，同时由于循环农业遵循动植物生产的客观规律，提高了农产品的产量、品质，取得良好的经济效益与社会效益。

循环农业因为各地自然禀赋和社会经济发展水平不同，形成初级、中级和高级三个层次的发展形态(图4-5)，在不同的发展阶段，循环农业模式在生物结构、产业链接、循环

① 高旺盛，等. 循环农业理论研究方法[M]. 北京：中国农业大学出版社，2015.

结构、组织形式以及适用尺度等方面均具有一定的差异[①]。

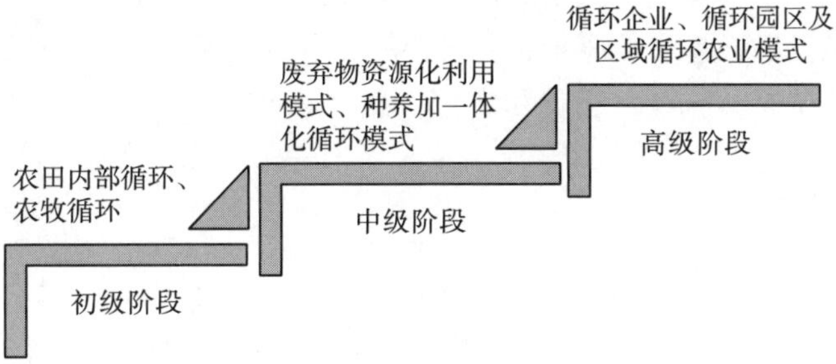

图 4-5　循环农业发展阶段示意图

案例：甘蔗糖业循环经济

陇川县地处滇西南“双高”甘蔗优势产业带中，是云南省乃至全国蔗糖生产重点县。陇川在甘蔗糖业经济发展中，逐渐形成以甘蔗种植和甘蔗制糖工业为核心，利用生产过程产生的废弃物作为原材料，形成单元工艺的工业产业链，甘蔗原料物质能量和信息逐级传递利用，生产过程初步实现了良性的生态循环，详见图 4-6。

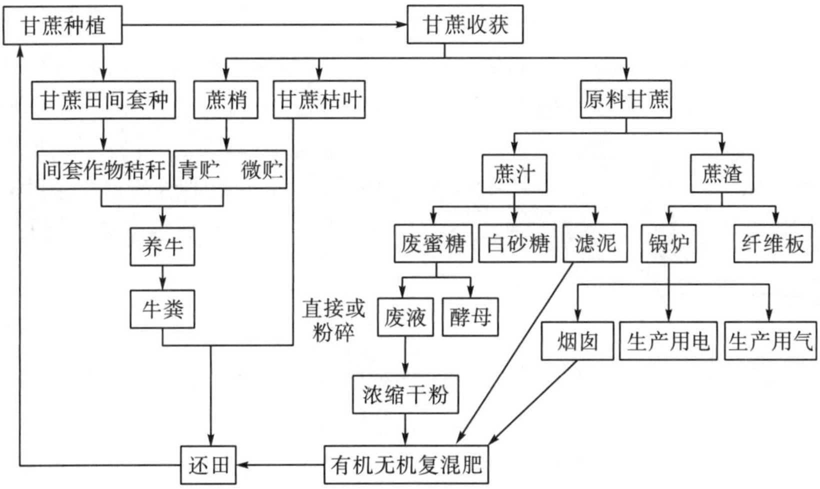

图 4-6　陇川甘蔗糖业循环生产示意图[②]

第二节　绿色经济的应用场景[③]

一、绿道竹海

绿道竹海通过在绿道沿线两旁种植成片的竹林，同时可以利用竹子在道路两旁制作一

① 高旺盛，等. 循环农业理论研究方法[M]. 北京：中国农业大学出版社，2015.
② 郭家文，等. 甘蔗糖业循环经济典型模式与经济效益分析——以云南陇川县为例[M]//李国学. 中国循环农业理论与实践研究进展(下册). 北京：中国农业大学出版社，2014.
③ 成都格润创新科技研究院《新经济应用场景词典》。

些供人休息的凉亭、竹椅等，让人沉浸在竹海生机盎然的场景里。比如，浙江省嘉兴市新丰镇竹林村的特色“竹林绿道”吸引着城里游客前来游玩赏秋，1.8 公里的竹林绿道充分挖掘乡村现有资源，串联起乡土风景、乡村旅游、乡村交通、村舍改造、村民文化生活等人文生活情景，让游客体味绿色之美和乡土气息。

二、绿道生活节

绿道生活节在绿道中将商旅体多种业态进行融合，通过艺术、音乐、市集和运动等多个维度，激活绿道经济，提升城市的生活品质，引领城市新的生活方式。成都的绿道生活节将街头音乐节、锦城绿道春联进万家、文创/年货/精品市集、极限运动表演、cosplay 巡游、亲子乐园、城市诗意跑以及社区传统文娱活动等放进绿道之中。这些新潮的活动与业态在成都极具绿色生态氛围的环境发生化学反应，激活城市空间，给市民和游客带来崭新的游览体验。

三、森林氧吧

森林氧吧以森林、清泉、山石、溪涧、瀑布为基点，以高含量的对人体健康有益的森林空气负氧离子和植物精气等生态因子为特色，辅以各类简约、朴素与环境格调相一致的游憩设施，打造适宜休闲、游览、健身、度假、疗养的新场所。如千岛湖森林氧吧分为亲水休闲区、茶室休闲区、森林负离子呼吸区、森林游憩区、森林野营区、森林科普区六大区块。设有林中漫步、森林浴、森林吸氧、溯溪、攀岩、野营、森林标本采集、环境教育展馆、垂钓中心、水上运动中心等充分展示大自然风采的生态旅游项目。提供山泉足浴健身、勇敢者探险、溯溪而上激流回旋、登山远眺观景、喊山洗肺等休闲运动项目。

四、森林书店

森林书店以森林为设计灵感，将书店建筑与自然结合，与绿色毗邻，让读者在看书时能呼吸新鲜空气，欣赏优美景色，拥有一处放松心灵的独特空间。如武汉的“时见鹿”书店，将书店开到绿色森林里，书店毗邻东湖绿道，坐落在马鞍山森林公园，是一座依山傍水的半围合中式庭院。书店由国际知名的设计师操刀设计，打造殿堂式、阶梯式的文化空间。书店大面积使用原木、裸露的水泥以及自然花草，自助式书架错落有致，琳琅满目。充斥整个空间的书籍没有压迫感，也没有让书店显得杂乱无章，反而让每一个身处其中的人有种被知识环绕的安心，并能感受到生活的美好。

五、森林幼儿园

森林幼儿园彻底实现了自然教育的理念，孩子们不是通过书本间接学习，而是通过与大自然实物的直接接触来学习，他们的观察力自然而然变得敏锐，他们的学习及探索动机也将源源不断。借助大自然天然形成的障碍(如山坡、小溪等)，让孩子们尝试自己克服困难，提升其自立能力。同时，景色随四季变迁，也让孩子们在这种变迁中发现不同的美。

坐落于钱塘江畔的英伦森林幼儿园，幼儿园占地面积25亩，园内风光旖旎，拥有国内少有的原生态自然环境，设有规范的活动和午睡教室、专项教室、厨房、多功能厅、农场、原生态森林和水塘、户外运动场、大型游乐设施，各班级教室、食堂使用超滤净水工艺的直饮水。孩子们三分之一的课程和游戏是在幼儿园自己的森林、农田、水塘边等自然界中进行的，森林、农田就是教室，原生态动植物就是教材，大自然就是老师，树屋就是心灵休憩地。孩子们在自然中学习和游玩，有利于身心健康、快乐成长。

六、环境共生住宅

环境共生住宅是从保护地球环境的观点出发，充分考虑能源、资源和废弃物等各方面的因素，与周边的自然环境形成亲密和谐的关系，居民作为主体参与并享受健康、舒适的住宅及其地域环境。例如日本东京的办公类建筑，运用减少空调负荷与照明负荷来提高机器设备效率。政府用资金支援和减税等方式鼓励当地房地产开发商展开低碳化住宅开发，鼓励住宅购买者选择低碳化的住宅，建立确保住宅低碳性能的强制性基准。漫步在东京，随处可见的绿色植被为人们工作、生活创造了良好的环境。

七、数字化湿地旅游

数字化湿地旅游是利用物联网、大数据、云计算、AR、互联网等技术，对湿地公园进行综合打造，从旅游管理到旅游服务，全方位提高效率，深挖湿地公园的经济价值、生态价值、社会价值的旅游方式。杭州西溪湿地推动湿地旅游服务的创新发展，加强与阿里巴巴集团战略合作，深化“未来旅游目的地”项目开发建设，建立一站式线上综合服务平台，开通室内导航、产品介绍、产品点评等功能。游客在这里利用阿里系App，可以更方便地游玩和消费，还可享受AR展示、机器人导游等服务。

八、光伏幕墙

光伏幕墙是将传统的建筑幕墙材质换为具备光伏功能的材质，将收集的太阳能储存在电池板里以供建筑使用，以此来实现隔热隔声、节能环保等功能。南昌国家医药国际创新园联合研究院为了升级绿色建筑，在满足国家、行业及地方相关规范要求的基础上，选用光伏玻璃幕墙组件，在自主发电的同时，大大减少了室内太阳辐射，一举实现了集光伏发电、降温降耗、节能减排、减少光污染于一体的最佳效果。不仅实现了建筑室内视觉效果与原有装修风格完全统一，建筑外立面的造型也得到了延续。

九、城市农场

城市农场通过堆肥、可再生资源、当地食物种植等服务，不限制种植场所，为居住者提供可进行交易且能友好交流的平台，分享彼此的劳动成果，通过这种方式为住户提供可持续的幸福感，提升住户的社区归属感。如英国伦敦的“成长盒子”，在一个20英尺[①]的

① 1英尺=0.3048米。

集装箱里，有特别定制的贮水池，里面养殖罗非鱼，以确保其有足够大的空间生长，同时在贮水池上方的垂直柱状物上种植了许多绿色蔬菜。罗非鱼贮水池里的水会在循环过程中流经柱状物，此时鱼的排泄物便成为400余株作物的养料，而这些鱼和绿色蔬菜会向区域餐厅出售。如图4-7所示。

图4-7 英国的“成长盒子”（鱼菜共生系统）

十、家庭园艺生活馆

家庭园艺生活馆是以花卉、盆景、家庭园艺为主的生活休闲空间。馆内售卖各种各样的鲜花绿植，同时提供安静的休憩空间，还能学习花艺等知识。如成都的“百花小院”就是一种家庭园艺生活馆。百花小院由《梅花绝句》场景、室内外精品花卉展销区、生活美学体验馆等11个部分组成，融合了花店、咖啡、书吧、简餐等多种体验式消费场景。同时，该生活馆还不定期推出插花、品茶、园艺讲座、合香、阅读、社区公益讲堂等各种主题沙龙，把书画、香道、花道、茶道、文创、美食与社区居民生活互动结合，给市民带来全新的绿色生活体验。

十一、花园式独栋办公楼

花园式独栋办公楼是绿色环保低碳的现代化办公场所，环境打造上突出建筑单体与生态的结合，是集花园、步行小径、雕塑、建筑、水景为一体的创造型体验空间，满足办公人群健身、雕塑欣赏、小径漫步等灵活多样的办公需求。好莱坞新办公室holLA将位于地下车库上方的建筑拆除改造为一个巨大的花园空间，办公区椭圆形独立建筑被“嵌入”花坛中，如同聚集在花园里的花盆，员工在室内可360°欣赏到花园内的一万多种植物，蝴蝶、蚂蚁、蜜蜂、松鼠与人们共同置身于花园中，营造出在大自然中办公的氛围。

十二、生态产业园

生态产业园是包含工业企业、农业企业、居民区等的一个区域系统。通过工业园区内物流和能量的正确设计，模拟自然生态系统，形成企业间共生网络。企业减少废物排放，企业间实现信息交换，具有能量高效利用、资源循环的功能。生态产业园不仅营造了绿色生态环境，保障了工作者的身心健康，还充分利用了资源，为企业节约了成本。太原迎泽特色产业基地通过大力绿化环境、引入低污染型企业、运用环保采暖设备、采用共享车间等措施，优化了工作环境，减少了噪声、粉尘、能耗，营造了优质的工作环境，吸引了医疗器械、智能装备、人工智能、软件信息等领域大量高科技企业入驻，实现了经济与环境的和谐发展、互利共赢。

第三节　创 意 经 济

一、创意经济的定义与要素

1. 创意经济的定义

创意经济是一种源自个人创意、技巧及才华，通过知识产权的开发和运用，具有创造财富和就业潜力的新型经济形态。其包括人的创意和创意人群的聚集、创意活动和创意产业的繁荣。广义上讲，创意经济是基于创意对各种资源的有效配置。狭义上讲，创意经济是由生产创意化和消费创意化构成的经济创意化。创意经济的核心是创意产业，通过创意产业的关联作用，带动相关产业发展，产生良好经济、文化、生态和社会效益。

2. 创意经济的要素

创意经济包括创意、创意人群、创意活动、创意产品、创意产业等内容。第一，创意是现代城市创意产业发展的基础要素，是对文化和知识生产方式进行创新的结果；第二，创意人群是创意经济的核心要素；第三，创意活动是创意人群通过创意而形成的相关空间活动，是创意与创意人群的有机结合；第四，众多的创意活动是创意的有形化过程，也就是创意与生产和消费有机结合的过程，其结果是创意产品；第五，大量生产创意产品的个体和企业组织在一定空间范围内进行的系列经济活动形成创意行业，进而构成创意产业。创意人群凭借创意开展创意活动，生产创意产品，发展创意产业，最终形成创意经济。创意经济基本要素的内部关系如图 4-8 所示。

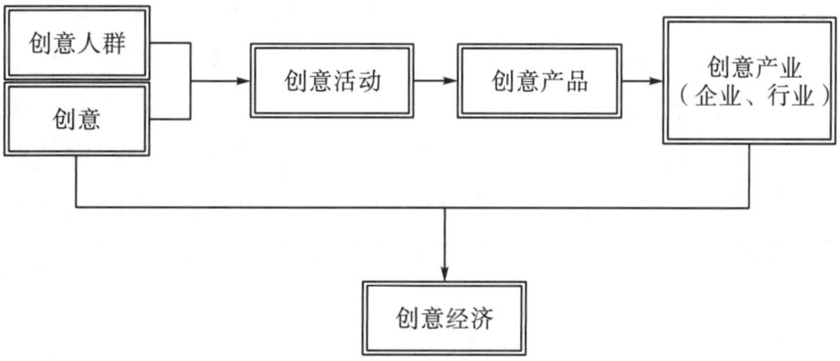

图 4-8　创意经济要素关系示意图

二、创意经济的发展动力

1. 消费端：用户需求多样化个性化

随着生产力不断进步和居民收入水平不断提高，人们的消费需求呈现出多样化和个性化的特征，消费层次也越来越高。除了产品本身的性价比高以外，消费者更加关注消费活动的文化内涵、艺术审美和优质服务。消费者不再只满足于商品的使用价值，而是不断追求商品对个人价值观的表达。一般商品和服务满足的是共性化需要，而创意商品满足的是个性化需要。当共性化的需求被基本满足之后，个性化的需求日渐突出，技术进步满足个性化需求变为可能。越来越多具有艺术创新、文化创新和科技含量的消费品受到消费者的追捧，为创意产业的兴起提供了坚实的市场基础①。2018 年爆红的答案奶茶，独特的定位、创新的营销和有创意的内容使其从一众奶茶中脱颖而出。顾客在买奶茶的时候，可以将自己的疑惑、困惑、愿望写在一张卡片上，稍等片刻拿到自己的奶茶后，打开瓶盖包装就可以得到答案。相较于一般的奶茶，答案奶茶里加入了文字性的“答案”，解答顾客的问题。新的创意使这款奶茶具有社交属性，增加了产品与消费者的互动性，而且每个人的答案都具有独特性。答案奶茶的创意不仅满足了消费者喝奶茶的共性需求，同时具有创新性和创意性，满足了消费者的个性需求。

2. 生产端：企业往价值链高端环节攀升

创意经济是社会生产力发展到一定阶段的产物。工业化和后工业化的实质仍然是一个生产性社会，但商品的生产过程、生产方式以及企业组织结构发生了根本性的变化②。生产的创意化，意味着社会不仅可以满足一般性的需求，还可以满足个性化的需求。当物质产品极其丰富之后，产业规模效应递减，市场竞争重心从产品生产链的竞争转为价值增值环节的竞争，制造业必须通过特殊资源的有效配置，追求创意突进和价值提升，以获取更高的边际利益。创意经济正是在这种市场竞争方式发生深刻转变的过程中逐步形成的。

三、创意经济的基本特征

1. 伴生性

创意经济的价值实现以物质产品的使用价值为基本承载。表现在以下两个方面：一是创意向其他产业部门的渗透。主要集中在消费性创意产业，如游戏动漫产业巨大的经济收益 70%都来自玩具、服装、文具、音像出版物等衍生产品。二是传统产业部门对创意的投入，主要集中于生产性创意产业。由于产业竞争更加关注创意带来的价值增值，创意活动部门逐渐分离出来成为独立盈利部门，为传统产业提供创意性的中间投入品，如工业设计中的产品设计、包装设计、工艺设计等，都是依托产品的使用价值实现创意价值的倍增。

① 王如忠，徐清泉. 创意产业的特质及其在中国的实践[M]//厉无畏，王如忠. 创意产业——城市发展的新引擎. 上海：上海社会科学院出版社，2005：104.

② 周振华. 现代服务业发展研究[M]. 上海：上海社会科学院出版社，2005：53.

2. 衍生性

创意的辐射、渗透、融合作用，决定了创意经济跨行业、跨领域衍生的特征。创意经济衍生路径有两个：一是产业链衍生，创意、创意活动、创意产业都位于产业链的高端，从价值链的高端出发，通过知识产权转化实现创意产业化，以先进技术和持续创新为依托，延长创意产业链条；二是跨边界衍生，创意产业具有边界模糊化的特征，即不以固定的传统行业和产业边界为限，通过向三次产业延伸强化生产过程的创意化，实现产业创意化。

3. 人文性

创意经济极大地体现了文化艺术对经济的推动作用。创意集知识、技术和文化于一体，这是创意区别于其他生产要素的特点。创意要素的投入，带动新兴的经济活动和产业部门发展，拓展了传统产品附加值提升的空间，提高了单位产品的利润价值。产品创意、服务创意、营销创意等在市场上更多地体现为一种精神价值的消费体验。正如很多人到星巴克，不只是为了喝咖啡，更多的是体验咖啡，体验星巴克文化。

4. 可持续性

创意经济的知识经济特征决定了其也是一种可持续经济。与工业经济的土地、劳动力、资本等常规资源相比，知识、技术、创造力等战略资源成为知识经济的核心要素。创意经济与其他客体资源不同，其第一要素是创意，而创意是一种主体资源，具有知识性、独特性、可传承性、非磨损性、流动性、共享性、可再生性和永续利用的特征，是一种取之不尽、用之不竭的无形资源。例如 2019 年功夫动漫有限公司以三星堆古蜀文化为题材创作的《三星堆荣耀觉醒》动画作品，播出不久即获得 2019 年度优秀国产动画片。这个城市超级 IP 正在走向多元化变现道路，已于 2020 年进军舞台剧领域，以多种文化形式阐述三星堆文化，持续促进周边产业发展，让城市焕发新活力。

5. 城市集聚性

创意经济兴起于现代城市，这种现象并非偶然。一种经济形态对地域空间的选择，是为了获得要素配置效率提高所产生的经济效益。创意经济的集聚性表现为创意经济是多种产业的融合，产业之间存在较高的关联度，适宜在地理空间上集聚发展，并分享集聚经济效益。北京、上海、广州、深圳、成都等城市依托各自的人才、资源、地域优势，建设各具特色的文化创意产业园区，形成了城市集聚发展的格局。从各城市创意产业集聚区的形成过程看，创意经济的集聚性主要分为自发集聚和政府主导两种模式。但自发形成的集聚区也离不开政府的指导。

1) 自发集聚

自发形成的集聚区多是艺术创意类集聚区，这是因为艺术家的行为特点和艺术类工作的性质决定了艺术类创意产业集聚区一般是自发形成。少数几个艺术家往往就能吸引大批的艺术家聚集，逐步形成成熟的创意产业集聚区。如成都蓝顶艺术中心、北京宋庄原创艺术与卡通产业集聚区、上海莫干山路创意产业园等。

2）政府主导

政府主导模式包括政府规划建设、政府政策引导等，通过这种模式形成的集聚区一般是地方政府和相关机构结合本地发展基础和优势资源，为推动本地创意产业健康发展制定规划，或者出台相关政策来吸引创意企业在某一地区聚集。这是目前国内城市创意经济发展的主要模式。如成都的数字娱乐软件园、北京的中关村软件园、深圳的怡景动漫基地等。

四、创意经济的产业特征

创意产业常是以创新、创造为主的知识经济时代的产物，又称创造性产业，是由个人创造、才华与文学艺术、科学技术相结合的新兴行业。创意产业的概念由英国政府于 20 世纪末首次提出，是在发达国家现代城市发展起来的新兴产业。这一概念的提出，标志着创意产业成为一个对经济发展产生重要影响的独立产业部门。

成都在发展新经济的过程中，对新经济的产业进行了分类，其中创意经济的产业分类如表 4-3 所示。

表 4-3 成都市创意经济产业分类

范畴	涵盖产业
传媒影视业	新闻业、图书出版、报纸出版、期刊出版、数字出版、其他出版业、音像制品出版、录音制作、电子出版物出版、书/报刊印刷、本册印刷、包装装潢及其他印刷、装订及印刷相关服务、记录媒介复制、复印和胶印设备制造、印刷专用设备制造、图书批发、报刊批发、图书报刊零售、音像制品/电子/数字出版物批发、音像制品/电子/数字出版物零售、电视、广播、广播电视集成播控、影视节目制作、电影和广播电视节目发行、电影放映、有线广播电视传输服务、无线广播电视传输服务、广播电视卫星传输服务、其他电信服务、移动电信服务、互联网接入及相关服务、其他互联网服务、广播电视节目制作及发射设备制造、广播电视接收设备制造、广播电视专用配件制造、专业音响设备制造、应用电视设备及其他广播电视设备制造、电影机械制造、幻灯及投影设备制造、电视机制造、音响设备制造、影视录放设备制造、广播影视设备批发、家用视听设备批发、家用视听设备零售
创意设计业	工业设计服务、工程和技术研究和试验发展、规划设计管理、工程勘察活动、工程设计活动、工程管理服务、工程监理服务、绿化管理、公共建筑装饰和装修、住宅装饰和装修、建筑幕墙装饰和装修、专业设计服务、其他未列明专业技术服务业
现代时尚业	运动机织服装制造、其他机织服装制造、运动休闲针织服装制造、其他针织或钩针编织服装制造、服饰制造、皮革服装制造、皮箱/包（袋）制造、皮手套及皮装饰制品制造、其他皮革制品制造、羽毛（绒）加工、羽毛（绒）制品加工、纺织面料鞋制造、皮鞋制造、塑料鞋制造、橡胶鞋制造、其他制鞋业、床上用品制造、毛巾类制品制造、窗帘/布艺类产品制造、其他家用纺织制成品制造、眼镜制造、木质家具制造、竹/藤家具制造、金属家具制造、塑料家具制造、其他家具制造、地毯/挂毯制造、珠宝首饰及有关物品制造、日用玻璃制品制造、玻璃包装容器制造、日用陶瓷制品制造、钟表与计时仪器制造、理发及美容服务、化妆品制造、香料/香精制造、化妆品批发、化妆品零售、白酒制造、啤酒制造、黄酒制造、葡萄酒制造、其他酒制造、碳酸饮料制造、瓶（罐）装饮用水制造、果菜汁及果菜汁饮料制造、含乳饮料和植物蛋白饮料制造、茶饮料及其他饮料制造、精制茶加工、酒/饮料及茶叶批发、茶馆服务、咖啡馆服务、酒吧服务、正餐服务、其他未列明餐饮业
音乐艺术业	中乐器制造、西乐器制造、电子乐器制造、其他乐器及零件制造、乐器批发/零售、雕塑工艺品制造、金属工艺品制造、漆器工艺品制造、花画工艺品制造、天然植物纤维编织工艺品制造、抽纱刺绣工艺品制造、其他工艺美术及礼仪用品制造、陈设艺术陶瓷制造、园艺陶瓷制造、其他陶瓷制品制造、首饰/工艺品及收藏品批发、艺术品/收藏品拍卖、艺术品代理、珠宝首饰零售、工艺美术品及收藏品零售、文艺创作与表演、艺术表演场馆、文化活动服务、文化娱乐经纪人、其他文化艺术经纪代理

续表

范畴	涵盖产业
文体旅游业	文物及非物质文化遗产保护、其他文化艺术业、图书馆、档案馆、博物馆、烈士陵园/纪念馆、群众文体活动、专业性团体、贸易代理、一般物品拍卖、休闲娱乐用品设备出租、文化用品设备出租、图书出租、音像制品出租、商务代理代办服务、票务代理服务、其他未列明商务服务业、旅行社及相关服务、名胜风景区管理、森林公园管理、其他游览景区管理、城市公园管理、自然生态系统保护管理、自然遗迹保护管理、野生动物保护、野生植物保护、动物园/水族馆管理服务、植物园管理服务、其他自然保护、旅游客运、海上旅客运输、内河旅客运输、观光游览航空服务、露营地服务、旅游饭店、民宿服务、休闲观光活动、体育航空运动服务、体育用品设备出租、体校及体育培训、体育竞赛组织、体育保障组织、其他体育组织、体育场馆管理、其他体育场地设施管理、健身休闲活动、体育健康服务、体育中介代理服务、其他未列明体育、体育表演服务、体育经纪人、球类制造、专项运动器材及配件制造、健身器材制造、运动防护用具制造、其他体育用品制造、体育用品及器材批发、体育用品及器材零售
信息服务业	互联网搜索服务、互联网游戏服务、互联网其他信息服务、互联网生产服务平台、互联网生活服务平台、互联网科技创新平台、互联网公共服务平台、其他互联网平台、动漫/游戏数字内容服务、其他数字内容服务、基础软件开发、支撑软件开发、应用软件开发、其他软件开发、集成电路设计、地理遥感信息服务、信息系统集成服务、物联网技术服务、运行维护服务、信息技术咨询服务、其他未列明信息技术服务业、网吧活动
会展广告业	互联网广告服务、其他广告服务、科技会展服务、旅游会展服务、体育会展服务、文化会展服务、其他会议/展览及相关服务
教育咨询业	其他未列明教育、学前教育、中等职业学校教育、普通高等教育、成人高等教育、职业技能培训、文化艺术培训、市场调查、社会经济咨询、健康咨询、体育咨询、信用服务、其他资本市场服务、保险经纪服务、保险代理服务、保险监管服务、保险公估服务、保险资产管理、其他保险活动、科技中介服务、其他科技推广服务业、创业空间服务、知识产权服务、社会人文科学研究、环保咨询、其他专业咨询与调查

创意产业作为一个独立的产业门类，必然具备产业的共性特征，服从于价格机制、供求机制和竞争机制等市场规律。此外，创意产业又有着鲜明的个性特征，主要表现在以下三个方面。

1. 经济与意识形态的双重属性

相对于传统产业，创意产业最为特殊之处是具有经济和意识形态双重属性。在经济层面，创意产业是以创意为主导的文化符号的生产、交换、积累和消费等经济活动，是具有知识产权的高附加值产业。尽管创意产业生产多以无形产品为主，但可以通过创意赋予商品价值，并通过多方面的渗透，实现多样性的跨界融合，促进产业结构优化调整，从而成为带动国民经济发展的增长点。在意识形态层面，创意产业是文化与经济互动的结果，主要表现出文化属性，通过文化产品的传播，满足精神层面的需求。在国际竞争中，创意产业往往是无形的利器。美国著名的左翼学者詹姆斯·彼得拉斯，在其《20 世纪末的文化帝国主义》一书中开宗明义："美国的文化创意产业有两个目标，一个是经济的，一个是政治的。经济上是要为其文化商品攫取市场，政治上则是要通过改造大众意识来建立霸权。"娱乐商品出口是资本积累重要来源之一，也是替代制造业出口在世界范围获利的手段。以电影为例，美国的电影大片既能通过出口贸易获得可观的经济效益，又能以其强烈的文化表现力影响进口国的价值取向。电影既是创意的结晶，又是承载文化的媒介。如取自中国文化元素的《花木兰》和《功夫熊猫》就是典型代表，借用长城、烽火、熊猫、功夫等中国文化符号，传播西方的价值观。《功夫熊猫》是好莱坞动漫大片，熊猫是中国的国宝，中国功夫是中国文化的古老国粹，代表着西方世界对中国形象的认识和解读。《功夫熊猫》中引入的中国元素之多是公认的，如仙境般的中国山水、行云流水的中国传统音乐，中国特色美食等，通过置景、服装、道具，让观众感受到中国文化的博大精深。然而，《功夫熊猫》终究是一部烙印了美国制造标签的电影，影片中虽然引用了大量的中国传统文化意象和传统文化思想，展现了众多中国元素和形神兼似的中国式氛围，但骨子里流露出仍然是西方文化的思想渊源和精神主张，表现在影片主题内涵、人物形象塑造和框架构建，以及美式台词的表达方式，中国文化元素仅仅是传播载体。熊猫阿宝代表着人性中的世俗性，却担负起匡扶正义的重任。与好莱坞众多动画片一样，虽然换了场景和主角，仍然被赋予了美国式的奋斗精神。

2. 高成长性

创意产业集中了智力、知识、科技、信息等高质量要素，与常规要素相比，在相同的投入下，其具有更高的产出和增长率，产业成长的潜力巨大。物质生产和精神生产的高度融合，改变了文化艺术的生产方式。创意为文化生产力提供不竭的动力源泉，文化艺术的生产方式、生产规模、消费方式、贸易模式以及服务方式都发生了巨大的变化。创意作为文化艺术和文化竞争力的核心，逐渐走上了产业化的道路。创意活动将文化内涵注入经济活动和物质产品中，使经济发展实现量变和质变双重转变，增强了文化对其他产业乃至全社会的辐射力和影响力。

创意产业的核心资源是创意，也就是人的创造力。经济学家罗默在 20 世纪 80 年代就指出：“新创意会衍生出无穷的新产品、新市场和财富创造的新机会，所以新创意才是一国经济成长的原动力。”相对于有限的物质资源，创意是一种无形的精神智力资源，创造力或创意是取不尽、用不完的可持续再生无形资源。在一定程度上，创意产业以主体资源和无形资源的开发利用取代有形资源和客体资源的开发利用，改变资本的有机构成，使驱动经济增长的主导力量从自然资源、土地、资金、机器等不变资本，转向人力资本、知识产权资本、技术资本和文化资本等可变资本，特别注重人的创造力，强调文化要素的推动力。例如故宫博物院从传统博物院到“故宫商店”再到“故宫文化创意馆”，不断进行产业创新和产业链的延长。深度挖掘丰富的明清皇家文化元素，努力将故宫的建筑、文物、历史故事转变为当代年轻人喜欢的时尚载体，开发了故宫刊物、故宫彩妆、故宫饰品、故宫游戏等产品。截至 2017 年底，故宫博物院的文创产品超过一万种，这些文创产品在 2017 年为故宫带来 15 亿元销售收入(2016 年为 10 亿元)。

3. 强渗透性

创意产业以知识产权为核心，占据价值链的高端，向产业链的各个环节渗透，广泛覆盖三次产业，产生极强的产业关联效应。在全球信息化的大背景下，产业发展模式也突破了传统的思维，形成了新的范式。创意产业通过特有的机制作用于国民经济系统中的其他产业部门，以完成创意对生产消费过程的重组、改造和创新，在实现其自身价值的同时，对传统产业进行提升与改造，不断催生新兴产业，带动第三产业发展，推动三次产业相互促进。如此一来，不仅有利于产业延伸，而且大大拓展了现代城市产业发展的空间。具体而言，创意产业对其他产业的影响主要通过以下几种方式实现。

1) 渗透方式

渗透方式的作用过程是通过工业设计、营销策划、品牌包装对创意产品的投入，或通过知识产权对创意要素的衍生，作用于其他产业价值链的高端，在保持其产业形态不改变的前提下，强化其自主创新能力，实现产品附加值的提升，进而提高这些产业部门的市场竞争力。创意产业对传统产业的渗透机制的关键是知识产权的交易。在先进技术支撑下，创意产业可以利用知识产权在极短的时间对特定的传统产业进行渗透，或同时向多个传统产业部门发生作用，提升传统产品的附加值，从而提升和改造传统产业。例如通过工业设计，将传统文化符号、特色元素、非物质文化遗产等融入日常消费品，使之升级为时尚用品。如成都东郊记忆，是在原国营红光电子管厂旧址上改建而成的现代文化产业新型园区，在改造过程中完整保存了原红光电子管厂的基本建筑风格、厂区构筑、朴素的内部装修以及大量的工业设备设施等原貌，同时将音乐、美术、戏剧、摄影等多种创意文化元素渗透其中，形成了集工业设计、商务办公、演艺与展览、音乐培训、酒吧娱乐于一体的文创集聚地。

2) 融合方式

融合方式是指以创意产品的生产为核心，借助于信息技术手段，利用生产价值链与其他产业进行有机整合，经过产业特性的交互糅合和技术标准的相互接驳，在原有产业属性的基础上，衍生出知识、技术、信息内涵更为丰富的新兴产业。其作用过程，是通过突破不同产业之间的边界，使得产业间相互吸纳和包容，从而形成新兴产业的动态过程。创意产业融合传统产业，其本质是对创意的“破坏性创新”，即颠覆传统产业的发展轨迹，创立新的产业领域、市场规则、审美观念和价值取向。例如，文化产业、体育产业、旅游产业、商业商贸的创意融入，产生了文化旅游、赛事旅游、会展旅游、旅游购物等新业态。

3) 转换方式

转换方式是指以产业的要素关联为纽带，通过创意产业向其他产业部门的植入，赋予其新的产业属性，在资源条件和产业形态保持不变的前提下，提高产业部门的效率和价值创造能力。在创意产业对其他产业的转换机制的作用下，现代城市形成三次产业相互联动发展的格局。创意产业的发展使非物质要素创造价值的作用得以彰显，通过与其他产业部门的协同发展，推动其资源结构发生转换，即由单纯的物质资源转向物质资源和非物质资源两种资源。转换的作用过程，是将创意产业在地理空间上植入其他产业，与原有产业部门协同共生，实现互动发展，改变原有产业的产业属性。转换的本质是创意产业在资源配置的基础上对发展要素的选择。如都市农业、休闲农业、乡村旅游的兴起，就是创意创新促使第一产业向第三产业转化催生的新兴业态。

五、创意经济的企业特征

目前，学界对创意企业并没有统一的界定标准，但对创意企业的识别大都关注在文化属性、创意价值、科技手段以及知识产权等方面。作为创意产业的基本组织单位，创意企业不单单是以营利为目的，其也有自身的特性。比如，创意企业主要以高科技、高技术为手段，以文化价值、创意内容为核心，将核心要素转化为创意产品或服务，进而形成知识产权为大众提供精神文化消费体验。与传统企业相比，创意企业在资产、经营等方面具有显著特征。

（一）资产特征

1. 智力密集

创意企业是知识经济时代在产业组织形态上的重要标志。进入知识经济时代，企业的竞争优势有创造力的人才和高新技术。创意企业是以人的创造力为核心的新型企业，具有知识密集、智力密集、技术密集和创新丰富的特点。文化、知识、信息、技术、智力等无形资产，都是创意企业至关重要的核心要素。相比物质资本，人力资本的投入在创意企业投入中占比更高，人力资本是创意企业进行创新活动并获取竞争优势的核心资源。

2. 轻资产

区别于制造企业的“重资产”特征，创意企业是典型的轻资产企业，无形资产、人力资本等“轻资产”是创意企业的核心资产。无形资产指企业拥有或控制、不具有实物形态，但能为企业带来经济利益的可辨认非货币资产。无形资产通常表现为某种法定权利或技术，如专利权、非专利技术、商标权、著作权、特许权、商誉等，没有物质实体。创意企业以知识产权的实现或消费为交易特征，企业创新创意成果是企业各类投入获得的成果，是企业的重要资产。例如，文学作品、动漫游戏、影视剧等，其价值无法用实物价值或货币价值衡量，创作生产这些产品的创意企业，其评估价值也远远超出传统成本法评估的价值，就在于无形资产居于企业资产的核心地位。

（二）经营特征

1. 高风险

与传统企业相比，创意企业经营具有更大的不确定性，使得企业预测未来收益变得困难。创意企业的高风险性主要源于四个方面。第一，市场需求的不确定性。以满足消费者精神需求为目的的创意产品或服务会受到多种因素影响，如消费者的消费观念、喜好、习惯、潮流等，这样不可预测的需求变化会给创意企业带来更高的风险。第二，文化市场环境变化带来的经营风险。从创意投入到产出，会面临各种环境变化，最终的成功具有极大的不确定性。第三，对文化科技融合的创意企业，新技术意味着高风险性。第四，知识产权保护制度尚不完善，创意被抄袭、复制导致零收益的风险始终存在。

2. 多元化

创意企业常常与多样性联系在一起。首先，生产过程多样化。创意产品需要一定的原创性和独特性，因此在其研发设计和产品生产过程都需要区别于一般产品，从而保证产品的独特性和不可重复性。其次，创意企业的经营目标具有多元性。以文化创意为核心，以科技手段为支撑，注重产品的文化精神价值，输出审美价值而非单纯的功用价值。创意企业以文化内容、创新创意为核心，借助高科技手段，将核心资源转化为创意产品或服务，形成知识产权，为大众提供精神文化消费体验。除了寻求资本增值的既有使命，创意企业需要在艺术进步、价值创造等方面发挥作用。最后，企业管理方式和组织结构多样化。创意企业的管理方式呈现信息化、网络化、知识化的特点，其组织结构也逐渐集群化、网络化。从初期的小型化、扁平化、个体化和灵活化到后期的集群化、网络化转变，创意企业创新的人文化、艺术化的特点使企业的组织形式和管理方法更加灵活多样且富有人文特点。

3. 品牌独特化

与传统企业相比，创意企业具有以小微型企业为主的组织形态特征，在消费社会和互联网时代，更加需要反映和传播企业的创意特性，使得创意企业经营者特别注重品牌塑造和培育。首先，突出小众化与专一化的品牌定位。在消费需求升级的背景下，小规模、轻资产的创意企业通常利用自身对市场的高灵敏度和快捷灵活的运作机制，将发展方向聚焦于“小众市场”，以差异化的品牌定位切入利基市场，满足消费者个性化需求，打造自身独特竞争优势。其次，突出情感性与社会性品牌价值。创意企业对文化资源进行创意开发，其产品具备更高层次的审美意蕴与形态特质，将审美意识和人文思想注入创意语境，带给消费者独特的精神体验，通过品牌价值满足审美情趣、个性修养和生活品位等精神需求。最后，突出独创性与自主性品牌运营。创意企业的品牌理念一般源自其品牌持有人的个人理念①，特别注重彰显持有人的鲜明个性。品牌格调通常不依附于主流趋势，表达对文化、历史、社会价值的独立思考，在品牌运营的过程中较少受到外界因素的约束和限制，品牌理念容易形成统一风格和产品线，具有较强的识别性。

六、创意经济的产品特征

顾名思义，创意产品就是具有创意的产品，是凝结了人的创造性复杂劳动的产品。创意产品从不同的角度，可以进行不同的分类，如图 4-9 所示。

根据创意产品用途，创意产品可以分为生产性创意产品和消费性创意产品。生产性创意产品是指用作生产过程中间投入品的创意产品，企业是生产性创意产品的购买者，如软件开发、工艺设计、管理咨询、广告策划等。在产品的生产过程中投入创意产品，产品的附加值将得到大幅的提高，产出能力及产品盈利能力也相应大幅度提升，产品市场竞争力增强。消费性创意产品是指用作最终消费品的创意产品，家庭或个人是消费性创意产品的购买者，如影视、音乐、出版、艺术品等。消费性创意产品用于满足消费者更高层级的消费需求，如心理、情感、情操等精神层面的需求。

根据创意产品表现形式，创意产品可以分为内容性创意产品和设计性创意产品。内容性创意产品是文化艺术创新的结果，其核心是品牌和知识产权，如建筑设计、广告设计、软件设计、工业设计等。设计性创意产品是在设计过程中创造性地融入文化元素的结果，其核心是表现形式的创新。借助于符号元素、图书、报刊、影视、音乐、绘画、戏剧等设计性创意产品将文化、艺术、情感、价值观等融入不同的功能载体，赋予其各种文化内涵。

① 王战，王紫薇. 小规模 大意味——我国“创意微群体”品牌发展路径探析[J]. 装饰，2015(10)：121-123.

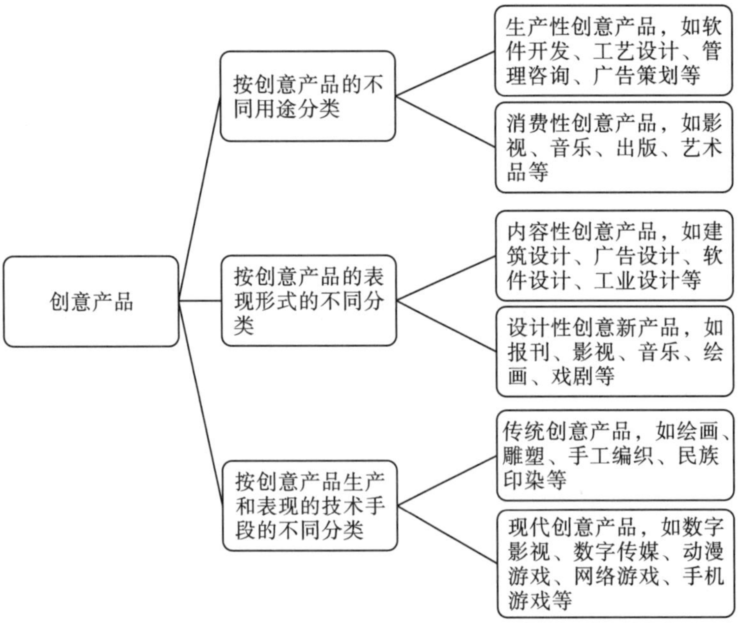

图 4-9 创意产品的分类

根据创意产品生产和表现的技术手段，创意产品可以分为传统创意产品和现代创意产品。传统创意产品指凭借个人所拥有的专门创造性技能，采用传统工艺和技巧生产的创意产品，如绘画、雕塑、手工编织、民族印染等。现代创意产品指利用现代信息技术和数字技术手段生产的创意产品，如数字影视、数字传媒动漫游戏、网络游戏、手机游戏等。

创意产品主要有以下四个特征。

1. 使用价值的双重性

创意产品的使用价值由两部分构成，一部分是物质性的使用价值，即由创意的物质载体的物理化学特性所决定的使用价值，物质性的使用价值取决于创意产品的功能效用；另一部分是非物质的精神性使用价值，即创意能够满足人的心理需求、满足人的精神享受的特性所决定的使用价值，非物质性的使用价值取决于创意产品的体验效用。

2. 产品效用的个体差异性

人的创造力在科学技术领域表现为新发明，在文化艺术领域表现为新创意，在经营管理领域表现为新产品。新创意将文化、艺术元素融入传统制造业，提升了产品的附加值，拓展了产品效用的外延。创意产品效用的差异性是由创造性劳动的差异性和创意产品消费者需求的个体差异共同决定的。创意产品消费者对创意产品体验效用的判断具有主观性，即使是具有相同功能效用的产品，甚至以相同的价格出售的产品，由于体验效用特殊性，消费者偏好的程度都是不同的。

3. 价值决定的不确定性

生产创意产品的劳动分为两类，一类是生产创意产品的物质载体的劳动，另一类是生产创意的劳动。也就是说，创意产品的价值是创意的物质载体的价值与创意的价值之和。一般来讲，由于物质载体的价值在创意产品价值中所占比例甚微，因此创意价值是决定创意产品价值的关键。创意物质载体的价值由生产物质载体的社会必要劳动时间决定，而创意的价值具有高度的不确定性，很难通过传统方式定价。这是因为创意具有独特性，不可能批量生产，其价值的高低与创造性劳动时间的长短并没有必然的关联，而是取决于创意产品需求者的情趣情调、审美风格、消费创意产品时的体验等主观因素。创意价值实现的个体差异性决定了创意产品价值实现的特殊性和复杂性，具体表现在创意转化为有形产品或服务的可行性、创意产品或服务被市场接受的可能性、创意的价值实现的未知性等，极大提高了创意交易的风险。因此，创意产品的最低价值由生产创意的物质载体所耗费的社会必要劳动时间决定，创意产品的最低价值和创意的市场价值之和构成创意产品的市场价值。例如，同样的笔记本，生产成本差不多，但是价格可能相差几倍，这里的市场价格差距主要取决于其是否具有创意，能否满足消费者个性化需求。文创产品的开发创意越强，产品附加值就会越高，在市场上越受消费者的欢迎，越有可能成为“网红产品”。

4. 价值实现的时效性

创意的价值实现决定了创意产品的盈利能力，创意的短时性决定了创意产品价值实现的时效性。创意产品总是追求新、奇、特，要求在尽可能短的时间内获得回报，否则就面临成本增加、被模仿、过时等价值流失的风险。创意产品在价值实现时获得的利润，依赖于创意产品生产周期的紧密协调与市场的快速反应。例如，动漫游戏、工业设计、影视制作、软件开发等一旦创意形成后，产品的生产周期越短，产品利润的损失越小。

第四节　创意经济的应用场景[①]

一、手工文创街区

手工文创街区是以主动体验为本质，通过新科技材料、新型技术、新经营模式等，结合传统手工制作而形成的体验场景。一般包含麻绳编制、皮艺模块化制作、纸艺制作、陶艺制作等项目。2017 年 12 月，辽宁盘锦开业的场景体验式手工文创主题街区——老 U 记，以 U 形单向动线贯穿起 U+广场、时光 U 逝、哥特星空、街头广场等主题区域，集合了手作、陶泥、雕塑、古典钟表店、怀旧餐厅等特色创意店铺。

二、新零售+文创书店

新零售+文创书店集美学生活、咖啡与茶、展览空间、书籍文具、艺术交流活动等于一体，通过开展各类交流活动(如图书分享、知识讲座、大师讲坛等)，为人们提供理想栖息之所、精神休憩之港、灵感四溢之地，融合文化创意与智慧科技打造新场景。如位于成都太古里地下一层的方所，其以书店为基础，同时涵盖了美学生活、植物、服饰、展览空

① 成都格润创新科技研究院《新经济应用场景词典》。

间、文化讲座、咖啡文化，是一个文化综合体。除了阅读、生活、艺术、时尚，方所还加入了新空间的概念，为儿童设计美学生活用品并售卖。

三、文创小镇

文创小镇是以文化创意产业为核心，以非遗展示、文博体验、体育休闲、智慧旅游、健康养生等各类文化旅游业为主导产业的特色文化创意小镇。如位于黄山市中心城区西部片区——安徽黄山现代服务业产业园内的黄山文创小镇。小镇目前入驻企业近 70 家，园外孵化企业 110 多家，集聚文化创意、教育培训、大数据云计算、软件开发、旅游+、电子商务等业态。小镇同时也是文化馆群聚集区，目前集聚有中国徽州文化博物馆、黄山市文化艺术中心、城市展示馆、徽州糕饼博物馆、徽菜博物馆、徽州三雕博物馆、祁红博物馆、柒尚堂新安医学馆、锋速汽车特技馆（在建）、旗开户外运动城（在建）等文化旅游项目。

四、文创田园社区

文创田园社区通过将文创产业植入乡村，以山水田园养生、传统手艺、农耕手工、文化旅游为主要业态，打造都市人向往的田园生活，实现农、商、文、旅在乡村的和谐融合发展。例如，成都市大邑县的“幸福公社”，已成为当地重点打造的文创平台，创造了独特的乡村文创旅游模式。英式马术表演、摄影比赛、手工文创、音乐演唱会等多彩的文艺活动为小镇带来了别样的文化体验。公社引进五十多个手工艺匠人，其手艺包括活字印刷、酿酒、织布、皮影、蜡染、剪纸等，借助传统的手工智慧回归人与自然的和谐共生。

五、文化创意产业园

文化创意产业园是与文化关联的、产业规模集聚的特定地理区域，是具有鲜明文化形象并对外界产生吸引力的集生产、交易、休闲、居住为一体的多功能园区。例如，在四川电视台的旧址上建成的成都少城视井文创园占地约 14 亩，由 11 栋建筑面积 300～8000 平方米不等的楼宇组成，在主体建筑外观上涂抹了橙、黄、绿、粉等鲜艳的颜色，入驻乐杜鹃、极客堂、WE＋、慈文传媒、荣宝斋咖啡书屋等国内著名文创机构。未来将依托少城文化的资源优势，集音乐、影视、视频、数字娱乐等产业为一体，打造“视听娱创”的高端产业生态圈。

六、创意工厂

创意工厂将原来的废旧工厂改建成创意空间，通过巧妙的颜色搭配和精致的装饰，使斑驳的废旧厂房与时尚的现代创意形成强烈对比，让人在怀旧的同时感受到时尚活力的气息。如成都的东郊记忆是由原成都红光电子管厂旧址改造而成，其保留了部分工业特色鲜明的厂区作为工业文明遗址，并通过与文化创意产业的结合，打造成音乐产业基地。原厂中特有的桉树和梧桐被保留，一些废旧机床、玻壳半成品、废旧罐体、管道被改造成艺术小品，使东郊记忆不但具有怀旧气息，还富有时尚艺术感。华丽的玩乐空间、古老的唱片店、文艺书吧、咖啡馆、音乐酒吧，这里的每一家店都有着令人着迷的创意，绿皮火车、若干年前工厂生产用的车床、模型、锅炉都被置于路边，时代感顿时显露无遗，吸引了无数的年轻人来到这里拍照打卡。

七、特色竹艺村

特色竹艺村是以竹文化为主题，在建筑物中融入竹元素的自然村落。其有竹编博物展示、竹编产品售卖、竹编手工互动体验等功能，展示竹编文化的同时也通过体验传递竹编的魅力与温度。如成都崇州道明竹艺村是竹艺家的聚落，竹艺村随处可见竹编痕迹，村里有竹里、道明竹编博物馆、三径书院、遵生小院、来去酒馆等人气景点。穿过郁郁葱葱的竹林就能看到竹里的入口，是一条曲曲绕绕的竹林小径，小径的回廊错落有致，通过空间的转折和递进延长视线，为建筑平添了几分曲径通幽的意境。在竹林的环抱中晴天观影、雨天听雨，颇能体会远离都市纷扰的安静与祥和。

八、集装箱潮流街区

集装箱潮流街区从建筑形态、氛围营造、品牌组合、运营理念等方面出发，全面打造集原创性、颠覆性、艺术性、不可复制性为一体的主题街区。使用集装箱替代传统的商铺，使得街区布局更加灵活，将 eng、fasicart 等各种极具潮流元素的店铺引进街区，达到自动引流的效果，并融合美食、网红打卡点等元素，形成新形态的场景。例如，成都 INBOX 主题街区汇集了“一点点”“YOYO 水果实验室”“格林诺夫冰激凌”“俄罗斯冰激凌进口小吃”“熊猫小龙虾”“老树面吧”“潮鸡排”等各种创意美食，满足了消费者的味觉神经，还有森系的精品花店“一森花町”、DIY 手工店“陶艺馆”等，这些小店以集装箱的形式共同打造出符合潮流文化的聚集地。

九、城市涂鸦艺术区

城市涂鸦艺术区将城市涂鸦与城市街区形式相结合，形成了以墙为载体，将城市的历史文化与街头文化相结合的新风景。城市涂鸦主要以变形的英文字体为主，以 3D 写实、人物写实、场景写实、卡通人物等为辅，借助其艳丽的色彩，形成强烈的视觉效果，以此凸显城市元素。例如，英国伦敦的城市涂鸦多集中在后街、另类画廊以及后工业东区的地下酒吧。在超级时尚的肖迪奇区，涂鸦壁画、米其林餐厅和高端精品店并存，不论是拍照游览或是逛街吃饭，都能感受到城市涂鸦与城市文化结合的时尚元素。

十、创意皮影

创意皮影将传统皮影艺术形式与现代灯光音效等相结合，通过创造一些新的剧目、新的表现手法来营造新的场景，为传统文化注入新的活力。如在陕西省渭南市华州区皮影雕刻传承人薛宏权的皮影小剧场里，一段由大型歌舞剧《白毛女》改编而来的现代皮影戏《喜舞迎春》让观众耳目一新。同时，一场以《黄土高坡》作为背景音乐的杰克逊经典的机械舞和太空步的皮影戏，也在皮影艺人的操作下活灵活现地呈现在银幕上，这一场由薛宏权全新创作的具有中国特色的国际混搭皮影《迈克尔·杰克逊》，以一种别具一格的艺术表现手法，让传统艺术焕发出了新的活力。

十一、盆景小镇

盆景小镇是以盆景产业为特色，综合发展旅游、餐饮、娱乐、体育等产业的创意小镇。利用优美的盆景营造出赏心悦目的环境，吸引游人前往，带动当地经济发展。盆景小镇为城市增添了绿色，是休闲娱乐的好去处。例如，江苏省新沂市的盆景小镇除了大量培育盆景外，还建设了生态餐厅、精品展厅、花鸟市场，同时利用互联网平台进行盆景销售。当地农民可以在工作中享受生活，增加收入，而附近城市工作的人们在空闲时可以到小镇聚会、住宿，享受优美的风光。

十二、熊猫文创小镇

熊猫文创小镇从设计风格、建筑材料的使用到立面色彩的选择，均以熊猫文化为主题，打造建筑和配套景观。其通过现代技术景观的创意设计，植入文化创意项目，最大限度地实现以熊猫文化为创新点的小镇场景。成都正在建设的熊猫文创演艺博览小镇致力于打通熊猫科研保育与大熊猫文创连接通道，推出“富含熊猫元素、利于国际传播”的天府文化创新发展精品力作。突出国际风尚和本土特色打造金熊猫川剧中心，强化主题演艺、展示交流、研发创作等功能，推动天府文化与国际多元文化交流碰撞、融合出新。突出“景区街区融合”和“场景消费贯通”理念打造熊猫广场综合配套项目，以“一条龙”配套服务提升文商旅体综合承载力，以空间贯通、功能集成提升文化消费生态场景体验的吸引力。

十三、创意雕塑广告运营

创意雕塑广告运营将艺术雕塑自有的美化环境功能与广告招商运营有机结合在一起。从雕塑选址、艺术设计、成品制作到广告招投放，全方位地满足客户要求，是兼具美学与商业价值的一个场景。如 JCDecaux 广告公司请扎哈·哈迪德建筑事务所设计了一个雕塑广告牌，该雕塑位于伦敦市中心和希思罗机场之间的关键路线——西克伦威尔路的明显位置，具有 26 米×6 米的巨大高分辨率屏幕尺寸。这个名为肯辛顿的结构由一条弯曲的哑光钢带固定，以弧形数字化显示，既具有流线型的现代审美，又有着广告投放的商业价值。

十四、创意绿雕

创意绿雕在保护植物健康生长的前提下，将植物修剪成符合主题的造型，如动物、运动、符号、主题元素等造型，实现与周围环境和谐共融，与当地历史文化相辅相成，形成独特的新场景。南京市绿化园林局在全市建成绿雕 9 处，如在南京南站玉兰路北侧岛头的创意绿雕以生态环境为题材，生动地描绘了秋季喜悦丰收的场景，展现了江南水乡的秀美风景，展示着南京的独特魅力与风采。在仙林大道与紫气路交叉口的“松鹤延年”绿雕给人一种动静结合的感受，为这座城市带来平和与灵动，体现了大自然的勃勃生机，彰显了城市的环保、和谐、生态理念。

十五、创意景观灯

创意景观灯是通过创新设计，将灯饰与环境相融合，更能凸显自然风光、现代建筑、历史遗迹的特点。例如海口市采用灯笼景观灯在春节前装饰街道，让人们更能体会节日的氛围。成都利用鸟巢状景观灯装饰锦江边的树木，让人在河边绿道行走时，仿佛置身于鸟语花香的大自然之中。

第五节 流 量 经 济

任何事物的发生、发展、成长、进步的实现都离不开流动，流动能够促成事物的相通、相连、相融。流动既包括事物本身内部的自行流动，也包括事物与事物之间的相互流动。若把一个事物看成是若干要素的组合体，那么形成新事物、发展新事物、构成新事物的前提和方法就一定会涉及对要素的关注、整理和归集等问题，其方法在于促使要素流动，以形成要素之间的有机组合。这是因为任何要素都是由于流动才能显示其意义，以及更好地发挥其作用。社会再生产是由生产、流通、交换、消费和分配等环节组成，其要素配置具有流动性特征。因此，任何资源要素都需要通过流动才能得到合理、有效的配置，并发挥其经济效益和社会效益。例如在制造企业的生产经营中，其业务流程经历供、产、销等环节，各要素通过流动来完成集聚、整合、重组等生产活动。由此可见，信息流、物资流、人才流和资金流等要素的有效流动是生产经营所形成的必然结果，也是经济和生产发展扩大的基础，更是经济和生产可持续发展的前提。“流”既会产生成本费用，也会带来经济收益，即经济学中的投入和产出。由此归纳出流量经济是指通过物资流、资金流、人才流、信息流等多种资源要素的充分投入和有序流动，以及循环的流量规模扩大，形成经济价值和社会效益，从而达到促进地区经济可持续发展、区域产业结构转型升级目的的经济形态。

一、流量经济的概念、内涵及特征

(一)流量经济的概念

流量是相对于存量而言的，经济中的流量要素包含了物资流、资金流、商品流、技术流、信息流、人才流等各种资源要素。

随着数字技术的发展，承载经济活动的介质创新促使分工从要素分工走向介质分工，开启了经济活动流量的线上线下分离。一部分要素流动在实体网络中进行，还有一部分要素流动则在互联网等虚拟网络中进行，物理空间已不再是唯一载体。线上和线下是承载经济活动流量的两种介质，其中线上集聚的是可数字化编码和云存储的流量，而不可编码和存储的流量将分布到线下。通常，生产需要依托于特定物理空间，通过资本流和人才流的结合才能实现，这决定了与其发生直接联系的流量是线下流量。消费通常分为过程消费和对象消费，前者重视过程体验的主观感受，具有依托物理空间面对面即时消费的特征，属于线下流量的范畴；后者重视消费标的物的物理属性及消费者对物品的客观感受，在非即时消费的条件下，消费可通过线上购买、线下配送的方式完成，流量的线上集聚将会发生。与此同时，消费的线上化以物品可线下传输为前提，物流成为线下流量的重要组成部分，且任何一种消费活动都离不开交易环节，从而带来货币流。数字信息化背景下的货币具有数字化编码性质加之区块链技术的支持，使得货币流成为线上流量的重要内容。此外，基于创新角度来看，无论狭义的技术创新还是商业模式创新，人的智慧都具有数字化编码的可能，智慧流的线上化进一步推动更大规模、更符合实际的创新能力发展。

流量经济是现代经济发展变化中形成的一个全新的经济形态，它既不同于通常所说的流通领域的经济活动，也有别于经济学中“流量”“流动”的概念，是一种组合性的经济发展理论和实践类型，其倡导经济要素的流动，由流动伴随要素量的扩大，由流和量的流动来促进经济发展。有鉴于此，本书将流量经济定义为信息、人才、货物、资金和技术等经济要素在以空间区域（城市）和要素交换配置平台等为载体所形成的实体或虚拟网络中进行流动、重组、整合和运作，最终形成一个活跃的经济动力系统。该动力系统网络中的主体具有“控制与影响”的作用，通过对经济要素流的吸引、再造、增值和辐射，使经济要素在整个经济网络中高效流动，并使要素流量的规模不断扩大，最终达到经济要素最优配置和经济系统持续发展的目标。

（二）流量经济的内涵

经济功能取决于经济活动引致流量的影响力和吸引力。因此，从经济活动视角界定流量的类型以及探讨不同类型流量的性质是理解流量经济内涵的理论依据。

如表 4-4 所示，经济活动分为基本活动和辅助活动两个类别，基本活动参与价值创造过程，对应的主导经济流量决定了价值创造的能力。辅助活动虽然不直接参与价值创造过程，但其可以为价值创造提供支持，这种活动中的主导经济流量有助于改善基本活动经济流量的质量，提高经济流量的集聚规模和流动速率。

表 4-4 经济活动的流量分类

经济活动	具体分类	主导经济流量	载体	经济功能
基本活动	生产（产品）	资本流，劳动流	线下	制造
	交易（商品或服务）	客流	线上/线下	消费/贸易
	创新（创意）	（人才）智慧流	线上/线下	研发
	结算（支付）	资金流	线上/线下	金融
	流通（运输）	货物流	线下	航运/动力
	决策（管理）	信息流	线上/线下	战略
	生产生活服务	服务流	线上/线下	服务
辅助活动	交通	交通流	线下	舒适宜居
	配套	公共服务流	线上/线下	

流量经济要素只有流动起来才会发挥其作用，故根据其流动性特点，可以分为强流动要素和弱流动要素两大类。所谓强流动要素是指流量要素在经过的区域有较长的滞留时间，并有增值性，其要素形态和能力改变较多，具体包括了资金流、人才流和技术流等。所谓弱流动要素则是指流量要素在其经过的区域内不滞留或滞留时间较短，形态改变较少，以最高效率经过而至区域外的经济要素，如物质流、信息流等。

基于此，可以从四个方面理解流量经济的内涵：第一，流量经济中的经济主体主要为空间城市和企业，流量经济的要素主要为信息、货物、资金、人才和技术；第二，实体网络和虚拟网络均为流量经济体系下要素流的流动渠道；第三，各经济主体通过要素流动而相互联系和互动影响，构成一种新的经济动力系统；第四，经济要素在网络中的流动是在信息流的引导下，各经济要素追求自身边际收益最大化的结果，最终实现经济要素动态的最优配置。

(三)流量经济的特征

流量经济具有流动性、规模化、协调性、平台化、信息化和共享化几个主要特征。

(1)流动性。流动性是流量经济最核心和最基本的特征。流量经济主要通过新发展模式破除要素流动壁垒，保障各项资源要素的有序流动来实现其合理配置，以达到促进经济增长的目的。同时，也只有通过要素的有序和高效流动，才能达到区域经济对于资源的吸附、集聚、协调和配置等目的，并做大流量规模。

(2)规模化。规模化是流量经济作为区域经济发展的动力系统，区别于其他某种单一产业的特征。规模经济反映的是生产要素的集中程度同经济效益之间的关系，因此要素的规模化流动是流量经济发展的必备条件。流量经济的规模化一方面体现在流动要素在层次和数量上都必须具备一定的规模，才能充分发挥该系统的各项功能；另一方面则体现在通过要素的流动，达到流量规模的循环扩大，从而不断推动该经济系统有效发挥其功能的目的。

(3)协调性。要素在经济系统内部乃至子系统的有机协调是其有序、高效流动的重要前提，缺乏协作机制的要素流动会严重阻碍资源的有效配置，从而导致经济系统的失调、失灵。特别是在新经济系统中的流量经济系统，其需要充分调动一二三产业中要素的有机融合，才能通过“流动”实现资源有效配置和产业协调发展。

(4)平台化。平台化是流量经济中各个要素的连接器与重组装置，是其系统发挥其功能的重要依托。随着平台经济影响力的扩大，平台化在经济领域的应用范围越来越广泛。平台化的特征在流量经济中集中表现为集聚辐射功能、整合重构功能和引领带动功能。平台化能够加速要素的重组、使信息流更加高效快捷、提升资金流管理水平、缩短技术转化时间和改变人才流动趋势。

(5)信息化。信息化是流量经济整个系统其功能得以发挥和规模得以扩大的加速器。在信息化背景下，现代城市不仅是其所在区域的生产、消费、资金和人才的高度集中点，更是各种信息产生、交流、释放和传递的高度聚合点。在流量经济视角下，节点城市成为全新的流动要素的集聚地和扩散地。信息技术使得地理摩擦几乎消失，城市的空间逻辑发生了转变，城市不再依赖其所拥有的资源，而是通过流经的资源获得并积累财富和权力。

这种理论在实际操作层面体现为由对自然资源依赖、对投资依赖的传统发展战略转换为以流量为导向的发展战略。自然资源是城市经济发展的必要条件，城市经济的发展则需要依靠知识和信息资料来推动，信息化的发展速度是非线性的，进入信息化的城市将呈现加速度方式的发展，最终确立所处的枢纽和主干信息节点的地位。

(6)共享化。共享模式是流量经济发展的催化剂。共享经济模式使传统商品及服务行业具有高流量、强黏性、频交易的特征，扩大了消费者的汇聚规模，增强了互动性，使传统行业有可能获得彻底的升级空间。互联网的连通性、可达性和传递性极大增强了传统行业产品和服务在互联网用户中的触达率，使得客户流量呈几何级数上升，而客户基于数据形式传递的产品和服务“体验感”上升，进而产生更大的积极性和动力促成供需匹配的成功。

二、流量经济的应用领域

近年来，随着信息革命的快速推进，移动互联网的广泛使用，大数据、云计算、人工智能、物联网等技术的不断突破与发展，各个行业的要素资源流动加速，均不同程度地呈现出典型的流量特征，流量经济绽放出蓬勃的生命力。

总体来看，流量经济涉及总部经济、新兴金融、现代物流、现代商贸、高新技术服务、信息服务和人力资源 7 大细分领域 17 个行业，每个领域中不同行业表现特征均各不相同，如图 4-10 所示。

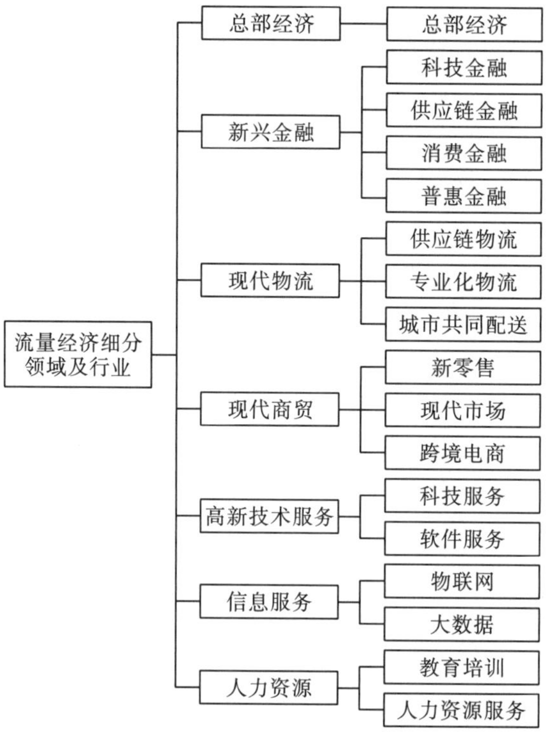

图 4-10 流量经济 7 个细分领域和 17 个行业关系图

(一)总部经济领域

1. 含义

总部经济是指区域依靠自身的资源优势，吸引众多企业总部落户，从而出现众多资源的汇集，形成区域的高端经济价值聚合。这些企业的制造基地可能布局在其他有比较优势的地区，这种状态使企业价值链与区域资源实现了最优空间耦合。

2. 行业特征

(1)知识性。企业总部是研发、营销、资本运作、战略部署等活动的控制中心，是一个企业价值链中知识含量最高的区域。

(2)集约性。企业构造收益最大化的产业空间布局，最大程度获取了中心城市的服务业发达、知识资源密集的优势，欠发达地区的劳动资源、土地资源的优势形成最佳的资源配置状态，最大限度地降低了成本。

(3)层次性。总部经济以区域进行划分可细分为全球总部、国内总部、地区总部；以功能进行划分可分为营销总部、研发总部、行政总部等多种层次。通过对不同层次区域多种形式资源的充分利用，实现各个地区、部门、功能的高效运作。

(4)流动性。总部经济打破了第二产业与第三产业分隔的现象，建立起第二产业与第三产业之间的经济链条，以第二产业向第三产业延展流动，实现了由知识性产业向一般性产业的流动。

(5)辐射性。总部经济实现以中心城市为辐射点带动周边发展的格局，将总部的信息流、技术流、人才流等资源优势向欠发达地区扩散。

(6)共赢性。总部经济改变了原来同一产业在各地各自发展的形式，利用不同区域资源优势通过功能链将总部和欠发达地区形成有机联系，进行不同区域的合作分工，实现共同发展。

(二)新兴金融产业

1. 含义

资金流在狭义上指营销渠道成员间随着商品实物及其所有权的转移而发生的资金往来流程。在流量经济中，主要指为流量经济系统提供金融支撑的资金要素，涵盖资金这一资源的整合、流动、重组等一系列活动。基于新经济发展背景，本书所讨论的金融支撑主要为新兴金融产业及其中的资金流动情况。

提供资金流的新兴金融行业涵盖范围广泛，子行业板块种类繁多，既有由传统金融过渡而来的板块，如消费金融，也包括在新经济背景下迅速成长起来的板块，如科技金融。目前行业最为关注的是科技金融、供应链金融、消费金融和普惠金融几大产业。第一，科技金融是促进科技开发、成果转化和高新技术产业发展的一系列金融工具、金融制度、金融政策与金融服务的系统性、创新性安排，是由向科学与技术创新活动提供融资资源的政府、企业、市场、社会中介机构等各种主体及其在科技创新融资过程中的行为活动共同组成的一个体系，是国家科技创新体系和金融体系的重要组成部分。第二，供应链金融是指以银行为依托、以企业为核心，管控整个产业链上中小企业的资金流和物流，并尽可能把企业不可控因素转变为整个行业的可控因素，最小化风险的金融服务。第三，消费金融是指向各阶层消费者提供消费贷款的现代金融服务方式。在新兴金融中，无论从金融产品创新角度还是从扩大内需角度看，消费金融试点都具有积极意义。从金融产品创新角度看，个人信贷业务是传统银行难以全面惠及的领域，建立专业化的新兴消费金融系统，有利于更好地服务于居民个体。第四，普惠金融是一种具有高度包容性的金融，其基本含义是能有效、全方位地为社会所有阶层和群体提供服务的金融体系。

2. 产业特征

第一，财政与金融行业的对接。通过财政资金扶持和激励新兴金融行业的成长，提升市场主体积极性。财政资金与金融行业的对接是支持战略性新兴产业发展的重要契机，合理运用财政资金是金融行业资金扶持新经济产业发展的关键问题之一。一方面，财政资金需配合市场机制发挥作用，特别是良性引导新兴金融发展、惠及中小金融企业成长，需要由中央到省-市-县各级政府之间、政府与市场主体之间积极配合、有效协调，做到信息及时反馈、资金与事权边界明确划分，打破财政资金流动壁垒，规避财政资金在流动过程中的不必要浪费；另外一方面，金融行业也需要做到对政策的及时把握，如在专项资金的转移、政府无偿资助、贷款贴息等方面，安排和运用资金从而促进自身发展，也非常值得市场主体关注。

第二，资金规模化流动。在资金的流动和规模化过程中，需要时刻防范金融风险。资金这一资源要素在行业内的有序流动既可以降低金融行业系统性风险，也可以为其他新兴产业发展提供有力保障。金融资金在流动过程中涉及较大体量资金的筹集、管理、运用、再分配和资金规模的不断升级，需要为其运作提供稳定和健康的环境保障。其次，金融机构资金流动的最终目的在于获利，对于资金流动过程中风险的防范可以直接或间接地降低风险损失，这些都有助于金融机构盈利的增加和经营目标的实现。最后，新兴金融行业资金流动风险的规避有利于新经济产业的可持续发展。各个行业资源的流动都会伴随资源价值的相应流动，而资金作为价值的直接表现形式，也会带动各行业资源的流动。对于金融行业资金流动过程中的风险把控能在降低金融风险的同时，引导资金向各个有需求的新兴行业和部门流动，从而吸附其他社会资源也流向所需部门，最终避免或减少社会资源的浪费，提高其利用效率。

第三，以互联网为发展基础。金融为实体经济服务，有什么样形态的产业链，就会有什么类型的供应链金融，也会有相应的金融科技发展生态。传统产业规模巨大，数字化转型带来的价值空间也非常大。目前全国有 60 余个万亿级的产业集群，根据测算，仅在航空、电力、医疗保健、铁路、油气这五个领域引入数字化支持，假设只提高 1%的效率，那么在未来 15 年中预计可节约近 3000 亿元；如果数字化转型能拓展 10%的产业价值空间，每年就可以多创造 2000 亿元以上的价值。所以，如果说中国的消费互联网市场只能够容纳几家万亿元级的企业，那么在产业互联网领域有可能容纳几十家、上百家同等规模甚至更大规模的创新企业。

(三)现代物流和现代商贸产业

1. 含义

传统意义上的物资流属于供应链管理的范畴，主要指商品和服务的配送和传输渠道，即有形物流。本书将物资流细分为现代物流和现代商贸两个层面，主要指代新经济中的商品和服务借助现代物流渠道的传输过程，包含有形物流和无形物流。

现代物流主要由供应链物流、专业化物流和城市共同配送三个领域组成，是物资流动的传输载体。我国六部委 2001 年 3 月在《加快物流发展若干意见》的通知中，对现代物流的定义是“原材料、产成品从起点至终点及相关信息有效流动的全过程。它将运输、仓储、装卸、加工、整理、配送、信息等方面有机结合，形成完整的供应链为用户提供多功能、一体化的综合性服务”。其中，供应链物流是为了顺利实现与经济活动有关的物流，协调运作生产、供应活动、销售活动和物流活动，进行综合性管理的战略机能；专业化物流主要指提供各种不同的物流服务，并进一步演变成为服务专业化的物流企业；城市共同配送又叫共享第三方物流服务，是指由多个客户联合起来，共同由一个第三方物流配送公司来完成配送服务的过程。

现代商贸主要包括新零售、现代市场和跨境电商，是物资流的主体部分。其中，新零售是企业以互联网为依托，通过现代化技术手段对商品的生产、流通与销售过程进行升级改造，进而重塑业态结构与生态圈，并对线上服务、线下体验以及现代物流进行深度融合的零售新模式。现代市场不仅包括消费品和生产资料等商品市场，而且包括资本市场、劳动力市场、技术市场、信息市场以及房地产市场等生产要素市场。跨境电商是指分属不同关境的交易主体，通过电子商务平台达成交易、进行支付结算，并通过跨境物流送达商品、完成交易的电子商务平台和在线交易平台。

2. 产业特征

现代物流支撑现代商贸行业发展，规模化的物资流依托现代化的物流平台扩大消费者的汇聚规模，为传统商贸行业注入新发展动能。两者的相互发展具有以下几个特征。

第一，一体化的管理体系。物资流是通过现代化的物流或供应链渠道，使新经济业态中的商品和服务得以传输的过程。在经济全球化发展趋势下，国际分工与合作成为新的发展方向，也是我国现代商贸面临的挑战。流量经济发展背景下的国家产业转型升级，将有助于加快我国国际供应链一体化的管理体系构建，使物资在建设更完善，运行更高效、便捷和智能化的物流渠道中流动。以电子商务物流为例，商务化物流是通过现代信息网络与 Internet 技术与处理工具进行的，将物流发展作为起点，对电子物流进行低成本的运营机制，并大范围地提供跟踪服务，帮助其控制成本消耗，为其提供反馈与跟踪服务。

第二，资源整合的融合式发展。在物资资源整合发展的背景下，发展流量经济与提高我国现代商贸产业的发展规模与水平相辅相成。对于现代商贸和现代物流而言，需要以市场为导向，迎合国家产业升级转型的发展战略，在认清市场形势的前提下，需要大型企业带动中小企业发展；中小型物流企业为了提高核心竞争力，可以建立一个战略联盟，通过资源的再分配与优化、整合，提高核心竞争力。同时，企业自身应加强品牌文化建设，提高管理水平和运营水平，以现代化的服务理念，采取产业联动策略，优化物资流通渠道，缔造现代商贸和现代物流交融的可持续发展路径。

第三，行业融合发展的专业性。发展流量经济需要构建一体化的物资流动网络，推动现代商贸产业和物流产业的专业化与社会化再发展，强化物流服务功能和商贸服务的整合与延伸，打造行业融合发展的专业组织。通过深化体制机制改革，发展多元化的物资流通渠道，升级改造传统批发市场，以国际化标准为基准，完善批发市场的功能性，打造适应现代物流和现代商贸发展的基础设施。

第四，产业组织化程度持续提高，多元化流通产业发展格局形成。在新常态、现代化的发展路径下，物流企业的主要发展模式已经发生明显改变，并且以联动多产业的物流一体化模式为新的发展潮流。基于"互联网+"战略与产业升级转型战略，国内制造业、物流业、商贸业、金融业等多个行业进行产业融合的趋势愈加明显。对于工业制造业企业而言，现代商贸物流业有助于提高其核心竞争力，降低企业仓储压力，提高物流效率，降低运营成本，提高物流服务水平。基于产业联动方式，商贸业与物流业的融合将有助于完成商贸流通业的转型升级。与此同时，受移动互联网与电子商务等技术的影响，金融业与物流业的加快融合与联动促进了我国中小企业的发展。客观而言，现代商贸物流业正在成为物流一体化的多产业联合体，符合现代社会的合作共赢发展潮流，更是现代商贸物流业创新的可持续健康发展模式。

(四)高新技术服务产业

1. 含义

流量经济中，技术流主要指来源于科技服务行业的现代科学技术知识、现代技术，以及经验、信息等无形要素在流量经济系统中的流动、交换和转化等活动。学术界对科技服务业的定义主要从服务手段、服务对象、服务内容及产业链角度展开，侧重于科技中介功能的描述；主管部门对于科技服务业的界定则更多侧重于本地社会经济的发展。

高新技术服务产业是流量经济中的技术流来源，主要包括科技服务和软件服务两大类。

科技服务主要指具有一定专长和知识的专业科技人员、专家、教授或管理人员，为承担项目的科学技术指导、咨询，提供设计文件、技术资料，进行可行性研究、传授技术、培训人员、参与管理等。

软件服务是一种把管理软件和实施服务一体化打包的软件服务模式，包括提供成熟的软件产品、优质的实施培训服务、企业管理咨询服务、后期持续提升服务的项目等综合服务。

2. 产业特征

第一，平台化发展模式。流量经济中的技术资源要素主要来源于科技服务和软件服务两个行业，在流量经济系统内形成为其他产业提供高新技术的服务综合体，使技术这一无形资源在流动中有序配置到新经济各个产业，从而形成技术流。新经济是立足于高新技术产业发展、传统产业转型的新兴经济业态，因此流量经济中技术资源的规模化流动是新兴金融产业、现代商贸业、现代服务业等蓬勃发展的无形依托。因此，对于技术资源的流动一方面需要政策的合理引导，在平台化基础上促成其规模化发展，缩短其技术转化周期，充分释放其规模红利。

第二，对成果转化的高要求。科技服务行业的成果转化效率是其发展的内生动力。市场主体(包括提供技术服务的平台、高校、科研机构等)需要积极探索技术资源在流量经济中如何做好其科技服务工作，如构建多主体参与的服务平台、创新政校企合作的技术转化路径等，在充分了解市场需求的前提下，实现新兴科技资源快速、高效转化为驱动新经济发展的生产力。

第三，服务对象广泛。第三产业中的技术服务形成可循环的、可持续利用的、可有序流动的、规模化和平台化的技术资源，并融入三大产业发展，是流量经济系统功能得以发挥的无形引擎。

(五)信息服务产业

1. 含义

信息流是指在现代信息技术研究、发展、应用的条件中，信息按照一定渠道传输的过程。随着社会信息化发展，信息传输效率大幅提升，各行各业对信息的需求也在不断增加；随着商流、物流与资金流的分离，信息流的作用越来越重要，其功能主要体现在沟通连接、引导调控、辅助决策以及经济增值等方面。信息流是新经济产业发展的有力加速器。

流量经济中的信息要素主要包含于物联网和大数据两个板块。

物联网可以理解成为物物相连的互联网，包含两层含义：第一，物联网的核心和基础仍然是互联网，但是物联网在互联网的基础上进行了延伸和扩展；第二，物联网的用户端延伸和扩展到了物品与物品之间的信息交换和通信，物品与物品间有了紧密的联系，即万物互联。

大数据指的是需要新处理模式才能具有更强的决策力、洞察力和流程优化能力的海量、高增长率和多样化的信息资产。

2. 产业特征

第一，信息资源要素的流动是新经济发展的加速器和链接器。在物联网的发展背景下，市场依靠大数据来实现信息的传递，解决物品与物品、人与物品之间的互联，特别是解决传统意义上无法实现物品互联的痛点。任何一种经济形态都存在于整个经济社会大系统之中，因此，任何子系统的内部条件和外部环境都影响着经济资源的流动，信息流通过连接系统内外部资源要素发挥其连接器的作用，使各系统的资金流、物资流、人才流等要素在配置过程中通过大数据的处理模式可以有效链接、融合及重组，提升资源利用效率和整个经济系统的运行效能。例如物联网的低延时特征通过嵌入或附着在物品上的感知器件或外部信息获取技术实现，每隔极短的时间都可以反映物品状态，可以应用于机场周界、文物监护、桥梁监控、环境监测、食品溯源等场景中。

第二，信息资源要素的流动是新经济发展的有力调节机制。信息及时流通并反馈给市场和政府、消费者和生产者，实现供给侧和需求侧信息匹配，有利于产业结构调整和生产力布局的优化。例如，利用数据、计算能力、储存模式等提升当前数字化信息处理的效率，提取出核心信息，以信息流改善人类生产、生活流程，通过云计算等方式，获取更加系统且全面的数据和方法，根据所提供的有效信息，可以切实引导经济发展的良性循环。

（六）人力资源产业

1. 含义

人才流主要指流量经济系统中专业技术人员、管理人员等人力资源要素的流动。人力资源是经济系统各个行业不可或缺的生产要素，与人才流密切相关的产业是教育培训和人力资源服务行业。在流量经济中，这两个行业承载着为其他行业输送人力资源和培育专业化人才的功能。

其中，教育培训行业主要涵盖教育培训是近年来逐渐兴起的一种将知识教育资源信息化的机构或在线学习系统。人力资源服务行业是指人才和用人单位提供相关服务，从而促进人力资源的有效开发与优化配置的服务行业。

2. 产业特征

第一，是新经济发展的内生动力。人力资源是能够推动和促进各种资源实现配置的特殊资源，也是推动产业发展的核心资源。同时，经济发展逐渐由总量向质量驱动转型，加强企业精细化运营要求，因此中高端人才的流动是抢占经济发展先机的关键。

第二，行业规模持续扩大。虽然近年中国各级教育普及程度明显提升，达到中高收入国家水平，但是由于人力资源存量改善速度过缓，仍严重影响人力资源转化为有效的生产要素。因此，相关行业前景广阔，潜力巨大。

第三，行业市场将进一步细分。人力资源服务业的细分领域包括中高端人才搜索、灵活就业、人力资源外包、在线招聘、综合人力资源咨询、人力资源软件系统、岗位转移服务等。人力资源服务业作为现代服务业的重要组成部分，有助于解决摩擦和失业问题，促进人力资源的有效开发和优化配置，提高劳动生产率，具有长期投资价值。

第六节 流量经济的应用场景①

一、食联网

食联网本着共创共赢、服务用户的宗旨，让安心食材原产地与用户家的厨房相链接，形成一个完整的“用户体验闭环”，共同开启“从送到存”的一站式生鲜时代。不仅对优质的食材与领先的保鲜技术做了有机链接，还形成了用户、资源方和食联生态平台共创共赢共享的局面。打破家电行业、生鲜行业的壁垒、为用户提供了一站式的体验流程。如海尔食联网平台致力于为用户打造一站式的健康美食解决方案，整合了农场、肉类、酒水、健康等 8 大类 200 余家资源方与用户需求精准匹配。

① 成都格润创新科技研究院《新经济应用场景词典》。

二、健康平台服务

健康平台服务通过配备的健康手环将用户血压、心跳、血脂等数据采集上传至健康数据分析中心，健康数据分析中心经过大数据分析之后，生成健康指数提醒用户实时关注健康状况，还为用户推送专属健康养生学习专题，能实时提供专家坐诊信息，用户可以预约专家，并通过远程视频会诊和医生进行交流。遇到紧急情况，用户还可以通过健康手环上的 SOS 呼叫求救，呼叫管理中心后台可以通过北斗卫星确认其位置信息，并进行双向通话，尽快进行紧急救援。如中天智领的健康平台可以为用户提供健康课堂、养生食谱、疾病防治、药品信息等功能。针对用户提供各种健康知识视频课程，资源具有可靠性；提供养生食疗信息，还提供健康菜肴食谱，其中包含食材配比、制作步骤等内容；提供常见疾病防治方法查询，可视化查询疾病类型；提供药品信息查询、疾病防治、服药提醒等功能。

三、农业数据平台服务

农业数据平台服务用卫星遥感技术、无人机航拍以及传感器等收集气候气象、农作物、土地土壤以及病虫害等数据，建立数据服务平台，通过对数据进行分析，为农场、合作社以及大型农业企业提供可视化管理服务。如高至科技公司提供的农商服务平台打通了供应链各个环节，同时建立农友交流圈，对种植经验进行分享，为农场业主提供全方位的咨询、培训及专家解答服务。

四、供应链库存预警服务

在供应链中，通过从外部和在线渠道(例如金融分析师建议和媒体评论)挖掘历史和实时数据，制造商可以发现未来趋势，并在发生金融危机时获得实施应急措施的宝贵时间。供应链大数据的其他应用还包括维护最佳库存水平和改进采购决策。例如，沃尔玛零售链平台的大数据工具向各公司相关部门和每个供应商定期分享了关于每家店的卖货和库存情况的数据成果。根据这些数据，供应商可以提前自动补货，这不仅能减少门店断货的现象，还能大规模降低沃尔玛整体供应链的总库存水平，提高了整个供应链条和零售生态系统的投入回报率。

五、在线孵化平台

在线孵化平台能够应用云计算、HTML5 等新一代信息技术，帮助孵化器打造线上服务平台，整合线上线下的服务资源，引导创业者通过互联网更加便捷地获取各类创业服务，从而辅助孵化器招商、拓展服务范围、促进创新创业。如海南微软创新中心发布的在线孵化平台，旨在为初创企业、创客对接提供微软最新的技术、创业资源，并整合了其线下创新创业资源，提供在线教育、创新创业课程等内容，营造海南大众创业。

六、即时购物

即时购物是连接社区周边零售商、品牌商，为社区居民提供超市便利、医药健康、水果蔬菜、个护美妆、家居时尚、鲜花烘焙等购买服务的零售平台，能在短时间内将商品送到消费者手中。如京东到家是链接零售商、品牌商的典型本地即时零售平台，能为消费者提供海量商品“1 小时送达、一站式购齐”服务。

七、跨渠道实时互动营销

跨渠道实时互动营销通过大数据分析和洞察，在客户识别与行为跟踪过程中，实现事件自动触发和服务实时推送，形成以客户体验为核心的实时互动营销，提供跨场景的营销服务。如招商银行营销平台通过大数据分析，打造以客户体验为核心的实时互动营销平台，不仅精准探索客户金融需求，还挖掘非金融需求(衣食住行)，建立了短信、电邮、客户经理、远程银行、手机银行等全渠道协同流程，对客户实行多渠道多批次营销协同管理，提升了客户体验。

八、银行零售业务的全流程营销

银行零售业务的全流程营销以人工智能为核心，将大数据、生物识别等先进技术与银行零售业务流程有机融合，通过全流程优化改造，推动银行在存量客户激活、线上线下获客、产品交叉营销等方面的全方位能力提升。如 2018 年平安银行金融壹账通发布的 Gamma 智能营销方案，推动银行在存量客户激活线上线下获客、产品交叉营销等方面的全方位能力提升，为中小银行打造了一个高度智能化的虚拟营销专员。

九、货物分拣

货物分拣包括单线分拣和矩阵分拣。单线分拣是配置在单条自动分拣线，由 1 台或多台模组带分配多个格口。主要应用于片区内中转集散分拣，如快递市级分拨中心向片区内各区县分流。矩阵分拣是在单线分拣无法解决分拣量大的问题时，采用多纵多横的矩阵方式，通过每个纵向对应多个到货(入库)、每个横向对应多个出口(线路)的方式，大幅度提升作业空间，从而提升分拣效率的货物分拣方式。如沃港智能分拣系统组成的六条自动分拣线，采用 6×8 矩阵式设计(即 6 条分拣线，每条线 8 个格口)，2018 年“双十一”期间，11 月 11 日～11 月 13 日总投货数近 70 万件，分拣成功率达 98.9%以上，保证了大促期间分拣中心平稳运行。

十、单边分拣装车

货物装车是分拣输送环节的最后步骤，以往货物分拣，需要人工集包、装车，费时费力。模组带自动分拣系统通过传送带与伸缩装车机连接，通过前端扫码识别，按照分流线路直接分拣输送至装车线，省去中间集包的环节，既节省了人工，也提高了货物分拣、装车的效率。如京东在昆山的无人分拣中心实现了从供包到装车全程无人操作。

十一、工业生产分流合流

工业生产合流模式分为直线合流、斜线合流，可对多个进料口的包裹进行合并输送，确保合流后的包裹串行通过且保持有效间距，在分拣、扫描、贴标签或打印作业之前合并产品。工业生产分流模式分为直线分流、斜线分流，可对单个进料口的包裹进行流量分配，将多个进料通道的包裹转到多个目标通道，确保分流后的包裹串行通过且保持有效间距。如菜鸟自动化仓储系统架构的最核心调度引擎是调度算法，包括合流区调度、多区协同调度等都是由调度引擎完成。

十二、无人运输

无人运输是指包裹从无人仓库出发，通过无人驾驶的重卡或者无人机迅速将货物运输到分拨中心，然后运上最后一公里无人配送小车，送到客户手中的物流运送过程。如京东2016年开始研发一种黑科技——无人重卡。这些重卡可能在未来承接“北上广”和京东七大区域中心的货物在高速公路上行驶，承担干线货运中转和长途运输业务。

十三、无接触配送

无接触配送是指在用户下单时，通过“订单备注”、电话、App内消息系统等方式，与骑手协商商品放置的指定位置，如公司前台、家门口等。在商品送达后，骑手将通过电话、App等渠道通知用户自行取餐。最典型的例子就是美团外卖在抗击新冠肺炎疫情期间，为了保障春节期间百姓的基本生活，于2020年1月26日率先在国内推出“无接触配送”。

十四、物品跟踪

物品跟踪是采用GPS技术和RFID模块技术的结合，实现对物品的及时跟踪、监控和管理。先将带有GPS功能的手持机的定位功能开启，在每个物品上绑定一个RFID模块智能标签，手持机读到标签的数据后通过GPS功能，将数据传输到服务器，从而实现对物品的定位，让使用者更直观地了解物品的位置。在外高桥保税区，应用RFID仓储管理平台，对进出库、分拣、查询、定位、盘点启动自动服务，除了能够提高效率，还具有可视性、透明度，生产厂家可以轻松查询库存量、入库时间、出库时间等信息，对厂家关于下单时间、下单量的决策起到参考作用。

十五、冷链物流

冷链物流是指运用先进的冷藏、运输等技术，使冷藏冷冻类食品从生产、贮藏、运输、销售到消费的各个环节中始终处于规定的低温环境下，以保证食品质量、减少食品损耗的一项系统工程。例如，京东物流推出的生鲜冷链解决方案，通过使用定制化的温控设备和器材保鲜，对仓储、分拣、运输、配送等各环节实施优先配载和配送，充分保障了生鲜快件的配送时效和商品品质。同时京东物流为了实现真正的全程“冷链”物流，投入了专业的冷藏车、配送人员、温控技术、材料和设备等，通过精细化的运营管理系统，实现食品温度的实时监测，以确保食品质量。

十六、机器人堆码垛

机器人堆码垛是通过托盘码垛机器人将不同外形、尺寸的包装货物整齐、自动地码(或拆)在托盘上。为充分利用托盘的面积和码堆物料的稳定性，机器人具有物料码垛顺序、排列设定器。根据码垛机构的不同，机器人可以分为多关节型、直角坐标型；根据抓具形式的不同，机器人可以分为侧夹型、底拖型、真空吸盘型。电商巨头亚马逊旗下的亚马逊机器人公司已开发出机器人码垛机并开始大量部署，替代人工码垛，机器人可自动识别物品信息、精确码垛，极大提高了作业效率，节省了人工成本。

十七、立体化仓库

立体化仓库又称高层货架仓库、自动存取系统(Automatic Storage& Retrieval System，AS/RS)。它一般采用几层、十几层甚至几十层高的货架，通过自动化物料搬运设备进行货物出库和入库作业。立体化仓库一般由高层货架、物料搬运设备、控制和管理设备、土建公用设施等部分构成。如七腾智慧仓库，由立体货架、堆垛机、输送设备、信息识别系统、自动化控制系统等组成。通过后台操控与设备相协调，有效地提高了生产与配送效率，实现了自动化操作，保障安全，为企业创造了价值。

第七节 共 享 经 济

一、共享经济的定义与内涵

(一)共享经济的定义

共享经济是指利用互联网等现代信息技术，以使用权分享为主要特征，整合海量、分散化资源，满足多样化需求的经济活动总和。①

从产权的角度讲，共享经济本质上是共享使用权，使用者不享有所有权，因此共享经济亦可称为“使用权经济”(Access Economy)。使用者在共享经济的消费过程中，由以往的“购入所有权”转变为“租赁使用权”；在契约与制度方面，租赁合同取代了买卖合同。②

共享不是一个新概念，原始社会就已经存在多种形式的共享，如部落成员采取集体作业的方式，共享食物、土地以及其他部落资源，通过共享改善部落的生存条件。本书论述

① 国家信息中心《中国共享经济发展报告(2020)》，2020-03-09。
② 李东. 以共享居住空间诠释共享经济[J]. 经济研究导刊，2017(26)：71-72.

的共享经济，是基于新一代信息技术的发展，通过第三方网络平台，打通资源需求者和资源提供者之间的信息障碍，有效地对供给方的闲置资产和剩余价值进行整合。基于互联网的共享，把共享从线下发展到线上，有效扩大了共享的资源范围，丰富了共享的内涵和实践。因此，现代共享不仅限于单纯的线下或线上共享，还包括以线上为支撑的线下共享，共享的内容也呈现出多样化的态势，涵盖文字、图片、音乐、视频、知识、经验、私有物品等。①

共享经济的核心是通过将闲置资源转让给其他社会成员使用，从而形成“网络串联”分享模式。这种模式重复利用被闲置的资源，不仅提升了物品的使用效率和个体的福利，还实现了社会的可持续发展。

(二)共享经济的内涵

共享经济实质是一种互联网时代的租赁经济，即通过第三方互联网平台实现个体之间闲置资源使用权的直接交易，其本质是使用权的暂时转移，共享经济出现的基础是物质产品丰富所带来的大量资源过剩与闲置。通过共享平台，供给方与需求方得以实现信息沟通、资源匹配。有效的担保机制及评价机制是共享经济得以发展的重要基础，能够有效减少供需双方的信息不对称问题。从本质上说，共享经济实现了供需双方的互利互助。

共享经济是信息革命发展到一定阶段后出现的新型经济形态。移动互联网、智能设备普及率的提高是共享经济兴起的助推器。以互联网为代表的现代信息技术降低了共享行为的成本，例如在合肥新华书店三孝口店的“共享书店”，用户下载书店专用 App 平台，在平台上缴纳一定的押金，就可以享受借阅期限为 10 天的图书。用户可以把自己的新旧图书无偿捐赠给书店或者出租给书店，捐赠或者出租图书越多，用户的信用度就会越高，用户再次租借所缴纳的押金就会越低，借阅时间更长，甚至获得返利。这种“共享图书”模式可以大大降低消费者的阅读成本以及商家的运营成本，同时也可以降低阅读门槛，加大图书资源的有效流动，使资源使用价值最大化。人工智能、云计算以及大数据等创新技术提高了交易成功率，移动支付大大降低了交易成本。第三方平台的可量化、透明公开的网络互评机制为供需双方搭建了信任基石。共享经济借助第三方互联网平台，将供给方闲置资源使用权暂时性转移，不仅提高了存量资产的使用效率，为需求方和供给方创造了价值，也实现了生产要素的优化配置，促进社会经济的可持续发展。

共享经济是连接供需的理想资源配置方式。从供给端来看，每个有闲置资源的个体或企业都可以成为产品和服务的供给方；从需求端来看，每个个体或企业都可以成为产品和服务的需求方。共享经济平台结合位置共享、大数据算法等技术，实现了闲置资源的精准匹配、迅速整合，解决了资源短缺与闲置浪费共存的难题。共享经济平台属于轻资产运营，其交易抽成模式实现了固定成本的降低和交易成功率的提高。如美国打车企业 Uber，旗下没有一辆用于运营的汽车，也不直接提供司机或者乘客，而是以一个第三方平台的身份，在乘客和私家车车主之间搭建起沟通和交易的“桥梁”，乘客可以根据自身需求选择不同的车型服务。而传统的出租车公司拥有车辆的所有权，定期收取司机一定的车辆使用费。

① 陈显中，陈岩. 共享经济视角下众创空间云孵化平台的构建[J]. 财会月刊，2020(22)：144-149.

Uber 作为一个信息集成的第三方平台，其运营模式明显不同于传统出租车公司，完整地体现了共享经济“使用而不占有”的核心思想。

共享经济是适应信息社会发展的新理念。工业社会崇尚资源与财富的占有，强调生产和收益的最大化，规模化生产使人类拥有的商品迅速丰富。随着工业化、城市化进程的加快，人口增长、资源短缺、环境污染、生态恶化等问题也越来越显著。信息社会强调以人为本和可持续发展，崇尚最佳体验与物尽其用。共享经济以“使用权分享”为主要特征，强调“使用而非拥有”，体现了新的消费观和发展观，符合我国“创新、协调、绿色、开放、共享”的新发展理念。在“互联网+”时代，共享经济通过信息技术的有效利用实现闲置资源的整合，提高了资源使用效率，减少了无价值消耗，是供需双方高效的双向共赢，符合我国生态文明建设的要求，是实现经济效益、社会效益与生态效益相统一的新发展理念。

二、共享经济的特征

（一）以互联网平台为技术基础

随着互联网的发展，尤其是智能终端的迅速普及，供应方与需求方通过互联网平台建立起联系，海量的信息得以汇集与匹配。信息技术是共享经济迅速发展的支撑因素，在客观上使得供应与需求可以在更大范围进行交易、分享与传播，在共享经济的蓬勃发展中发挥关键作用。

互联网、智能设备、第三方支付、基于位置定位服务技术、云计算、大数据等创新技术的发展，为共享经济提供技术支撑。第三方平台为共享经济发展提供了重要基础，起到信息汇集的作用。如“1688 淘工厂”将淘宝商家与工厂进行有效对接。一方面，淘宝商家有大量的生产需求，另一方面，存在大量拥有生产能力的工厂，“淘工厂”将供需双方的信息同时发布到平台上，实现双向选择。一方面解决了商家找工厂难的问题，另一方面通过分享闲置的生产线产能，提升了工厂的使用率。此外，“1688 淘工厂”可根据数据分析实现企业订单的精准匹配。“淘工厂”不直接生产商品，而是通过提供大量的订单，将懂电商的淘宝卖家与懂供应链的工厂厂家快速连接起来，通过互联网平台有效解决了产能过剩与商品生产的问题，实现更加高效的资源配置。①

（二）参与主体广泛

海量的供方和需方的存在与参与是共享经济得以蓬勃发展的前提条件。共享经济属于典型的双边市场，一方参与者越多，另一方得到的收益就会越大，进而促进更多的参与者进入市场，双方的相互吸引、相互促进使得对方的收益得到进一步扩大，基于互联网平台产生的网络效应显著。在共享经济中，生产者与消费者的界限变得模糊，参与者往往既是生产者又是消费者，个体潜能与价值通过共享平台得到更大发挥。

良好的信任机制是共享经济发展的保障，从而吸引越来越多的用户参与。早期各大论坛上经常会出现寻求二手物品交换的帖子，但由于当时未出现专业的第三方共享平台，这

① 董沁茹，芦莉莎，严江武. 我国共享制造现有实践案例研究[J]. 商场现代化，2019(08)：178-179.

样的共享行为规模有限，也无法精准高效匹配。互动式平台的大量出现促使共享经济拥有广泛的信任基础。通过第三方平台，用户不仅可以查看使用过相同产品或服务的用户留下的评价，同时，运营此类平台的往往是在市场中具有公信力的企业，相比起直接与个人进行交易，平台提供的保障让消费者觉得更加可靠和安心。个体商家也能通过平台看到消费者的信用记录，这样的双边评价制度使得共享经济拥有了更深厚的信任基础。

(三)资源要素的快速流动与高效配置

市场的核心功能之一是资源配置。现实世界，一方面资源短缺，许多需求得不到满足，另一方面又存在大量的闲置与浪费，许多商品呈现出高购置价格、低使用频次的特征。产品积压在各种渠道商的仓库，很多产品的生命周期还没有结束，就被丢进了垃圾桶。由于信息不对称导致供需未精准匹配，社会上普遍存在着大量的闲置资源。这不仅是消费上的剩余，更是资源的浪费。在过去，这些闲置资源零散地分散在社会的各个角落，整合成本极高，难以实现与其价值相匹配的效益。而现在，共享经济通过互联网技术实现供需双方的高效连接，加快资源流动，有效去除冗余，最大化收益价值，实现资源的高效配置，释放出巨大产能。

基于互联网等现代信息技术，共享的范围不再限于过去的熟人圈子，越来越多的个体开始自发地在网上与陌生人进行分享，人们对手头闲置资源的交换热情被“点燃”。以共享房屋为例，一方面，房主利用冗余的房屋创造了价值，获得财富；另一方面，租客花了更少的钱达到了同样的住宿目的，降低了成本。显然，房屋共享使资源得到了更有效的配置。

共享经济通过对冗余的经营，将隐藏在社会中的大量富余资源透明化，使共享成为一种快速、高效、简单、实惠的行为，使资源在更大程度上、更广范围内流动。一个社会的闲置资源越少，资源利用率越高，浪费越少，社会的经济效率就越高。正因为如此，共享经济得以在全球蔓延，得到全世界的追捧。对于我国这样一个人口大国来说，公共资源尤其紧张。因此，挖掘共享经济的潜力，在更多领域内释放潜在产能，对经济结构调整和重组意义重大。

(四)多中心分散化

传统经济是基于所有权的交易，而共享经济是基于使用权的交易。共享经济模式下，社会的经济权力逐渐从大企业的垄断专有中心化转变为中小企业甚至是众多个人的多中心分散化。从专有到分享，资源的所有权与使用权分离，传统的大量标准化、规模化的生产向少量定制化、个性化的方向转变，买方在市场中占据较强的权力意志。

以租代买、以租代售等方式以让渡资源使用权来实现高效利用，经济形态从专有向分享转变，从“拥有”向“使用”转变。根据 2019 年艾媒咨询对中国网民进行的相关调查，共享经济对生活的影响主要包括提供便利、减少开支、增加额外收入等，如图 4-11 所示。共享经济给人们提供了更多选择，权力的弱化使产业和社会进行了更彻底的解构，个人分享乃至生产终端分享得以在产业链中渗透蔓延。

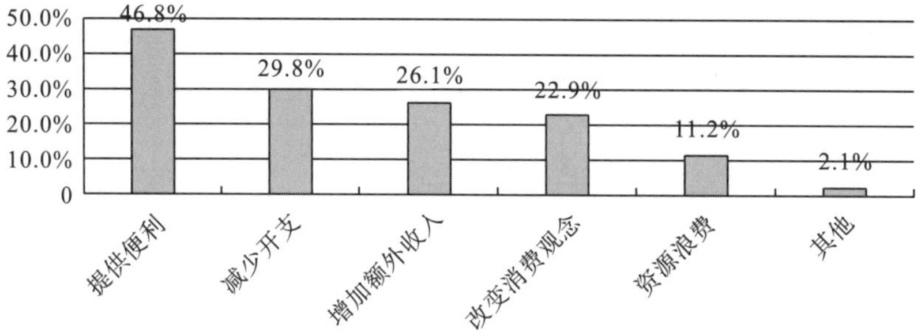

图 4-11 2019 年中国网民有关共享经济影响生活因素调查①

(五)高效满足个性化需求

传统经济中，供方利用信息不对称提高资源价格，赚取利润。共享经济依托互联网技术实现市场的透明化和扁平化，是一种新的经济形态。通过资源的优化配置，共享经济的参与者可以享受更低的交易成本，获得更加快速、便捷和多样化的服务，从而满足个性化的需求。比如共享单车创新绿色出行，有效解决"最后一公里"的难题，改变人们出行的方式；Airbnb 上的房东提供个性化的房屋布局，相对于传统酒店，房东能够与租客产生更多的生活和文化交流，提升租客满意度。共享经济利用移动互联网技术改变人们的生活形态和社会价值观，为用户带来了更优的体验。通过平台的用户评价反馈机制，参与者能及时得到信息反馈，并且会影响其他消费者的消费决策，这种互动式、公开透明的用户评价有利于供需双方建立信任机制，也将推动平台不断改进服务，进一步提升用户体验。

根据艾媒咨询的调查，2019 年中国网民对共享经济产品的使用满意度总体较高，其中"非常满意"和"满意"的网民占比合计达到 52.2%。可见，当前共享经济经过较长时间的推广和运营，在用户体验方面开始获得多数用户的认可，具体情况如图 4-12 所示。

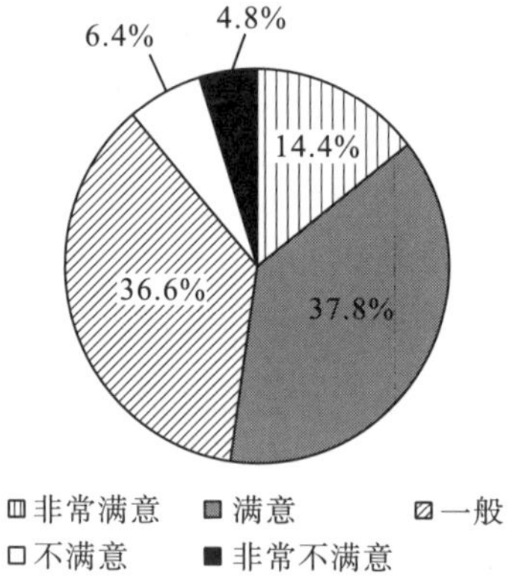

图 4-12 2019 年中国网民有关共享经济"产品"满意度调查①

(六)不求所有，但求所用

金融危机的爆发是共享经济产生的驱动因素之一。在危机时期，人们的购买能力和购

① 资料来源：艾媒咨询《2018-2019 中国共享经济行业全景研究报告》。

买意愿下降。共享最易被感知的益处就是价格的下降及成本的节约。通过强调使用而非高消费的占有，共享理念被大众广泛接受，占据了市场中的长尾用户，获得持久的生命力。

共享与可持续彼此关联。共享资源本身就是一种可持续的生活方式。共享有利于资源节约和环境保护。在以往的消费关系中，客户在商家处购买商品，取得物品的所有权后才能享有使用权，共享经济却提倡“人们需要的是产品的使用价值，而非产品本身”，用户可以绕过取得所有权所必须支付的成本而只付出使用的成本，其本质是资源使用权的转移，是一种资源节约型的社会化分享，符合当下人们对于物品和资产的态度，人们不追求如何拥有它，而是考虑如何使用它。

通过社会化的分享，共享经济较好地满足了人性中固有的社会化交往、分享和自我实现的需求。共享经济远不同于一般的分享，它要求有更大的数字化平台以实现更低的成本和更多的选择，最终使得个人或团体借助平台提供的共享资源获取利益。比如，众创空间鼻祖 Wework 倡导的共享工作空间、共享配套资源，在此基础上实现社交圈的共享扩充，最终各种工作资源的共享又带动了公司的发展。企业在 Wework 注册为会员进入创业者社区后，可以付费享受其提供的个性化办公空间、会议室和各种线上资源商业服务等。注册的企业使用 Wework 提供的各种办公资源，就是一种对资源的共享。Wework 也不只是充当“二级房东”的角色，其核心其实是通过对这些资源的整合，形成一个企业社群，使得任何一个企业都可以通过社群平台找到潜在客户，从而更快速地找到合作伙伴。

三、共享资源的分类

资源是指对人类有用、可以加以利用的事和物。资源共享即把自己拥有的资源如知识、物品、想法、软件等与别人分享，使别人也能利用该项资源。共享资源可分为生产性资源和生活性资源两大类，如表 4-5 所示。

表 4-5 共享资源分类表

生产性资源	生活性资源
制造资源 科创资源 知识技能资源 教育资源 物流资源	交通出行 医疗健康 居住空间 文体娱乐

(一)共享制造资源

共享制造资源通过以租代买、分时租赁等多种模式将制造业闲置资源、低效使用资源合理对接和共享，从而满足制造需求。其通常包括提供智能制造、云制造、协同制造等公共服务的工业互联网平台的建设和应用。

在智能制造、云制造方面，沈阳机床公司可谓是行业先驱。其开发的 i5 智能机床共享平台基于信息驱动技术，以互联网为载体，依托 i5 智能共享平台，实现了生产、资源、人才、技术、服务等内容的共享，人、机、物有效互联，颠覆了传统的生产方式。基于 i5 平台，制造企业可以找到自己所需要的订单，沈阳机床公司还能将大型设备租赁给机床用户、共享技术人才，解决了大型设备闲置的问题。当企业订单过多时，可以在 i5 平台上与其他企业共享订单，这既能完成订单又能提高效率，使共享双方共同获利。再加上东北工业基地的优势，中小企业可以有效增加企业订单量，从而实现生产制造的工业化、信息化、网络化、智能化和集成化。

工业互联网结合软件和大数据分析，对工业资源进行重构，从而激发生产活力。大连“易制造——工业资源共享平台”就是一个典型的例子。该平台集信息发布和智能检索于一体，以“聚集行业资源，解决供需矛盾，实现共享经济”为发展核心，数据直接对接“易制造工业互联网平台”并建立网页地图，实现智慧互联、资源共享。它是制造业首款采用小程序技术实现 PC 和手机双联动的信息化智能平台。目前，大连的“易制造—工业资源共享平台”共入驻企业 2116 家，提供设备 870 台，有效提高了市场资源配置效率，为相关企业建立跨区域、开放式的社交商圈共享平台提供了方向，进而形成区域性、服务型、社会化的生产模式，实现了制造需求和社会化制造资源的高质高效对接。①

共享制造是在制造业领域内掀起的一股清风，是对解决制造业产能过剩、产业结构失调、资源生态危机、技术创新能力不足等一系列问题的积极探索。共享制造为供给侧结构性改革提供更大的市场空间，反过来，供给侧结构性改革又为共享制造的发展提供了有力保障，使其成为推动制造业发展的新动能。

（二）共享科创资源

科创资源是指从事科技创新研究的软硬要素。科创资源共享主要表现为高校、科研机构、企业等向社会开放科研仪器、设备、实验室等硬件设施的使用权。通过这样的方式，减少资源浪费，并且提升中小微企业的科研能力。科技资源共享的根本目的是节省产品设计研发成本、提高设计能力及质量，科技资源共享的实施将为企业带来明显的经济收益，为科创活动的开展提供必要的保障。

在国家层面，我国建立了“国家科技资源共享服务平台”，该平台是基础支撑与条件保障类的国家科技创新基地，从科技创新、经济社会发展和创新社会治理、建设平安中国等需求出发，为科学研究、技术进步和社会发展提供网络化、社会化的科技资源共享服务，从而加强优质科技资源的有效集成，提升科技资源的使用效率。目前，国家科技资源共享服务平台包括国家科学数据中心和国家生物种质与实验材料资源库两类，中国科学院现有国家科学数据中心 11 个，国家生物种质与实验材料资源库 9 个。

同时，各地区也积极探索科创资源共享的实践路径。例如，2018 年 11 月 28 日，上海嘉定联合苏州、温州举行的长三角科技创新资源共享共用发布暨“双创券”平台启用仪式，率先推行了区域内“双创券”的使用。首批共享资源可为长三角 130 家高校院所、检验检测机构和企业工程技术中心提供超过 1700 台重大科研基础设施和大型仪器，以及超过 300 项各类创新创业服务项目。②

---

① 数据来源：易制造工业互联网官网，http://www. ezhizao. cn/.

② 张昭质.“双创券”区域内通认通用[N]. 苏州日报，2018-11-29.

各个科研机构都拥有很多先进仪器设备，但利用率不高。这些仪器设备的购置价格较高，大多数中小企业和个人无力购买，造成存在极大的使用需求的同时，还存在大量的闲置浪费的现象。因此，盘活存量的科技创新资源，能够降低中小微科创企业的经营成本，激发各市场主体的创新活力。如深圳的科研机构建立了深圳科技创新资源共享平台，向社会提供大型仪器设备等资源，个人和企业都可以根据自身需求申请使用，实现了科研仪器设备共享。

（三）共享知识技能资源

我国在知识技能共享领域起步较早。21 世纪初，百度知道、百度百科、知乎等一系列知识共享平台相继问世，加速了创意设计、文案写作、程序开发等层面的知识技能共享。一品威客知识技能共享平台以共享经济的发展模式聚焦于技能的有偿互助，打破了时间、地域的界限，对社会资源进行撮合匹配，服务中国数以千万计的中小微企业、创意人、设计师、工作室、机构等。为实现知识技能资源高度共享，一品威客鼓励构建知识技能服务的众包众创平台，支持平台企业建立健全服务标准和验收标准，引导工程、设计、金融、法律、餐饮等各领域技术技能人才参与线上线下服务，突破“场所办公”“固定雇佣关系”限制，实现技术技能人才实时共享和知识技能变现。

（四）共享教育资源

共享教育资源是以信息化为手段，发展在线教育，扩大教育资源的覆盖面，实现优质教育资源高度共享的新型教育模式。传统的教育行业以教师群体为知识内容的核心供给方，其“传道授业”的形式多限于课堂、讲座、培训等，知识的传播范围非常有限，教师长期积累下来的专业知识和经验无法得到最大化利用。因此，基于互联网技术探索教师群体知识价值转化的实现路径就变得炙手可热。

在线教育平台中国大学 MOOC（Massive Open Online Course，慕课），提供了一站式集成化网络学习环境，平台内容主要包括视频讲座、作业、邮件通知、论坛、测验、考试等。每个 MOOC 平台都相当于一个大型的“知识库”，库中的教育资源是集教师、学生的知识于一体的产物[①]。到目前为止，这些“库中的知识”基本上都是免费的，便于任何人在任何时候、任何地方都能非常便利地学到各种知识。除 MOOC 平台外，K12、VIPKID、跟谁学、在行、知乎等网站也通过网络为身处各地的人群提供了在线学习和交流的便利。这些平台、网站的出现，实现了教育资源的共享，加快了知识的传播速度，拓宽了知识传播路径，极大地促进了全社会人力资本的提升。

此外，各行业也可基于行业知识建立细分行业知识共享平台。例如，2017 年上海物业管理行业协会启动了《物学网》平台建设工作，旨在为物业管理行业提供在线学习共享平台和物业服务企业网络学院共享平台，并通过整合行业内部的培训资源搭建线上、线下培训体系，为物流岗位的工作人员提供海量行业内、外的培训资源。

① 彭青. 从共享经济到共享教育：现实与发展[J]. 教育学术月刊，2020（02）：27-32.

(五)共享物流资源

共享物流资源是利用物流资源的共享实现闲置物流资源的优化配置，进而提升物流系统运转效率。物流是共享经济领域的重要组成部分，物流资源通常包括物流信息、技术与产品、搬运设备、仓储设施、货物运输、终端配送、物流人力以及跨界的相关资源。从资源属性上看，物流资源既包括个人物流资源，也包括企业物流资源和机构物流资源。

物流资源共享通过借用、租赁、共用、交换等方式实现。以叉车共享为例，叉车在物料搬运过程中被广泛使用，节省人力、物力与时间，提高物料搬运的效率。与传统的叉车购买方式相比，共享叉车的用户只需交纳少量的保证金，就能拥有叉车的使用权，并享有叉车厂家提供的售后服务。

(六)共享交通出行

共享交通出行主要表现为汽车共享形态和单车共享形态。我国共享汽车领域相继涌现出快车、顺风车、长租、短租、分时租赁等不同业态。滴滴出行等代表企业构建起商业模式齐全、出行选择多样的行业生态。共享单车，即互联网租赁自行车。共享单车最初主要集中在一二三线城市投放，根据《中国共享单车市场专题分析 2019》的数据，2018 年中国共享单车市场规模为 108 亿元，环比增速高达 73%，主要来自二三线及以下城市市场扩展及单车服务规范化带来的用户规模增长，2019 年市场交易规模稳定增长。[①]共享单车、共享汽车已经成为共享经济的典型业态。[①]

(七)共享医疗健康

共享医疗健康即调动现有体系内的医疗资源，平衡各地域、各医疗机构之间的优质医疗资源，促成医生和患者之间的精准匹配，推动分级诊疗、多点执业的政策落地，实现医生、患者、医院等多方共赢。

共享医疗的方式多样，如医疗商场、多点执业、医生集团、医疗设施分享等模式，但主要还是线上医疗共享。以医疗商场——杭州全程国际 Medical Mall 为例，共享基础医疗设备和服务主要包括基础的检验、病理、超声、医学影像等服务。由共享医院提供药房、手术室，并聘请专业机构进行统一管理。入驻诊所可以直接“拎包入住”，无须重金投入，并且 Medical Mall 对入驻诊所的科室设置不做硬性要求，只是会根据市场接受度和运营管理情况，以 3～5 年为周期进行考核淘汰。

(八)共享居住空间

共享居住空间是共享经济的另一种重要形式，即“产权共享+换住共享”模式，实现了房屋使用权的暂时转移，加快城区的闲置房屋、老旧商业设施和闲置商业地产以使用权共享的理念合理利用，有利于居住空间去库存。例如，共享居住空间企业——Airbnb，提供家庭旅馆与民宿的住宿服务，但其本身并不拥有居住设施，也不直接提供住宿服务，只提供交易平台。目前，在共享住宿领域，国内具有代表性的企业有小猪短租和途家等。

---

① 数据来源：易观，《中国共享单车市场专题分析 2019》。

(九)共享文体娱乐

汕头市构建“文体资源共享”平台，推动公共资源共享大联盟、盘活公共文体资源。该平台将汕头市机关企事业单位、学校社团等单位拥有的公共运动场所以及各区的博物馆、图书馆、文化馆、社区活动中心等文化场所都整合到手机客户端“文体共享”端口中。用户可以根据自己的实际需要，通过日期、运动类型等类别选择，使用手机预订家门口的免费运动场所。

四、共享经济的产业分类

共享经济产业可以细分为生产性服务领域和生活性服务领域两大领域，如表4-6所示。生产性服务领域涉及物流行业、互联网生产服务、互联网科技创新、房地产租赁经营、创业空间、教育、互联网数据、其他仓储业等行业；生活性服务领域涉及汽车租赁、互联网生活服务、互联网公共服务、外卖送餐、民宿等行业。

表4-6　共享经济细分领域及行业

生产性服务领域	生活性服务领域
多式联运	贸易代理
其他仓储业	出租车客运
快递服务	公共自行车服务
互联网生产服务平台	其他道路运输辅助活动
互联网科技创新平台	民宿服务
互联网数据服务	露营地服务
其他互联网服务	其他住宿业
房地产租赁经营	外卖送餐服务
建筑工程机械与设备经营租赁	其他未列明餐饮业
计算机及通信设备经营租赁	互联网生活服务平台
医疗设备经营租赁	互联网公共服务平台
其他机械与设备经营租赁	其他互联网平台
商业综合体管理服务	汽车租赁
科技中介服务	家庭服务
创业空间服务	其他居民服务业
职业初中教育	护理机构服务
成人初中教育	老年人、残疾人养护服务
中等职业学校教育	社会看护与帮助服务
成人高等教育	其他不提供住宿的社会工作
职业技能培训	艺术表演场馆
教育辅助服务	其他文化艺术业

续表

生产性服务领域	生活性服务领域
其他未列明教育	体育场馆管理
	其他体育场地设施管理（指相关场地、设施的共享、分时租赁部分）
	休闲健身活动（指相关场地、设施的共享、分时租赁部分）

五、共享经济企业运营特征

（一）高效利用信息技术

共享经济之所以发展迅速，是因为其商业模式易被模仿复制。早期的各大共享经济项目百花齐放，成功的企业更多是依赖雄厚的资本，用高额的补贴吸收大批用户，使得其他资本薄弱的企业市场份额急速缩减，从而占领市场。目前，共享经济市场上留存的是少数财力雄厚的寡头企业，必须突破以往“烧钱”的圈地发展模式，需要利用信息技术加强平台建设，稳定平台客户量。

为了维护庞大的系统和海量的用户数据，共享经济平台积极运用大数据、云计算以及人工智能等前沿技术，实现网状点对点分享，平台的价值也随着分享者的加入和分享的增多呈指数级增长。越来越多的企业加大了对大数据、人工智能等数字技术如何融入平台建设的研究。可以说，共享平台的兴起引发了各行各业对数字技术的巨大需求，而这些技术也将在实践运用中不断发展和迭代，并反过来更好地支撑共享经济的发展。例如，人人快送平台就是一个通过高效利用信息技术实现同城快递服务的众包服务平台。其通过“顺路捎带”的众包行为，一方面将大众的闲散时间有效整合，另一方面通过信息技术快速对接用户需求。用户可以选择通过人人快送 PC 端、App、微信公众号等多种方式下单，享受同城 60 分钟送达的帮送、帮买服务。与传统模式相比，大大减少了取件、派件的时间，提高了派送效率。又如，美团平台通过其“智能 O2O 实时调度系统”，使得单均配送时长缩短至 28 分钟，准时率超过 98%；相比过去，人均日配送单量增长 46%，单均配送成本下降 20%。①

（二）注重扩大用户规模

平台化的运营需要大量的用户基数，共享经济企业借助互联网，利用在线品牌推广和社交平台广泛连接，扩大用户规模。以下以 Airbnb 为例进行说明。

第一，运用在线传播技术完成引流，创造用户基数。Airbnb 刚刚上线时，缺乏一定的用户基数，而当时二手物品交易市场的“老大”Craigslist 已经具备了一定的规模，Airbnb 针对 Craigslist 粗糙的网页，精心设计了自身的用户网站，但效果一般。为了在初期就能吸引大量用户，Airbnb 直接从竞争对手 Craigslist 处引流，在房主发布房源信息时提供了一项可以将房源信息直接复制到 Craigslist 并发布的服务。用户在 Airbnb 发布房源信息后，会收到一封邮件询问是否将该房源信息发布到 Craigslist 上，这样的分享会给用户带来每

① 于凤霞. 共享经济趋势下物流业的发展与变革[J]. 新经济导刊，2018(09)：67-70.

月约 500 美元的额外收入，并在邮件末尾附上一个链接，只需点击就能完成分享。在这样的诱惑下，大多数用户都会选择分享，尽管 Craigslist 并没有提供这样的接口，具有一定的冒险性，但这样的操作确实为 Airbnb 带来了大量用户。另外，Airbnb 利用 Craigslist 的 Email 系统为自己打广告，通过一定的技术手段，对在 Craigslist 发布房屋信息的用户进行检索，以客户的身份向 Craigslist 的房屋信息发布者自动发送邮件，邮件内容大致为“我很喜欢你的房子，把它分享在 Airbnb 上吧，会收到更多的关注和分享”。这样，更多的 Craigslist 房主得知了 Airbnb 这一平台。此外还可以通过个性化的生活方式引入艺术群体，引发 BBC 等主流媒体的报道潮，激发口碑渗透效应。

第二，利用社交网络，拓宽平台用户连接广度。Airbnb 转型到线上服务型企业的目的之一是希望能够通过在网络上的广泛连接为其带来更多互补性资源，其利用社交平台创建一张高用户黏性的虚拟社交网络，将房东和房客进行圈子的划分，不仅为自己建立稳固的关系网络，还为离散用户建立社会关联，使得用户之间可以通过共享经验知识实现价值共创[①]。

第三，积极与其他企业组织建立连接，发展伙伴关系。比如，拓展亚洲业务时与中国穷游网达成战略合作，通过线上及线下活动、联合营销推广及全球特色旅游目的地专题展示活动等，共同拓展双方的业务范围，形成互补效应。

第四，注重互动设计，发挥“社交气质”，提升租赁服务内涵。利用社交化视觉创意，带来用户体验价值。在 Airbnb 的运营早期，确实收获了大量良好的评价，但其成交情况却并不乐观。Airbnb 创始人亲自带领团队，选择了许多处民宿地点进行实地调研，最后发现，很多房源其实具有相当的优势，但其房主无法拍出好看的照片来呈现房源的优势，文案也很模糊，使得用户在浏览房源时会产生不好的印象，影响成交率。他们花 5000 美金租了一部高端相机，挨家挨户进行高质量照片的拍摄并挂在网上，这种方法十分奏效，很快纽约地区的成交率就增加了两倍到三倍。在后期规模扩大后，Airbnb 将这种服务复制到其他地区，专门推出了为房主预约专业摄影师的服务。采取“感同身受法”站在顾客角度感受需求体验，聘请专业摄影师为房东提供拍摄服务，且摄影图片印有“verified photo”字样，方便租客搜寻，提高了房源的视觉呈现效果，优化了房源的展示面。

第五，注重服务，创造意境价值，引流客户。Airbnb 开发出 Create Airbnb 设计平台，可以让消费者将自己的故事个性化定制出自己的 logo，而房东和租户也可通过定制的 logo 来表示自己也是社区的一员，从而形成归属感。此外，Airbnb 在满足租户要求的同时，还可以使租户走进当地人的生活和故事，为其提供近距离地体验风土人情的机会，甚至可以与房东成为朋友。

第六，开拓国际市场，扩展用户源。Airbnb 目前业务范围已经拓展到全球 192 个国家、34000 多个城市。以 2015 年 8 月进入中国市场为例，Airbnb 主要采取了以下几个策略：①了解用户需求，为用户创造良好体验。创始人、公司高层亲自参加各地用户聚会，倾听当地用户的心声，为用户提供全天 24 小时的中文服务，加大在社交媒体上对客服的

① 江积海，李琴.平台型商业模式创新中连接属性影响价值共创的内在机理——Airbnb 的案例研究[J]. 管理评论，2016，28(07)：252-260.

投入力度，使用户可以在第一时间得到客服的回复。②整合本地资源，快速打开市场。例如，Airbnb 在桂林龙胜乡村开展旅游扶贫项目，改造具有当地壮族特色的房屋，并在 Airbnb 平台上线。③利用公司强势业务保住先发优势，迅速占领市场。当前我国国内出境游的频率高速增长，因此 Airbnb 可以定位中国出境游市场，利用规模庞大、数量领先的海外房源优势，发展新用户，迅速占领市场。

（三）重视构建信任机制

对于共享经济平台来说，互联网连接几十亿节点和用户，如果依然停留在促进匿名化信息流转的阶段，那么经济效益将会非常有限，因此共享平台很重要的一个作用就是充当共享双方信任的载体。基于信任带来的共享活跃度，能为线上经济和线下经济带来放大效益，极大地促进新时代经济运转的效率。信任是推动共享经济不断发展的基础和动力，一个平台是否可信，提供物品或服务的一方和付费的一方是否信任这个平台，很大程度上决定了这个平台所能拓展的用户量，从而成为平台能否不断发展壮大的关键原因。随着用户信任程度的提升，共享经济平台也将迎来爆发式成长。

20 世纪的城市化使社会的人际关系面临较大变化，邻里之间互不往来的现象非常普遍，较之过去，现代社会建立信任感的代价高昂。随着互联网科技的到来，人与人之间的交往更多地通过微信、QQ、邮箱等网络工具实现，沟通的便利性得到极大提高，认识人的成本相应降低，同时基于陌生人之间的信息检索变得快捷，一定程度上降低了陌生人之间违约的可能性。而在互联网发展的初期，互联网世界的信任是极度薄弱的，很大原因是没有对用户实现实名化，线上交易的违约成本极低，缺乏有效的信任体系，因此，当时线上共享的经济行为是难以想象的，交易行为难以突破熟人圈子，更加依赖于当面交易与人际关系。现今，基于互联网的信息传播速度和广度得到快速发展，实名制、身份验证环节执行得更加彻底，失信违约的交易在互联网上快速曝光。因此，基于互联网的共享经济一方面依赖于信任机制的建立；另一方面，也反过来对社会信任进行了重塑。共享平台通过将更大范围内的陌生人更深度地连接在一起，完善社会信任机制的建立，让陌生人之间的频繁交易成为可能。

发展共享经济，最重要的是要让参与者觉得可靠、风险低甚至无风险，从而产生口碑裂变效应，吸引越来越多的人参与共享，从而助推该模式快速获得极大的平台客群，在达到一定体量之后，平台的运营成本与规模优势就会凸显出来。因此，如何建立和运用好信用，是共享经济的核心问题。如何在陌生人之间快速建立互信，成为共享行为能否发生的关键。信任机制的建立不仅仅依靠消费者之间的口碑和企业的宣传，而是应该构建一个易操作的、有效运行的信任机制，这是共享平台要解决的核心问题。供需双方正是基于对平台的信任才产生了交易行为，有效的信任机制极大地降低了交易成本，并进一步将信任关系进行拓展，建立起供需双方的信任联盟，从而使交易行为得到进一步保障。

（四）灵活的劳资关系

共享经济中的劳动者不再服从于公司与员工间的传统雇佣关系，他们没有固定的办公场所，也不需要接受人格化“老板”的直接监督，组织及管理更为松散，劳动呈现出很大的灵活性。个体可以根据自身的实际情况选择感兴趣和擅长的任务，自主选择工作时间。在传统劳动关系中，主体之间存在着组织依赖性、经济从属性和人格上的从属性，劳动者需要听从指挥，存在着一定的隶属关系。比如滴滴平台上的司机可以灵活地选择工作时间、工作地点，自愿选择是否承接某一订单任务，滴滴公司也不需要为司机提供工作场地、工作条件等一系列要素，其只需要作为一个信息中介起到平台整合作用。这些司机并不属于滴滴公司传统意义上雇佣的员工，只有当他们接单成功并完成任务后，才能从滴滴平台上获取订单额的 80%作为报酬，因此两者之间只存在经济关系，而不具备从属关系。

(五)创新的人力资源管理模式

传统企业与劳工之间签订合同，存在着劳务关系或雇佣关系。共享经济企业的运作模式并非对资源的占有，因此在劳动关系上共享平台与接入平台的资源提供者之间的关系难以界定，这为人力资源管理提出了新的问题。基于这种情况，考虑到政府监管与法律法规风险，共享经济企业的员工与一般意义上的正式员工不同，其通常通过“三方协议”或“四方协议”与企业形成“半挂靠”关系[①]。例如对于加盟的私家车，滴滴公司通常采取“四方协议”的形式，即移动打车平台先将私家车挂靠在租赁公司名下，再通过一家劳务派遣公司聘用私家车车主，从而签订一份由软件平台、汽车租赁公司、劳务派遣公司、私家车车主共同参与的“四方协议”。

在传统的出租车模式中，司机大多都只愿意搭载路线“合适”的乘客，这样的“合适”指的是路况好、不塞车的路线。为了解决这一问题，滴滴在软件平台推行了“滴米系统”，这个系统里的“滴米”是一种补贴积分奖励，以虚拟积分的形式存在于司机的手机端，拥有的滴米数量可以决定司机是否可以抢到“好单”。当乘客发布订单后，滴滴平台调度系统会根据大数据分析来判断该订单是“好单”还是“差单”。如果系统判定为“好单”，司机则需要通过支付一定数量的滴米来获得优先抢单的机会；反之，如果司机愿接一些“差单”，就可以赚取一定数量的滴米。如果两辆车在与乘客距离相等的情况下同时接单，谁的滴米多，谁就可以抢到这一单。这样一来不仅保证了司机不会为了争夺“好单”而放弃“差单”，还能鼓励了司机去接更多的“差单”来赚取滴米，使得“好单抢着接、差单无人接”的车辆调度问题有所改善。

(六)注重精细化运营

在共享经济的概念刚刚兴起时，市场上涌现出众多打着“共享经济”的名号炒概念的企业，这些企业良莠不齐，各个企业间的竞争也主要是依靠形式吸引消费者，以低于竞争者的价格甚至低于成本的价格“冲”走竞争者。即谁的资金更多，谁就能在这样恶性竞争的市场中存活得更久。目前共享经济市场上存活的企业规模较大，为了满足消费者不断提高的服务需求，在激烈的竞争中存活下来，企业更加注重自身的服务和产品水平，经营模式从粗放式扩张进入精细化运营阶段。

① 于晓东，刘荣，陈浩. 共享经济背景下的人力资源管理模式探索：以滴滴出行为例[J]. 中国人力资源开发，2016(03)：6-11，54.

其中比较成功的就是共享充电宝行业。经过早期的资本追逐后，共享充电宝行业已进入精细化运营阶段，使产品获得了市场和用户的认可，从而在激烈的竞争中取胜。

例如，共享充电宝行业中的小电公司主要从线上线下两个方面深耕其精细化运营模式。在线上，小电依托大数据打造小电物联网云，支持千万级终端设备同时在线，同时保证用户在高峰时使用产品的稳定性。其服务团队通过 OSS(Operation Support Systems，运营支撑系统)实现城市直营、代理商、服务商、供应链、进销存、营销、客服、数据广告等项目的实时管理，利用基于大数据的小电物联网云引导业务拓展团队实现设备的高效运维；在线下，根据用户画像、城市特性及商户特性，明确城市投放策略，选择投放不同的场景及地点，通过审核分析单店人流量、订单率、使用频率、在线率、投资回报率进行商户选择。例如将桌面式设备投放在酒吧、咖啡厅、KTV、餐厅等以停留人群为主的地点，将移动式设备投放在火车站、机场、大型商场等以移动人群为主的地点。①

随着共享经济市场的深度发展，资本逐步向行业头部企业聚集，共享平台规模不断扩大，行业中的中小企业将面临更加剧烈的洗牌。转变发展思路，提高精细化运营能力，掌握更强的技术，抓住更大的用户群体，提供更好的服务体验，创建更完善的生态圈，打造更完善的共享平台，以时间换空间，成为共享经济发展的重要趋势之一。

第八节 共享经济的应用场景②

一、共享科技报刊亭

共享科技报刊亭除了书籍报刊销售，还综合了发布儿童走失信息及定位、共享 WiFi、快捷购物等十余种便民功能，最大限度地在最小的空间里满足人民多样化的需求。如深圳推出的共享科技报刊亭 POSTORE，市民在中国儿童走失预警平台线下信息发布平台上发布儿童走失消息，借由 POSRTORE 数字编码定位系统快速查找，让走失儿童可快速获得救助与关注。此外，还有共享 WiFi、共享雨伞、“速递易”快递柜服务、快捷购物等多项服务可供市民选择。改造后的共享科技报刊亭并非千篇一律，而是通过区分不同区域市民生活习惯，特别设定每个报刊亭的功能，满足不同市民需求。

二、共享农庄

共享农庄是以充分涵盖农民利益的经济组织形式为主要载体，以各类资本组成的混合所有制企业为建设运营主体，以移动互联网、物联网等信息技术为支撑，以农场和民宿共享为主要特征，集循环农业、创意农业、农事体验、服务功能于一体，让农民充分参与和受益的乡村振兴综合经营发展模式③。例如，海南的共享农庄通过“互联网+现代农业”技术建设集循环农业、旅游农业，创意农业、农事体验为一体的田园综合体，为消费者提供

---

① 中国共享充电宝行业研究报告《艾瑞咨询系列研究报告(2018 年第 3 期)》，2018-03-01。
② 成都格润创新科技研究院《新经济应用场景词典》。
③ 冯成龙，林文斌，范武波，等. 构建海南共享农庄与农民增收的利益联结机制探讨[J]. 南方农业，2018，12(29)：81-82.

订单农业、生态农业、托管代种、产品认养、自行耕种等多种形式的私人定制服务，满足中等收入群体的消费升级的需求。

三、绿道共享图书馆

绿道共享图书馆通过与当地图书馆进行战略合作，接受大众的闲置图书共享的方式，打造出符合绿道特色的图书馆，人们可以在美好的环境中进入良好的学习状态。如浙江九龙驿绿道的景区图书馆，免费开放的书室和书吧不但有优雅的环境，还有涵盖广泛的各类书籍，让游客和附近的村民们不由自主走进来阅读。除了环境优美，这里和余杭区其他图书馆一样，可以使用市民卡或支付宝通借通还，十分方便。

四、多功能驿站

多功能驿站是以“互联网+便民服务”为出发点，配套厕卫管理、商业服务、休憩娱乐、科普教育和安全保障等相关设施的驿站。驿站可按需搭载智能公共卫生间、阅读中心、科普宣传窗口、无人售货、Wi-Fi 覆盖、广告发布和紧急服务等设施或功能。例如，成都市成华区建设路街头的功能驿站里，设置了具有阅读空间的共享书屋，市民不仅可以通过微信扫码免费借书阅读，还可以将个人闲置图书放入共享书屋。此外，驿站内还有一个新零售空间，市民可以随时扫码购买饮料和本地特产，这个新零售空间同时也是服务中心，附近的环卫人员和交警可以凭借社区送出的二维码免费领取饮料。

五、共享活动空间

在用地紧张、高密度集约化的城市空间，共享活动空间在满足主体自身封闭性和功能性需求的同时，寻求与社区公共空间的平衡，探索公共设施共享，实现灵活自主、多样性的社区空间打造，满足人民群众公共生活品质的更新升级需要。例如，深圳荔园外国语小学北校区在深圳高密度的有限城市空间中设计了一所兼顾共享社区功能的校园，在满足校园日常功能的同时，巧妙利用场地自然高差，将教学楼设置在较高的南侧，并向南侧和东侧的生活区开放校园，与周边社区道路系统联通后，使地下一层与周边社区变成了一个服务于居民的全天候体育共享活动空间，在保障校园空间的完整性和师生安全的同时服务于周边社区。

六、共享社交居住空间

社交居住空间遵循共享社区的逻辑，为城市年轻人提供有社交功能的居住空间。其基本逻辑是除了基本生活需求以外的其他功能都可以通过共享空间解决，满足实现年轻群体对美好生活的追求和对社区归属的渴望，实现共享社区与人、社会、城市的联动。例如，北京远洋邦舍青年路公寓通过对原有建筑空间的合理梳理和分配，创造了一个富有新社交方式和新居住方式的全新生活模式。其将原园区会所的地上部分改造为青年公寓，将地下层改造成办公空间，将充满阳光和绿色的中庭用作公寓和办公的共享空间，使其承载咖啡、图书阅读、社交、路演等共享空间的使用功能，在提升青年公寓居住和休闲空间品质的同时，创造一个互动、活力的青年社区公共客厅。美国的 Wework 公司在华尔街开启了共享公寓项目 Welive。这里拥有非常宽敞的公共空间，人们在洗衣房等着衣物清洗的同时可以邻居聊天，也可以在影视厅喝着免费啤酒和大家一起看世界杯。其 App 还可以提醒住户们追剧时间以及最近的公寓活动等。

七、社区共享餐厅

社区共享餐厅通过 O2O 平台将家庭厨房与用餐需求结合起来，一方面让下班回家不想做饭或不会做饭的群体和吃腻了餐馆饭店的上班族品尝到“家的味道”，另一方面也可以在一定程度上增加家庭收入，实现双赢。例如延安市宝塔区搭建的共享餐厅，其接待的群体以社区居民、学生、环卫工人为主。减少了中间环节，在降低价格的同时，保障了食物的安全性和美味。餐厅在社区内起用一批厨师，既为人们带来了便捷的生活服务，又为空闲在家的人提供了一份收入来源。

八、共享车位

业主可以利用共享车位平台将闲置车位放租，车主则可以通过平台上的出租信息选择合适的车位租用，小区物业也会把车位信息透明化、公开化，给车主、业主、物业创造“三惠三赢”的机会，促进该市场良性发展。如在广州，当家里的车位闲置时，市民可将自己车位发布到共享车位平台上，设置车位共享时段；而想要临时停车的车主，则可以在软件上寻找附近车位。共享车位平台破解了信息的不对称难题，用户可以通过该平台看到周围闲置停车位的情况，从而有的放矢，满足错峰停车的需求。由于住宅区和商业区的停车高峰时段正好相反，共享车位平台刚好可以利用这个时间差，将住宅停车场或私人专有车位对外开放。

九、开放大学

开放大学指搭建开放教育办学系统，构建终身学习服务体系。利用移动互联网、大数据、物联网等技术，整合教育资源，设置学习中心，让人们可以就近学习，共享优质的教育资源，在工作中不断进步，使生活更加充实。例如苏州工业园区的开放大学，将大学办到居民家门口，架构起园区“开放大学—开放大学学习中心—开放大学学习点”三级办学体系，极大提高了居民学习的便利性和积极性，也为工业园内企业的创新发展注入了新动力。

十、保险理赔服务云平台

保险理赔服务云平台通过互联网大数据、人工智能等技术，搭建理赔服务云平台，缓解中小保险公司理赔人员不足、理赔时间过长等难题。2017 年 12 月，北京地区行业车险理赔共享服务网点正式启动，2018 年 12 月，第二批百家共享服务网点正式启用，全市范围内车险理赔共享服务网点达 200 家。每个共享网点可依托行业自主开发的“北京车险理赔共享网点服务系统”，在线连通各家保险公司理赔定损中心，支持在线定损，形成北京保险行业理赔定损服务的一体化网络布局，实现资源共享，改变了以往只能到投保公司理赔定损的限制；另外，共享网点还提供车辆维修等“一站式”服务体验。

第五章　新经济的支撑体系

要素支撑是经济发展的“筋”和“骨”，是优化经济结构、转换增长动力、构建现代化经济体系的重要因素，是推动新旧动能转换的内在动因。发展新经济，必须要强化要素支撑，通过构建技术、人才、金融、政策等为一体的支撑体系，形成强大合力，释放要素红利，进而推动新经济健康持续快速发展。

第一节　技 术 支 撑

当前，新一轮科技革命和产业变革正在重塑世界经济格局，以大数据、云计算、人工智能等为代表的新技术加速创新突破，以新产业、新业态、新商业模式为主要表现形式的新经济正以势不可挡之势异军突起，新技术成为牵引新经济发展的澎湃动力。我国把新技术的创新发展上升为国家战略，致力于在关键技术领域取得突破，科学技术创新已经成为我国推进高质量发展、建设现代化经济体系的重要战略支撑。本节在第二章介绍的 5G、人工智能等新技术的基础上，重点介绍大数据、云计算、区块链、VR/AR 技术的内涵特征、发展现状和对新经济的支撑作用。

一、大数据

大数据(big data)，简而言之，是数据量非常大、数据种类繁多、无法用常规归类方法应用计算的数据集成。美国研究机构高德纳咨询公司[①]将大数据定义为：需要新处理模式才能具有更强的决策力、洞察力和流程优化能力来适应海量、高增长率和多样化的信息资产。

(一)大数据的特点

大数据具有量大性、多样性、高速性和商用价值性四大特点。

1. 量大性

存储单位从过去的 GB(千兆字节)到 TB(万亿字节)，再到现在的 PB(千万亿字节)、EB(百亿亿字节)、ZB(十万亿亿字节)级别，大数据的“大”显而易见。在信息爆炸的现代，社交网络(微博、推特、脸书等)、移动网络、各种智能工具、服务工具等都成为数据的来源。淘宝网近 4 亿的会员每天产生的商品交易数据约 20TB；脸书约 10 亿的用户每天产生的日志数据超过 300TB。大数据的体量非常大，且增长速度较快。国际数据公司的监

① 高德纳咨询公司(Gartner)：全球最具权威的 IT 研究与顾问咨询公司，成立于 1979 年，总部设在美国康涅狄克州斯坦福，是美国第一家从事信息技术研究、分析和咨询的公司。

测数据显示，近几年全球大数据储量的增速每年都保持在40%，2016年甚至达到了87.21%，大数据储量达16.1ZB，2017年、2018年、2019年全球大数据储量分别达到21.6ZB、33ZB、41ZB。[①]根据国际权威机构Statista的统计和预测，2020年全球数据产生量达到47ZB，2035年将达到2142ZB。[②]

2. 多样性

大数据的多样性首先表现为广泛的数据来源。第一，当前的上网用户中，每个人的年龄、学历、爱好等特征都不一样，这就决定了数据的多样性，加之所处地区、时间段等的不同，会导致存在各种各样的数据。第二，数据类型具有多样性，包含来自网页、互联网日志文件、搜索索引、社交媒体论坛、电子邮件、文档、手机通话记录、传感器网络数据等结构化、半结构化和非结构化数据，其中非结构化数据越来越成为数据的主要部分。第三，数据格式具有多样性，包含文本、音频、图片、视频、模拟信号等多种类型。大数据不仅可以处理巨量数据，而且可以处理不同来源、不同格式的多元化数据，使这些形态各异、快慢不一的数据流为经济社会发展提供精准化服务。

3. 高速性

数据的快速流动和处理是大数据区分于传统数据挖掘的显著特征。例如涉及感知、传输、决策、控制开放式循环的大数据，对数据实时处理有着极高的要求，通过传统数据库查询方式得到的“当前结果”很可能已经没有价值。因此，大数据更强调实时分析而非批量式分析，数据输入后即刻处理，处理后丢弃。生活中每个人都离不开互联网，每人每天都在向大数据提供大量的资料，这些数据需要及时处理，否则数据的价值将会丧失，而且存储数据还将花费大量成本。基于这种情况，大数据对处理速度有非常严格的要求，因此服务器中大量的资源都用于处理和计算数据，谁的速度更快，谁就更有优势。

4. 商用价值性

商用价值性是大数据的核心特征。现实世界中产生的数据只有一小部分是有价值的。相比于传统的小数据，大数据最大的价值在于从大量不相关的、多种类型的数据中，挖掘出对未来趋势与模式的预测有价值的数据，并通过机器学习、人工智能等方法深入分析，发现新规律和新知识，并应用于产业、民生、社会治理等领域，以提高生产效率、改进服务方式、提升社会治理精细化水平。

由以上四大特点组成的大数据，与云计算、人工智能等新技术相互作用，突破了传统数据库的局限。大数据的作用不在于掌握庞大的数据信息，而在于对这些数据进行专业化处理，通过“加工”实现增值，如果把大数据比作一种产业，要想实现这个产业的盈利，关键就是提高数据的“加工能力”。大数据可以实现司机和乘客的快速对接；可以根据消费者喜好，挖掘消费者需求，实现精准营销；可以实时计算分析交通情况，实现交通通畅运行；可以实现高效配置、风险管控、决策支持等。例如全球零售业巨头沃尔玛，利用大

① 前瞻产业研究院《2020年中国行业大数据市场现状及发展趋势分析》。
② 中国信息通信研究院《大数据白皮书(2020年)》。

数据对消费者购物行为进行分析，发现男士在购买尿布的时候会顺带买几瓶啤酒犒劳自己，于是尝试将啤酒和尿布放在一起进行促销，结果啤酒和尿布销量大增。

（二）我国大数据发展现状

大数据是促进传统产业转型升级的关键技术，是推动实体经济高质量发展的创新驱动力。随着信息技术的不断发展，大数据受到越来越多的关注和重视。

2014 年，《政府工作报告》首次提到“大数据”，提出“设立新兴产业创业创新平台，在新一代移动通信、集成电路、大数据、先进制造、新能源、新材料等方面赶超先进，引领未来产业发展”，这一年被业界视为我国大数据元年。[①]2015 年，国务院出台《促进大数据发展行动纲要》，系统部署大数据发展工作，同年，《政府工作报告》中明确提出大数据建设行动计划，这一年，国内首家大数据交易所——贵阳大数据交易所诞生。2016 年，《中华人民共和国国民经济和社会发展第十三个五年规划纲要》正式提出“实施国家大数据战略”，国内大数据开始全面、快速发展。2017 年，党的十九大报告提出“加快建设制造强国，加快发展先进制造业，推动互联网、大数据、人工智能和实体经济深度融合”，为大数据产业的未来发展指明方向。2020 年，《中共中央关于制定国民经济和社会发展第十四个五年规划和二〇三五年远景目标的建议》再次提出“推动互联网、大数据、人工智能等同各产业深度融合”，国家大数据战略不断深化。

在我国的高度重视下，大数据技术、大数据产业均得以蓬勃发展。大数据技术已从基本的面向海量数据的存储、处理、分析等需求的核心技术延展到相关的管理、流通、安全等其他需求的周边技术，逐渐发展成为覆盖面庞大的技术体系。[②]与此同时，大数据领域的论文发表数量和专利申请数量增长迅速。在论文发表方面，根据 Web of Science 数据库收录的 SCI 论文数量统计，2012～2020 年上半年中国发表大数据相关论文 18216 篇，占全球同期论文发表总量的 28.14%，居全球第一；在专利申请方面，根据 Patentscope 数据库的统计数据，2012～2020 年上半年中国受理的大数据领域相关专利申请数量约占全球总量的 19.25%，仅次于美国，为全球第二大专利受理国。[②]“十三五”以来，我国大数据融合应用不断深化，工业和信息化部运行监测协调局发布的数据显示，2019 年，我国以云计算、大数据技术为基础的平台类运营技术服务收入 2.2 万亿元，其中，典型云服务和大数据服务收入达 3284 亿元，提供服务的企业达 2977 家，大数据产业发展日益壮大[③]。目前，我国大数据产业主体逐步从“硬”设施向“软”服务转变，面向电信、医疗、政务、金融等领域的大数据服务正加速实现倍增创新。

（三）大数据对新经济的支撑作用

大数据作为新技术，是新经济发展的重要支撑，可助推产生新产业、新业态、新模式，加速新旧动能接续转换。具体来讲，大数据技术对新经济的支撑作用主要体现在三个方面：第一，加速形成与大数据的采集、处理、存储、分析、交易、安全等相关的大数据技术服

---

① 戈晶晶. 我国数据中心产业高速发展[J]. 中国信息界，2018(03)：49-51.
② 中国信息通信研究院《大数据白皮书(2020 年)》。
③ 工信部运行局《2019 年软件和信息技术服务业统计年报》。

务业；第二，加速发展贯穿大数据产业链的硬件设施制造业，包括智能终端、集成电路、电子材料和元器件等大数据设备提供业；第三，加速拓宽场景应用，大数据技术与实体经济深度融合，助推传统产业转型升级，包含对互联网、电信、政府、金融、餐饮、零售、能源、制造、农业、医疗、教育、军事等各行各业的融合应用。下面简要介绍几种应用场景。

(1) 互联网行业。借助于大数据技术，可以分析客户行为，进行商品、服务推荐和针对性广告投放。如天猫根据客户的浏览习惯，精准推荐客户关注的相关商品。

(2) 城市管理。借助于大数据技术，实现智能交通、智慧环保监控、智能安防等。如四川省隆昌市运行的“智慧河长”系统，可以通过对相关水域水质、水位、污染情况等数据的记录分析，实现全天候巡查、监督和管理。

(3) 金融行业。借助于大数据技术，实现客户画像、精准营销、风险管理、运营优化等。如建设银行利用大数据精准推荐理财产品，招商银行利用大数据发展小微贷款。

(4) 制造业。利用工业大数据提升制造业水平，包括产品故障诊断与预测、分析工艺流程、改进生产工艺、优化生产过程能耗、工业供应链分析与优化、生产计划与排程等。

(5) 安全领域。借助大数据技术，政府可以构建起强大的国家安全保障体系，企业可以有效抵御网络攻击，警察可以预防犯罪、强化社会治安管理。

大数据对各行各业的渗透和深度融合，大大推动了社会的进步和经济的发展，助力新动能培育，加速新旧动能转换，是推动新经济发展的重要力量，是实现高质量发展的重要技术支撑。

二、云计算

“云”的本质是网络，云计算是一种能为用户提供资源的网络，用户可以根据自己的需要，随时随地从“云”上获取相关资源。[①]云计算能将大量的资源进行整合，并在一些软件的帮助下实现信息、数据的自动化管理，然后以互联网为中心，通过网站为用户提供比较全面、安全的云计算服务或数据存储。早期的云计算就是简单的分布式计算，将任务分发给每一步，再对计算结果进行整合；现阶段的云计算是分布式计算、效用计算、并行计算、网络存储、云备份等多种计算机技术的混合。

2006 年，“云计算”的概念首次被提出，成了第三次互联网革命的一部分。2008 年微软公司发布公共计算的云平台——Windows Azure Platform，由此云计算的“大幕”正式拉开，在国内掀起了一场关于学习、运用云计算的潮流。目前，云计算发展相对成熟，逐渐成为信息技术产业的技术支撑，全球大多数企业都在努力向云计算转型。

(一) 云计算的特征

云计算具有虚拟化、规模巨大、可扩展性、可靠性高、通用性高、性价比较高等特点。

① 罗晓慧. 浅谈云计算的发展[J]. 电子世界，2019(8)：104.

1. 虚拟化

虚拟化是云计算最为显著的特点。云计算直接打破了时间和空间的局限，使用户可以随时随地获取云上资源和服务。用户只需借助手机或者平板电脑等移动联网设备，就能通过“云”获取想要的资源。

2. 规模巨大

目前的“云计算管理系统”规模巨大，能同时拥有上万台服务器。例如 Google 云计算已拥有 100 多万台服务器，一般企业的云计算拥有的服务器也有数百上千台，可以为企业提供超强的计算力。

3. 可扩展性

“云”的规模可以根据用户的需要实现动态伸缩，如果用户有新业务增加，可以动态调整云的规模，对新业务进行扩展且不会影响其他服务器。

4. 可靠性高

“云”的虚拟化技术可将资源和硬件分离，当硬件发生故障时，可以轻易将资源迁移、恢复，同时，在软硬件方面采用了数据多副本容错、计算节点同构可互换等方式，在设施、能源制冷和网络连接等方面采用冗余设计，有效地确保了服务的高可靠性。

5. 通用性高

云计算不是只对特定的应用生效，在“云”的支撑下可以构造产生多个应用，同一个“云”可同时支撑多个应用的运行。

6. 性价比较高

由于云计算产生的费用是根据用户的使用量来计算的，所以不会存在资源浪费的情况，并且云计算是统一管理的，所需要的费用较之前传统的运算服务费用要少很多。

（二）云计算服务类型

按部署模式划分，云计算提供的服务有公有云、私有云以及混合云。

(1) 公有云。主要是第三方服务商提供给用户使用的计算资源（如服务器和存储空间），这些资源可以共享，所以成本较低，扩展性好。例如阿里云、腾讯云以及微软 Azure 等。

(2) 私有云。主要是为一个客户单独使用而构建的，能对所提供的数据、安全性和服务质量进行高效、及时的控制，相比公有云更具安全性和私密性。

(3) 混合云。该模式融合了公有云和私有云，用户可以同时利用公有云和私有云的优势，既安全又节省成本。

（三）我国云计算发展现状

我国的云计算政策环境日趋完善。2010 年，国务院发布了《国务院关于加快培育和发展战略性新兴产业的决定》，明确指出要加快新一代信息技术产业、信息网络安全基础设施的发展，加快推进三网融合，促进物联网、云计算的研发及示范性应用。之后，国家又陆续出台了多项政策来支持、引导云计算的发展，鼓励部分企业向云计算转型，加速推动云计算在云政务、新金融、工业、医疗等领域应用水平的提升。在发布《云计算发展三年行动计划(2017-2019 年)》之后，工业和信息化部在 2018 年又发布了《推动企业上云实施指南(2018-2020 年)》，进一步强化云计算平台服务及运营能力，加速推动重点企业上云，指导和促进企业通过利用云计算来推进业务的数字化、智能化转型升级，培育行业、企业发展的新动能。

在政府的积极引导和业界的共同推动下，我国云计算应用日益普及，云计算产业保持良好的发展态势。根据中国信息通信研究院发布的《云计算发展白皮书(2020 年)》，我国 2019 年云计算整体市场规模达 1334 亿元，较 2018 年增长 38.6%。我国公有云市场规模首次超过私有云，公有云市场规模达到 689 亿元，相比 2018 年增长 57.6%，预计 2020～2022 年仍将处于快速增长阶段，到 2023 年市场规模将超过 2300 亿元；私有云市场规模达 645 亿元，较 2018 年增长 22.8%，预计未来几年将保持稳定增长，到 2023 年市场规模将接近 1500 亿元。可见，云计算的市场潜力巨大，应进一步加大科学合理研发力度，持续提升企业的市场竞争力，加速推进经济社会高质量发展。

(四)云计算对新经济的支撑作用

云计算作为新一代 IT 的核心和产业升级平台，不仅能提高业务的创新能力及协同效率，还能进一步优化用户体验。云计算能为新经济发展提供云平台产业升级、助力 IT 转型、简化新应用、新技术创新、迅捷响应、按需供给六个方面的支撑，如图 5-1 所示。就云平台产业升级来说，借助云平台促进大数据、人工智能、物联网等与实体经济深度融合并提供相应的技术支撑，将新技术转化为新动能，实现产业的转型升级。

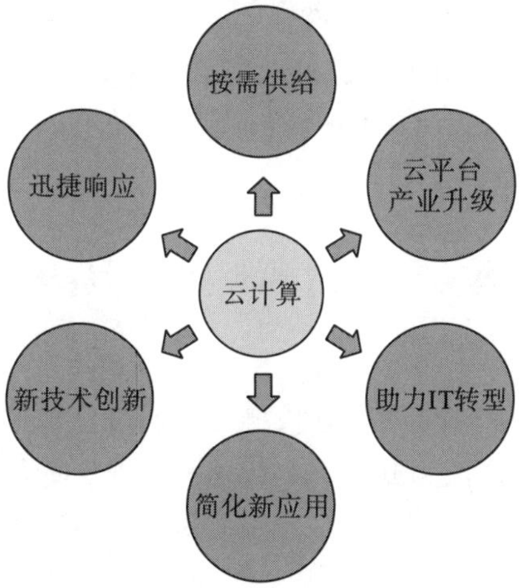

图 5-1　云计算支撑图

目前，云计算与实体经济的融合应用，已从互联网行业向政务、金融、工业、交通、医疗等传统行业加速渗透，逐渐形成了市政云、金融云、工业云、交通云、安全云、教育云等。在金融行业中，金融云有效降低了金融机构信息资源的获取成本，优化了金融机构的资源配置，同时还能大幅提高金融机构的 IT 运营效率。在工业发展中，工业云助推企业走出研发效率低、产品设计周期长等困境。如北京的工业云服务平台包含云设计、云制造、云协同、云资源等服务模块，为企业提供制造、设计、营销等多种服务；亚马逊旗下的 AWS 云平台为汽车行业提供完整的车联网解决方案，涵盖数据获取层、数据服务层、应用服务层及平台 API 层四个层次，汽车制造商和供应商可以在 AWS 云上轻松开发和部署各种创新性车联网服务，包括但不限于导航及其他基于位置的服务、远程车辆诊断和运行状况监控、车辆安全服务等，加速了汽车行业商业模式的创新，以及产业链的重构和优化。总之，依靠云计算技术全面打造人、机、物互联的新型网络基础设施，形成智能化发展、平台化共享的新型业态，是推进制造强国、网络强国的重要基础，也是实现建成社会主义现代化强国的有力支撑。

三、区块链

区块链起源于比特币，是比特币的底层技术之一。区块链是按照时间顺序将数据区块以顺序相连的方式组合成的一种链式数据结构，是以密码学方式保证的不可篡改和不可伪造的分布式账本，其本质是一个去中心化的数据库，主要解决交易的信任和安全问题。

(一)区块链的原理

区块链的每一个数据块中包含了一批次交易的信息，用于验证其信息的有效性和生成下一个区块，相当于一种电子记录形式的账簿，其中每一个区块是账簿的一页，从第一页“链接”到最新一页。这些区块一旦被确认，几乎不能做修改操作，每个区块包含了当前一段时间内的所有交易信息和区块元数据。[①]在当前的金融体系中，各类交易活动依赖于第三方金融机构，这些机构通过严格的监管控制，使交易活动能安全稳定地进行，但随着互联网的进一步发展，人们对业务的要求越来越偏向于高效便利、透明安全、去中心化、去第三方化，互联网一直没能解决其承载信息的所有权问题，而区块链恰好能弥补这一空白。[②]

(二)区块链的特征

区块链具有去中心化、不可篡改、可追溯、透明开放四大特征。

1. 去中心化

去中心化是区块链最典型的特征。区块链技术通过分布式核算和存储，实现了节点与节点间的自由连接，以及信息的自我验证、传递和管理，而无须通过第三方中心机构。比如，目前常规的转账业务需要通过银行这一中心机构，而在区块链网络中，可直接实现点对点的转账。

① 何蒲，于戈，张岩峰，等. 区块链技术与应用前瞻综述[J]. 计算机科学. 2017，44(04)：1-7，15.
② 高航，俞学劢，王毛路. 区块链与新经济 数字货币 2.0 时代[M]. 北京：电子工业出版社，2016：25.

2. 不可篡改

区块链使用了哈希函数以及非对称加密等密码学技术，保证了区块链上信息的不可篡改和不可伪造。以采用工作量证明的区块链网络（比如比特币、以太坊）为例，只有拥有51%的算力才可能重新生成所有区块以篡改数据，但是这种破坏数据的做法不仅不符合拥有大算力玩家的自身利益，而且基本难以实现，这在一定程度上确保了区块链上数据的可靠性。

3. 可追溯

区块链上的信息按照时间顺序进行排列，“区块+链”的形式保存了每一个区块的所有历史数据和操作痕迹，区块链上任意一条记录均可追溯本源。

4. 透明开放

区块链系统整体是开放透明的，除了交易各方的私有信息被加密外，区块链节点信息、存储数据等对所有人开放，所有参与者均可通过公开的接口查询数据、开发应用等。

（三）我国区块链发展现状

如今，区块链扮演着越来越重要的角色，我国对区块链的发展高度重视，对区块链技术的研发和应用给予了大力支持，推动了区块链行业飞速发展。2016 年，国务院出台的《“十三五”国家信息化规划》提出，把区块链作为重点前沿技术，加强创新、试验和应用。2017 年 7 月，国务院印发的《国务院关于印发新一代人工智能发展规划的通知》指出，要促进区块链技术与人工智能的融合，建立新型社会信用体系。2018 年 3 月，工业和信息化部办公厅发布的《工业和信息化部办公厅关于组织开展信息消费试点示范项目申报工作的通知》提出，组建全国区块链和分布式记账技术标准化委员会。2018 年 6 月，工业和信息化部出台的《工业互联网发展行动计划（2018-2020 年）》提出，鼓励推进边缘计算、深度学习、区块链等新兴前沿技术在工业互联网的应用研究。2019 年 1 月，国家互联网信息办公室发布的《区块链信息服务管理规定》，明确了区块链相关的管理责任、法律依据。2019 年 10 月，习近平总书记在中共中央政治局就区块链技术发展现状和趋势进行第十八次集体学习中强调，区块链技术的集成应用在新的技术革新和产业变革中起着重要作用，并用“四个要”为区块链技术如何给社会发展带来实质变化指明了正确方向，简要概括为要探索“区块链+”在民生领域的运用、要推动区块链底层技术服务和新型智慧城市建设相结合、要利用区块链技术促进城市间在信息、资金、人才、征信等方面更大规模的互联互通、要促进政务服务体验。2020 年 4 月，国家发改委首次将“区块链”列入新型基础设施的范围，明确其属于新基建的信息基础设施，将进一步推动区域链与大数据、5G 等新技术的融合创新，助力实现新技术与产业的深度融合，加速构建现代化经济体系。我国在区块链技术上具有全球领先优势。中国信通院数据研究中心监测显示，截至2019 年 9 月，全球共有区块链企业 3078 家，美国、中国、英国是全球区块链企业最多的三个国家①，其中北京、旧金山、伦敦、纽约、新加坡区块链企业最为集中。在区块链专

① 中国信息通信研究院数据研究中心，陆亚鹏. 全球区块链产业回归理性发展[N]. 人民邮电，2019-12-30.

利申请方面，赛迪智库网络安全研究所、赛迪区块链研究院联合区块链专利联盟等发布的《2019-2020 中国区块链专利白皮书》显示，近几年，中国在区块链技术的专利数量增加迅猛，已经超越美国成为全球区块链专利数量最多的国家。2019 年 10 月，知识产权产业媒体 IPR daily 与 incoPat 创新指数研究中心联合发布“2019 年全球区块链企业发明专利排行榜(TOP100)”，入榜的全球前 100 家企业中，中国占 63 席，其中阿里巴巴以 1005 件专利排名第 1。

(四)区块链对新经济的支撑作用

区块链作为新技术，对新经济的支撑作用主要体现在两个方面：一是直接推动了与区块链技术相关的研发、软件业的发展，形成了新产业；二是重点体现在区块链技术对传统经济的融合渗透，不仅促进了传统产业的升级，而且产生了新业态、新模式，推动新经济快速发展。目前，区块链的应用领域已从金融行业逐步扩展到政务服务、司法存证、溯源物流、智慧城市、社区服务、公益慈善、医疗健康等，应用场景不断丰富，为新经济的发展提供了有力支撑。下面简单介绍区块链技术的应用领域。

1. 加密货币

加密货币是一种使用密码学原理来确保交易安全及控制交易单位创造的交易媒介。其是数字货币的一种，比特币就是第一个加密货币，比特币以外的密码货币又统称为“山寨币”或“竞争币”，目前市面上流通的加密货币达 800 多种。

2. 跨境支付

区块链去中心化的特点，将摒弃传统跨境支付所依赖的第三方中介，实现点对点快速且成本相对低廉的跨境结算。加之区块链开放、透明、可靠的特性，将进一步提高跨境汇款的安全性。如蚂蚁金服运用区块链技术实现中国香港与菲律宾之间的实时汇款服务。

3. 征信管理

区块链技术可以解决征信领域的信息共享、信息不对称等问题。区块链去中心化、不可篡改等特性，可以将数据请求、数据提供、数据评价等相关信息记录在区块链上，无须政府、金融机构、企业等机构共享信用信息，即可在有效保护数据隐私的基础上实现有限度、可管控的信用数据查询和验证，有效降低社会信用成本，助力重构社会信用体系。

4. 溯源物流

区块链技术不可篡改、不可伪造的特点将永久记录已经销售的物品信息，有效防止物品被再次销售。物流链上的所有节点通过区块链接，从商品生产商到消费者手中的每一个环节都记录在节点上，可以追踪查询，形成完整的链条，商品缺失的环节越多，暴露出其是伪劣产品的概率越大。如沃尔玛与毕马威、制药商默克共同参与区块链药物追踪试点计划，安永为葡萄酒开发可追溯性的区块链平台。

5. 版权保护

区块链技术可以解决版权保护问题。首先，区块链技术简化了鉴证证明的流程，使用户登记查询更方便，不用奔走在各个部门之间；其次，利用区块链技术，可以永久记录知识产权的价值交换活动，实现数字内容的价值转移，并保证转移过程的公开、透明、可信和可审计，有效预防盗版等不法行为。

6. 公益慈善

区块链技术的不可篡改、可追溯、透明开放等特点有助于在公益慈善领域建立全新的工作机制。公益慈善的捐赠项目、募集明细、资金流向等信息均可存放在区块链上，同时有条件地进行公开公示，方便公众和社会监督。

案例：阿里巴巴的区块链布局

2018 年 5 月，马云曾断言，区块链对世界的颠覆将会超乎想象。也曾表示，区块链和互联网在未来 20 年将重构世界金融系统。

早在 2014 年，阿里巴巴就开始研究区块链技术，多年来，一直专注应用场景的落地，在商品追溯、跨境支付、司法维权、公益行业等多个领域取得了突破性进展(表 5-1)。

表 5-1　阿里巴巴区块链布局的领域

布局领域	时间	主要做法	成效
技术专利	2015 年	蚂蚁金服成立区块链小组	《2017 全球区块链企业专利排行榜》显示，截至 2017 年底，中国在区块链专利的增速远超美国，领先全球。其中阿里巴巴以 49 件的总量排名第一
公益行业	2016 年 7 月	蚂蚁金服将区块链技术应用于支付宝爱心捐赠平台，与中华社会救助基金会合作，在支付宝爱心捐赠平台上线区块链公益筹款项目“听障儿童重获新声”	让每一笔善款可以被实时追踪
防伪溯源	2017 年 10 月	蚂蚁金服发起 BASIC 战略，支持进口食品安全溯源、商品正品溯源	澳大利亚、新西兰的 26 个海外奶粉品牌加入该战略
区块链存证	2018 年 4 月	蚂蚁雄安数字技术有限公司与中国银行雄安分行在雄安新区签署战略合作协议	雄安新区上线区块链租房应用平台，由蚂蚁金服提供技术支持
区块链+跨境汇款	2018 年 6 月	蚂蚁金服宣布上线全球首个基于区块链的电子钱包跨境汇款服务	能实现中国香港与菲律宾之间的实时汇款服务，在中国香港工作 22 年的菲律宾人格雷丝(Grace)完成了第一笔汇款，耗时仅 3 秒
区块链 BaaS 平台	2018 年 8 月	阿里云发布企业级区块链服务 BaaS，支持一键快速部署区块链环境	实现跨企业、跨区域的区块链应用
区块链+司法	2018 年 9 月	杭州互联网法院正式上线	起诉人可以通过线上申诉入口在线提交合同、维权过程等电子证据，公证处、司法鉴定中心、法院、蚂蚁金服等链上节点来共同见证、共同背书，为起诉人提供一站式服务
区块链+医疗	2018 年 9 月	复旦大学附属华山医院携手蚂蚁金服，推出全国首个区块链电子处方	这个技术能使医院处方精确无误且不可篡改，解决复诊患者拿着处方不遵医嘱在外面重复开药等多个问题

在 2019 年 11 月举行的商业银行数字化转型与发展研讨会上，阿里巴巴副总裁、阿里云智能新金融业务部总裁兼蚂蚁金服金融科技总经理刘伟光表示，蚂蚁金服已正式启动金融科技开放战略，将把经过内部实践检验的区块链、人工智能、生物识别、智能风控、云计算、分布式架构等技术全面开放给金融机构。阿里巴巴在区块链领域的布局走在了我国甚至世界前列，为区块链在各个行业的应用打开了局面，提供了新的模式。

案例：成都网信天成公司致力于成为区块链领先企业

一、公司基本情况

成都网信天成科技有限公司成立于 2012 年，总部位于成都市高新区阿里巴巴西部基地。经过多年的累积，已成为业界一流的技术解决方案供应商。截至 2020 年，网信天成体系在全球共有三个团队，分别在中国成都、泰国曼谷和英国伦敦。成都团队由一批高级别的软件架构师和产品经理组成，是基础软件项目、区块链项目和人工智能(金融)项目的技术研发中心；泰国团队为服务于东南亚的区块链用户提供各类交易支持；伦敦团队由一群经验丰富的金融学博士及原 Bloomberg 的高管组成，为区块链技术、数据分析及人工智能算法提供支撑。

公司的主营业务分为基础软件服务与先进软件服务两大板块。基础软件服务为网信天成针对基础软件开发构建的“J · matrix”开发模块阵列，该阵列技术上覆盖了全平台(包含 B/S、C/S、移动端及嵌入式开发)，相对自建团队或纯外包开发模式，能更高效率、高质量地解决和优化合作伙伴的技术生产力问题。作为技术基因公司，网信天成始终对先进技术保持着极高的敏感度，现已形成了以相关领域博士及专家为主导的区块链、金融人工智能及大数据项目组，正在将先进技术的核心封装成公共服务，即 A · matrix 项目。公司在区块链方面有多年的积累，支持过多个头部项目，有非常雄厚的区块链金融经验。

公司根据拥有的核心技术发展出了一系列的明星产品，包括区块链交易的全套解决方案、供应链金融整体解决方案、从金融到技术的全套解决方案。通过这一系列解决方案，网信天成迅速成为区块链行业的领先企业。

二、主要解决方案

区块链资产撮合交易解决方案。区块链或数字资产是一个对实时性、安全性要求非常高的业务场景。网信天成的区块链交易解决方案能解决超高并发的撮合交易引擎和持续升级的安全架构问题，最高支持过世界排名前二十的多个头部项目。

供应链区块链金融解决方案。网信天成的供应链金融解决方案结合了区块链交易方案和最先进的信用算法，能实现高准确度地判断小微型企业的偿贷能力，并且通过区块链将数据上链，确保数据真实、可追溯和不可篡改。公司将金融团队研发的一系列供应链金融产品开放给市场，让个人也能参与国家的供应链金融，进而快速推动一个行业的进步。

三、应用场景

网信天成两大解决方案主要瞄向新金融与新经济方向，其区块链撮合交易方案能针对当今所有的资产提供一种高真实性与高安全性的交易平台。区块链本身具有不可篡改和可溯源的性质，不仅可以对比特币、以太坊等一系列的数字资产进行交易，还有更多的应用场景。①版权交易。未来的中国一定会有更多的线上创造，那么版权的问题会越来越重要。版权完全可以由区块链进行发布确权，为了让版权的流通同时兼备稀缺性和流通性，在区块链上还能对版权进行有限切片，让更多的人持有版权。因为区块链能设置切片的数量，从而又能保证版权的稀缺性。当一个商品既有一定的稀缺性又有流动性，那么它就具有波动性，这个时候在区块链上就具有撮合交易的能力，当然这种交易系统还能运用到未来各种虚拟商品的交换当中。②虚拟商品交易。未来电子游戏的商品也将是一个巨大的消费市场，未来的游戏完全有可能打造一个虚拟电子产品的撮合交易系统，进而推动文化产业的发展。

网信天成的供应链区块链金融产品是一款通用于任何供应链的产品，目前主要的应用场景有物流、药企、金属等行业。①物流。通过物流企业上传运单、财务等信息，利用网信天成的算法快速算出相关资产数据，再通过其核心企业确认信息。这样就能将数据进行上链处理，确保数据可追溯和不可篡改。再通过这些上链的真实数据，告知相关资金方其资金需求，从而快速进行放款。②医药。网信天成能通过企业营销系统的数据分析出订单量，经过医院进行订单确定，根据相关应收账款进行放款。③金属。通过铝等金属企业运单订单等信息判断货物量，这时企业可以选择货物质押放款或应收账款放款。网信天成平台的亮点是一套先进的企业评级机制，通过评级机制评估企业的违约风险，根据不同违约风险发放不同利率的款项，从而维护整个供应链上资金的安全和公平。

四、VR/AR

VR 即虚拟现实（Virtual Reality），是指运用计算机发展过程中的一些高科技手段或高技术来构造一个虚拟的现实境界，可以给参与者提供在视觉、听觉、触觉等感官方面的模拟，从而能够让参与者有身临其境之感。

AR 即增强现实（Augment Reality），是指以人机交互和构想性为基本特征的计算机高级人机界面。利用这种全新的人机交互技术，可以对现实的真实场景进行模拟，使参与者能够通过虚拟现实系统真切地感受到在真实世界不能亲身经历的体验。

（一）VR/AR 的特征

1. VR 技术的特征

1）交互性

交互性指使用者对虚拟现实对象的可操作性及使用后反馈的自然程度，主要借助一些专用的设备来使参与者体验到如同在真实世界一样的感受。

2）沉浸感

沉浸感是 VR 最主要的特征。使用者通过佩戴专用设备与计算机创造的虚拟环境进行人机交互，可以身临其境地沉浸在计算机生成的三维虚拟环境中。

3）多感知性

多感知性指除了一般计算机所具有的感知以外的感知，如听觉感知、触觉感知、运动感知等。通过一些特殊的设备，能使参与者在虚拟的环境中体验到这些感觉。

4）想象力

VR 技术能使参与者在虚拟的环境中尽情发挥想象力，同时通过一系列的推理、判断等过程，发挥对未来的想象能力。如运用于制造业，将在一定程度上提高生产效率以及产品的开发质量。

2. AR 技术的特征

1）效果真实

能够让参与者有极大的“真实感”，可以从视觉效果、模拟运动效果等方面来实现。

2）互动性强

AR技术的核心就是在真实场景中构建虚拟影像并进行互动，判断AR技术的好坏就在于其是否实现了真实与虚拟的完美互动。完善AR技术，就要提高虚拟与真实场景的契合性与互动性。

3）实用性强

如今AR技术已部分用于娱乐游戏、产品研发模拟、军事模拟、教育、体育赛事等领域。如在游泳比赛的电视转播中可以看到真实场地和运动员，运用AR技术在水道之间添加虚拟线条，可以清楚显示运动员的位置，这能给观众更清晰的视角和更优质的赛事体验。

（二）VR/AR的区别和联系

VR和AR的区别主要体现在场景、设备和技术三个方面。

（1）在场景方面。VR所呈现的图像完全是虚拟的，提供给用户的是一个完全虚拟化的空间，即“VR=虚拟世界”；而AR是基于对现实环境的叠加而形成的数字图像，提供给用户的是在真实环境下的一个虚拟物体，即“AR=真实世界+数字化信息”。

（2）在设备方面。VR的代表性设备有头显设备、Oculus Rift、HTCVive等。VR设备笨重，这些设备主要应用于一些虚拟游戏和虚拟现实电影方面。AR设备轻便灵活，AR的代表性设备有摄像头、HoloLens手机、平板电脑、AR眼镜等。如美国电影里的钢铁侠就是AR技术的体现。

（3）在技术方面。VR是模拟现实，通过虚拟场景给用户带来一种沉浸式的体验，让其分不清是虚拟还是现实。而AR是光学的投影、光场的显示，AR技术本身就是处于现实世界，只是对现实世界加以装点和修饰，从而实现“现实—虚拟”的交互。

VR和AR二者虽有差别，但也不是完全独立的技术。VR主要借助计算机产生的图像来取代现实世界，AR则是将通过算法和计算机等生成的图像投射到用户所在的环境当中。随着两种技术的持续推进，其边界也会逐渐模糊。在未来，这两种技术可能会同时存在于同一设备之中。

（三）我国VR/AR的发展现状

近年来，我国高度重视VR/AR的技术发展，并在国家层面积极规划和重点布局。2016年，国务院印发的《“十三五”国家战略性新兴产业发展规划》明确提出，要推动新经济下的数字创意产业的持续发展，通过“技术+创造”来引领新消费，进一步加大空间和感知等基础性技术的研发力度，加快推进VR、AR全息成像等核心技术的快速发展。2017年，在全国信标委图形图像分委会的组织下，中国电子技术标准化研究院正式发布《虚拟现实头戴式显示设备通用规范》（中文版和英文版），为VR相关产品的研发和应用提供了基本依据。2018年，工业和信息化部发布《关于加快推进虚拟现实产业发展的指导意见》，要求把握虚拟现实等新一代信息技术孕育发展机遇，以加强技术产品研发、丰富内容服务供给为抓手，提升产业创新发展能力，推动新技术、新产品、新业态、新模式在各领域广泛应用，推动我国信息产业高质量发展，为我国经济社会发展提供新动能。2019年，工业和信息化部等多部门印发《超高清视频产业发展行动计划（2019-2022年）》，明确指出，要推动超高清电视、机顶盒、虚拟现实（增强现实）设备等产品普及。2020年，教育部印发《国家开放大学综合改革方案》，指出依靠 5G、人工智能、虚拟现实、区块链、大数据、云计算等新技术，加快建设服务全民终身学习的在线教育平台，提高教育现代化水平。同年，工业和信息化部办公厅印发《建材工业智能制造数字转型行动计划(2021-2023 年)》，提出形成若干大数据、云计算、物联网、区块链、5G 通信、虚拟现实、工业互联网等新一代技术应用场景。这些政策不仅从顶层设计上鼓励支持 VR/AR 技术的研发创新，更是为“VR+”“AR+”的融合发展、落地应用指明了方向。

我国 VR/AR 整体市场规模持续扩大，根据中国报告网数据显示，2018 年中国 AR/VR 行业市场规模达到 233.75 亿元，其中 AR 行业市场规模约为 6.25 亿元，VR 行业市场规模约为 227.5 亿元；从需求端来看，AR/VR 的市场需求不断提升，2018 年我国 AR/VR 行业的消费支出约为 30.38 亿元，预计到 2023 年或将突破 650 亿元。其中 VR 市场扩展更为迅速，根据中国移动研究院用户与市场研究所 2020 年 6 月发布的《VR 产业发展现状分析》显示，2019 年，我国 VR 市场规模达到 398 亿元，2020 年市场规模达到 556 亿元，同比上升 40%；我国 VR 终端出货量也呈加速上升趋势，2018 年出货量为 117 万台，预计到 2023 年达到 1050 万台，年均增长率达 55%，远高于全球 26%的增长速度。

(四) VR/AR 对新经济的支撑作用

作为新一代信息技术，VR/AR 对新经济的支撑作用主要体现在培育新动能、加速新旧动能转换，从而推动新经济快速发展，具体表现为 VR/AR 产业链延伸出的新产业、新业态、新模式等。VR/AR 产业链均包含硬件、软件、应用服务三大环节：其中硬件包含显示面板、光学镜头、主控芯片、传感器等电子元器件的研发生产以及外接式的 VR、一体式 VR、手机盒子 VR、AR 眼镜等设备制造；软件包含系统平台、信息处理、语音处理、手势识别、数据采集、数据处理等功能开发；应用主要是 VR/AR 技术与实体经济的深度融合，包括设备制造和维修、商品展示与销售、娱乐游戏、辅助教学与培训、抢险救灾等领域的应用服务，逐渐发展为传统经济赋能升级的重要引擎。下面简单介绍几种应用领域。

在车载导航方面，随着 5G 技术的日益成熟和普及，可以将基于 AR 的车载导航变成现实。AR 车载导航可以将实时的路况信息和区域地图等信息投射在驾驶员正前方的挡风玻璃上，使驾驶员在搜索路线的同时能够及时把握路况，不但能提升驾驶的安全性，还可以有效缓解驾驶员在行驶时频频低头的疲劳感，大大提升了驾驶体验。

在电子商务、家装设计、商业商品展示等方面，借助 VR/AR 技术能更加生动、全面地向消费者展示产品及服务的特性和特点。同时能够为消费者提供个性化、定制化的家居、室内装修、美妆、服饰等方面的虚拟设计和体验。如阿里推出的“AR+新零售”、京东的 AR 试装应用、亚马逊的 VR 快闪店等，各大电商平台纷纷推出并使用 VR、AR 购物系统，创新了一种优质的购物体验。

在地产行业，传统的地产宣传一般都是利用图片、短视频、沙盘等，不能使客户对楼盘有全面的了解、立体的认识，但通过利用 VR/AR 技术能将房屋模型、家居环境等充分展现给客户。如安居客、58 集团、贝壳找房等平台，多数使用 3D 实拍+全景漫游技术，推出 VR 全景看房，能使客户从各个角度清晰地了解房屋的整体布局及设计，甚至可以清楚地看到一些陈列架上的书本，大大缩减了实地看房的时间，给消费者更新奇的体验。

案例：基腾(成都)科技有限公司裸眼3D技术创新发展①

一、公司基本情况

基腾(成都)科技有限公司(下文简称“基腾”)于2018年4月在成都天府新区合资成立，公司拥有视觉系统设计、SOC芯片设计、光路设计、嵌入式系统设计、视讯算法等核心技术，并且技术水平处于国际领先地位。公司团队核心成员由18位来自电子科大、台湾交通大学实验室、台湾工业技术研究院、联发科技的杰出校友和全球顶尖芯片设计公司的资深专家组成。公司拥有的裸眼3D(不借助任何穿戴式设备便可感受3D视觉)产业化技术是世界领先的软硬件方案，是目前国内唯一实现裸眼3D技术成果转化成可市场商用推广的项目产品；同时基腾也是目前世界领先的实时2D转3D图像处理算法这一发明专利技术的拥有者。裸眼3D技术是3D显示技术发展的终极方向，被认为是下一代最有生命力的显示技术和智能硬件普及的黑科技，其潜在市场空间难以估量。

公司根据拥有的核心技术优势已经发展出裸眼3D、AR眼镜、透明显示、无人高级辅助驾驶系统等项目产品，正在进行产业化推广发展。

二、主要产品

产品一：裸眼3D光学膜片。其通过外贴或内置在手机、平板、电脑等智能终端设备屏幕，使普通终端设备轻松升级为2D、3D双模式兼容的裸眼3D显示终端。

产品二：App软件算法。提供各种3D相关应用开发标准化API(Application Programming Interface，应用程序接口)，能接入直播平台、购物商城、游戏、视频内容，并支持用户3D拍摄、3D录像、3D播放、3D直播、游戏3D化等3D视讯功能。

产品三：实时2D转3D视觉算法核心服务器。完成世界最快的实时2D转3D直播，支持8K、360实时转换；视频内容无须修改后制，直接转为3D格式；所有游戏无须修改加工，可直接转为3D游戏；支持所有裸眼3D、AR/VR终端设备。其结构为：FPGA SoM嵌入式主板+基腾2D转3D算法。

依托以上三大产品形成基腾3D赋能平台，如图5-2所示。以生成3D信号的运作方式，串联直播平台、购物商城、频道商、手机游戏商、内容商、广告商的内容，将其信号输入基腾3D转换服务器(3D内容处理设备)，透过基腾自主开发的核心3D转换图像处理技术(包含2D转3D技术、3D转3D技术)，将由入口平台所串联之2D内容或原生3D内容转换生成3D显示信号，再透过基腾3D入口平台推送所生成的3D显示信号，实现对2D内容的3D赋能。还可通过基腾裸眼3D显示技术实现显示端的2D到3D的赋能。

① 案例基于基腾(成都)科技有限公司提供资料整理。

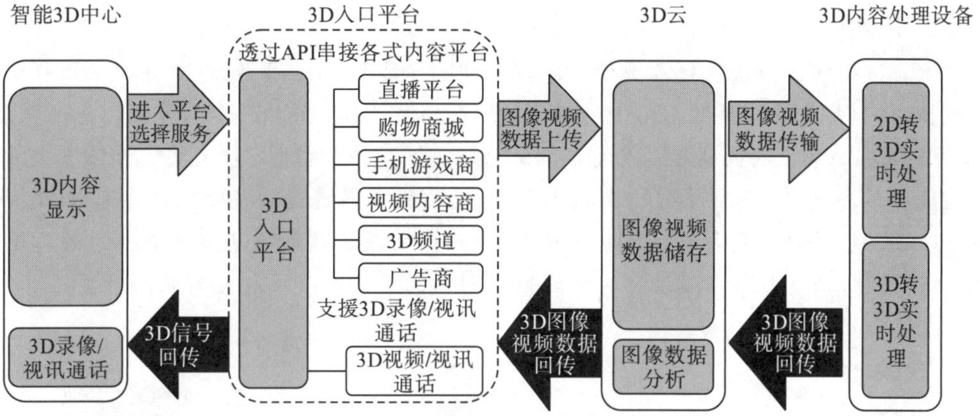

图 5-2　基腾 3D 直播、点播系统示意图

三、应用场景与市场分析

(一)应用场景

以 5G 网络为支撑、移动通信市场为载体，依靠公司关键技术的支持和服务能力，拉通终端生产厂家、运营商、内容商形成产业生态链，并渗透消费娱乐、教育、文化广告、医疗等领域。运营商可以依托基腾 3D 云平台和基腾裸眼 3D 显示终端为用户推出 5G 裸眼 3D 业务，3D 视频需要的带宽是 2D 视频的 2～4 倍，能为运营商增加成倍的 5G 流量收入；终端厂商可以在不增加投资的情况下进行终端升级，2D 与 3D 共存；内容商通过基腾 3D 赋能平台，直接将 2D 内容转化成 3D 内容，实现内容的拓展升级。

基腾的裸眼 3D 产业化应用的场景十分广泛，有智能显示的地方都能进行 3D 赋能，如图 5-3 所示。比如，用户可以将拍好的 2D 视频、照片通过基腾 3D 平台进行转换，即可通过裸眼 3D 终端观看 3D 视频、照片；如果用户在旅游，想实时分享看到的美景，只需要通过基腾的手机客户端进行摄像直播，后台会实时将 2D 输入源转换为 3D，那么直播出来的画面通过裸眼 3D 终端观看就是立体的，能给人一种身临其境的感受。不仅拍摄的视频能进行实时转换，已有的 2D 片源、商城展示的 2D 广告、购物商城、游戏等都能通过基腾 3D 云平台进行 3D 赋能。

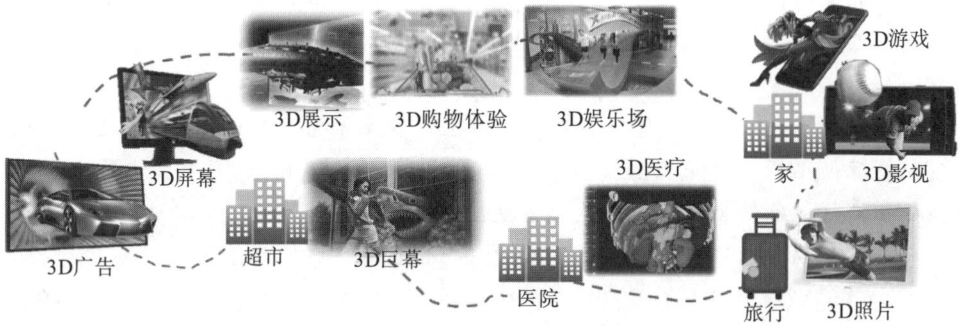

图 5-3　基腾裸眼 3D 技术应用场景

（二）落地验证

裸眼3D视频点播和直播业务于2019年3月25日至2019年8月30日在中国移动5G联合创新中心完成项目孵化。2019年5月18日，在“比特节拍”音乐节上，基腾联合成都移动、深圳华为，共同实现了全球首次基于5G网络下的裸眼3D直播。如图5-4所示，直播2D视频源通过5G网络传输到基腾2D转3D服务器进行转换处理，再通过5G网络传输到裸眼3D终端进行显示。2019年9月，该应用荣获工业和信息化部举办的第二届“绽放杯”5G应用征集大赛中国移动智慧城市专题赛的第一名以及最佳商业价值奖。

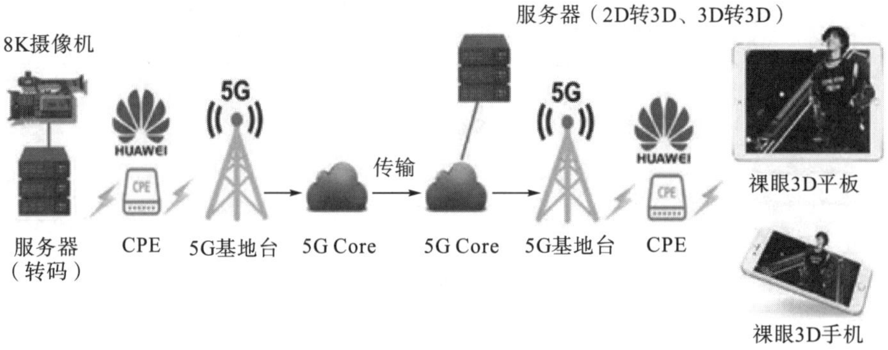

图5-4 直播验证网络结构图

（三）市场分析

公司裸眼3D技术产品覆盖了手机、电脑、电视等智能终端产业的应用场景，但通信市场是目前产品应用最成熟、潜力最巨大的目标市场，其终端厂商、内容商、移动通信是公司的B端、C端目标客户群体，是最重要的推广市场。特别是代表新基建的5G网络的加速建设，电信运营商将依靠新的业务和业务模式来实现收入和利润的增长，而5G网络环境下的裸眼3D业务就是新的业务和模式，将为处于业务发展徘徊时期的电信运营商创造出新的增长前景。

运营商、终端厂商、内容商通过基腾3D赋能平台的连接会构成一个覆盖巨大市场的新型产业链，将渗透消费娱乐、医疗健康、文化创意、购物商城、游戏、广告等社会经济领域，形成完整的产业生态，产生新的服务和业务产品，汇聚成巨大的3D流量经济，市场规模和商业价值将是万亿等级的，其推动的社会和经济效益难以估量。

四、公司发展方向

公司团队十多年来深耕光学设计及图像处理，专注于裸眼3D和图像处理技术及产品的研发，拥有世界领先的裸眼3D软硬件整体方案、世界最顶尖的光电技术团队和深厚技术以及知识产权储备。公司未来发展战略包括以下两阶段。

第一阶段：以全球领先的裸眼3D软硬件一体技术方案启动市场，规划推动基于5G的4K/8K超高清视频直播平台及裸眼3D技术的产业化应用推广。项目实施第一年，完成直播平台开发建设和裸眼3D显示产品实现量产，第二年支持在成都大运会实现全球首次赛事赛况的裸眼3D现场直播和点播。

第二阶段：以基于5G网络的裸眼3D技术产业化应用的推广为抓手，拉通运营商，全球各大品牌手机、平板、电视、AR/VR 等新型智能终端厂商，视频和游戏等内容商而形成新型的 3D 产业生态。吸引汇聚全球终端厂商的投资，特别是通过与在成都的传统光电企业(比如长虹、京东方)，以及四川媒体、游戏等新型媒体企业强强联合，利用公司深厚的技术积累、技术储备和大量的专利，在光电技术、全息显示技术、AR、嵌入式产品设计、IC 芯片设计等方面发力，在成都孵化出一批具有国际一流科技成果的企业，推动形成具有国际影响力的光电技术产业。

未来，公司将持续在成都构建有别于深圳、杭州的新型互联网经济产业生态模式。深圳的互联网经济模式主要以社交平台、消费娱乐为主；杭州的互联网经济模式主要以平台交易、购物商场为主；基腾在成都打造的 3D 赋能平台将向社会经济领域、传统行业渗透，通过对传统行业的赋能升级，构建巨大的互联网流量经济，加速新旧动能接续转换，推动新经济快速发展。

第二节 人才支撑

人才是第一资源，是新经济发展的关键支撑。新经济作为一种可持续发展的经济，在技术特征、组织结构、产业组织等方面都有别于传统经济，其更强调以智力为支撑，以创新为核心。智力的体现是以人为载体，创新也只能以人为载体。为此，作为新经济运行活性支撑——人的作用性质没有改变，但人力或人才的作用机制相应发生了变化。新经济跨界、互联互通的特征需要更多的创新企业家和复合型人才。当今国际经济竞争的本质是潜在的智力资本的竞争，积极培养、引进、使用各类人才，强化制度设计和政策创新，最大限度释放人才的积极性和创造力是助力新经济发展的基石。

一、我国人才现状

(一)中低端劳动力被替代，高端人才出现紧缺

随着经济的快速发展、社会的不断进步、技术的迭代升级，中低端劳动力被替代的风险越来越大，而对复合型人才、应用型人才、创新型人才等高层次、高技能人才的需求越来越旺盛。

目前，人工智能、大数据等新技术与实体经济正加速融合，在制造业领域，“数字车间”“智能工厂”等加快了“机器换人”的步伐，减少了对简单技能岗位人员的需求；在服务行业亦是如此，不断涌现的“无人商店”“智能客服”等降低了对收银员、服务员、人工客服的需求，但与此同时，高技能劳动力短缺也成为普遍现象。2017 年以来，我国劳动力市场求人倍率(岗位数与求职人数的比)连续保持在 1.2 以上[①]，而高技能人才的求人倍率连年高于 2，供需矛盾十分突出。根据工业和信息化部人才交流中心编写的《人工智能产业人才发展报告(2019-2020)年版》数据显示，我国人工智能产业中，有效人才缺

① 佚名. 2020 年第二季度部分城市公共就业服务机构市场供求状况分析[J]. 中国人力资源社会保障，2020(09)：34-35.

口达 30 万人，且特定技术方向和岗位上人才供需失衡比例尤为突出，其中，计算机视觉领域岗位人才供需比为 0.09，即 100 个岗位需求中相关从业人才只有 9 个，属于极度稀缺程度。“十四五”时期，我国迈入全面建设社会主义现代化国家的新征程，深入实施创新驱动发展战略，把科技自立自强作为国家发展的战略支撑，将对“高精尖”研发人才产生巨大需求。虽然我国科技人才总量保持稳定增长，但建立一支规模宏大、结构合理、素质优良的创新型科技人才队伍需要花费很多精力和时间，因此，加快高端人才的引进培养仍是我国未来很长一段时间的重要任务。

（二）劳动力转移出现新趋势，结构优化需求凸显

产业结构的调整与劳动力结构的调整紧密相连。产业结构的调整会带动劳动力结构的调整，而劳动力在三次产业中的分布也会直接影响产业结构调整的效率和质量。“十四五”期间，以深化供给侧结构性改革为主线的产业调整和以智能化、数字化为导向的产业转型升级，会对产业人口转移产生新的影响，即从过去的农业剩余劳动力向外转移为主，转为工业人口向内部高效率部门转移以及向外转移至服务业为主。[①]第一产业剩余劳动力向外转移速度趋缓。改革开放以来，随着国民经济的快速发展和异地转移政策的宽松，大量农村剩余劳动力向非农产业转移、跨地区流动，导致第一产业的劳动人口数量急剧下降。近年来，我国东南沿海地区部分劳动密集型产业呈现产能过剩态势，正逐步向中西部地区转移，加之我国大力推进新型城镇化，实施乡村振兴战略，大部分农业剩余人口选择返乡创业或省内就近就业，农业剩余人口向外转移速度放缓。值得注意的是，我国坚持走农村一二三产业融合发展道路，大力推进农业现代化、丰富乡村经济业态，发展数字乡村、实施乡村建设行动等，对乡村人才数量和质量都提出了更高的要求。正如习近平总书记强调，要“就地培养更多爱农业、懂技术、善经营的新型职业农民”，提高农民科技文化素质，推动农业、农村高质量发展。

第二产业人力资本需求面临结构分化。一直以来，全要素生产率增长最快、对中国经济高速增长推动力较大的均是第二产业。从 2012 年起，第二产业发生了以下两个显著变化。①人均产值增速大幅下降。一方面是技术进步效应对第二产业增长的贡献率下降；另一方面是产业的结构性效率出现重大变化，劳动力密集行业效率下降，就业存量过剩，而资本和技术密集型行业虽然保持较高效率，但就业供给不足。②就业弹性[②]从正值区间变成负值区间，这是因为人力资本在产业内部转移滞后，大量的人力资本滞留在低效率行业形成过剩，未向高效率行业转移。

第三产业人力资本需求持续增长。改革开放以来，服务业在全社会就业中的比重持续上升，是三次产业中就业弹性保持较高的产业。现阶段服务业吸纳就业主要包括以下三个特点：①服务业及所有分支行业部门占全社会就业比重均持续上升；②服务业各分支行业就业增长分化明显，例如房地产、信息服务、租赁与商务服务业等行业就业增速加快，另外科技、卫生、金融吸纳就业增速高于平均水平，而文体娱乐、批发零售、交运仓储行业低于平均水平；③服务业及各分支行业的就业弹性在逐渐下降。也就是说，服务业将是吸

① 刘理晖．关注产业人力资本新需求[N]．经济日报，2017-06-17(007)．
② 就业弹性：就业增长率与经济增长率的比值，即经济增长每变化一个百分点所对应的就业数量变化的百分比。

纳一、二产业中低端转移劳动力的主要产业，同时又面临向中高端服务业转型发展的内在压力。[①]

（三）人力资本全球化配置需求涌现

随着综合国力不断提高，我国的国际地位显著提升，参与全球经济治理的程度日益加深，为了加快实现经济发展、技术追赶和创新超越，仅依靠本国人才在国内配置是远远不够的，必须积极开展人力资本的全球化配置。从人才流动趋势看，中国正在从“人才流出国”逐步转变为“人才流入国”，可以预见的是，未来学成回国人数将极有可能超过出国人数，甚至出现人才“净回流”现象。但也需特别注意的是，目前我国利用的国际人才资源仍以海外留学归国人员为主，在华工作的高层次外籍人才以及创业、就业人员严重不足。就国际化人才而言，我国必须基于产业发展的需要和重点，做到精准引才。比如，推动“一带一路”建设，亟须一批熟知当地和第三国商务、法律和文化的国际人才；推进中国企业“走出去”战略，亟须具有国际市场操作经验、熟知海外项目和研发生产基地设立规范的相关人才；为加快技术追赶，亟须引进人工智能、工业互联网、高端制造业等新兴产业领域国际人才[①]。

二、引育新经济人才的路径

（一）加大人才引进力度，优化人才结构

要大力引进海外人才，倡导留学人员回国发展，为大量学有所成的海外学子提供广阔发展空间，注重人才创造能力的培养和潜能的发掘，使其充分发挥聪明才干和远见卓识。落实外商投资法、移民法规，用更好的条件、更完善的配套措施、更优越的营商环境，吸引大量外籍高端技术人才，建立更具有国际竞争力的海外人才引进制度，为海外归国（来华）人才解决户籍、住房、子女入学等实际问题[②]，更为重要的是积极为该类人才提供良好的创业与科研平台，以及提供相对宽松的政治环境，充分发挥其对于发展新经济的重要作用。留住并用好国外高端科研人才，加快攻克核心领域的技术难题，为中国新经济发展提供智力支持。要抢抓中国高质量发展机遇，在实施路径和方法层面，用长远的国际化的眼光，并借用一切可用的政策手段，大胆进行“智力资本积累”。

（二）增加“高精尖缺”人力资本有效供给

针对高科技人才相对缺乏、部分流失的问题，要加快对科技型人才的培育并改进人才的激励机制，扎实推进产学研协同创新，加强紧缺高端复合人才培养。大力发展高等教育，加快“双一流”建设，完善各有侧重的培养模式，突出产教融合的专业学位研究生培养模式、科教融合的学术学位研究生培养模式。[③]扩大教育开放，同世界一流资源开展高水平

① 刘理晖．关注产业人力资本新需求[N]．经济日报，2017-06-17（007）．

② 王靖华．“外国专家”和“海外高层次人才”来华（回国工作）配偶、子女、住房方面的优惠政策[J]．国际人才交流，2009（12）：54-55．

③ 中共中央办公厅、国务院办公厅印发《加快推进教育现代化实施方案（2018-2022 年）》[J]．中华人民共和国教育部公报，2019（Z1）：6-8．

合作办学，通过建设国际一流的科研院所、一流的大学和一流的国家实验室，增加人力资本知识供给，提高整个国家知识的存量和流量。尊重企业家人才的社会地位和创新精神，依法保护企业家的创新收益和财产权，通过营造新型的政商环境培育造就一大批勇于创新、敢于冒险的创新型企业家。围绕工业制造业高质量发展，加快发展现代职业教育，不断优化职业教育结构与布局。推动职业教育与产业发展有机衔接、深度融合，集中力量建成一批中国特色高水平职业院校和专业。[①]切实转变学生就业观念，扭转社会对于技工类学校的偏见，为技术型人才提供良好的收入与福利待遇，努力培养复合应用型人才。

（三）完善人才激励机制，激发人才创造热情

优化和创新事业单位编制管理办法，完善相应的配套保障机制，破除制约高素质人才流动的体制机制障碍[②]，激发人才流动活力。在户籍或居住证等方面，为新兴经济领域市场主体录用人才提供便利。对从事基础科学研究的人才，要改善其工作和生活条件，给予其更高的待遇，同时加大对科学人才的表彰奖励力度。对从事应用技术开发的市场经营界的科技人才，进一步完善市场运行机制和社会分配制度，通过市场的配置机制来提高其薪酬待遇和社会地位。充分挖掘资源优势、放大平台效益，不断激发科研人才的生机活力，创新驱动高质量发展。

第三节 金融支撑

金融，简单地说就是“资金融通”，其与实体经济之间是相互促进、互利共生的。随着信息技术的全方位普及，大数据、云计算、人工智能、区块链等新兴技术的行业渗透，新产业、新技术、新业态、新模式争相涌现，对金融体系提出了新要求，进而催生了“新金融”。新金融绝不是对传统金融的颠覆，而是在新的发展背景下产生的新的金融产品以及服务、金融市场体系、金融监管模式等，是传统金融适应新市场环境后发生的变化。新金融的实质仍是服务实体经济发展，创新的金融产品、高效的金融服务、多层的资本市场、有效的金融监管进一步满足了实体经济发展的资金需求，助力了新经济的健康、快速、平衡发展。

目前，我国有很多新金融的提法，如互联网金融、绿色金融、普惠金融、科技金融、消费金融、供应链金融、文创金融等，从其名称可以看出新金融发展的整体方向和与特定行业的融合。下面从定义与内涵、产品体系、政策体系和支撑作用四个方面重点介绍互联网金融、绿色金融和科技金融（图 5-5）。

---

① 中共中央、国务院. 中国教育现代化 2035[J]. 中华人民共和国教育部公报，2019(Z1)：2-5.
② 人力资源社会保障部，国家发展改革委，财政部. 关于加快发展人力资源服务业的意见[J]. 四川劳动保障，2015(2)：28-30.

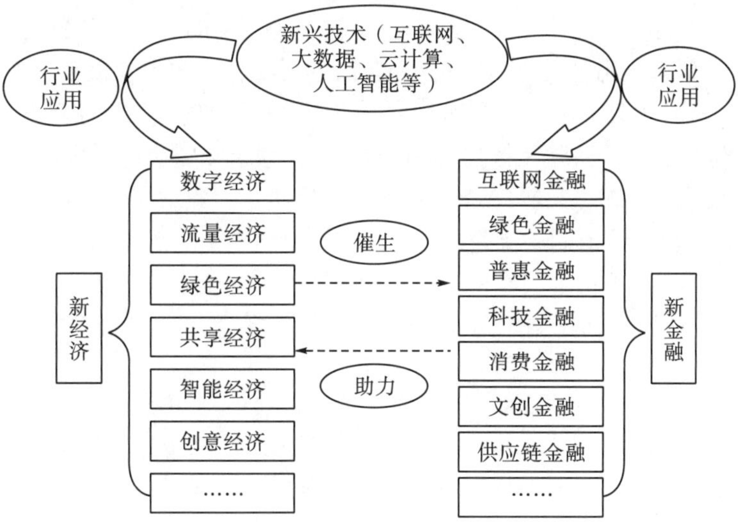

图 5-5　新经济与新金融的作用关系示意图

一、互联网金融

（一）互联网金融的定义与内涵

互联网金融是传统金融机构与互联网企业利用互联网技术和信息通信技术实现资金融通、支付、投资和信息中介服务的新型金融业务模式。[①]从定义可以看出，互联网金融主要包括两个层面：其一是传统金融机构的产品服务、经营管理等层面的创新，比如各家商业银行的手机银行 App、证券行业的非现场开户等；其二是互联网企业涉猎金融领域后的创新，比如阿里巴巴的阿里金融、京东集团的京东金融、美团外卖的“借钱”服务等。

（二）互联网金融的产品体系

1. 互联网支付

互联网支付是指通过计算机、手机等设备，依托互联网发起支付指令、转移货币资金的服务。[①]互联网支付区别于传统的现金支付、刷卡支付，其支付工具是电脑和手机等设备，应用场景包含线上和线下，依托平台有银行业金融机构和第三方支付机构。这里以支付宝为例讲述第三方支付机构的发展历程和运作模式。

2003 年 10 月，淘宝网首次推出支付宝服务，支付宝是为了解决淘宝网站购物双方的信用问题而产生的。当时，淘宝用户购物的模式以“线上联系、线下付款”为主。源于买方担心先付款无法收到商品、卖方担心商品售出无法回款的问题，为了给交易双方提供担保，淘宝网创新推出担保交易产品——支付宝，即买方下单后，资金即时支付到支付宝平台，支付宝通知卖方发货，买方收到货物确认后，通知支付宝付款，支付宝再将款项转给卖家。

---

① 该定义来源于2015年7月18日中国人民银行等10部委联合下发的《关于促进互联网金融健康发展的指导意见》（银发〔2015〕221 号）。

2004 年 12 月，支付宝从淘宝网独立出来，旨在为更多的电子商务公司提供支付服务；2008 年 2 月，支付宝推出手机支付；2010 年 12 月，支付宝与中国银行合作，首次推出信用卡快捷支付，用户无须开通网银即可用银行卡进行网上支付，大大提升了用户的支付体验，助力了支付宝的又一次腾飞；2011 年 5 月，支付宝获得央行颁发的《支付业务许可证》，获得第三方支付牌照；2017 年 2 月，支付宝推出“收款码”，加快布局线下市场；2018 年 12 月，支付宝推出刷脸支付硬件产品——“蜻蜓”，逐步在机场、地铁、酒店等线下场景投入使用。从支付宝的案例可以看出，第三方支付是基于解决实体交易出现信息不对称的问题而产生的，呈现出网上支付、手机扫码支付、生物技术支付等多种形式。

2. 互联网理财

互联网理财是指传统金融机构和互联网公司借助互联网平台销售基金、保险、理财等产品。传统金融机构销售互联网理财主要包括：银行通过官网、手机 App 销售银行理财、代销基金、代销保险等产品；证券、基金、保险公司通过官网、手机 App 直接销售股票、基金、保险等产品。近年来，各大商业银行不断丰富官网、手机 App 页面展示，提升客户使用体验，并发行手机银行专享理财等，引导客户使用手机银行，提升客户黏性。由于保险、基金、证券公司的成立条件都特别严格，互联网公司[①]须取得经营牌照才可销售相应产品，所以，互联网公司主要是利用平台客户流量大的优势，代销一揽子基金、保险等产品。比如京东金融的“京东小金库”实则是代销的货币基金，“小白精选”是券商发行的集合理财、保险公司发行的定开型养老保障产品，保险是代销的各家保险公司的产品。

3. 互联网借贷

网络借贷(简称 P2P 网贷)，是资金闲置方和资金需求方基于互联网平台而产生的借贷行为，根据资金供给主体的不同，有个体网络借贷和网络小额贷款两种形式。个体网络借贷是指个体和个体之间通过互联网平台实现的直接借贷，如宜人贷、人人贷等；网络小额贷款是指互联网企业通过其控制的小额贷款公司，利用互联网向客户提供的小额贷款，如阿里小贷、京东重庆小额贷款公司等。[②]下面以宜人贷为例介绍一下网络借贷的运行模式。

宜人贷隶属于宜信公司，成立于 2012 年 3 月，旨在为有资金需求的借款人和有理财需求的出借人搭建线上互动平台。2015 年 12 月在美国纽交所成功上市，是我国第一家在美国纽交所上市的 P2P 平台。2018 年 6 月，宜人贷接入百行征信，与百余家互联网金融机构共建共享信用信息。宜人贷平台利用互联网和大数据技术对借款人进行风险评估，可实现借款极速审批，即“1 分钟授信、10 分钟快速审核、最快 30 分钟到账”；对于出借方设计多款投标产品，期限从 1 个月到 36 个月不等，并标明参考年回报率。为了保障交易真实、安全、透明，宜人贷平台将客户交易资金交由广发银行托管，实现了用户资金与平台资金的有效隔离；建立了风险备用金机制，引入保险公司和担保公司，有效保障出借

① 目前，我国的互联网保险公司有四家，分别是安心保险、众安保险、易安保险、泰康在线。
② 该定义来源于2015年7月18日中国人民银行等10部委联合下发的《关于促进互联网金融健康发展的指导意见》(银发〔2015〕221 号)。

人的利益；对出借人公开借款人详细信息和服务协议，出借人可随时查询。

值得注意的是，自 2007 年我国成立第一家 P2P 平台以来，P2P 公司大量涌现，但近年来 P2P 平台接连暴雷，带来了较多社会问题和风险。2016 年 4 月 13 日，银监会印发《P2P 网络借贷风险专项整治工作实施方案》（银监发〔2016〕11 号），成立网贷风险专项整治工作领导小组，启动 P2P 网络借贷的整治工作。2017 年 11 月，互联网金融风险专项整治工作领导小组办公室下发了《关于立即暂停批设网络小额贷款公司的通知》，全国暂停批设互联网小贷牌照。《关于做好网贷机构分类处置和风险防范工作的意见》（175 号文）明确将坚持以机构退出为主要工作方向，这是 2019 年 1 月由互联网金融风险专项整治工作领导小组办公室、P2P 网贷风险专项整治工作领导小组办公室联合发布的文件，文件还提出除部分严格合规的在营机构外，其余机构能退尽退，应关尽关，加大整治工作的力度和速度。

4. 众筹融资

众筹融资是创新创业者或小微企业通过互联网平台进行融资的活动，参与主体包括发起人、投资人、互联网平台。根据投资人获得的收益类别，可以将众筹划分为股权众筹、债权众筹、回报众筹、捐赠众筹四种形式（表 5-2）。

表 5-2 众筹融资的分类

众筹类别	定义	示例
股权众筹	投资人对项目或公司投资获得股权或分红，不同于股权融资	人人创、天使投、京东众筹的东家
债权众筹	投资人对项目或公司投资获得利息并收回本金	类似 P2P 网贷平台
回报众筹	投资人对项目或公司投资获得产品或服务	京东众筹的产品众筹
捐赠众筹	投资人对项目无偿投资	水滴筹、轻松筹的大病救助

从表 5-2 可以看出，京东众筹形式较多。京东众筹隶属于京东金融，于 2014 年 7 月上线，旗下有产品众筹、东家平台和众创生态三大体系，为创新创业者提供了从筹资、孵化到助力成长等一系列延续性的服务。产品众筹的运作模式是发起人在平台上传项目内容、产品卖点、资质认证等信息，投资人根据发起人对项目的阐述，在京东众筹平台选择“支持”即可。产品众筹项目成功后，投资人将优先获得发起人提供的产品，项目失败，投资人本金可能会全部损失。东家平台属股权众筹，采用了“领投+跟投”的方式，领投人多是风投界的名人；东家平台设立了国内首个跟投基金——熙金资本跟投基金，投资人把钱投给跟投基金，跟投基金再去投资一揽子创业项目；项目成功后，投资人可以获得股权或者现金收益，项目失败，投资人本金可能会全部损失。为了保障投资人的权利，京东众筹重点抓好三个方面：一是严控项目准入，层层评估项目可能性，优选项目；二是搭建创业服务体系，依托众创生态平台，提供投前、投中、投后一揽子的服务；三是做好投资者教育，定期发布行业分析报告、热点政策解读，并开展投资俱乐部活动，如“投吧”等。

(三)互联网金融的政策体系

我国的互联网金融从无到有，从小到大，政府对于互联网的监管也是从宽松的“包容性监管”到趋紧的“审慎性监管”，政策体系不断完善。自 2010 年以来，我国陆续出台了一系列关于互联网金融及相关业态模式的政策、文件，内容很细且有针对性，旨在规范互联网金融主体行为，促进互联网金融健康、有序发展(表 5-3)。

表 5-3 国家层面出台的关于互联网金融的相关政策、文件

规范对象	文件名称	发布时间	出台部门	主要内容
互联网金融	《关于促进互联网金融健康发展的指导意见》	2015.7.18	中国人民银行等十部委	1.鼓励创新，支持互联网金融稳步发展； 2.分类指导，明确监管部门； 3.防范风险，健康发展
	《互联网金融从业机构反洗钱和反恐怖融资管理办法(试行)》	2018.10.10	中国人民银行、中国银行保险监督管理委员会、中国证券监督管理委员会	互联网金融反洗钱、反恐怖融资
	《国务院办公厅关于印发互联网金融风险专项整治工作实施方案的通知》	2016.4.12	国务院办公厅	1.明确四大重点整治问题和工作要求； 2.成立专项整治领导小组
非金融机构支付	《非金融机构支付服务管理办法》	2010.9.1	中国人民银行	1.非金融机构提供支付服务,应当向央行申请依法取得“支付业务许可证”； 2.支付机构接受客户备付金的,应在商业银行开立备付金专用存款账户
	《支付机构客户备付金存管办法》	2013.6.7	中国人民银行	1.客户备付金必须全额缴存至备付金专用存款账户； 2.支付机构在满足办理日常支付业务需要后，可以非活期存款存放备付金
	《非银行支付机构网络支付业务管理办法》	2016.7.1	中国人民银行	1.坚持支付账户实名制； 2.对个人客户使用支付账户余额进行限额管理； 3.支付机构应当建立健全风险准备金制度和交易赔付制度
	《中国人民银行办公厅关于实施支付机构客户备付金集中存管有关事项的通知》	2017.1.13	中国人民银行办公厅	自 2017 年 4 月 17 日起，支付机构应将客户备付金按照一定比例交存至指定机构专用存款账户(人民银行或符合要求的商业银行)，该账户资金暂不计付利息
	《关于将非银行支付机构网络支付业务由直连模式迁移至网联平台处理的通知》	2017.8.4	中国人民银行支付结算司	自 2018 年 6 月 30 日起，支付机构受理的涉及银行账户的网络支付业务全部通过网联平台处理
	《中国人民银行办公厅关于调整支付机构客户备付金集中交存比例的通知》	2018.2.1	中国人民银行办公厅	2018 年起支付机构客户备付金集中交存比例将由现行的 20%左右提高至 50%左右

续表

规范对象	文件名称	发布时间	出台部门	主要内容
	《中国人民银行办公厅关于支付机构客户备付金全部集中交存有关事宜的通知》	2018.6.29	中国人民银行办公厅	1.自2018年7月9日起，按月逐步提高客户备付金集中交存比例，到2019年1月14日实现100%集中交存； 2.支付机构备用金集中存管账户需在央行开立，2019年1月14日之前开立完毕； 3.支付机构“备付金集中存管账户”的资金划转应当通过银联或网联办理
	《条码支付业务规范(试行)》	2018.4.1	中国人民银行	1.银行向客户提供基于条码技术的付款服务的，应当取得网络支付业务许可； 2.支付机构为实体特约商户和网络特约商户提供条码支付收单服务，应分别取得银行卡收单业务许可和网络支付业务许可
网络借贷	《网络借贷信息中介机构业务活动管理暂行办法》	2016.8.24	中国银监会、工业和信息化部、公安部、国家互联网信息办公室	1.网贷机构本质上是信息中介机构，不是信用中介机构； 2.明确网贷机构的十三项禁止行为，网络借贷金额应当以小额为主，明确网贷金额上限； 3.对客户资金实行第三方存管
	《关于立即暂停批设网络小额贷款公司的通知》	2017.11.21	互联网金融风险专项整治工作领导小组办公室	不得新批设网络小额贷款公司，禁止新增小额贷款公司跨省(区、市)开展小额贷款业务
	《关于进一步做好网贷行业失信惩戒有关工作的通知》	2018.9.17	国家互联网金融风险专项整治工作领导小组办公室	1.筛选恶意逃废债名单； 2.鼓励各地公告失联跑路平台高管、逃废债黑名单
	《关于加强P2P网贷领域征信体系建设的通知》	2019.9.2	互联网金融风险专项整治工作领导小组、网贷风险专项整治工作领导小组	1.支持在营P2P网贷机构接入征信系统； 2.持续开展对已退出经营的P2P网贷机构相关恶意逃废债行为的打击； 3.加大对网贷领域失信人的惩戒力度
股权众筹	《私募股权众筹融资管理办法(试行)(征求意见稿)》	2014.12.18	中国证券业协会	股权众筹平台应当在证券业协会备案登记，并申请成为证券业协会会员
互联网保险	《互联网保险业务监管暂行办法》	2015.10.1	保监会	第三方网络平台经营开展上述保险业务的，应取得保险业务经营资格

在互联网金融的专项整治方面，2016年4月，《国务院办公厅关于印发互联网金融风险专项整治工作实施方案的通知》(国办发〔2016〕21号)发布，成立互联网金融风险专项整治工作领导小组，明确对P2P网络借贷、股权众筹、互联网保险、第三方支付、通过互联网开展资产管理及跨界从事金融业务、互联网金融领域广告等重点领域进行专项整治，力争将互联网金融某些业态偏离现象引导至正确创新方向，并遏制互联网金融风险案件高频发生的势头。2020年2月21日，央行召开2020年金融市场工作电视电话会议，会议强调，在2020年彻底化解互联网金融风险，建立完善互联网金融监管长效机制。

(四)互联网金融对新经济的支撑

互联网金融是随着信息通信技术在金融行业的应用而产生的，也是为解决实体经济发展中遇到的支付结算、融资贷款等问题而出现的新型金融模式，其创新的产品、服务又进一步带动了新经济的发展。

互联网金融不仅改变了人们传统的消费模式，还刺激了生产供给。我国传统的消费习惯是“靠山吃山、靠水吃水”，消费者的消费需求基本由市场供给决定，而且支付方式由粮票到纸币再到刷卡，其实质形式为同步交换。互联网的发展极大地缩短了从供给到需求的时空距离，更新了人们的消费理念；支付结算的方便、快捷再次促进了消费需求的增长，人们消费需求的日益丰富、个性，反过来刺激了企业的生产和工艺的创新。企业的发展又促进了生产资料、资本的流通，进而促进了金融业的发展。

互联网金融加速社会资本流动，促进中小企业发展。互联网金融通过网络借贷、众筹等模式，突破时空限制，向创新创意者、小微企业提供资金支持。传统金融模式下，社会资金更多地流向了抵押担保物多、经济实力雄厚的大企业，而抵押担保物少、风险较高的小微企业融资异常困难。互联网金融为资金充裕方和资金需求方搭建了交流平台，提高了社会闲置资金的利用率，促进了社会资源的有效配置，带动了实体经济的发展。

互联网金融唤醒了全民理财意识，促进了金融业的创新发展。第三方支付机构巨头——支付宝在 2013 年推出“余额宝”后，极大地唤醒了人们的理财意识，刺激了国民大众的理财需求。在这之后，传统金融机构积极创新理财产品，扩大购买渠道；互联网公司积极对接各家金融机构，打造理财产品超市，畅通购买渠道。理财信息扑面而来，倒逼人们学习金融常识、了解理财知识、提高判断能力。消费者理财知识的丰富又进一步促使金融机构加快创新金融产品和服务，以满足消费者新的需求。

二、绿色金融

(一)绿色金融的定义与内涵

“绿色”意味着资源节约、环境友好，区别于传统的高能耗、高污染，“绿色金融”是为支持环境改善、应对气候变化和资源节约高效利用的经济活动提供的金融产品和服务，以及金融机构以绿色发展为指导推进的日常经营和管理。其具体内容包括两个层次：一是金融机构提供的绿色金融产品和服务；二是金融机构内部的绿色经营和管理，包括在总行层级设立环境金融部、绿色银行，注重绿色采购，推进建筑节能改造，日常经营注重对水、电、纸张等能源资源的节约，加强废弃物管理等。

绿色金融的参与主体有金融机构(提供资金支持)、资金需求方(传统产业的更新换代、环保产业的绿色投资)、政府(监管资金供给)、中介机构(环境评估机构、绿色评级组织、民间环保组织等)。

(二)绿色金融的产品体系

绿色金融的产品体系包括企业融资发展的绿色信贷、绿色债券、绿色指数和相关产品、绿色发展基金、绿色保险、低碳金融和针对个人消费投资的绿色信用卡、绿色理财等。

1. 绿色信贷

“绿色信贷”起源于2002年国际公认的“赤道原则”①，2007年7月，国家环境保护总局、中国人民银行、中国银行业监督管理委员会联合发布《关于落实环境保护政策法规防范信贷风险的意见》，正式将绿色信贷纳入环境保护的主战场。

绿色信贷主要指银行业金融机构针对绿色经济发展提供的信贷产品和服务。其运作模式有两种：一是利用恰当的信贷产品和政策支持环境友好型企业发展；二是对于限制和淘汰类项目，严禁新增贷款、撤回已发贷款等。我国商业银行积极制定绿色信贷实施方案，并切实做好鼓励、限制、禁止类信贷资金的投放，如表5-4所示，在促进绿色经济发展方面取得了一定的成绩。根据《2019年中国银行业社会责任报告》，截至2019年末，21家主要银行绿色信贷余额超过10万亿元，较2013年(5.20万亿元)翻了近一番。

表5-4　我国部分商业银行绿色信贷实践②

银行机构	绿色信贷政策及实践
中国工商银行	1.实行“环保一票否决制”，严格信贷准入； 2.建立健全绿色信贷问责机制，将绿色信贷定量指标纳入各分支机构的绩效考评指标体系； 3.建立绿色信贷动态跟踪监测机制，严格落实绿色信贷全流程管理； 4.先后制定《绿色信贷建设实施纲要》《关于加强防控重金属排放企业信贷风险管理工作的通知》《关于信贷支持先进制造业重点领域的意见》《节能领域信贷指导意见》《关于全面加强绿色金融建设的意见》《绿色信贷分类管理办法》等政策；自2003年起，逐年修订印发行业(绿色)信贷政策； 5.创新金融产品，加大信贷产品和衍生产品创新力度。
中国建设银行	1.实行“环保一票否决制”，严格信贷准入； 2.先后制定《中国建设银行节能减排信贷指导意见》《中国建设银行绿色信贷发展战略(2016年-2021年)》《关于加强环境和社会风险管理的通知》等政策； 3.先后制定涵盖“两高一剩”行业的审批指引和现代煤化工、光伏产业、新能源汽车零部件、现代农业机械等节能环保相关行业的审批指引； 4.建立贷后企业定期访察制度； 5.创新推出“合同能源管理融资”“碳排放质押贷款”。
中国农业银行	1.发布《关于建立绿色信贷指标体系暨修订“两高一剩”行业信贷政策的通知》，构建绿色信贷指标体系； 2.建立绿色信贷考核机制； 3.先后制定《中国农业银行关于落实绿色信贷工作的实施意见》《关于加强对产能过剩行业项目信贷管理的通知》《中国农业银行信贷业务环境和社会风险管理办法》等政策； 4.创新绿色信贷产品，推出节能减排顾问、合同能源管理、排污权质押贷款、碳交易预付账款融资等多项产品。
兴业银行	1.国内首家加入“赤道原则”的银行(2008年)； 2.将赤道原则通俗化后向全行印发“绿宝书”，编写出版了专著《从绿到金：基于赤道原则的银行可持续发展实证研究》； 3.参与国内绿色信贷统计、绿色信贷评价实施方案、能效贷款指引、绿色金融债等多项绿色信贷制度政策制定； 4.先后制定《环境与社会风险管理政策》《环境与社会风险管理子战略》等政策； 5.创新绿色信贷产品。

①赤道原则：2002年10月，在伦敦召开的国际知名商业银行会议上，世界银行下属的荷兰银行、巴克莱银行、西德意志州立银行、花旗银行和国际金融公司联合制定了《环境与社会风险的项目融资指南》，要求金融机构在向一个项目投资时，要对该项目可能对环境和社会的影响进行综合评价，并且利用金融杠杆促进该项目在环境保护以及周围社会和谐发展方面发挥积极作用。

② 根据各家商业银行历年社会责任报告、网站报道自行整理。

2. 绿色债券

绿色债券是由政府、金融机构、公司(企业)等发行者发行，承诺按一定的利率给付利息及到期偿还本金的债券产品，其募集的资金全部(或主要)用于绿色项目。与普通债券相比，绿色债券具有以下特点：一是投资项目仅限于环保绿色产业；二是债券期限较长，多为中长期债券；三是要求发行者及时披露项目进度、资金用途、环境效益等信息；四是由于其正外部性，更容易获得政府支持。目前，我国市场上的绿色债券主要有六类(表 5-5)。

表 5-5 我国绿色债券的种类及首支发行示例①

绿色债券类别	发行主体	示 例
中期票据	企业、公司等	中广核风电有限公司于 2014 年 5 月在银行间交易商市场成功发行国内首单碳债券——“14 核风电 MTN001”，募集金额 10 亿元，期限 5 年
绿色资产证券化	银行、企业等	兴业银行于 2014 年 9 月在银行间债券市场发起国内首支绿色金融信贷资产支持证券——“兴元 2014 年第二期绿色金融信贷资产支持证券”，期限近 5 年
绿色金融债券	银行及其他金融机构	兴业银行于 2015 年 1 月在银行间债券市场发起国内首支绿色金融债，募集资金 300 亿元，期限 3 年，票面利率 4.95%
绿色企业债券	中央政府部门所属机构、国有独资企业或国有控股企业	新疆金风科技股份有限公司于 2015 年 7 月在海外发行国内首支绿色企业债，募集资金 3 亿美元，期限 3 年，票面利率 2.5%
绿色公司债券	股份有限公司或有限责任公司	浙江嘉化能源化工股份有限公司于 2016 年 5 月发行国内首支绿色公司债券，募集资金 3 亿元，期限 5 年，票面利率 4.78%
绿色政府债券	国家、地方政府	香港特区政府于 2019 年 5 月发行首批政府绿色债券，募集资金 10 亿美元，期限 5 年，收益率 2.555%

与绿色信贷不同，绿色债券属于直接融资，可以引导社会资本直接投向绿色产业，提高资本配置效率；绿色债券期限较长，可以有效匹配环保企业研发、投产周期，促进企业健康发展；绿色债券对企业项目信息披露的要求也在一定程度上引导企业关注社会责任、关注中长期发展。据 Wind 数据统计，2019 年我国境内“贴标”绿色债券累计发行 195 只，发行规模 2827.60 亿元，约占同期全球绿色债券发行规模的 17.47%，发行数量和发行规模较 2018 年分别上涨 52.34%和 26.86%。中央结算公司中债研发中心公布的数据显示，2021 年 1 月至 10 月，全市场绿色债券发行规模已经超过 4000 亿元。

3. 绿色指数

绿色指数包括绿色股票指数和绿色债券指数，主要通过对社会公众公开募集资金来引导资金流向环保企业和项目，养老金、保险资金等大型机构投资者是绿色指数的主要购买者，普通大众也可以通过购买指数型产品参与绿色企业的运营和管理。

① 根据中国农业银行 2016 年社会责任报告、上证债券信息网、企业官网自行整理.

目前，我国的绿色指数数量较少，其相关的产品更少(表 5-6)，大部分绿色指数没有对应的基金产品。对于绿色指数及其相关产品的研究，还需要政府、金融机构和研究绿色指数、绿色评级的第三方机构合力推进。

表 5-6　我国部分绿色指数及相关产品发布情况[①]

绿色指数类别	绿色指数名称	是否有相关产品	发布时间
绿色股票指数	中证 ECPI ESG 可持续发展 40 指数	否	2010.9.17
	中国低碳指数	否	2011.2.16
	中证环保产业指数	有 12 支指数基金	2012.9.25
	上证环保产业指数	否	2012.9.25
	中证财通中国可持续发展 100 指数	有 1 支指数基金	2012.10.16
	中证环境治理指数	有 2 支指数基金	2014.7.21
	上证 180 碳效率指数	否	2015.10.8
	中证水杉环保专利 50 指数	否	2016.5.18
	中证绿色投资股票指数	否	2017.5.26
	沪深 300 绿色领先股票指数	否	2018.1.4
	中证 180 ESG 指数	否	2018.12.10
	中证中财沪深 100ESG 领先指数	否	2019.6.27
绿色债券指数	中债—兴业绿色债券指数	兴业银行“万利宝—绿色金融”绿色债券指数型理财产品	2016.4.15
	中财—国证绿色债券指数	否	2017.3.20
	中证交易所绿色债券指数	否	2017.6.19
	上证绿色债券指数	否	2017.6.19
	上证绿色公司债指数	否	2017.6.19
	中证绿色债券指数	否	2019.1.31
	中证交易所绿色债券 AAA 指数	否	2019.1.31
	中证交易所高等级绿色债券指数	否	2019.1.31
	上证绿色债券 AAA 指数	否	2019.6.27
	上证高等级绿色债券指数	否	2019.6.27
	上证绿色企业债指数	否	2019.6.27

4. 绿色保险

绿色保险，重点在“绿色”二字，即保险标的是因环境污染造成实际或潜在的伤害，投保人主要是从事高风险、高耗能、高污染的企业。其典型形式是环境污染责任险，是指以从事环境高风险生产经营活动的企业事业单位或其他生产经营者因其污染环境导致损

① 根据中证指数有限公司网站数据自行整理。

害应当承担的赔偿责任为标的的强制性保险[①]。除此之外，江西省推出的农业大灾险、船舶污染责任保险，广东省推出的气象指数保险、巨灾指数保险，贵州省的森林险等也都属于绿色保险的范畴。

下面以深圳市为例说明地区环境污染强制责任险的推进情况。深圳市自 2008 年起探索环境污染责任保险工作，首先选定 13 家危险废物经营单位和 10 家铅蓄电池生产企业进行试点，并制定《关于深圳保险创新发展试验区建设合作备忘录》；2013 年，企业试点范围覆盖全市六大行业(危险废物处置经营单位、铅蓄电池企业、危化品企业、污水处理厂、垃圾填埋场和涉重金属企业)692 家企业；2015 年，深圳市人居环境委员会将企业投保情况与信用评定相结合，定期公布投保名单，并将数据信息报送工商等部门，提高了企业投保的积极性及对环境治理的重视度；2019 年，深圳市积极探索研究保费补贴激励制度、建立环境风控服务专家库，要求保险公司提取专项风险防控基金，强制企业应保尽保。截至 2018 年 12 月 10 日，深圳市投保企业从 2009 年的 11 家增至 2018 年的 774 家，保费从 34 万元增加到 1946.07 万元，保额从 2000 余万元增加到 11.52 亿元，理赔 1 家。[②]

(三)绿色金融的政策体系

绿色金融的发展是我国生态文明建设的重要内容，国家针对绿色金融整体推进和具体产品服务均制定了相应的政策、文件，旨在鼓励金融产品创新、规范金融机构行为、构建绿色金融体系，更好地发挥金融对绿色经济的反哺、促进作用(表 5-7)。

表 5-7 国家层面出台的关于绿色金融的政策文件

规范对象	政策、文件名称	发布时间	出台部门	主要内容
绿色金融	《生态文明体制改革总体方案》	2015.9.21	中共中央 国务院	首次明确提出建立中国特色绿色金融体系
	《中华人民共和国国民经济和社会发展第十三个五年规划纲要》	2016.3.16	全国人大	1.建立绿色金融体系，发展绿色信贷、绿色债券、设立绿色发展基金；2.建立健全碳排放权初始分配制度
	《关于构建绿色金融体系的指导意见》	2016.8.31	中国人民银行等七部委	1.明确绿色金融体系内容； 2.推动开展绿色金融国际合作
	《五省区建设绿色金融改革创新试验区总体方案》	2017.6.26	中国人民银行等七部委	建设绿色金融改革创新试验区
	《关于加快建立健全绿色低碳循环发展经济体系的指导意见》	2021.2.22	国务院	1.要大力发展绿色金融； 2.发展绿色信贷、绿色保险和绿色直接融资，推动气候投融资工作； 3.支持符合条件的绿色产业企业上市融资，支持金融机构和相关企业在国际市场开展绿色融资
绿色信贷	《关于落实环保政策法规防范信贷风险的意见》	2007.7.12	国家环境保护总局、中国人民银行、中国银行业监督管理委员会	明确绿色信贷操作要求

① 该定义来自 2018 年 5 月 7 日生态环境部通过的《环境污染强制责任保险管理办法》。
② 资料来源：深圳市人居环境委员会.

续表

规范对象	政策、文件名称	发布时间	出台部门	主要内容
	《绿色信贷指引》	2012.2.24	中国银行业监督管理委员会	促进银行业金融机构发展绿色信贷
	《关于开展银行业存款类金融机构绿色信贷业绩评价的通知》	2018.7.27	中国人民银行	1.绿色信贷业绩评价指标设置定量和定性两类，定量权重20%，定性权重80%；2.绿色信贷业绩评价结果纳入银行业存款类金融机构宏观审慎考核
绿色债券	《银行间债券市场发行绿色金融债券有关事宜的公告》	2015.12.15	中国人民银行	规范在银行间债券市场发行绿色金融债券
	《绿色债券发行指引》	2015.12.31	国家发改委办公厅	明确绿色公司债券发行的项目重点
	《中国证监会关于支持绿色债券发展的指导意见》	2017.3.2	中国证监会	明确绿色公司债券的发行要求
	《绿色债券评估认证行为指引(暂行)》	2017.12.26	中国人民银行、中国证监会	规范绿色债券评估认证
	《中国人民银行关于加强绿色金融债券存续期监督管理有关事宜的通知》	2018.3.7	中国人民银行	完善绿色金融债券存续期监督管理
	《绿色金融债券存续期信息披露规范》	2018.3.7	中国人民银行	明确绿色金融债券信息披露报告规范，制定披露模板
绿色保险	《关于环境污染责任保险工作的指导意见》	2007.12.4	国家环境保护总局、中国保险监督管理委员会	开展环境污染责任保险试点工作
	《关于开展环境污染强制责任保险试点工作的指导意见》	2013.1.21	环境保护部、中国保险监督管理委员会	明确环境污染强制责任保险试点企业范围
	《环境污染强制责任保险管理办法(草案)》	2018.5.7	生态环境部	规范健全环境污染强制责任保险制度
	《国务院关于保险业改革发展的若干意见》	2006.6.26	国务院	要求开展环境污染责任保险试点

(四)绿色金融对新经济的支撑

绿色金融是一种主题、特点很鲜明的新金融模式，其初衷是为了解决绿色经济发展中的融资难问题，进而推进绿色经济健康、有序发展。

绿色金融为结构调整提供资金支持，助力传统产业转型和环保产业发展。无论是传统产业的绿色转型，还是环保产业的有序发展，都具有一定的外部性，容易导致市场失灵，资金融通不畅。绿色金融通过政府政策引导、金融机构提供优惠的贷款利率和丰富的金融产品，助力企业融资，进而带动企业开展绿色转型，促进绿色经济发展。

绿色金融要求企业加强环保信息披露，营造全民环保的浓厚氛围，推进经济社会全面绿色发展。绿色金融体系产品要求资金流向绿色产业，为了解决信息不完全对称问题，政府文件中明确提出金融机构、企业要加强信息披露报告，甚至制定了绿色金融债券信息披露报告模板，同时鼓励第三方机构进行绿色评级。一则可以保证资金提供方的利益，确保资金规范使用，避免款项挪用；二则主动进行信息披露，提高了企业的环境意识、社会责任，倒逼企业绿色经营；三则提供公众监督通道，及时准确掌握企业环保行为和经营状况，引导社会资本流向环境保护行业。政府监督+社会关注+市场引导，营造了全民环保的氛围，助推经济社会的绿色可持续发展。

三、科技金融

(一)科技金融的定义与内涵

“科技金融”一词，最早出现于1993年深圳市科技局发表的《科技金融携手合作扶持高新技术企业》一文中。科技金融是促进科技开发、成果转化和高新技术产业发展的一系列金融工具、金融制度、金融政策与金融服务的系统性、创新性安排①。从定义来看，科技金融属于产业金融，目的是支持高新技术研发、孵化和发展高新技术企业。在高新技术研究阶段，更多需要政府的资金支持，这里重点讲述与传统企业技术升级和高新技术企业发展相关的金融支撑。

(二)科技金融的产品体系

1. 科技贷款

科技贷款是科技金融的重要组成部分，根据提供主体的不同，可以分为政策性银行科技贷款、商业银行科技贷款、民间金融科技贷款，这里重点介绍商业银行科技贷款。

科技型企业尤其是中小企业抵押担保物少、缺乏完善的财务会计体系、企业信息透明度不高、成长风险较大，这些都与风控严格的商业银行信贷体系不匹配。为了加大对科技型中小企业的支持，政府鼓励成立担保公司，联合银行等设立风险补偿金，利用风险共担的形式缓解金融机构贷款的后顾之忧，近年来，以这种形式为主的“科创贷”在各家银行迅速开展(表5-8)。

表5-8 我国部分商业银行科技贷款产品一览表②

商业银行	科技贷款创新产品	产品特色	贷款对象
中国工商银行	小微科技通(北京分行)	1.额度根据借款人可观察净资产额、纳税收入的一定比例确定； 2.企业实际控制人及配偶提供连带保证担保； 3.500万元(不含)以上需追加知识产品质押； 4.贷款期限一般不超过9个月，最长不超过1年	1.工商注册和税务登记在中关村示范区的高科技型小企业； 2.借款人上年度纳税收入1000万元(含)以上； 3.评级达到分行准入要求
	科技贷(贵州云岩支行)	1.贵州省科技厅和工行贵州省分行达成战略合作协议，秉承“支持创新、优选客户、违约共追、风险共担”的原则； 2.科技厅建立专项风险补偿资金，为企业融资提供部分担保； 3.目标客户筛选：“科技厅名单推荐+银行辅助筛选”方式，精准对接目标客户	贵州省内科技型成长企业

① 赵昌文，陈春发，唐英凯，等，科技金融[M]. 北京：科学出版社：26。

② 资料来源：根据商业银行网站自行整理。

续表

商业银行	科技贷款创新产品	产品特色	贷款对象
	小微创业贷(江苏分行)	1.融资金额：以法人名义申请的最高不超过 500 万元，以个人名义申请的最高不超过 300 万元； 2.贷款期限在 1 年以内，最长不超过 2 年； 3.无抵押、无担保：以江苏小微企业创业创新发展融资基金提供增信，若贷款主体为企业法人的，需法人代表夫妻双方承担连带责任	符合江苏经济发展战略的各类传统产业和新兴产业的小微企业
中国建设银行	科技信用贷	1.贷款采用信用方式发放，免抵押免担保； 2.额度最高 500 万元； 3.可通过企业网银自主循环支用	具有较好发展前景的科技型小企业
	科技助保贷	1.政府等第三方提供一定的风险补偿资金作为增信手段(如建行福建省分行与福建省科技厅签订合作协议，福建省科技厅建立专项风险补偿基金)； 2.科技企业提供部分担保并缴纳一定比例的助保金； 3.可分为有抵押助保贷和无抵押助保贷；有抵押助保贷额度最高 1000 万元，无抵押助保贷最高 100 万元； 4.可通过企业网银自主循环支用	“科技企业池”内企业
	科技云贷	1.通过对小微企业知识产权进行综合评价，采用全线上自助贷款流程办理的可循环信用贷款业务； 2.“科技云贷”可以甄选科技创新企业，提升科技企业融资可得性(如创新成果、研发投入密集度、早慧度)，依托知识产权数据，创新额度测算模型(知识产权类型为专利权、商标权、著作权)，外部数据多维交叉，用户立体精准画像	1.成立 2 年以上； 2.国家高新技术企业或科技型中小企业； 3.拥有多项知识产权(发明公布、发明授权、实用新型、软件著作权、外观设计专利)
成都银行	科创贷	1.引入担保公司、市生产力促进中心、成都市相关区政府共同出资设立风险资金池，建立风险分担机制； 2.银行降低利率、担保公司降低担保费、政府提供贴息及保费补贴等方式，降低企业财务负担； 3.反担保物灵活，以个人连带责任、股权、知识产权等形式为主； 4.额度最高可达 1000 万元	成都市具有技术领先优势、高层次人才团队、良好市场前景等特点的科技型中小微企业
	成长贷	1.引入政府、担保公司出资设立风险资金池，建立风险分担制度； 2.反担保物灵活：以个人连带责任、股权、知识产权、标准和品牌等形式为主	高新区优质科技型企业

2. 多层次直接融资资本市场

目前，我国已搭建了含主板、创业板、科创板、新三板、区域性股权交易市场等在内的多层次资本市场体系，大大丰富了高新技术企业的融资渠道。创业板于 2009 年 10 月正式开市，是专门为暂时无法在主板上市的高科技企业、中小企业提供融资需求和成长空间的交易市场，与主板相比，创业板对上市公司的成立时间、资本规模、中长期业绩等要求更加宽松。科创板于 2019 年 6 月 13 日正式开板，主要是服务高新技术产业尤其是市值较大的科技公司。新三板于 2013 年 1 月 16 日挂牌成立，主要为未上市企业提供融资及股权转让服务。

一般来讲，高新技术企业生命周期划分为种子期、起步期、成长期和成熟期四个阶段，每个阶段有不同的特征及对资金的需求，适用的资本市场也不尽相同(表 5-9)。表 5-9 针对企业生命周期而匹配的资本市场只是一个趋势性分类，在实际操作中会有一定的差别。

表 5-9 高新技术企业生命周期和适用的资本市场

企业生命周期	生命周期特征	资金需求	资金主要用途	适用资本市场
种子期	科技研发	较小，以自筹资金为主	技术研发	基本无
起步期	公司初建，发展压力大	较大	市场开发	新三板、区域性股权交易市场
成长期	加速扩张，初具规模	较大	公司运营、规模扩张	创业板、科创板
成熟期	经营规范，进一步扩大规模	较小	有序运转	创业板、主板、科创板

3. 风险投资

1999 年 11 月 16 日，科技部、国家计委、国家经贸委、财政部、人民银行、税务总局、证监会联合发布《关于建立风险投资机制的若干意见》，认为“风险投资(又称创业投资)是指向主要属于科技型的高成长性创业企业提供股权资本，并为其提供经营管理和咨询服务，以期在被投资企业发展成熟后，通过股权转让获取中长期资本增值收益的投资行为”，同时指出“建立有效的风险投资机制，对于高新技术的开发及其成果的产业化，具有重要作用；建立风险投资机制，促进高新技术产业的发展，是实施科教兴国战略的要求”[①]。

我国的第一家风投公司——中国新技术创业投资公司，成立于 1986 年 1 月，国家科委注资 2700 万元，是一家国有公司，截至 1997 年底，中创公司投资项目达 90 多个，总资产近 100 亿元，由于投资的部分项目(房地产、股票)失败，1988 年，中国人民银行宣布关闭该公司。目前，我国的风投公司有私人风险投资公司和公共风险投资公司两种形式，多采用风投基金的形式进行投资，基金池的出资人有政府、机构投资人、企业、自然人等。风投基金一般的运作模式是：风投公司选择投资项目—募集风投基金—对项目进行投资获得股权—根据协议投资后可选择是否参与管理—项目在资本市场成功上市后，风投公司转让其股权，合理退出。

4. 科技保险

保险的基本功能是分散风险和经济补偿，科技保险的功能在于分散科技研发、成果转化等过程中产生的风险，并对因此而产生的损失进行经济补偿。科技保险的供给方是各类保险公司，如华泰保险公司、中国出口信用保险公司、中国人民财产保险公司、平安养老保险公司和中金保险经纪公司等；科技保险的需求方是科研机构、高科技企业、金融机构等；科技保险的保险标的是科技研发、成果转化等系列科技活动及从事人员的人身安全、投资的资金安全等。

我国的科技保险工作自 2006 年正式启动。2006 年 12 月 28 日，中国保监会、科技部联合发布的《关于加强和改善对高新技术企业保险服务有关问题的通知》，明确“大力推

① 科技部、国家计委等 8 委部《关于建立风险投资机制的若干意见》，1999 年 11 月。

动科技保险创新发展，逐步建立高新技术企业创新产品研发、科技成果转让的保险保障机制”，并列示 5 种第一批研发险种(高新技术企业产品研发责任保险、关键研发设备保险、营业中断保险、出口信用保险、高管人员及关键研发人员团体健康保险和意外保险)，同时给予投保优惠政策，“其保费支出纳入企业技术开发费用，享受国家规定的税收优惠政策”。

2007 年 7 月，中国保监会、科技部确定了科技保险的首批试点城市(区)，分别是北京、天津、武汉、深圳、重庆、苏州高新区；2008 年 9 月，确定第二批科技保险创新试点城市(区)，分别是成都、上海、沈阳、无锡、西安国家高新区、合肥国家高新区。其后，我国其他地区陆续开展科技保险试点工作，如 2013 年长沙高新区开始科技保险试点工作，2016 年宁夏启动科技保险试点工作等。

目前，我国研发了多种科技保险险种，如科技型小微企业贷款保证保险、知识产权质押贷款保证保险、重大科研项目中断险、产品质量保证保险、关键研发人员人身保险、科技项目研发费用损失保险、高管人员及关键研发人员团体健康保险/意外保险等，这些险种基本都是由高新技术企业承包，政府给予税收优惠或保费补贴，在一定程度上保障了科技产业研发、成果转化的持续开展。

(三)科技金融的政策体系

科技创新为一个国家和地区的发展提供了持续的动能，推动了经济社会的跨越发展，因此，我国历来非常重视科技工作，并就金融如何支撑科技发展出台了一系列的政策、文件，既有综合性的整体指导方案，又有针对性的个性推动措施，加速了科技金融的有序、创新推进，详见表 5-10。

表 5-10　国家层面出台的有关科技金融的政策文件

规范对象	政策、文件名称	发布时间	出台部门	主要内容
科技金融	《国务院关于印发实施〈国家中长期科学和技术发展规划纲要(2006—2020 年)〉若干配套政策的通知》	2006.2.7	国务院	构建对科技企业的金融支持体系
	《国家中长期科学和技术发展规划纲要(2006—2020 年)》	2006.2.9	国务院	建立多元化、多层次的科技投入体系
	《中国银行业监督管理委员会关于商业银行改善和加强对高新技术企业金融服务的指导意见》	2006.12.28	中国银行业监督管理委员会	创新高新技术企业担保方式，创新信贷产品；建立支持自主创新的多层次资本市场；加快发展创业风险投资事业；支持开展对高新技术企业的保险服务
	《关于促进科技和金融结合加快实施自主创新战略的若干意见》	2011.10.20	科技部、财政部、人民银行等八部门	搭建科技金融产品体系
	《深化科技体制改革实施方案》	2015.9.24	中共中央办公厅、国务院办公厅	要大力发展创业投资，建立多层次资本市场支持创新机制，构建多元化融资渠道
科技贷款	《中国人民银行、国务院科技领导小组办公室关于积极开展科技信贷的联合通知》	1985.10.7	中国人民银行、国务院科技领导小组办公室	明确银行要调剂一部分贷款支持科技事业发展

续表

规范对象	政策、文件名称	发布时间	出台部门	主要内容
	《中国人民银行关于进一步改善对中小企业金融服务的意见》	1998.6.20	中国人民银行	调整中小企业信贷投向、增加信贷投入
	《支持国家重大科技项目政策性金融政策实施细则》	2006.12.28	中国银行业监督管理委员会	支持政策性银行发行科技贷款
资本市场	《国务院关于推进资本市场改革开放和稳定发展的若干意见》	2004.1.31	国务院	大力发展资本市场
	《首次公开发行股票并在创业板上市管理办法》	2014.5.14	中国证券监督管理委员会	规范首次公开发行股票并在创业板上市的行为
	《科创板首次公开发行股票注册管理办法(试行)》	2019.3.1	中国证券监督管理委员会	规范科创板首次公开股票的流程和管理
	《科创板上市公司持续监管办法(试行)》	2019.3.1	中国证券监督管理委员会	科创板上市公司的监管办法
风险投资	《关于建立风险投资机制的若干意见》	1999.11.16	科技部等七部门	建立风险投资
	《科技型中小企业技术创新基金项目管理暂行办法》	2005.3.2	科技部、财政部	设立政府专项基金，1999年发布的废止
	《科技型中小企业创业投资引导基金管理暂行办法》	2007.7.6	财政部、科技部	明确科技型中小企业创业投资引导基金的管理办法
科技保险	《关于加强和改善对高新技术企业保险服务有关问题的通知》	2006.12.28	中国保监会、科技部	明确6个科技保险险种，指定保险经营公司
	《关于进一步发挥信用保险作用支持高新技术企业发展有关问题的通知》	2007.5.10	科技部、中国出口信用保险公司	探索发展信用保险

(四)科技金融对新经济的支撑

科技金融是科技与金融的结合，科技的进步对金融产品提出了新的要求，金融的创新又推动了科技的进一步发展。

科技金融为科技研发、成果转化提供了资金支撑，助力经济发展方式转变。科技金融产品最大限度地解决了科技产业发展的资金问题，科技贷款提供了间接融资渠道；资本市场、风险投资、产业发展基金提供了直接融资渠道，助力社会资本流向科技产业；科技保险虽然是企业投保，但我国各地政府都对参保企业给予税收优惠或保费补贴，给予其资金支持。启动资金、发展资金的注入，推动了高科技产业的健康、快速发展，进而加速了经济发展方式的转变。

科技金融助力高新企业的发展，有助于提高全民创新意识。科技金融助力了创造性思维的研发落地，在一定程度上鼓励了全民重视“知识的力量”“创新的力量”，营造了创新创业的氛围。科技金融尤其是科技保险，加速了中小型科技企业的发展，中小型科技企业在获得银行贷款、风险投资上有天然劣势，而投保了科技保险的企业更易赢得资本的青睐，有利于其发展壮大。中小企业的成功发展，在一定程度上有利于提高民众对创新的重视度和参与度，进而带动大众创业、万众创新。

第四节　政 策 支 撑

政策是国家干预和调节经济的基本手段之一，很大程度上决定着社会经济的发展方向。为了加快新经济发展步伐、大力培育新动能、加速新旧动能转换，国家出台了一系列支持政策，推动国家实现高质量发展，大步迈向社会主义现代化强国。本节重点从中央和各部委两个层面进行阐述，因省级、市级、县级及乡镇级政策主要是对国家政策的实施、落地，在此不再赘述。

一、中央层面相关政策

自 2015 年以来，国家发布了一系列支持新经济发展的政策文件，旨在加快发展新技术、新产业和新模式，融合敷设更多新经济应用场景。总的来讲，可将相关政策文件分为四类：推动科技创新、发展新型业态、鼓励先行先试、新旧动能转换保障(表 5-11)。

表 5-11　国家发布的关于推动新经济发展的政策文件

主题	发布时间	出台部门	政策文件
推动科技创新	2015.3.13	中共中央、国务院	《中共中央 国务院关于深化体制机制改革加快实施创新驱动发展战略的若干意见》
	2016.4.1	国务院办公厅	《国务院办公厅关于完善国家级经济技术开发区考核制度促进创新驱动发展的指导意见》
	2016.5.8	国务院办公厅	《国务院办公厅关于建设大众创业万众创新示范基地的实施意见》
	2016.5.19	中共中央、国务院	《国家创新驱动发展战略纲要》
	2017.5.11	国务院办公厅	《国务院办公厅关于县域创新驱动发展的若干意见》
	2017.7.27	国务院	《国务院关于强化实施创新驱动发展战略 进一步推进大众创业万众创新深入发展的意见》
	2018.9.26	国务院	《国务院关于推动创新创业高质量发展打造“双创”升级版的意见》
发展新型业态	2016.12.31	中共中央、国务院	《中共中央 国务院关于深入推进农业供给侧结构性改革加快培育农业农村发展新动能的若干意见》
	2017.1.5	国务院	《“十三五”节能减排综合工作方案》
	2017.7.20	国务院	《新一代人工智能发展规划》
	2019.5.16	中共中央办公厅、国务院办公厅	《数字乡村发展战略纲要》
	2019.8.8	国务院办公厅	《国务院办公厅关于促进平台经济规范健康发展的指导意见》
	2020.8.4	国务院	《新时期促进集成电路产业和软件产业高质量发展的若干政策》
	2020.9.26	中共中央办公厅、国务院办公厅	《关于加快推进媒体深度融合发展的意见》
	2020.9.21	国务院办公厅	《国务院办公厅关于以新业态新模式引领新型消费加快发展的意见》
	2020.11.2	国务院办公厅	《新能源汽车产业发展规划(2021—2035 年)》

续表

主题	发布时间	出台部门	政策文件
鼓励先行先试	2018.4.11	中共中央、国务院	《中共中央 国务院关于支持海南全面深化改革开放的指导意见》
	2019.1.24	中共中央、国务院	《中共中央 国务院关于支持河北雄安新区全面深化改革和扩大开放的指导意见》
	2019.8.9	中共中央、国务院	《中共中央 国务院关于支持深圳建设中国特色社会主义先行示范区的意见》
	2020.6.1	中共中央、国务院	《海南自由贸易港建设总体方案》
	2020.10.11	中共中央办公厅、国务院办公厅	《深圳建设中国特色社会主义先行示范区综合改革试点实施方案(2020—2025年)》
新旧动能转换保障	2017.1.20	国务院办公厅	《国务院办公厅关于创新管理优化服务培育壮大经济发展新动能加快新旧动能接续转换的意见》

推动科技创新方面，坚定不移地实施创新驱动战略，着力提升关键核心技术研发攻关能力，注重原始创新，加快突破量子通信、智能语音、未来网络、类脑计算等信息技术，健全科技创新管理制度、国际科技合作机制等，不断增强国家科技实力以及向现实生产力转化的能力，提高全民族的科技文化素质，加速实现国家的繁荣昌盛。

发展新型业态方面，国家政策中重点提及数字经济、绿色经济、平台经济等，强调互联网、大数据、人工智能和实体经济的深度融合，推动经济增长动能的接续转换，切实转变发展方式、优化经济结构，建设现代化经济体系。

鼓励先行先试方面，从国家区域发展战略角度，支持海南、雄安新区、深圳等全面深化改革，指明新经济发展方向，鼓励大胆创新、先行先试。2018 年 4 月 11 日，《中共中央 国务院关于支持海南全面深化改革开放的指导意见》中指出，“统筹实施网络强国战略、大数据战略、‘互联网+’行动，大力推进新一代信息技术产业发展，推动互联网、物联网、大数据、卫星导航、人工智能和实体经济深度融合。鼓励发展虚拟现实技术，大力发展数字创意产业。开展智能电网、微电网等示范项目建设。鼓励建设‘智能店铺’‘智慧商圈’”，明确了新经济发展方向、细化了新经济应用场景，一旦新经济业态、模式在海南试验成功，便可在全国普及推广。

新旧动能转换保障方面，2017 年 1 月 20 日，《国务院办公厅关于创新管理优化服务培育壮大经济发展新动能加快新旧动能接续转换的意见》(国办发〔2017〕4 号)指出，“加快培育壮大新动能、改造提升传统动能是促进经济结构转型和实体经济升级的重要途径”，为破解制约新动能成长和传统动能改造的障碍、强化制度创新和培育壮大经济发展新动能、加快新旧动能接续转换，提出四方面意见，即提高政府服务的能力和水平、探索包容创新的审慎监管制度、激发新生产要素流动的活力、强化支撑保障机制建设，力争“构建形成适应新产业新业态发展规律、满足新动能集聚需要的政策法规和制度环境”。

二、部委层面相关政策

根据我国行政管理体系，中央出台方向性、统领型政策文件后，中央各部委将根据职能范围发布细化实施方案、行动计划、指导意见等，以更好地落实国家战略和政策。具体而言，近年来，各部委重点从新兴产业、新基建和社会事业三大方面进行细化完善，详见表5-12。

表5-12 中央各部委发布的关于推动新经济发展的政策文件

主 题	发布时间	出台部委	政策文件
新兴产业	2017.2.6	工业和信息化部、民政部、国家卫生计生委	《智慧健康养老产业发展行动计划(2017—2020年)》
	2017.5.25	工业和信息化部	《工业节能与绿色标准化行动计划(2017—2019年)》
	2017.10.31	工业和信息化部	《高端智能再制造行动计划(2018—2020年)》
	2018.11.28	工业和信息化部、中国农业银行	《关于推进金融支持县域工业绿色发展工作的通知》
	2018.12.25	工业和信息化部	《工业和信息化部关于加快推进虚拟现实产业发展的指导意见》
	2019.3.29	工业和信息化部、国家开发银行办公厅	《关于加快推进工业节能与绿色发展的通知》
	2020.7.9	农业农村部	《全国乡村产业发展规划(2020—2025年)》
	2020.8.27	农业农村部、生态环境部	《农药包装废弃物回收处理管理办法》
	2020.12.14	国家发展改革委、国家邮政局、工业和信息化部、司法部、生态环境部、住房和城乡建设部、商务部、国家市场监督管理总局	《关于加快推进快递包装绿色转型的意见》
新基建	2017.6.16	工业和信息化部办公厅	《工业和信息化部办公厅关于全面推进移动物联网(NB—IoT)建设发展通知》
	2017.8.3	工业和信息化部、财政部	《工业和信息化部 财政部关于推动中小企业公共服务平台网络有效运营的指导意见》
	2018.8.12	工业和信息化部办公厅	《推动企业上云实施指南(2018—2020年)》
	2019.1.21	工业和信息化部、国家机关事务管理局、国家能源局	《三部门关于加强绿色数据中心建设的指导意见》
	2019.4.16	工业和信息化部	《工业和信息化部关于开展2019年IPv6网络就绪专项行动的通知》
	2019.5.8	工业和信息化部、国资委	《关于开展深入推进宽带网络提速降费 支撑经济高质量发展2019专项行动的通知》
	2019.7.26	工业和信息化部、教育部、人力资源和社会保障部等十部门	《十部门关于印发加强工业互联网安全工作的指导意见的通知》
社会事业	2017.7.7	文化部	《文化部“十三五”时期公共数字文化建设规划》

新兴产业方面，主要体现为新技术对农业、工业、服务业的赋能。其中农业方面重点为数字农业、智慧农业和绿色农业，农业农村部2020年7月9日发布的《全国乡村产业发展规划(2020-2025年)》指出，“以信息技术带动业态融合，促进农业与信息产业融合，发展数字农业、智慧农业……健全质量标准体系，培育绿色优质品牌……创新营销模式，健全绿色智能农产品供应链，培育农商直供、直播直销、会员制、个人定制等模式，推进农商互联、产销衔接，再造业务流程、降低交易成本”。工业方面重点为高端智能再制造产业、虚拟现实产业和绿色工业。工业和信息化部于2018年12月25日发布《工业和信息化部关于加快推进虚拟现实产业发展的指导意见》，指出要突破关键核心技术，加快虚

拟现实视觉图形处理器（graphics processing unit，GPU）、物理运算处理器（physics processing unit，PPU）、高性能传感处理器、新型近眼显示器件等的研发和产业化；丰富虚拟现实产品的有效供给；推动虚拟现实技术产品应用于健康医疗、智能制造、电子商务等行业领域；建设和运营产业公共服务平台；健全虚拟现实标准和评价体系。服务业方面重点为智慧健康养老产业。

新基建方面，主要体现为移动物联网、中小企业公共服务平台、绿色数据中心、IPv6网络部署、工业互联网等。关于绿色数据中心，工业和信息化部、国家机关事务管理局、国家能源局于2019年1月21日发布的《三部门关于加强绿色数据中心建设的指导意见》指出，建设绿色数据中心是构建新一代信息基础设施的重要任务，是保障资源环境可持续的基本要求，要建立健全绿色数据中心标准评价体系和能源资源监管体系，打造一批绿色数据中心先进典型，形成一批具有创新性的绿色技术产品、解决方案，培育一批专业第三方绿色服务机构。关于工业互联网，工业和信息化部、教育部、人力资源和社会保障部等十部门于2019年7月26日发布的《十部门关于印发加强工业互联网安全工作的指导意见的通知》，指出为护航制造强国和网络强国战略实施，要加快构建工业互联网安全保障体系，建立安全管理制度，制定安全标准，探索安全评估体系，初步建成国家工业互联网安全技术保障平台、基础资源库和安全测试验证环境，培育若干具有核心竞争力的工业互联网安全企业。

社会事业方面，主要体现为公共数字文化建设。文化部于2017年7月7日发布《文化部“十三五”时期公共数字文化建设规划》，指出要构建互联互通的公共数字文化服务网络，开展公共文化云服务；打造分级分布式数字文化资源库群，丰富适用于移动互联网传输的数字文化资源；应用最新科技成果，创新服务模式，精准对接群众文化需求，提供多层次、多样化的数字文化服务；统筹规划、协调推进全国文化信息资源共享工程、国家数字图书馆推广工程和公共电子阅览室建设计划，使各工程互为支撑、形成合力。

第六章　新经济发展的趋势和挑战

第一节　新经济背景下新技术的发展和应用

新经济发展离不开技术创新。当前，技术创新的浪潮席卷新经济的各个领域，新技术层出不穷，成为推动新经济发展的核心力量。本节将介绍量子信息、无人机、物联网、机器人、无人驾驶、新能源、太空科技、生物医药等新经济技术的发展趋势和应用前景。

一、量子信息技术

21 世纪以来，人们对微观粒子的观测和调控技术的研究不断取得突破，使得量子从观察到调控的发展成为可能，这为即将爆发的第二次量子科技革命提供了技术基础，而第二次量子科技革命就是以量子通信和量子计算为主，结合了量子物理与信息技术的量子信息技术。

（一）量子通信

量子通信能够做到“绝对安全与快速”，离不开量子整体系统性质——量子纠缠，而量子通信就是利用量子纠缠效应和量子叠加态[①]进行信息传递的一种新型的通信方式。目前量子通信中运用的三大核心技术分别是单光子源技术、量子编码和传输技术、单光子检测技术，这将为推动量子通信从理论走向实验，再从实验迈向应用提供技术支撑。

未来量子通信的发展趋势将率先在军用领域出成果。由于量子技术的安全性能是传统加密通信业不可及的，因此在国防和军事上具有不可替代性和必要性。其着重体现在以下三个应用场景。

一是用于建立远程通信网。由于单光子在自由空间的高消耗，导致量子信息传输无法做到全球通信。针对这一问题，可以采用量子存储技术与量子纠缠交换和纯化技术相结合，制作量子中继器，从而突破在光纤和陆上自由空间链路通信距离短的限制，加大量子通信的距离，实现真正意义上的全球量子通信。

二是用于建立深海军事通信。岸潜通信一直是军事通信的困扰。目前使用的甚长波通信系统尽管能勉强解决与水下百米左右的潜艇的通信，但其系统非常庞大且占地广，仅天线就长达 50 千米以上，抗毁性差，造价高，通信效率极低，30 分钟只能通几个字符。但量子通信却不同于传统的“波”通信，因为量子通信的传输与传输媒介无关，不受海水影响，所以与传统的波通信相比，在同等条件下可以获得可靠通信所需的信噪比比光、电等传统通信手段低 30～40 分贝。至此，安全有效的水下军事通信就可以借助量子通信来完

---

① 量子叠加态：指一个量子系统可以处在不同量子态的叠加态上。

成，这种方式也为探索海洋的安全通信拓展出一条新的道路。

三是建立超光速、超大容量的军事信息网。军事信息网因其特殊性，迫切需要容量大、传输速率高及按需共享的能力，而量子通信刚好具有信道容量大、通信速率高和信息效率高的特点。随着量子通信技术研究的突破和日趋成熟，可以利用量子隐形传态建立满足军事特殊需求的超光速量子通信网络；利用量子通信网络实现大容量、高速率信息传输与处理及按需共享，在满足信息作战需要的同时，满足指挥与控制系统对信息综合分析及辅助决策的需求。①

"量子传输"也属于量子通信的一部分，其核心还是离不开量子纠缠作用。一旦两个粒子发生纠缠，不论是咫尺之内还是光年以外，当一个粒子发生变化时另一个粒子也立即反映出变化。基于量子隐形传态的理论，在量子纠缠的情况下，传输量子携带的量子信息可瞬间传递并复制，实现物品快速"传送"。这种超越时间跨越空间的量子传输技术不断成熟，其最大的应用场景是在物流上，它会不会是未来物流的发展方向，或者说能否终结以车辆、轮船等实体运输工具为基础的现代物流，相信在不远的未来会有答案。

(二)量子计算

量子计算是一种新型的计算模式，是通过遵循量子力学规律来调控量子信息单元进行计算，其基本工作原理是以量子位作为信息编码和存储的基本单元，通过大量量子位的受控演化来完成计算任务的。目前量子计算技术已在量子比特构建、量子算法等方面取得了丰硕成果，随着重大基础科学问题的解决和实验技术的迅速发展，其未来发展趋势主要体现在以下三个方面。

(1)突破大规模通用量子计算机研发瓶颈。当前大规模通用量子计算机仍面临着延长量子相干保持时间、实现更多粒子的量子纠缠，以及制备高精度量子的问题。

(2)改善现有量子算法性能并开发新的量子算法。增强现有量子算法的实用性，继续开发新型量子算法。

(3)推进量子计算机与人工智能协同发展。一方面，量子计算机采用先进的量子算法，具有高速并行的计算能力和强大的信息存储容量，可满足人工智能对计算能力的要求；另一方面，人工智能使用的算法、计算体系结构也有望推动量子计算机的研发。②

量子计算提出至今，经历了从单个量子比特到约十个量子比特(不算 D-Wave 等的量子模拟或退火装置)的发展过程。相对于普适量子计算机研发成功的目标，量子技术的研究仍处于原理演示的探索性研究阶段。但近年来在超导量子计算、量子点量子计算、拓扑量子计算等方案上所取得的研究进展标志着量子计算时代即将来临。

面对大数分解、复杂路径搜索等计算难题，量子计算机凭借极高的并行计算能力可以将其解决。随着信息处理技术的推陈出新，量子计算将有望为密码学、大数据和机器学习、人工智能、化学反应计算、材料设计、药物合成等众多领域的研究提供前所未有的强力支撑，对未来社会在国防、政务、金融、个人隐私保护等方面产生革命性的影响。

量子信息技术的"绝对安全""绝对快速"的两大特点，让其成为引领第四次科技革

---

① 傅璐，李春芝，刘伟. 浅谈我国量子通信技术的发展现状及未来趋势. 建筑科技与管理学术交流会论文集，2017，03.

② 许文琪. 国外量子信息技术发展分析[J]. 国防科技工业，2019(05)：46-48.

命的技术“导火线”。中国、日本，以及欧洲的一些国家为抢占量子技术的“快车道”，纷纷出台了相关政策，拿出专项经费来发展量子信息技术。产业资本也乘上各国量子技术发展的“快车”，加快在量子信息领域的布局。我国的腾讯与阿里巴巴集团在量子领域加快研究步伐，成为国内量子信息技术“领头羊”，相信在不久的将来就能实现量子通信的推广应用。

二、无人机技术

如今工程领域全球化、现代化和技术化的发展，促进了新型飞行器——无人机的诞生。该领域的新技术近年来不断突破，随着对低成本、多功能军用和民用飞行器的需求不断增长，载人飞行器已经无法满足繁多的任务需求。在实际运用中，部分载人机已经被性价比较高的无人机所取代。因此，对军用、民用飞行器制造商和各类学术科研机构来说，无人机在航空器中已逐渐发展成热门的研究内容。[①]

由于无人机低成本、低风险、高效率、高技术的特点，其在军民两用上发挥着不可替代的作用。下面从军用和民用两个方面介绍无人机技术的发展趋势和应用。

（一）军用无人机

军用无人机不仅可以进行长航时侦察和情报收集，还能执行其他的危险任务，使飞行员无须面临生命危险。实现无人机的“全隐身”是未来的重要技术趋势。未来20～30年，无人机的隐身技术将会得到质的提升。目前在隐身技术领域的研究可行的方法如下：①使用复合材料、雷达吸波材料以及低噪声发动机；②利用限制红外反射技术，具体做法是在无人机表面涂上能吸收红外光的特制漆，然后在发动机燃料中注入防红外辐射的化学制剂，这样可以使雷达和目视侦察均难以发现采用这种技术的无人机；③减少表面缝隙，采取新工艺将无人机的副翼、襟翼等各传动面都制成综合面，进一步缩小缝隙，减少雷达反射面；④采用充电表面涂层；⑤采用最新的等离子隐形技术。军用无人机采用隐身技术后，可迅速隐蔽地接触敌军，从而达到更长时间与敌接触、更有效搜集情报的目的。

（二）民用无人机

民用无人机技术趋于常态化、自主化、智能化。常态化意味着启用无人机的频率更高，其关键就在于续航能力，而高效的动力系统能提供更大的有效载荷。未来将有以下新技术来支撑民用无人机的续航能力：在飞行期间能通过太阳能电池板充电的电池；允许更长飞行时间和更重载荷的氢燃料电池；无线传输电力的激光器；性能远远超过目前使用的锂离子聚合物电池的纳米管和气凝胶电池。

自主化、智能化则需依靠高度发展的物联网与大数据技术，让无人机实现自主避障，同时能让智能系统处理无人机传感器数据，以避免碰撞或者允许自动起飞和着陆。更智能的无人机传感器与机器学习和人工智能的结合，可以让公司将预测分析的结果应用于众多商业问题。

① 伍赛特. 无人机技术特点研究及未来发展趋势展望[J]. 现代制造技术与装备，2019(07)：7-9.

搭载先进技术的无人机能应用于矿业、农业、能源和公共事业等行业。例如，无人机与物联网传感器相结合，通过数字方式管理矿山运营，不仅可提供有关采矿场内外卡车、矿石和供应流量的数据，达到优化日常运营的目的，还可以通过提供的数据来设计矿坑。在未来，无人机可能会被用于农业，以更精确的方式来管理灌溉和喷洒农药，提高作物产量，同时减少昂贵要素的投入。无人机还可用于海上钻井平台和炼油厂的预防性维护，避免因设备故障造成高昂的代价。而对于公用事业公司来说，无人机不仅可以更好、更及时地监测输电线路和太阳能场，还可以减少盗窃的发生。

三、物联网技术

物联网技术是一种现代化的科学技术，是在智能化技术及互联网基础上发展而来的，在社会发展过程中的各个领域内均有着十分广泛的应用。就目前物联网技术的应用而言，应用比较广泛的主要包括 RFID 射频技术、遥感技术和嵌入式技术等三种技术。未来，物联网技术将向“万物互联、万物互动”的智能联动设备网发展，主要趋势有以下三点。

(1)融合化。多技术融合正成为现阶段物联网技术发展趋势的主基调。物联网不再是一个单独的技术，其逐渐融合了 NB-IoT、5G、人工智能、大数据、云计算、区块链、边缘计算等技术，技术的融合也迅速带动智能家居、智能交通、智能物流、工业物联网、智能医疗等领域的应用。当前技术融合与产业融合形成的叠加效应愈发明显，物联网正在迅速形成融合型的智能连接生态。

(2)智能化。人工智能作为新一代技术支撑的物联网，将极大提升物联网终端设备的“思考能力”，这让人工智能被认为是物联网革命的关键推动力。无论是消费领域中的智能家居产品，还是工业物联网的终端产品，各类产品智能化发展的趋势已经愈发明显，这主要得益于底层设备开始微型化；另外，物联网更加开放促使终端设备之间的协作逐渐成为常态。这两大因素的产生正推动着物联网技术走向更加智能化的发展。

(3)泛在化。5G 具有传输速度快和低延迟的特点，这让“万物互联”变得可行。目前全球约有 90 亿台联网设备，约有 300 亿台联网设备内置了传感器，今后几年将会不断完善物联网网络基础设施，同时持续推进 NB-IoT 基站的建设，将会导致物联网设备的连接更加泛在化。

物联网技术在各个领域中的实际应用主要体现在智能家居、智能交通、智能物流三个方面。

(一)智能家居

智能家居是以住宅为平台，以多种技术为支撑。比如综合布线技术、网络通信技术、安全防范、自动控制技术以及音视频技术等，将这些技术与家居生活有关的设施集成，来构建高效的住宅设施与家庭日常事务的管理系统，提升家居安全性、便利性、舒适性、艺术性，并实现环保节能的居住环境。

自智慧生活理念被提出后，华为、小米等国内智能硬件厂商纷纷进军该领域，通过物联网技术构架起了自己的智能家居生态链。以小米为例，小米开发了“Mi 家系列”智能家居产品，包括智能冰箱、智能插座、智能窗帘、指纹锁等。

“小爱同学”作为小米旗下的人工智能助手，在智能家居中起到中转站的作用。其通过家庭网关连接网络对小米“智能家居设备”进行绑定。用户用语音指令唤醒“小爱同学”并说出目的，如开启空气净化器、设定空调温度等。实现“指令—‘小爱同学’—智能家居”的闭环无体力消耗流程。在家庭检测方面，“小爱同学”也很有一手，比如在家中无人的情况下，“小爱同学”可以通过连接智能家居终端设备开启监测功能，通过光感设备及温度测量设备对照明设备是否仍在工作及是否有安全隐患进行监测，通过移动端“Mi家”App发送检测结果信息给用户，再由用户根据实际需要执行关灯等相关操作。用户在辛苦工作一天后回到家，“小爱同学”可以播放几首轻音乐慰藉其疲惫的心灵，还可以将亮光自动调至柔和并打开空调，舒缓其疲倦的身躯。这都是“物联网+智能家居”所带来的轻便智能式家居体验。

(二)智能交通

智能交通是集传感器、网络通信、交通控制等技术于一体的城市交通管理系统中的智能操作系统。其可以帮助城市交通建立一个覆盖面广、效率高、信息反馈及时、为市民带来交通便利的智慧交通运输管理系统。智能交通系统是由物联网技术与交通系统相结合所构成的，物联网以其快速传感和强大的云计算能力，使智能交通在当今社会的运用越来越广泛，影响也越来越深远。

(1)射频识别技术应用在智能交通系统。这一技术应用的可行性主要表现在以下两方面：第一，射频识别技术的使用能将智能运行车辆所产生的各种数据信息输送到智能交通系统数据库中，其运作原理是通过信息阅读器的天线将电子标签发送到指定车辆上，当指定车辆行驶到指定区域之后，产生的数据就会激活电子标签，从而实现数据的传输；第二，当设备接收到数据之后，为了方便指令的下达，需要对接收来的信息数据进行处理，射频识别技术首先对收到的数据进行解读，然后将解读后的信息发送到平台做出相应的处理，以此来自动识别车辆，从而提高交通效率并充分发挥智能交通系统便捷、高效的优点。

(2)传感器网络技术应用在智能交通系统。智能交通系统的实现不只是依靠射频识别技术，其与网络也有着密切的联系。当今物联网的一个重要组成部分是传感器网络技术，传感器网络技术可以在很大程度上提高智能交通系统的运转效率，在智能交通系统中应用这一项技术，能够促进交通智能化方面发挥举足轻重的作用。传感器网络技术在智能交通系统的应用主要表现在两个方面：一是有效收集路面的车辆信息，实现优化路面车流量的目标，这样可以减少拥堵，提升出行效率；二是监控各个道路的路口，在计算各个方向车流量的基础上减少视觉盲区所造成的车祸危害，提升路口交通的安全性。

物联网技术与交通的深入融合发展会发展出高效、安全的交通体系。提升物流能力、减少道路安全事故是未来智能交通的一大亮点，构建“物联网+智能交通”已经是深入“万物互联”的一个关键点，做好智能交通，将极大改善人民生活，激发经济发展活力。

(三)智能物流

智能物流是利用集成智能化技术，使物流系统能模仿人的智能，具有思维、感知、学习、推理判断和自行解决物流中某些问题的能力。物流发展的好坏，能反映出一个地区“人与物”的流通以及经济发展程度，而传统物流及其配套的基础设施难以适应现代的“物流运力”，所以当务之急就是构建更为先进的物流体系。物联网运用RFID射频、遥感、大数据、人工智能等技术提供解决方案——构建智能物流。

物联网技术可以从以下四个方面助力智能物流。

(1)物联网在物流运输中的应用。在物流企业运输车辆中配置物联网车载终端，不仅可以有效提升信息的可视性与实时性，帮助物流管理人员及时掌握货物的运输状态以及车辆状态，还可以及时发现道路状况，以更加科学的方式规划运输线路，提高运输效率，降低运输成本及货物损耗。

(2)物联网在仓储管理中的应用。仓储环节是影响物流企业运营效率的关键环节，通过“厘米级”的物联网室内高精度定位技术，使得仓储管理、运作中的各类设备安全和人员操作得到精准监控，大幅度提升了货物安全、人员安全以及仓储管理的整体效率。物联网技术的使用使物流企业在出仓、入仓货物管理方面减少了查找、识别货物的人力成本、时间成本，能够让管理人员更加方便快捷地寻找到物资。通过使用二维码、RFID 技术以及无线传感器等技术和设备，验货的速度可得到成倍提升，方便管理人员在不用开箱验货的情况下，同时查寻调度更多物资。在物联网技术赋能下，物流企业的出仓、入仓和清仓速度得到大幅度提升，人工管理费用大幅下降，从而实现了仓储管理环节的精细化、标准化和透明化。

(3)物联网在配送中的应用。在配送环节中，因为物流企业员工是直接与客户进行面对面接触的，所以服务质量的好坏直接影响着客户体验。为解决传统物流企业在配送过程中货物信息采集和交互能力低、配送信息反馈速度迟缓以及配送时速和货品安全不可两全的问题，物流企业开始采用基于物联网技术的配送管理系统，以智能化、无人化配送代替传统人工操作，利用RFID、无线传感等技术，自动完成货物的分拣、配送等。配送环节的信息自动上传到物联网信息共享平台后，物流企业、供应商以及客户都能够得到实时的物流配送信息，从而大幅提升服务满意度。

(4)物联网助力物流信息互通。针对我国物流信息互联互通不足、物流供需信息不对称等问题，可以通过建设物流信息互通共享平台促进企业间物流信息的交互，同时完善物流信息开放标准体系，高效收集处理物流行业的仓储、运输和配送数据。物联网技术为物流信息互通共享平台打下了良好的基础，通过二维码、RFID 等物联网感知技术在智能物流系统中的应用，进一步增强了平台整理与收集信息的能力，提升了物流企业的工作效率。

四、机器人技术

从第一次工业革命开始，人类就开始运用机器来完成人力范围之外的事，也开始了用机器人改造世界的遐想。随着机器人技术的发展，现代机器人已被运用到越来越多的场景中，极大提升了生产力。从应用环境的角度出发，可以将机器人分为工业机器人、特种机器人和服务机器人等类型。

(一)工业机器人

千禧年以来，随着我国低端产业外移、劳动力成本及物价上涨，制造企业向智能化和无人化发展，对工业机器人的需求急速上升。工业机器人拥有非常广阔的运用前景，助推“中国制造”走向“中国智造”。在无人工厂，工业机器人集制造、设备维修等一系列操作于一体，监管人员可通过后台实时监控工厂信息，及时发现潜在隐患。

工业机器人主要向智能化、通用化、精密化、具有自诊断和修复能力等方向发展。首先，随着计算机技术、模糊控制技术、专家系统技术、人工神经网络技术和智能工程技术等高新技术的不断发展，工业机器人的工作能力将会有突破性的提高。未来的机器人能做搬运、焊接、装配等简单的机械操作，甚至能进行设计、作曲、绘画等创造性工作。其次，工业机器人的组件及构件实现通用化、标准化、模块化是降低成本的必然途径。再次，随着制造业对机器人要求的提高，高精度工业机器人有着广泛的应用前景。最后，未来机器人具有自我诊断和修复的能力，当系统出现故障时能够进行自我检测、报警和恢复调试，甚至有部分机器人当其元器件损坏时还能完成自我进行修复，减少因为故障而导致的生产停顿。

(二)特种机器人

特种机器人可以代替人在危险、复杂的环境中进行特种作业，因而吸引许多国家和地区对其进行投入和支持。特种机器人对资金、技术和研发周期的要求比工业机器人和服务机器人都苛刻很多，其在国内外的发展均处于初级阶段。

根据功能的不同，可将特种机器人分为军事应用型特种机器人、应急救援型特种机器人和极限作业型特种机器人三类。军事应用型特种机器人主要应用于侦察、干扰和作战等场景中，发挥代替人力的作用；应急救援型特种机器人主要在搜救、防爆、消防等救援场景中发挥替代人力的作用；极限作业型机器人主要在辐射、水下等危险环境中进行特种作业。

随着科技的发展，人工智能、新材料、高端制造和仿生学等为特种机器人提供了更智能的算法、更高端的设备和更优化的适应能力，未来特种机器人的发展趋势更加偏向于以下两个方向。①通用化。由于特种机器人执行的任务都是在极端环境下，配件会快速磨损。特种机器人零配件通用化后，可对原有损坏的模块进行替换，加强了特种机器人的可利用性，减少了特种机器人的后期维护成本。②协同化。协同化是未来军事特种机器人的一大热门趋势，搭载了神经协同的单兵机器人，通过远程操作能够同步士兵的神经网，在复杂的环境下，可替代士兵上前线或在救灾抢险中发挥作用。

(三)服务机器人

人口老龄化、居民生育意愿降低、人工成本增加，再加上人们对从事重复劳动意愿的降低，都增加了对服务机器人的需求。目前大部分服务机器人还处于研发试验阶段，投入使用并且实现产业化的服务机器人产品还很少。随着技术的发展，未来服务机器人可以广泛运用于餐厅服务、家庭服务、企业迎宾、外卖配送等领域。

以目前应用最多的家庭服务机器人为例，家庭服务机器人主要包括清洁机器人、早教机器人、娱乐休闲机器人、安防监控机器人等。清洁机器人就是一个具备智能功能的家用电器，其外形简洁、结构简单、功能单一，如常见的扫地机器人等。早教机器人拥有“类人脑”的结构，其理解能力、表达能力、智商都会随着深度的自我学习而不断成长，其可以通过语音对话、视频展示等方式对幼儿进行一定程度的教育，如语言学习、艺术类学习等。娱乐休闲机器人是可用于家庭娱乐的应用型机器人，其可以跳舞唱歌，为人们解除精神上的疲劳。安防机器人主要是安防监控机器人，其采用嵌入式软件进行监控操作，时刻关注着家里的安全，并通过网络发送实时画面给用户进行预警，起到安防监控的作用。

五、无人驾驶技术

无人驾驶就是汽车依靠人工智能、视觉计算、雷达、监控装置和全球定位系统协同合作，让电脑可以在没有任何人类操作的情况下，感知路况变化，通过其他的系统对数据的分析，获得道路状况、车辆位置和障碍物的信息，自动规划行车路线并控制车辆到达预定目标，从而使乘车人安全到达目的地。无人驾驶技术集自动控制、体系结构、人工智能、视觉计算等众多技术于一体，是计算机科学、模式识别和智能控制技术高度发展的产物，也是衡量一个国家科研实力和工业水平的重要标志，在国防和国民经济领域具有广阔的应用前景，无人驾驶汽车将会成为人们未来出行的重要交通方式之一。

无人驾驶汽车具有巨大的优势。主要有以下三点。第一，可以有效利用驾驶时间，减轻运用负荷。当无人驾驶汽车在高速公路上处于自动行驶模式的时候，乘车人便可以对时间进行有效利用，如吃饭、打视频电话、看新闻、看电影、办公等。这样即使在高速公路上长距离奔波也不会感到疲劳。第二，防止司机由于大意而导致的交通事故。交通事故很多是由于驾驶员在认知、判断、操作中的失误所导致的。如果普及无人驾驶汽车，便能减少此类交通事故，从而减少人员伤亡。第三，通过适当保持车辆间距缓和交通堵塞状况。每当休假日和回乡省亲的高峰期，高速公路上会频频发生重大交通堵塞。自动驾驶可以识别车辆的前后距离，通过对加速和刹车进行控制以保持适当的车距。因此，随着无人驾驶汽车的普及，交通堵塞状况将会得到缓解。

无人驾驶技术正在快速发展。2018 新款奥迪 A8 是全球首款量产搭载 Level 3 级别的自动驾驶系统的车型，实现 Level 3 级自动驾驶，使驾驶员在拥堵路况下可以获得最大限度的解放。同年 5 月，宇通客车在其新能源全系产品发布会上宣布，已具备面向高速结构化道路和园区开放通勤道路的 Level 4 级别自动驾驶能力。以谷歌为代表的新技术力量也纷纷入局无人驾驶领域。这些企业多采用“一步到位”的无人驾驶技术发展路线，即直接研发 SAE Level 4+级别的无人驾驶汽车。

无人驾驶技术具有广阔的应用前景。无人驾驶车已经获得了美国加利福尼亚州的立法获批，谷歌也可能会在该州部署数百辆无人驾驶车，用来接送公司员工上下班。据报道，谷歌汽车在试运行的过程中，仅与其他社会车辆发生过两次碰撞，并且其中一次是非常小的事故，完全在驾驶员的可控范围内。

六、新能源技术

人类的能源需求正稳步上升，为减少对传统能源的依赖并且出于保护环境的目的，我国大力发展新能源技术，改变能源消费结构。使用清洁能源可以减缓全球气候变暖，因此新能源的开采与应用尤为重要。

(一)核聚变反应堆——“人造小太阳”

目前主要的能量来源为矿石燃料，其燃烧和利用过程中会产生大量的污染废气。核能的使用可以减少 CO_2 的排放，对环境更加友好。使用核能是防止气候变化并且防止人为造成全球变暖的重要途径。

可控核聚变可以带来清洁和近乎无限的能源供应，被寄予“解决全球能源问题”的期望。核聚变反应堆又被称为“人造小太阳”，因为太阳和其他恒星本身就是一个巨大的核聚变反应堆，其内部有大量氢的同位素氘(又叫重氢)和氚(又叫超重氢)。

核能具有以下三大优势。其一，能量巨大。根据爱因斯坦的质能关系 $E=mc^2$，质量损失可释放出巨大能量。平均 1 克氘氚核聚变燃料产生的能量相当于燃烧 8 吨汽油的能量。其二，核聚变燃料储量大。海水中含有大量的核聚变燃料——氘。1 升海水中含 30 毫克氘，所含的氘完全聚变所释放的能量相当于燃烧 340 升汽油的能量。按目前世界消耗的能源计算，海水中氘的聚变可用几百亿年。其三，核废料较易处理。技术的更新和发展促使解决核废料及核电站爆炸的问题，现在已有类似钍反应堆的模型，可以较好地解决这些问题。钍存储量丰富，又不易用于核武器，其废料排量会比当前的核反应堆少两个数量级，废料的危险性只会持续几百年，而不是现在的一两千年。同时，核聚变反应放能效率极高，产物不具放射性。

未来聚变堆的稳态运行将会持续不间断地向电网输送电能，因此超导装置是核聚变作为能源应用的必由之路。高温超导导线的工作温度、临界电流密度、最高磁场强度参数范围比低温超导导线有更大扩展：不仅可以在更高温度下工作，而且在低温工作环境也可以达到更高的电流密度，实现更强的磁场。采用更强的磁场也可以减小聚变堆的尺寸和造价。未来 10 年，随着高温超导产业化的发展和成本的降低，用高温超导线圈建造聚变堆将成为现实。未来将以聚变堆为核心建造 GW(吉瓦，换算为 10 亿瓦特)量级的大型发电站。

(二)生物质能

生物质能是自然界中的植物以生物质作为媒介储存太阳能所提供的能量，属于再生能源。例如航空生物燃料是指以动植物油脂或农林废弃物等生物质为原料，采用加氢法或费托合成技术生产的航空燃料。其性质与传统石油基燃料大同小异，部分指标甚至优于传统喷气燃料，单独使用或与化石喷气燃料调和后可满足航空器的动力性能和安全要求，且无须制造商重新设计引擎或飞机，航空公司和机场也无须开发新的燃料运输系统。

我国利用纤维素生产生物航油的技术取得重大突破，实现了生物质中半纤维素和纤维素共转化合成生物航空燃油，已在国际上率先进入示范应用阶段。2019～2020 年捷蓝、国泰等多个航空公司计划大规模使用生物燃油。美联航也表示将削减 50%的碳排放。目前已有超过 13 万架次航班使用了生物燃料。我国也已成为世界少数几个拥有生物航空燃油自主研发生产技术并成功商业化的国家。另外，我国大力发展县域农林生物质热电联产，加快常规生物质发电项目供热改造。稳步发展城镇生活垃圾焚烧热电联产，加快生物质热电联产技术进步。

（三）地热能——地热双工质循环发电技术

地热能是来自地球内部的一种能量资源，其是一种清洁可再生能源，开发前景十分广阔。地热能可直接用于采暖、供热和温泉养生。地热能具有可再生、分布广泛、蕴藏量丰富、单位成本低、建造地热厂时间短且容易等多个优点，有很大的开发和运用潜力。我国地热能资源的开发与利用十分广泛，目前大力推广浅层地热能利用，推进水热型地热供暖，替代传统能源供暖。

地热双工质发电是以氨水溶液为工质的双工质发电系统。模拟计算表明，该循环的理论热效率为 10.4%，热力学完善度为 73.4%。以氨水溶液为工质的双工质发电系统将成为一种有效利用地热资源的新途径。地热能的使用主要采用地源热泵系统，地源热泵是一种利用地下浅层地热资源的既可供热又可制冷的高效节能空调系统，可以通过输入少量的高品位能源实现低温位热能向高温位转移。

（四）可燃冰开采——综合法

可燃冰的学名为“天然气水合物”，具有极强的燃烧力，可直接点燃，燃烧后几乎不会生成任何残渣，而且污染也比煤、石油、天然气小得多。在全世界的石油煤炭资源即将消耗殆尽、人类陷入能源危机的境况下，可燃冰的发现让人类看到了新希望。

综合法是综合使用降压法和热开采技术的优点对天然气水合物进行有效开采的方法。其具体方法是先用热激法分解天然气水合物，再用降压法提取游离气体。2017 年，中国首次在南海北部开采出可燃冰样品，成为继美国、日本、印度之后第 4 个通过国家级研发计划采到天然气水合物实物样品的国家。

（五）海洋能——多能互补海洋能集成发电技术

海洋作为可再生能源的重要来源体，包含太阳能、风能、波浪能、潮流能等多种不同的能源，在对这些能源进行海上的获取与开采时，应对多能集成的系统分析、设计以及电能的处理、信息通信进行深度整合和建设，因此，海上多能集成发电一体化平台的建设与研究便应运而生。集成发电技术主要用于将风、光、浪、流等能源的捕获、转换、发电、供电紧密融合到一个系统中，该系统在海洋中长期运转，进行自供电与外供电，与海上各种用电设备之间进行电能传输和信号交换，为不同海洋场景下的能源输入输出提供接口，实现多种能源的多级、高效利用。[①]

多能互补集成发电技术集数种海上能源利用技术于一体，其应用和发展潜力不可估量。分析多能互补集成发电技术的原理和发展现状，其发展趋势主要有以下几点。①海洋

① 王世明，李泽宇，于涛，等. 多能互补海洋能集成发电技术研究综述[J]. 海洋通报，2019，38(03)：241-249.

平台离岸化。随着离岸距离的增大，风能资源愈加丰富。同样，更大的风能资源可以带来更多的波浪能资源。因此，将海上多能发电平台向更深的海域进行拓展，可以获取含量更丰富的能源，同时可以减少发电设备对于岸边设施和环境的影响。②超导和新材料的应用。发电装置的集成度越高，对于零部件材料的整体重量、可承冲击、防腐蚀性能、电流承载量等有越高的要求。因此，引入更为优质、轻质的新材料，尤其在电能传输时采用磁通密度更高的超导材料，是日后海洋集成发电平台选材的重要方法。③轮机容量的大型化。相比风能和太阳能，波浪能和潮流能的能量密度更高，若要充分利用这两种海洋能源，必须不断增大获能轮机容量，以获得更大的功率输出。④阵列式布局的水动力研究。无论是海上集成发电系统内部各个发电模块，还是发电平台整体，只有在海中进行阵列式多点布放，才能聚沙成塔，使得获取的海洋能源直线上升。但阵列式布局对周围流体产生的影响以及随之带来的装置水动力环境的影响也是不可忽视的问题，所以，如何在尽可能增加发电装置阵列数量的同时，掌握并控制水动力特性和流场运动机理的改变，是未来相当具有研究价值的课题。[①]

（六）太阳能——光伏发电技术

每年到达地球表面上的太阳辐射能相当于约 130 万亿吨煤产生的能量，是现今世界上可以开发的最大能源。阳光普照大地，没有地域限制，几乎处处皆可直接开发和利用，且无须开采和运输。太阳能是最清洁的能源之一，不会造成环境污染。

目前，太阳能的利用有光热转换和光电转换两种方式。光热转换是指通过反射、吸收等方式把太阳辐射能转变为热能，太阳能热水器是光热转换原理的典型应用。光电转换是通过光伏发电技术把太阳辐射能直接转换成电能的过程。光伏发电技术利用光伏板组件的光生伏特效应将光能直接转变为电能。光伏板组件由硅等半导体物料制成的固体光伏电池组成，暴露在阳光下便会产生直流电。光伏板组件可以制成不同形状，因地制宜地安放在屋顶、阳台、荒坡等处，组件相互连接，可为房屋提供照明，或并入电网供电。

七、太空科技技术

美国第四版《2017-2047 年新兴科技趋势》报告指出，太空仍然是一片基本上未得到充分利用的疆域，太空科技正在进入前所未有的蓬勃发展阶段。空间环境中蕴藏着极其丰富的资源，具有巨大的利用价值，太空资源的开发会给人类带来前所未有的巨大利益。太空科技仍将是未来 30 年技术创新的一个重要焦点。

（一）太空探索工具

航天国家近几年在卫星制造、低成本商业航天飞行等方面有着重要进展。美国第四版《2017-2047 年新兴科技趋势》列举了几项代表性的新兴太空科技，包括可重复使用的运载工具、高度人工智能的探测器/着陆器/巡视器。在进入太空方面，美国太空探索技术公司（SpaceX）、美国蓝色起源（Blue Origin）等新兴商业航天公司已经实现了可重复使用火箭发射、回收等颠覆式创新技术，极大地降低了载人航天飞行和卫星发射进入太空的价格，开启了低成本太空探索的新时代。

(1) 可重复使用的运载工具。可重复使用的运载工具是指能够重复使用、可利用自身主动力将人员或有效载荷送入预定轨道并能携带人员或有效载荷从轨道返回地面的一种航天运输工具。目前我国可重复使用航天运载器的研制正处于攻关阶段，已开展可重复使用运载器总体技术等关键技术的攻关研究。重复使用运载器可满足未来“快速、可靠、廉价”的航天运输需求，既能承担未来我国空间站的人员、物资运输的任务，也能满足军民两用的有效载荷发射需求，还能开发太空旅游等民用产业，未来生活在空间站的航天员也不用担心补给问题，更多人将有机会前往太空一览美景。

(2) 高度人工智能的探测器/着陆器/巡视器。上海市空间智能控制技术重点实验室正在开展智能控制算法在航天领域应用的研究，将新一代人工智能技术与航天工业结合，有望使人造卫星、深空探测器研制不再拘泥于模型，让机器具有自主学习能力，实现在宇宙中根据实际情况自行调整姿态和轨道，大幅降低对地面专家操控的依赖。

（二）太空资源开发

据推算，目前已经发现的石油储备量可用 40 年、天然气可用 70 年、煤炭可用 190 年，因此人类需要到深海和太空中去寻找资源。太阳系中的行星和卫星以及为数众多的小行星可能蕴藏着值得开采的矿产资源，或许能缓解地球面临的矿产和能源危机。

20 世纪 60 年代末和 70 年代初，美国阿波罗飞船 6 次登月带回的共 368.194 千克的月球岩石和尘埃，经科学家加热到 3000 华氏度后，发现其中含有氦等物质，通过进一步分析鉴定，月球上存在大量的氦-3。科学家在进行大量研究后认为，采用氦-3 的聚变来发电可供人类长久使用。

美国第四版《2017-2047 年新兴科技趋势》估计，有 15000 颗近地小行星可以利用目前或短期内可实现的空间技术进行开采，但要利用小行星采矿产生显著的经济效益，仍然存在重大的技术壁垒。例如，很难利用目前的地面和轨道传感器准确分析大多数小行星的组成，使得从小行星中回收矿物质的成本无法确定，导致其难以吸引投资者的兴趣。随着商业航天发射成本的下降，加上中国和其他国家政府对空间技术投资的增加，到 2047 年可能得以实现小行星的资源开采。[①]同时恒星上也存在许多未来的能源燃料，成为超大的“戴森球”（恒星做动力源的天然的核聚变反应堆）。宇宙那些发出光芒的恒星拥有几乎无穷无尽的能量，如果将其作为发动机的原料，可以建立起几乎覆盖恒星的戴森球，将恒星所发出的能量全部收集起来，建立起宇宙中的“充电桩”。在完全能够利用好恒星的能量情况下，将实现能源几乎不枯竭，因为在银河系内的恒星就有 1000 亿～4000 亿颗，如果实现了对恒星全部能量的收集，那太空旅行所需的能源几乎可以不用再发愁。

（三）太空旅游

太空旅游是航空航天技术发展成熟的一个较好的应用区域，太空旅游基于人们遨游太空的理想，为其提供一种前所未有的体验，可以观赏太空旖旎的风光，还可以享受失重的乐趣。三位企业家——蓝色起源的杰夫·贝索斯（Jeff Bezos）、Space X 的埃隆·马斯克（Elon

① 于心可. 特朗普政府太空战略研究[D]. 郑州：战略支援部队信息工程大学，2019.

Musk)和维珍银河的理查德·布兰森(Richard Branson)，正竞相开创私人商业太空旅游的新时代。

八、生命健康技术

随着经济的发展和全球人口老龄化，人类对自身健康的关注度不断提高。在科学技术的推动下，心脑血管、癌症等疾病和重大创伤的病死率显著降低，极大地提高了人类的健康水平和生命质量。下面将简要介绍CRISPR/Cas9技术、免疫治疗2.0、基因治疗、基因大数据技术、合成生物学技术、单细胞多组学技术、脑科学与脑机接口技术等新生物医药技术的应用和发展趋势。

(一)CRISPR/Cas9技术

CRISPR/Cas9技术是最新出现的一种由RNA指导的Cas9核酸酶对靶向基因进行编辑的技术。CRISPR/Cas9是细菌和古细菌为应对病毒和质粒不断攻击而演化来的获得性免疫防御机制。其为研究人员带来了一种简单的方法，将核酸酶、转录调控因子或荧光蛋白送到基因组中的任何地址。这种方法已改变疾病研究、基因调控、药物开发等领域，因此也成了一大研究热点。科学家们预测CRISPR/Cas9基因编辑技术将改变人类的生活。比如，美国俄勒冈健康与科学大学的科学家曾使用 CRISPR 技术删除可生育人类胚胎中一个缺陷基因，从而可能治愈肥厚型心肌病这种影响着全球 0.2%人口的致命心脏疾病。哈佛大学遗传学家乔治·丘奇(George Church)曾和他的团队研究利用CRISPR技术添加猛犸基因到亚洲象体内，最终使亚洲象具有猛犸的特征。在未来，也许人们将目睹猛犸及其他已灭亡物种的复活。

(二)免疫治疗2.0

免疫治疗是一种癌症治疗方法，能够帮助免疫系统对抗癌症。免疫系统由白细胞、含有淋巴系统的器官和组织组成，可以帮助机体对抗感染和其他疾病。免疫治疗通过改善和提高患者的自身免疫功能，主要达到清除肿瘤、炎症和衰老细胞的目的。免疫治疗在人体外培养扩增免疫细胞，然后根据治疗方案回输给患者，清除癌症患者体内的残留病灶，杀灭残余肿瘤细胞，减少肿瘤复发，这样可以提高肿瘤患者生存率和生活质量。随着基础和临床研究的不断突破，人类对免疫疗法的认识也在不断加深，免疫疗法的适应证也在不断拓展，从一开始的白血病，到非霍奇金淋巴瘤、多发性骨髓瘤，再到自身免疫疾病，免疫疗法进入更加精准、联合、广谱的2.0时代。免疫治疗的方向已经广泛转移到晚期癌症，在未来，癌症将彻底变成一种大部分人可以活过五年甚至十年的慢性病。免疫治疗可以治疗很多种不同的癌症，异病同治正在变为现实。

(三)基因治疗

基因治疗是对遗传物质的应用，是修复或控制基因产品的表达或修改用于治疗的活细胞生物学特性作为一种颠覆性的医疗技术，是一种通过修饰人类基因来治疗或治愈疾病的技术。基因治疗可以通过多种机制起作用，包括用基因的正常复制来置换致病基因、灭活功能异常的致病基因以及引入新的或修饰过的基因到体内帮助治疗疾病。其核心技术为转基因和基因编辑。基因治疗的对象包括癌症、遗传疾病和传染病等。如今，全球已有超过2500 多个基因治疗临床试验正在进行，基因治疗也已经成为全球医药研发企业的必争之地。阿尔茨海默病、帕金森病、糖尿病、黄斑变性等重大非遗传疾病将是基因治疗未来应用的重点领域。此外，基因治疗还有可能用于延长人类寿命和延缓衰老；科学家发现人类大脑中有两个与智商相关联的特定基因簇，未来也许可以通过调节这两个基因簇改变人的智商。

（四）基因大数据技术

基因大数据技术就是以基因组测序技术和基因检测技术为基础的基因数据和相关的分析方法。除了大家熟知的无创产前基因检测、新生儿遗传疾病筛查等应用之外，个体的基因大数据还可以锁定个人病变基因，实现提前预防和治疗。通过对个体的基因大数据分析，可实现对罹患多种疾病的预测，甚至对个体的行为特征提供更加深刻的见解。比如在个体基因检测产品中，通过对个体样本 DNA 数据的分析，能够解读出癌症、代谢疾病、精神疾病等病症的风险，还能够解读出个体的药物适应性、运动天赋、酒量等信息。随着全世界数百万甚至上千万个体完成了个人基因组数据的解读和分析，目前已经出现了一些基于 DNA 信息更加引人注目的新兴技术，比如 DNA 刑侦、新药预测，并在这些领域取得了革命性的进展。这些现象表明我们已经迎来一个由 DNA 数据所带来的革命性时代。

（五）合成生物学技术

合成生物学技术（Synthetic Biology Technology）目的是将生物学、化学、计算机科学、工程学、物理学等多个学科的概念和知识整合起来，从创造或改造最基本的细胞组件开始，再对其进行组装或者组合，达到更高效、更经济、更精确地按照人类的意志创造出有益的产品或者有特殊功能的生物体的目的。如人工设计的细胞将可在体内定时为患者输送药物，通过基因设计可以控制家蚕、蚊子等昆虫的性别，基因编辑可以使育种速度成倍提升等，这些都是合成生物学技术带来的神奇改变。

合成生物学技术应用较为广泛。在产品方面，市场被分割成酶、寡核苷酸、底盘生物和异种核酸等领域。在技术基础方面，市场被分割为基因合成、基因组工程、测量和建模、克隆和测序、纳米技术等。在应用层面，全球合成生物学市场分为工业应用、食品应用、农业应用、医疗应用以及环境应用等。在军事应用领域，合成生物学将极大促进包括军事医学在内的生物医学的发展，如生产出更有效的疫苗、研制出新型军队特需药品等。合成生物学技术可用于设计和改造军用材料，如对微生物进行定向改造，使其具有特定功能，以满足军事需要。例如美国合成生物学企业 Ginkgo Bioworks 与美国国防部高级研究计划局合作生产益生菌，帮助美国士兵在海外抵御胃病。合成生物学技术还可以用于开发军用新能源，如部队可利用携带的少量合成生物体，将空气中的二氧化碳转化为生物能源，从而极大提高部队的机动性并扩大作战范围。①

① 刘发鹏. 合成生物学：一种两用技术的机遇和挑战[J]. 科学中国人，2018，17：72-73.

九、新材料技术

材料工业是国民经济的基础产业，新材料是材料工业发展的先导。下面将简要介绍几种热门及应用广泛的新材料和技术。

（一）聚酰亚胺

聚酰亚胺是综合性能最佳的有机高分子材料之一。其耐高温达 400℃以上，长期使用温度范围为-200～300℃，部分无明显熔点，具有高绝缘性能，10^3 赫下介电常数 4.0，介电损耗仅 0.004～0.007，属 F 至 H 级绝缘材料。应用主要有以下几方面。

(1) PI 薄膜。PI 薄膜为 PI 系列产品中应用最早、最为成熟的产品，是绝缘薄膜的最优选择。高端产品国产化浪潮已近，电子级以下的 PI 薄膜已实现国产自给自足，电子级及以上 PI 薄膜市场仍主要由海外公司瓜分。随着国内化学亚胺法生产线的逐渐落地，国内厂商将参与分享高端近百亿市场规模。未来随着 FCCL（Flexible Copper Clad Laminate，挠性覆铜板）市场保持高增速，以及 OLED（Organic Light Emitting Diode，有机发光二极管）快速普及对柔性衬底需求的提升，高端电子级 PI 薄膜市场将处于快速扩张期。

(2) PI 纤维。PI 纤维耐热性能、机械性能优异，是航空航天和军用飞机等重要领域的核心配件材料，其在军用市场的应用具备不可替代性。在商用领域，PI 纤维在环保滤材、防火材料等方面的应用目前正处于孕育期，未来有望为 PI 纤维增添新活力。

(3) PI/PMI 泡沫。PI 泡沫目前最为重要的应用为舰艇用隔热降噪材料，目前我国海军正处于第三次建船高潮，PI 泡沫作为新型战舰中的首选隔热降噪材料，未来需求有望快速提升。此外 PMI 泡沫作为最为优异的结构泡沫芯材，广泛应用于风机叶片、直升机叶片和航空航天等领域中，其对于 PET 泡沫的替代趋势明显，市场空间广阔。

(4) PI 基复合材料。纤维增强复合材料是继镁铝合金之后的新一代轻量化材料，以聚酰亚胺作为树脂基的复合材料耐高温和拉伸性能出色，应用十分广泛。随着碳纤维产业的逐渐成熟，碳纤维增强复合材料需求增长明显，聚酰亚胺+碳纤维的组合作为最为优异的复合材料组合之一，在抢占高端市场方面优势明显。

(5) PSPI（光敏聚酰亚胺）。光敏聚酰亚胺主要有光刻胶和电子封装两大应用。PSPI 光刻胶相比于传统光刻胶，无须涂覆光阻隔剂，能大幅缩减加工工序；同时 PSPI 也是重要的电子封装胶。光敏聚酰亚胺作为封装材料可用于缓冲涂层、钝化层、α 射线屏蔽材料、层间绝缘材料、晶片封装材料等，同时还广泛应用于微电子工业中，包括集成电路以及多芯片封装件等的封装。①

（二）薄膜技术

薄膜技术主要方向为快递包装薄膜和背光模组光学膜。快递包装薄膜将趋于减量化、绿色化、可循环发展；背光模组光学膜将趋于高亮度化、薄型化、轻量化、高色域化发展。薄膜技术主要应用于以下产业。

---

① 资料来源：高分子科技、新材料产业联盟.《一文搞清中国化工新材料产业，就是这么全面！》.

(1) 光学聚酯薄膜产业。功能性聚酯原料制备技术是制膜企业的核心技术之一，其中纳微米添加改性，涉及滑爽均匀性、结晶均匀性和静电压膜性等，正是阻碍行业发展的技术瓶颈。

(2) BOPA 薄膜产业。BOPA 薄膜主要应用于食品、日化、医药、电子、建筑、机械等包装领域，其中食品包装就占据了 70%～80%的份额，主要是用于高温蒸煮、冷冻、休闲类食品。预计在未来的几年里，中国软包装和 BOPA 薄膜市场将继续呈现增长态势。

(3) BOPET 薄膜产业。BOPET 薄膜因其优异的物化性能和环保性能，被誉为 21 世纪最具发展潜力的新型材料之一。我国 BOPET 聚酯薄膜需求量巨大，占全球需求总量的 33%。①

（三）3D 打印技术

3D 打印材料技术也称为“材料添加制造”(添加剂制造) 技术。3D 打印与传统的材料处理方法完全相反。其基于三维 CAD 模型的数据，通过采用逐层添加的材料制造方法。采用三维物理实体模型的制作方法，与相应的数学模型完全一致。目前常用的 3D 打印高分子材料有聚酰胺、聚酯、聚碳酸酯、聚乙烯、聚丙烯和 ABS 等。预计到 2022 年，尼龙将占据 3D 打印材料市场 30%的市场份额。目前 3D 打印技术已经在军事、航空航天、医疗、汽车、机械设备制造及消费领域有一定的应用。

在医疗方面，3D 打印机可以打印出患者的立体骨骼模型，医生可以通过骨骼模型探讨治疗过程，与患者沟通手术方案。医务人员还可以通过 3D 打印的复制品了解患者器官内部结构，能够在这些复制品上进行模拟手术。最令人憧憬的应用则是直接打印具有活性的组织器官，即所谓的“生物打印”。现有的想法是利用 3D 技术打印骨架，再在骨架上培养干细胞，诱导其形成组织；更进一步的方法是直接打印出组织器官用于移植；最具想象力的方案则是在人体内直接打印活性组织或活性器官，连植入的过程都可以省掉。

在建筑领域，3D 打印技术最初主要用于设计模型的制造，但近来已经有多位建筑师提出了 3D 打印实体建筑的构想。荷兰阿姆斯特丹建筑大学的设计师 Janjaap Ruijssenaars 设计的 3D 打印建筑物 Landscape House 特别模拟了莫比乌斯环，计划利用 3D 打印机逐块打印出来，然后拼接成一个整体建筑。伦敦的建筑设计工作室 Softkill Design 的 3D 打印建筑方案更具冲击力，该建筑完全抛弃了传统的固体墙，采用以骨骼为基础的纤维尼龙结构，组件由激光烧结生物塑料制成。以后，只要客户想好了房屋建筑的结构，只需备好材料，准备好 3D 打印机，随时随地都可以打出期待的建筑，省时省力。

（四）纳米技术

纳米技术，也称毫微技术，是研究材料结构尺寸在 1～100 纳米范围内的性质和应用的一种技术。纳米材料及其相应的制取、组合技术是目前纳米技术发展的主流方向。据《前瞻产业研究院纳米材料行业报告》预计，2022 年我国纳米材料市场的规模可达 1955 亿元水平。在生物医疗领域，纳米技术在组织修复与替代材料、诊断与治疗、基因与细胞等方向均有应用前景。应用纳米技术革新现有诊疗技术，有望取得颠覆式创新成果并实现临床上的应用，如新型组织再生材料、体内外精准诊断纳米技术和新型抗肿瘤纳米药物等。纳米技术将把游戏或电影场景变为现实，如游戏《质量效应》中的医疗胶(在游戏中能拥有“无限条命”，现实中能几秒钟止住动脉出血)；科幻电视剧《星际迷航：下一代》《星际迷航》系列中的纳米凝胶(复制皮肤细胞再生，现实中应用为增加伤口愈合率)等。

十、节能环保技术

高速发展中的中国城市，正在遭遇“垃圾围城”之痛，这些垃圾侵占地表，污染土壤、水源、大气，还会加剧疾病的发生，“治病”是当务之急，与此同时解决节能环保问题，是打造中国经济升级版的一项重要而紧迫的任务。下面从节能技术和环保技术两方面介绍节能环保技术。

(一)节能技术

(1)二次再热技术。主要用于工业节能，是以采用两次中间再热的蒸汽朗肯循环为基本动力循环的发电技术，其典型特征是超高压缸和高压缸出口工质分别被送入锅炉的高压再热器和低压再热器进行再热，在整个热力循环中实现了二次再热过程。相比一次再热机组，二次再热机组锅炉增加了1级再热回路。二次再热技术是公认的一种可以提高超临界电机组效率的有效方法①，提高发电循环的平均吸热温度，从而提高发电效率。一些发电集团已经开始700℃超超临界机组的研究，我国在2020年以后将完全掌握先进的700℃超超临界机组应用技术，并成为之后20年内最先进的燃煤机组，该型机组效率将达到42%，煤耗将降低到236g/kW·h。

(2)相变储能砂浆。相变储能砂浆是建筑行业中的节能技术，为了向砂浆等基质中添加相变材料，有必要确保材料本身具有能量储存能力。相关专家学者研究发现，在微球中加入一定量的石蜡，并在微球中掺入适当的砂浆，可以在微胶囊化技术中形成石蜡砂浆。这种砂浆一般用于房屋的内墙装饰，使夏季吸收的热量在冬季能更好地挥发，从而保持室内温度的适宜性。如果室内温度超过 22℃，石蜡会因融化而吸收大量热量，从而有效控制室内温度。

(二)环保技术

可循环使用的生物塑料技术(生物降解塑料)。指一类由自然界存在的微生物[如细菌、霉菌(真菌)和藻类]的作用而引起降解的塑料。理想的生物降解塑料是一种具有优良的使用性能、废弃后可被环境微生物完全分解、最终被无机化而成为自然界中碳素循环的一个组成部分的高分子材料。目前全球只有15%的塑料得到回收利用。可生物降解塑料的强度无法与传统塑料相比，该技术的突破在于使用来自工厂废弃物的纤维素或木质素而非占用可投入粮食生产的农作物来增加物理强度。可生物降解塑料有助于实现塑料循环经济的目标，其中塑料来自并转化回生物质。生产可生物降解塑料的新方法说明了更环保的溶剂和更有效的生物催化剂如何有助于在一个主要行业中产生循环经济这一问题。

---

① 王月明，牟春华，姚明宇，等. 二次再热技术发展与应用现状[J]. 热力发电，2017，46(8)：1-10，15.

十一、人类增强技术

人类增强技术是指利用技术增强人的认知和行动力。在未来 30 年，人类增强技术将突破人类潜力的极限。人类增强技术分为感觉增强、附肢及生物机能增强、大脑增强和基因增强四大类别。

感觉增强指利用技术增强人的听觉、视觉和知觉能力。目前，研究人员已经成功为完全失明或者部分失明的患者植入人造角膜。未来，由物联网连接的可穿戴设备将会实时把有关信息直接输入人类的感官中。装有探测器和嵌入式计算机的接触镜或者被植入在体内的装备将给人类带来可以穿墙的听力和夜视能力。

附肢及生物机能增强将以外骨骼和顶尖假肢的方式呈现。外骨骼和与大脑连接的假肢将会使人类变得更加强大，为老弱病残恢复行为和移动能力。外骨骼帮助人类行走、长时间站立或者运送重物。2014 年 2 月 25 日，美国前总统奥巴马与军队高官和军事工程师们在五角大楼讨论了 “战术攻击轻型操作装备”(Tactical Assault Light Operator Suit，TALOS)即美国军队版的钢铁侠计划。科幻电影中的钢铁侠有望变成现实。

大脑增强方面，在 2016 年 4 月，哥伦比亚大学巴特尔记忆研究所(Battelle Memorial Institute)宣布他们已经成功将一块芯片植入一位四肢瘫痪患者的脑部。这个芯片可以向一个安装在患者手臂的假肢发送信号，从而使患者能够自己拿起水杯，刷卡开门，甚至可以玩电子游戏。大脑增强技术将提高人类思考和做决策的能力。

基因增强是指将正常功能的基因转移到有基因缺陷或基因丢失的细胞中以表达正常产物，从而弥补缺陷基因的功能，包括细胞疗法、基因编辑等。比如，成簇的规律间隔的短回文重复序列(clustered regularly interspaced short palindromic repeats，CRISPR)极大地提高了科学家们准确有效地重组人体胚胎甚至成人的基因组合的能力。根据伯克利大学教授 Jenifer Doudna 的说法，基因测序可以为人类癌症、阿尔茨海默病、帕金森病等病症提供新的治疗方案并将其治愈。

当然，人类增强技术也带来了新的挑战和问题。如那些负担不起增强技术的人群很有可能发现他们在增强世界里毫无竞争力；增强科技的联网则会让人类的身体甚至大脑成为黑客的目标；对士兵的增强很有可能引发一场新的增强科技军备竞赛。另外，使用基因编辑技术来增强基因面临着重大的伦理问题。

十二、食物与淡水科技

在未来的 30 年里，淡水和食物的缺乏将会更加严重。随着全球人口数量的增长和生活水平的提高，人类对肉类消费量将不断上升，这无疑将对环境造成很大的压力。这一切问题的解决只有依靠科技。海水淡化、微型灌溉、污水回收、雨水收集、露水收集等科技将缓解人类的淡水水源危机。垂直农业、可替代食物开发(如人造肉)、基因改造农作物以及自动化将会允许农民使用更少的土地生产更多的食物。食物和淡水将会成为新的科技热点。

(1)人造肉技术。近年获得资本青睐的人造肉技术，不仅能缓解粮食短缺问题，满足人类对肉的巨大需求，而且有利于减轻环境污染和资源短缺的压力。联合国粮农组织的数据显示，当前全球陆地面积有 30%都被用于养殖业(包括牧场和饲料田)。人类活动导致的温室气体排放中，有 18%来自养殖业。英国牛津大学的一项研究发现，人造肉将比传统畜牧业减少 35%～60%的能耗、98%的土地使用和 80%以上的温室气体。根据《第一财经杂志》，美国 Beyond Meat 公司生产一块用于汉堡的人造肉，相比同等规格的牛排，可以减少 99%的水资源消耗和 90%的温室气体排放，减少 93%的土地使用和 46%的能源消耗。而且人造肉还可以避免牲畜粪便污染水土，以及被丢弃牲畜内脏、角、蹄、骨污染环境的问题。同时，人造肉主要用大豆蛋白制成(美国 Beyond Meat 和 Impossible Foods 两家公司的人造肉即属于此类)或利用动物干细胞制造，生产过程不需要使用抗生素，还可以人为地控制肉中的营养物质，从根源上杜绝牛海绵状脑病及口蹄疫等病毒感染。另外人造肉比天然肉更健康。比如，可用健康的ω-3 脂肪酸来代替易导致高胆固醇的ω-6 脂肪酸。

(2)超级杂交水稻技术。杂交水稻(hybrid rice)指选用两个在遗传上有一定差异同时其优良性状又能互补的水稻品种进行杂交，生产具有杂种优势的第一代杂交种。截至 2018 年，杂交水稻在我国已累计推广超 90 亿亩，增产超 6000 亿公斤，增产 20%。人口在增加，符合条件的耕地却在不断缩减，增产就意味着可以吃饱饭。由“杂交水稻之父”袁隆平领衔科研攻关的第三代杂交水稻遗传工程雄性不育系技术正在迈入应用转化阶段。在未来如果杂交稻能覆盖全球水稻种植面积的一半，就可解决全世界的粮食安全问题。杂交水稻的推广对保障世界粮食安全、促进世界和平具有重要意义，能提高中国国际地位，还有可观的经济效益，可产生七八十亿美元的年收入。

(3)精准农业技术。精准农业技术通过数据分析、人工智能和各种传感器系统来确定在某个时间植物需要多少肥料和水，并通过自动装置运送准确数量的养分到指定地点，避免养分的浪费，提高作物产量。但安装精密系统的成本很高，为克服这一问题，科学家开发了可以“控制释放”的智能肥料。智能肥料通过特殊的材料和制造技术调节壳体，使其随着土壤的温度、酸度或湿度变化以所需的方式改变营养物释放速率。通过组合不同类型的调制胶囊，制造商可以制作具有适合特定作物或生长条件需求的配方的肥料。例如，Haifa 公司将养分释放速率与温度联系起来，随着气温升高，作物生长速度和养分排放量一起增加。先进的控释肥料相对便宜，可以帮助农民持续增加作物产量。

第二节 新经济相关产业的发展趋势

新经济产业涉及新一代信息技术、新兴服务业、网络零售、生物医药、新材料、节能环保、新能源、新能源汽车、高端装备制造等产业。根据中央经济工作会议部署，调整经济结构，转变经济发展方式，创新经济发展模式，成为经济工作的重大任务和重要方向。

一、新一代信息技术产业发展趋势

信息技术已经成为推动全球产业变革的核心力量，并且不断集聚创新资源与要素，与新业务形态、新商业模式互动融合，快速推动农业、工业和服务业的转型升级和变革。我国的新一代信息技术产业从产业水平、发展形态等各方面都得到了快速成长。宽带、数字、融合、安全的信息网络基础设施不断完善；新一代移动通信、下一代互联网核心设备和智能终端的研发及产业化得到深入发展；软件服务、网络增值服务等信息服务能力得到提升。

根据前瞻产业研究院发布的《新一代信息技术产业发展前景预测与投资战略规划分析报告》的统计数据，2018 年中国信息消费市场规模已达到 6.3 万亿元人民币，市场整体规模年均增长率约为 15.38%，预计 2022 年将达到 8.6 万亿元人民币。

根据工业和信息化部的数据，2018 年中国电子信息产业销售收入达到 20.6 万亿元，2019 年达到 22.4 万亿元，2018～2022 年均复合增长率约为 8.25%，预计 2022 年将达到 28.2 万亿元人民币，如图 6-1 所示。

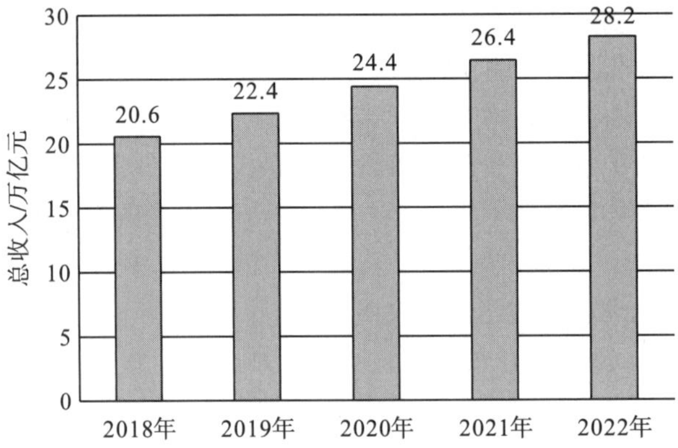

图 6-1　2018～2022 年中国电子信息产业主营总收入情况及预测

当前，新一代信息技术正成为驱动我国经济发展的重要力量。云计算、大数据、人工智能、物联网、移动互联网等新一代信息技术的发展，正加速推进产业分工深化和经济结构调整，重塑经济竞争格局。新一代信息技术产业发展趋势主要表现为以下几方面。

1. 集成电路技术正步入后摩尔时代

集成电路技术有一个非常重要的定律即摩尔定律。摩尔定律是指集成电路上可容纳的元器件的数目，每隔 18～24 个月便会增加一倍，性能也将提升一倍。从摩尔定律的提出到现在，当年的 BIT（比特）在如今的 TB（万亿字节）面前已经显得微不足道，从最初的上百微米级，到如今的十余纳米级，电子元器件（俗称“芯片”）的性能简直犹如指数爆炸般增长，电子设备的性能更是以知名的“摩尔定律”描述的奇迹速度飞速提升，而随着 INTEL 实现 7 纳米工艺，摩尔时代将迎来它的“黄昏时代”——后摩尔时代。那时人们将利用 3D 技术和折叠工艺来实现立体集成，甚至很可能在并不久远且可预见的未来，摩尔时代即将迎来它的终结。

2. 软件产业的发展规模愈发庞大

进入 21 世纪以来，中国软件和信息技术服务业取得了长足的进步，目前正处于高速发展的成长期。伴随着云计算、大数据、物联网、移动互联网、人工智能、虚拟现实等新一代信息技术快速演进，全球信息产业技术创新进入新一轮加速期，中国软件和信息技术服务业迎来了实现跨越发展的战略机遇期，中国软件和信息技术服务业将持续高速发展并逐渐成熟。

经初步统计，2019 年全国软件和信息技术服务业规模以上企业超 4 万家，软件产业实现业务收入 7.2 万亿元，同比增长 15.4%；各地区在软件企业数量、软件人才数量等方面也都取得了较大增长，从产业规模看，软件产业高质量发展成效初显。与此同时，2019 年软件和信息技术服务业实现利润总额 9362 亿元，同比增长 9.9%。2019 年，我国软件业市场业务收入将近 68000 亿元，市场规模再扩大。根据 2021 上海在线新经济峰会提供的数据，2020 年我国信息消费规模达到 58000 亿元，在最终消费中占比超过 10%。

3. 从“三网融合”进入“四网融合”

“三网融合”从广义上来讲就是电信网、计算机网和有线电视网三大网的物理合一，其主要表现为技术上趋于一致，使用统一的 IP 协议，在网络层面上实现互联互通，实现高层业务应用的融合。而“四网融合”，是在现有“三网融合”的基础上加入电网。

目前，国家电网已经和包括中国联通、中国移动、中国电信等在内的运营商合作，推出各项服务，包括无线电力抄表、路灯控制、设备监控、负荷管理、智能巡检、移动信息化管理。拿路灯控制来说，随着城市规模不断扩大，路灯管理和维护成为重要的问题，电信运营商无线路灯监控方案可实现终端自动报警、控制中心系统遥测、电压电流等参数采集功能，可帮助市政部门有效提高道路照明质量，保证城市整体亮灯率和设备完好率，避免电能、人力和物力的无谓浪费。

二、新兴服务业发展趋势

新兴服务行业是新的经济形态。近年来，我国服务业占比加速提升，引擎作用凸显；服务业投资较快增长，成为带动投资的主领域；服务业创业持续活跃，成为新增企业的主力军；服务业就业人数增加，成为吸纳城乡居民就业的主要渠道；网上零售额屡创新高，服务业税收快速增加，对财税增长贡献显著。

2019 年我国服务业增加值 534233 亿元，比上年增长 6.9%，高于同期 GDP 增速。服务业增加值占 GDP 比重为 53.9%，对国民经济增长的贡献率为 59.4%，拉动全国 GDP 增长 3.6 个百分点，服务业在国民经济中的“稳定器”作用进一步增强。未来五年服务业在国民经济中的比重还将继续上升，预计 2023 年将达到 65.67 万亿元。

服务业新产业、新业态、新模式的蓬勃兴起，驱动新动能发展的信息传输、软件和信息技术服务业，租赁和商务服务业，科学研究和技术服务业三大门类增加值比 2017 年增长 15.8%，高于第三产业增加值增速 7.8 个百分点，拉动第三产业增长 2.3 个百分点，服务业的规模也越发庞大。其中，服务业的发展趋势在以下几个方面最为突出。

1. 由“零和”转向融合

新产业、新技术、新业态、新模式的产生使得新兴互联网企业与传统企业进入胶着的“对抗期”，电商行业对实体零售行业的冲击更为严重，互联网金融和传统银行的博弈也同样激烈。然而，随着新经济的发展，传统业态与新兴业态正在不约而同地向对方靠拢，甚至是融合。

从互联网的发展应该可以看到，在历经经济变革后，大部分实体零售企业都在努力“触网”，积极打造线上平台与线下相结合，并与互联网巨头、电商巨头展开合作。更值得注意的是，电商巨头也在向传统零售业中的优质资源靠拢，积极拓展线下销售。因此，零售行业线上与线下的结合在大数据、智能物流和智能生产的推动下，迎来了“新零售”的新发展格局。

当前，零售行业的实体销售店面正在成为品牌展示、数据收集、资源分发的集成和中转场所，连通了大物流和小社区，促进了生产和消费之间的反馈与更新，资金流、物流、商流和信息流也在此进行全面融合。

2. 由提供单一产品转向提供平台服务

目前，以自有服务和特定服务群体为基础的大部分传统服务业企业都逐渐从封闭的企业组织转变为开放的平台，并积极在产业链领域“攻城略地”，努力构建具有企业特色的平台生态圈。比如，苏宁易购就致力于通过系统化的服务和资源的集成，打造多产业布局、线上线下共融、从商品展示到物流再到金融服务的全过程智慧零售服务平台，成为连接供应商和客户之间的主要桥梁。

在企业的构成中，平台是一种网络关系。在多数情况下，平台型公司会成为这个网络的核心，对平台网络各节点的需求和资源进行广泛的连接、整合，实现有效地传递和匹配。在出行、电商、社交、医疗、教育、投资等领域，平台已逐步取代了传统企业的组织方式并成为主流，从而诞生了阿里巴巴、腾讯等行业巨头。这些平台连接着卖家与买家、研发人员与企业、资本与项目、闲置资源与潜在使用者，重构了产业链价值，成为各类服务的“接入口”。在此背景下，服务业企业正由提供单一的产品向提供基于平台的服务转变。

3. 由产业发展的从属者转向产业资源的整合者

服务业企业大都来源于制造业，并随着制造业的繁荣、更多服务需求的产生逐渐发展。20 世纪 90 年代开始，我国铁路、公路、水上等交通行业发展壮大，国际贸易商、批发商、商超百货等零售企业遍地开花，虽然服务内容多有不同，但其功能仅限于提供资源、要素的流通渠道，普遍处于一种从属地位。然而，在近几年的发展中，“互联网+”对经济、生活各领域的影响逐步加大，产业互联已成为常态。“科技+”“金融+”“物流仓储+”“大数据+”等方式的产生重塑了服务业企业的商业模式，导致以资本为纽带、以数据为要素的服务业企业正走向“大联合”“大融通”。①

① 高蕊. 服务业企业发展新趋势值得关注[N]. 经济日报，2018-04-12.

在此背景下，企业之间的关系也在发生改变，正从供求关系、合作关系等传统的上下游关系转变为“集成平台”和“被集成者”的服务关系。服务业企业也因此成为连接生产端和消费端的“中央处理器”，并在更高的维度上打通了行业壁垒，重塑产业格局。

三、网络零售行业发展趋势

经过几十年的飞速发展，中国正处于商业变革的洪流之中。在互联网的部分领域，中国已走在全球前沿。在经济增速放缓、消费者需求升级、新技术开始广泛应用的形势下，网上零售已屡创纪录，成为新的经济增长点。

网络零售业已经成为我国最重要的行业之一，是拉动社会零售总额的“主引擎”。过去 10 年中国网上零售交易规模和同期电子商务交易总额都在快速增长。

国家统计局公布的 2019 年经济数据显示，全年社会消费品零售总额 411649 亿元，比上年增长 8.0%，保持较快增长。其中全年全国网上零售额 106324 亿元，比上年增长 16.5%。其中，实物商品网上零售额 85239 亿元，增长 19.5%，占社会消费品零售总额的比重为 20.7%，[①]比上年提高 2.3 个百分点；非实物商品网上零售额 21085 亿元，增长 6.1%。

随着市场竞争的升级和新技术的应用，消费升级显现；线上购物的崛起，也开始倒逼传统消费渠道进行服务和品质的升级。国内的消费结构目前正在发生积极的变化，逐渐向多元化、品质化、个性化的方向发展。其具体表现为以下几点。

1. 线上线下深度融合

“新零售”背景下的线上线下融合不同于电商与实体零售对立时期的 O2O 模式(线上对线下)。“新零售”的 O2O 发展需经历四个阶段：第一阶段为线上线下初步对接阶段，主要是利用线上的聚流功能将资源要素导入线下，促使线上发挥平台展示功能、线下发挥交易功能；第二阶段是以线下为主、线上为辅的交易阶段，通过线上线下不同款不同价，主要进行线下销售，线上仅作为次级品的销售场所，发挥辅助功能；第三阶段为线上线下平行阶段，线上线下同价同款，作为两种不同的销售形态同时存在；第四阶段为线上线下深度融合阶段。

目前，“新零售”正处于 O2O 第四阶段发展的窗口期，发展趋势体现为以数据为核心、以先进技术为支撑，实现线上线下资源全面整合、业态叠加、全链路打通，如盒马鲜生的“线上+线下、餐饮+商品、标品+非标品”综合零售形态。国内“新零售”代表性企业的零售形态各具特色，具体如表 6-1 所示。

表 6-1　国内“新零售”代表性企业零售模式概况

名称	孵化企业	首店时间	概 况
盒马鲜生	阿里巴巴	2016 年 1 月	“未来超市+餐厅”模式，消费者可以到店购买，也可以在盒马 App 下单。商品是来自各个国家的食品和生鲜，门店附近 3 公里范围内，30 分钟送货上门
超级物种	永辉	2017 年 1 月	“高端超市+食材餐饮+永辉生活 App”，包含 8 个创新主题物种

① 王玮. 历史上灾害对经济影响数据研究[J]. 财富时代，2020(02)：9-10.

续表

名称	孵化企业	首店时间	概 况
苏鲜生	苏宁	2017 年 4 月	“超市+餐饮”，支持 O2O 线上线下下单配送服务，可实现 3 公里范围内半小时配送服务
RISO	百联集团	2017 年 6 月	将餐厅、花店、咖啡吧、书吧等融入超市门店，未来将融入艺术、文化、展览等更多业态。门店和线上商品库存打通，提供门店周边 3 公里到家配送服务以及 RISO 手机 App 所有“商品到家”服务
鲜食演义	步步高	2017 年 6 月	“超市+餐饮+云猴精选 App”，超市版实体厨房，新鲜食材现场加工；实现周边 3 公里 90 分钟送货上门的配送服务
鲸选	世纪联华	2017 年 8 月	“超市+餐饮”，门店周边 3 公里内提供 1 小时内送达服务。同时引入了星巴克、宏图 Brook-stone、网易严选等品牌，并与多样屋以及联华优品生活馆共同构建居家生活空间
7FRESH	京东	2018 年 1 月	“超市+餐饮”，在门店周边 3 公里范围内，提供最快半小时送达服务

2. 线上线下与物流协同发展

“新零售”的核心是线上线下深度协同，两者与物流之间的协同是“新零售”发展的保障，以阿里巴巴、京东等为代表的“新零售”主导企业也在围绕这两个关键点进行布局，如表 6-2 所示。就线上线下深度协调采取的形式而言，主要是线上线下协同、布局线下实体企业、连通实体企业业务、开设多业态的自营实体等方式；两者与物流之间的协同，主要是利用数据技术赋能物流，扩充自营物流网络，提高物流智能化、自动化水平，或者是搭建物流网络支点，软硬结合，整合社会物流资源。

表 6-2 阿里巴巴和京东的线上线下物流协同模式

代表企业	实践概况
阿里巴巴	依托菜鸟建构仓储体系，收购“饿了么”奠基本地生活； 搭建阿里物流，整合全国 50 万条线路，拥有上万家物流网点
京东	依托自营物流、发力仓配，强化达达—“京东到家”物流配送能力； 迷你仓服务产品“京小仓”正式上线，为个人和企业提供中小件专业存储服务

四、生物医药产业发展趋势

近年来，我国大力推进生物技术研发和创新成果产业化，一批生物科技重大基础设施相继建成，治疗性疫苗与抗体、细胞治疗、转基因作物育种、生物能源作物培育等一批关键技术取得突破，我国在生物技术研发、产业培育和市场应用等方面已初步具备一定基础。

智研咨询发布的《2020—2026 年中国医药 O2O 行业市场现状调研及市场发展前景报告》数据显示：近十余年来，随着我国经济的快速发展，我国居民生活水平不断提高，叠加国内医疗体制改革、人口老龄化现象逐步明显等因素的影响，有利于国内医药市场的高速发展，2014 年，中国医药市场规模突破 1.1 万亿元，2019 年已达到 1.64 万亿元。中国医药市场将会继续保持与往年相当的增长速度，并于 2023 年达到 2.13 万亿元。

在生物医药产业不断发展的今天，伴随着一些新技术、新科技的不断产生，某些领域将发生很大的变化。

1. 合成生物科技领域

早在孟德尔发现遗传的基础规律，以及埃弗里-麦克劳德-麦卡蒂实验证明DNA是遗传物质之前，人类通过选择性育种以及杂交来操纵植物和动物的遗传基因就已经进行了几千年了。随着对遗传学认知的加深，现今已经可以通过搭建新的DNA来实现“无中生有”，创造出新的生物。基因改造农作物则是此项科技的先锋。但是与此同时，一场生物革命的突破口近在眼前。跨入生物科技的新时代时，生命将会如同电脑程序的代码一样成为可以被改写的信息。

2. 医学领域

在未来的30年里，各种科学技术上的突破将改变医学。通过基因组学，我们将会得到真正的私人药物。未来，癌症、心肺疾病、阿兹海默病以及其他目前看似无救的疾病将会由针对患者个人基因的药物来治疗。例如，人类将可以通过DNA培养出来移植所需的器官，从而消除等待配型以及排斥反应等很可能致命的情况；生物假肢将会被直接连接到神经系统上，从而提供与真实触感极其相似的感官；科学家们将找到衰老的原因，从而增加人类的寿命，涌现出一大群非常健康并有活力的“老人”。

3. 智慧医疗领域

在将来，医疗行业将融入更多人工智能、传感技术等高科技，使医疗服务走向真正意义的智能化，推动医疗事业的繁荣发展。人工智能已经在医疗领域(比如医学影像识别、生物技术、辅助诊断、药物研发、营养学等领域)发挥重要作用，并将改变医疗手段甚至医疗模式。到2025年，世界人工智能市场总值将达到1270亿美元，其中医疗行业将占市场规模的1/5，医疗AI俨然将成为人工智能最为重要的运用场景之一。另一方面，数据作为人工智能的重要支撑，容纳各类疾病特征、病例、指标数据的数据平台也成为智慧医疗建设发展的重点内容。新一代通信技术的出现，物联网芯片技术的发展，也大力推动了移动医疗设备尤其是以运动、心律、睡眠等健康监测为主的各类智能装置传感器等医疗健康设备的商业化发展。

五、新材料产业发展趋势

新材料是一种基础性和支柱性战略产业，是现代高新技术产业的基础和先导。新材料产业涉及多个工业领域，产品市场前景广阔，是全球最重要、发展最快的高技术产业领域之一。2011年我国新材料产业总产值仅为0.8万亿元，到2019年我国新材料产业总产值已增长至4.5万亿元，同比增长15.4%。

材料工业是国民经济的基础产业，新材料产业的发展引领了材料工业升级换代，促进传统产业转型升级，为国防建设和国民经济做出了重大贡献，具备了良好的发展基础。工业和信息化部《新材料产业“十三五”发展规划》指出：材料工业是国民经济的基础产业，新材料是材料工业发展的先导，是重要的战略性新兴产业。加快培育和发展新材料产业，对于引领材料工业升级换代，支持战略性新兴产业发展，保障国家重大工程建设，促进传统产业转型升级，构建国际竞争新优势具有重要的战略意义。

新材料的未来趋势主要有以下三大热点。

1）对位芳纶和尼龙

目前全球的对位芳纶处于近平衡状态，国内对位芳纶 80%依赖进口。从全球来看，随着应用领域的增加，对位芳纶需求将逐渐增加，预计未来 5 年全球对位芳纶的需求量将达到 15 万吨左右。按照每年增速 10%计算，2025 年对位芳纶的需求量将达到 25000 吨。尼龙弹性体市场需求潜力巨大，除了每年 440 亿双鞋的底材需求，还有对聚氨酯软泡、塑胶跑道材料的替代需求。

2）电子化学品

电子化学品又称电子化学材料，一般泛指为电子工业配套使用的专业化化工材料。就用途而言，目前我国电子化学品主要应用于集成电路、PCB、显示器、电池灯四大类。2019 年，全球电子化学品和材料市场总值达到 2005 亿元，预计 2026 年可以增长到 2540 亿元，年复合增长率为 3.4%。

3）轻量化材料

轻量化材料就是可以用来减轻产品自重，提高产品综合性能的材料。材料轻量化，指的是在满足机械性能要求的前提下，将材料重量减轻。轻量化材料主要包括高强度钢材、铝镁合金、工程塑料以及各种复合材料。目前，轻量化材料多应用于汽车领域，减轻汽车自重是提高汽车的燃油经济性、降低能耗、减少污染的重要措施之一。市场研究公司 Report Linker 最新报告指出，全球汽车轻量化材料市场价值在 2019 年为 729.5073 亿美元，预计到 2025 年底前，该市场总值将达 1083.3391 亿美元，年复合增长率达 6.81%。

六、节能环保产业发展趋势

随着新经济的持续快速发展，城市进程和工业化进程的不断推进，节能环保产业也成为重点发展产业之一。节能环保产业市场潜力巨大，在国家政策的支持下，各地方都加大了对环保节能产业的投入，其发展趋势具体表现在以下几个方面。

1. 节能环保规模迅速扩大

《中国环保产业发展状况报告（2020）》显示，2019 年统计范围内企业营业收入总额 16046.1 亿元。其中，环保业务营业收入 9864.4 亿元，占比为 61.5%。同比来看，企业营业收入总额增长了 11.9%，营业利润增长了 14.0%，其中，环保业务营业收入增长了 13.52%。①据测算，2019 年全国环保产业营业收入约 17800 亿元，较 2018 年增长约 11.3%，其中环境服务营业收入约 11200 亿元，同比增长约 23.2%。②根据前瞻产业研究院的研究，中国环保行业总产值 2019～2023 年均复合增长率约 11.07%，并预测在 2023 年中国环保行业

① 孙剑鑫. 中国环保产业发展概况[J]. 环境经济，2020（23）：8-9.
② 李留宇. 中国环保产业将继续保持快速发展态势[J]. 国际融资，2019（3）：26-27.

总产值将接近 14 万亿元。

2. 技术装备水平大幅提升

我国的高效燃煤锅炉、高效电机、膜生物反应器、高压压滤机等装备技术水平处于国际领先地位，燃煤机组超低排放、煤炭清洁高效加工利用及再制造等技术取得重大突破，同时拥有世界一流的除尘脱硫、生活污水处理、余热余压利用、绿色照明等装备供给能力，高端化、智能化成为趋势。①

3. 相关产业研发投入提高

《中国环保产业发展状况报告(2020)》数据显示，与 2018 年相比，2019 年相同样本企业平均研发经费支出增长 9.1%，平均专利授权数量进一步增长，研发经费支出占营业收入的比重略有下降。环保企业自主知识产权开发和技术创新活跃，人才基础总体较好，其中具有高学历、高级技术职称的研发、管理及工程技术人员占比较高。②

节能环保产业体系逐步完善推动其产业发展水平提高，并且，环保产业的发展必然促进相关产业(如绿色金融、绿色制造、绿色能源等)的发展，助力经济的产业升级和结构调整，推动新旧动能转换。

七、新能源产业发展趋势

新能源也被称为非常规能源，一般是指在新技术基础上，可系统地开发利用的可再生能源，包含了除传统能源之外的各种能源形式，如太阳能、地热能、风能、海洋能、生物质能和核聚变能等。

随着我国新一轮电力体制改革的深入推进，加上大数据、智慧能源等相关科技创新，我国新能源市场保持稳定增长。根据锐观产业研究院发布的《2021-2025 年中国太阳能利用产业投资分析及前景预测报告》，截至 2018 年底，我国太阳能热利用集热器面积保有量达到 48233 万平方米，年节约标准煤能力已达 7231 万吨，相当于节电 337631 兆瓦热(MWth)。到 2021 年底，太阳能发电装机达到 1.1 亿千瓦以上，太阳能热利用集热面积达到 8 亿平方米，太阳能年利用量达到 1.4 亿吨标准煤以上。

由此可见，我国新能源产业的发展欣欣向荣，在风力发电、太阳能发电等领域走在了世界的前列。未来我国新能源行业的市场增长潜力巨大，前景广阔。新能源产业的发展，不仅可以节能减排和保护环境，而且对培育新经济增长点、转变经济发展方式意义重大。

八、新能源汽车产业发展趋势

汽车产业是国民经济的重要支柱产业，发展节能汽车是推动节能减排的有效举措，在国民经济和社会发展中发挥着重要作用。经过几年的市场培育和发展，我国新能源汽车行

① 关于印发《“十三五”节能环保产业发展规划》的通知.《宁波节能》. 2016(6).
② 李留宇. 中国环保产业将继续保持快速发展态势[J]. 国际融资，2019(3)：26-27.

业已取得长足进步。

2020 年全年中国新能源汽车产销量累计分别完成 136.6 万辆和 136.7 万辆，累计分别增长 7.5%和 10.9%。从细分车型看，纯电动汽车产销量累计分别完成 110.5 万辆和 111.5 万辆，同比分别增长 5.4%和 11.6%；插电式混合动力汽车产销量累计分别完成 26 万辆和 25.1 万辆，同比分别增长 18.5%和 8.4%。2021 年 1～9 月新能源汽车销量为 215.7 万辆，同比增长 1.9 倍，占新车销量的比例达到 11.6%。

新能源汽车产业的发展不仅提供大量就业机会，直接促进经济发展，还带动动力锂电池等相关行业的发展。受益于国内新能源汽车行业的飞速发展，动力锂电池行业出现了井喷式的发展。根据中国汽车动力电池产业创新联盟公布的数据，2019 年，我国动力电池累计产量达 85.4 亿瓦时，其中三元锂电池累计生产 55.1 亿瓦时，占比 64.6%；磷酸铁锂电池累计生产 27.7 亿瓦时，占比 32.4%；其他材料电池占比 3%。

新能源汽车产业是我国推进供给侧结构性改革和高质量发展的重要抓手。政府通过补贴等政策，积极引导和支持新能源汽车的研发和推广，提高了新能源汽车生产企业自主研发能力，加速了新能源汽车产业化布局，在电动汽车领域建立了国际竞争优势。同时，电动汽车的生产和推广使用能带动上下游行业的转型和发展，有利于经济发展模式的转变，实现可持续发展。

九、高端装备制造业发展趋势

装备制造业又称装备工业，主要是指资本品制造业，是为满足国民经济各部门发展和国家安全需要而制造各种技术装备的产业总称。高端装备制造业又称先进装备制造业，是指生产制造高技术、高附加值的先进工业设施设备的行业。高端装备制造产业主要包括航空装备产业、卫星及应用产业、轨道交通装备产业、海洋工程装备产业、智能制造装备产业等。

《国务院关于加快培育和发展战略性新兴产业的决定》提出：我国重点发展以干支线飞机和通用飞机为主的航空装备，做大做强航空产业；积极推进空间基础设施建设，促进卫星及其应用产业发展；依托客运专线和城市轨道交通等重点工程建设，大力发展轨道交通装备；面向海洋资源开发，大力发展海洋工程装备；强化基础配套能力，积极发展以数字化、柔性化及系统集成技术为核心的智能制造装备。①

大力培育和发展高端装备制造业，是提升我国产业核心竞争力的必然要求，对于加快转变经济发展方式、实现由制造业大国向强国转变具有重要战略意义。

第三节 新经济带来的挑战

新经济的发展让生活更美好，但同时不能忽视其带来的问题和挑战，诸如对传统经济的冲击、数字鸿沟、头部企业市场垄断、低技能劳动力失业、数据安全和所有权界定、经济数据统计等。

---

① 葛佳慧. 装备制造业挺进高端是参与国际竞争的根本[J]. 华东科技，2011，2：32-34.

一、对传统经济的冲击

新技术对传统经济有改造提升的作用，但新经济模式对传统经济模式也有巨大的冲击。

新经济是对资源利用方式的一次革新，各种新经济形态和新产业、新动能迅猛发展，以网络平台为主要交易方式的新兴的经济模式以简便、快捷、高效等优势快速地占据了交易市场，这种交易方式不仅对传统经济模式、市场格局、消费方式和就业结构等带来影响和冲击，而且不断改变传统行业的生态。

新经济改变了传统经济模式旧的格局，重塑了各个传统产业的生态，资源在各个产业间重新配置。主要表现在以下几个方面：①催生了新的商业形态，改变了传统经济模式商业价值的流向，并重构了传统商业的价值链；②使许多传统企业的精英人才大量流失，进一步削弱了传统产业的发展基础；③冲击了传统经济的产业界限，使各个产业的界限模糊、相互融合。

二、数字鸿沟

新经济具有数字化和智能化的时代特征，互联网和智能设备在给生活带来便利的同时，其接入和使用又会因为外界和个人等因素的影响而产生差异和不均等，这种现象通常被称为“数字鸿沟”。处于这一鸿沟不幸的一边的人们较少有机会参与以信息为基础的新经济，也较少能参与在线的教育、培训、购物、娱乐和交往。比如，远程教学虽在一定程度上可弥补疫情期间停学停课带来的损失，但是由于不同家庭的互联网接入条件不同，可能带来教育机会上的不均等。

从全球看，连通力不足的国家和高度数字化的国家之间的差距越来越大。根据联合国《2019 年数字经济报告》，发达国家有 4/5 的人使用互联网，而在最不发达国家这一比例仅为 1/5；全世界一半以上的人口访问互联网的机会有限或根本无法上网。世界各国在利用数字数据和前沿技术的能力方面也存在很大的差距。例如，非洲和拉丁美洲合起来拥有的主机代管数据中心在全球的占比不到 5%。美国和中国占据全球 70 个最大数字平台市值的 90%，全球公共云计算市场的 75%以上，区块链技术相关专利的 75%以及全球物联网支出的 50%。如果数字鸿沟不加以解决，将加剧现有的收入不平等问题。

总体上虽然中国数字经济在全球处于领先地位，但内部数字鸿沟问题已经成为一个巨大的社会问题。城乡人口在数字信息占有方面呈现较大差异。我国第 46 次《中国互联网络发展状况统计报告》显示，截至 2020 年 6 月，我国网民规模为 9.4 亿人，城镇地区互联网普及率为 76.4%，农村地区为 52.3%；由于缺乏使用技能、文化程度和年龄等因素，我国还有 4.63 亿非网民，其中 56.2%位于农村地区。

随着互联网和数字技术的快速发展，在新经济时代不同社会阶层、不同地域、不同年龄的人群对数字信息接触的差异导致在经济、文化、教育等领域发展的巨大差异。数字技术的进步为人类创造了巨大的财富，但是这些财富集中于少数个人、少数公司和国家。我们必须努力缩小数字鸿沟，建设惠及所有人的普惠型新经济。

三、头部企业市场垄断

以数字经济为核心的新经济加剧了各行业、各领域的“马太效应”，导致出现“赢家通吃”的局面。根据联合国《2019 年数字经济报告》，在社交领域，微信脱颖而出，拥有超过 10 亿活跃用户；脸书则更胜一筹，囊括全球 2/3 的社交媒体市场份额，在全球 90%以上的国家和地区市场份额排名第一。在支付领域，微信和支付宝两大巨头平分秋色，瓜分了中国移动支付市场。在电子商务领域，阿里巴巴一马当先，占据中国电子商务市场 60%的份额；亚马逊则包揽全球 40%的在线零售份额。在搜索领域，谷歌拔得头筹，占据全球 90%的互联网搜索市场。在云计算领域，亚马逊独占 40%全球云基础设施服务份额。在网约车领域，滴滴平台在中国一家独大，根据前瞻产业研究院的数据，2020 年 5 月滴滴活跃人数高达 5439 万人，遥遥领先于第二名的 246 万人。事实上，7 个数字巨头——微软、苹果、亚马逊、谷歌、脸书、腾讯、阿里巴巴占据了全球 70 个最大数字平台总市值的 2/3。

数字经济的网络外部性特征(即平台上的用户越多，对每个用户的价值越大)让市场领导企业占据极大优势，其他企业生存和发展则困难重重。比如，微信在中国即时通信领域、滴滴在网约车领域几乎没有对手。更多的用户意味着更多的数据，在数据是关键生产要素和生产效率倍增器的新经济时代，头部企业对海量用户数据进行分析和挖掘，深刻洞察消费者需求，持续优化产品和服务，从而进一步增强其竞争优势，越强则越大，越大则越强。另外，互联网头部企业往往积极向相关领域拓展，提供的服务涵盖生活的方方面面，从而大大增加用户的转换成本，提高行业进入壁垒。比如，微信不仅提供即时通信服务，还提供移动支付、网络购物、投资理财、约车、购票、公司宣传推广等众多服务，成为中国手机用户必不可少的应用程序。头部企业规模巨大，有助于实现规模经济，降低平均成本，优化用户服务和体验，集中资源进行技术攻关；但高行业进入壁垒和事实上的垄断，削弱了行业竞争，不利于创新型的初创企业生存和发展，从而可能阻碍市场创新，不利于资源配置和使用效率提升。比如，微软在全球个人电脑操作系统领域在过去 20 年都处于绝对领先，无论其他电脑操作系统在设计上有多少创新，都难以成为主流；即使苹果的 Mac OS 系统市场份额也不超过 10%，而一直有着 Windows 系统“替代者”美誉的 Linux 系统仅有不到 2%的市场份额。在这种背景下，中国政府近期加大了对数字经济头部企业的反垄断监管力度，可谓十分及时和必要；不过，由于数字经济的特殊性，政府监管也面临不好掌握尺度、效果不佳等问题。

四、低技能劳动力失业增加

新经济的发展催生新产业，同时深刻地改变着传统产业的生产、组织和运作模式。新经济的发展进一步凸显劳动力市场供求不均衡、不匹配的问题。一方面，新经济催生对大数据、人工智能、新一代信息技术、节能与新能源汽车、高档数控机床和机器人、生物医药和高性能医疗器械等相关技术人才的巨大需求，相关高端人才严重短缺；另一方面，大量低技能劳动力供给过剩，造成就业困难。

人工智能等新技术提高了生产效率和创造新就业岗位，但同时生产的自动化和智能化导致了低技能人群失业率的增加。在智慧工厂，企业广泛运用人工智能、工业机器人、智能传感器等技术和设备完成采购、生产、加工、质检、订单处理、仓储、物流、售后服务等过程，以降低成本、提高生产效率、提高质量稳定性，低技能劳动力被工业机器人等智能设备替代，以无人工厂、无人超市、无人驾驶汽车、无人机等为代表的智能经济和无人经济的发展将会加剧这一进程。劳动力供给和技能水平不适应新经济发展需求，会导致结构性失业增加，贫富差距扩大。

从整个人类或社会的宏观视角看，人工智能等新技术实现了投入更少的人力资源即可生产商品和服务，把人类从繁重的劳动中解放出来，从而有更多的时间用于休闲娱乐、艺术创新或发明创造等活动，这无疑促进了社会进步，增加了人类的福利。从社会个体的微观层面看，人工智能等技术的发展让财富汇聚于少数个人、少数公司以及国家，贫富差异加剧，进而导致严重的社会问题和冲突。如何利用新兴技术促进包容性的经济发展和普惠性的社会进步，最大程度降低其负面影响，是一个需要高度重视并值得研究的问题。

五、数据安全和所有权界定

数字经济的发展使隐私保护、数据安全、数据所有权归属等问题凸显。随着云计算、大数据等新一代信息技术的发展和广泛应用，数据呈几何级增长。海量数据的汇集不仅加大了用户隐私泄露的风险，还带来了新的安全问题。各种用户信息泄露、网络诈骗层出不穷，对用户的隐私安全、财产安全造成了巨大影响。例如新冠肺炎疫情暴发期间，某位感染者的身份证号、照片、朋友圈、生活轨迹等个人信息被泄露，患者受到网络霸凌。

新技术的出现也为高技术犯罪提供了便利。比如，在企业用数据挖掘和数据分析等大数据技术获取商业价值的同时，黑客也可以利用这些技术向企业发起攻击，最大限度地收集更多有用的数据和信息，篡改数据信息也随之成为可能。在人们越来越依赖互联网进行信息获取、存储、传输、交换和分析的当下，强化数据安全和网络安全已刻不容缓。需要制定法律和法规来打击盗窃个人数据行为，制定收集、使用、传输或删除个人数据细则，并确保数据驱动的商业模式为整个社会带来整体收益。

另外，伴随海量数据的产生，数据相关的各方都希望拥有对数据的所有权、使用权和收益权。有关数据所有权的争夺和争议从未平息。比如，互联网公司收集的用户个人信息属于个人还是企业；政府通过人口普查、公共领域摄像头等采集的个人数据属于政府还是个人；个人担忧隐私泄露，企业希望增强竞争优势，政府想完善社会治理和公共服务，各方都希望拥有和使用相关数据。只有明确数据产权，才能促进数据交易，实现数据要素的价值，发挥数据对其他要素效率的倍增作用。

案例：腾讯华为——数据之争

用户数据是公认的宝贵资源，商家可以通过数据追踪用户习惯来提升商品和服务水平。然而，对于获取、使用用户数据的规则，每家企业不尽相同，华为与腾讯的“纷争”也正源于此。

腾讯、华为的激烈博弈源于华为2016年底推出的荣耀Magic智能手机的一个新功能，该手机可根据用户微信聊天内容自动加载地址、天气、时间等信息，并进行个性化信息推荐，比如，基于微信内容推荐餐厅、热映电影及购票渠道等。腾讯公司认为华为的行为是窃取微信用户的数据，并向监管部门投诉。而华为方面认为，数据属于用户本身而非腾讯，华为在调度用户数据之前已经获得用户的授权，与腾讯无关。两个巨头争斗，作为数据生产者的主角却被忽略了，用户处于比较弱势的地位。工业和信息化部对腾讯和华为的数据之争做出了回应："针对此次腾讯和华为在手机新功能上的分歧，我部在用户个人信息保护方面，会依照《电信和互联网用户个人信息保护规定》等有关法律法规，督促企业加强内部管理，自觉规范收集、使用用户个人信息行为，依法保护用户的合法权益。对信息通信企业之间的分歧和纠纷，工信部会依据职责积极组织协调、引导行业自律，为大众创业、万众创新营造良好的市场秩序。"

实际上，此次华为与腾讯的纷争只是数据之争的冰山一角，App过度收集用户信息问题由来已久。腾讯社会研究中心与DCCI互联网数据中心联合发布的《网络隐私安全及网络欺诈行为研究分析报告(2017年一季度)》显示，手机App越界获取个人信息已经成为网络诈骗的主要源头。高达96.6%的安卓应用会获取用户手机隐私权限，iOS应用的这一数据也高达69.3%①。

大数据时代，得数据者得天下。2017年6月，菜鸟和顺丰因物流数据短兵交战；2017年7月，京东封杀天天快递，互联网巨头、手机厂商都想借力数据占据上风，但问题是巨头争夺战中，作为数据生产者的个人用户完全没有发言权，相关法律条例的缺失让个人信息保护工作无从下手。

首先，关于用户授权，我国相关法律规定是比较粗线条的，目前普遍的做法也比较笼统。通常采取一揽子默认同意的方式，用户不表示反对，就默认为同意，一次授权，无限期使用。本次争端中的华为荣耀Magic手机也是如此，手机开机时会出现功能授权列表，对各项功能和需要收集的数据做出说明，用户选择"启用"或"不启用"，未做任何操作时，系统默认全部功能为"启用"。专家表示，"华为用户的授权未必非常完善和规范，可能有些问题"。目前欧盟的做法比较严格，对于特定的个人数据的处理，要告知用户这个是到底干什么的，而不是笼统地为了提高服务要用这个数据。要让用户充分了解这个活动，用清晰的方式表示数据将被使用，而不应该是默认。

其次，关于个人隐私保护的"度"，我国相关法律尚无具体规定。《网络安全法》第76条规定，"个人信息，是指以电子或者其他方式记录的能够单独或者与其他信息结合识别自然人个人身份的各种信息，包括但不限于自然人的姓名、出生日期、身份证件号码、个人生物识别信息、住址、电话号码等"。而很多时候用户授权时并没有考虑那么多，比如给孩子报个学习班，转身铺天盖地的电话打进来，推销相关培训课，连用户的车牌号、汽车保险种类都知道，可能超出了个人信息法律所界定的范围。专家认为，必须有一个专门的个人信息保护法来保护信息安全。

互联网、大数据的发展带动社会变革的同时，也为个人信息保护带来了巨大挑战，出

① 刘素宏，马婧，杨砺. 腾讯华为"数据之争" 授权是尚方剑？[N]. 新京报，2017-08-11.

现了许多信息安全事件，华为和腾讯目前还是在打口水战，涉及的是商业竞争和信息保护。但从深层次来看，要加快推动国家个人信息保护方面的立法工作。

六、对经济数据统计的挑战

新经济的准确界定存在困难，造成经济统计无法准确进行。关于“新经济”的定义有很多争议，目前还没有形成一个国际社会普遍接受的、通用的、统一的基本概念，以至难以准确界定哪些行业或生产活动属于新经济的范围。

(1)统计调查方法面临挑战。由于新的经济活动不断涌现，就业、生产等方面数据统计将会面临一些问题。以分享经济为例，传统的生产统计以法人单位和个体经营户为主要调查对象，但分享经济，如共享住房、共享汽车、共享车位、共享图书、共享日用品等，参与其中的都不是法人单位或个体经营户，而往往是居民个人，因此传统的生产统计调查方法很难完整地采集到相应的生产数据。

(2)对 GDP 核算原则和核算方法存在挑战。GDP 以交易为原则，是衡量经济增长的重要指标。随着新经济的发展，数字经济、分享经济等新的经济形态涌现，催生了很多新的商业模式，互联网活动也层出不穷，信息服务、通信服务、分享服务等为顾客提供了很多价格低廉或者免费的服务，特别是分享经济的普及，产生了大量的非货币交易。但是，互联网网站没有直接收取服务费用或收费很低，因此 GDP 核算很难反映出相应的服务创造的价值。互联网网站提供的服务是客观存在的，有关这些服务的消费者也是客观存在的，但没有价格则无法进行 GDP 核算，所以对核算造成困难。从这个角度上来说，GDP 核算原则和核算方法滞后于新的经济现实。

第七章　新经济新动能的区域实践

随着新一轮科技革命和产业变革的蓬勃推进，以新技术、新产业、新业态、新模式等主要特征的新经济加速成势，成为推动经济高质量发展的重要抓手。国内一些城市先行探索、大胆实践，在发展新经济、培育新动能上做出了成绩，打造了亮点，形成了特色。本章重点介绍北京、深圳、上海、杭州、天津、山东、成都等地区的区域实践，为加快新经济发展、新动能培育、新旧动能转换提供有益借鉴。

第一节　北京：中国新经济领跑之城

一、北京市新经济发展概况

近几年来，北京市深入贯彻落实《国家创新驱动发展战略纲要》，坚持创新发展，加快发展高精尖产业，积极建设中关村人才管理改革试验区，充分发挥双创服务平台孵化“硬科技”的功能作用，推动新经济全速发展，努力建成全国科技创新中心，打造中国新经济领跑之城。

1）“高精尖”产业呈现强劲增长态势

根据北京市统计局数据显示，2020 年全市新经济实现增加值 13654 亿元，占地区生产总值的比重达 37. 8%，同比提高 4. 3 个百分点，新经济已成为对冲疫情冲击、推动经济复苏、引领转型发展的积极力量。其中，人工智能、新能源汽车、医药健康等“高精尖”新兴产业发展迅速。在人工智能领域，根据北京智源人工智能研究院 2020 年 11 月发布的《2020 北京人工智能发展报告》显示，2019 年，北京人工智能相关产值规模达 1700 亿元，同比增长 13.3%，2020 年上半年，尽管受新冠肺炎疫情的影响，北京人工智能相关产值规模仍达 950 亿元，同比增长 5.7%，体现出了巨大的发展潜力。目前，北京建有多个国家级 AI 平台和基地，人工智能产业已形成基本完整的产业链条，涵盖了基础层、技术层和应用层等环节，加之拥有一批头部企业，北京正逐步形成具有全球影响力的人工智能产业生态体系。在新能源汽车领域，据不完全统计，截至 2019 年 5 月初，北京市已累计销售纯电动汽车 26.35 万辆，搭建 17.97 万个充电桩，已建成比较成熟的新能源汽车产业链，基本覆盖了整车、电机、电控、电池、充电、运营等各环节。在医疗健康产业方面，2019 年前三季度，北京医药健康产业全部企业营业收入达 1472.6 亿元，同比增长 11.5%。此外，营业收入超过 10 亿元的医药企业有 20 家，其总产值合计超过 600 亿元。[①]“高精尖”新兴产业的发展不仅促进了北京市新一代信息技术产业的研发创新，而且带动了节能环保绿色产业的快速增长，进一步加速了全市新经济的发展步伐，提高了新经济的发展质量。

---

① 华凌. 集聚优质资源，北京生物医药健康产业加速发展[N]. 科技日报，2019-11-29.

2）“文化+”“+互联网”孕育新动能

随着网约车、顺风车、代驾、在线教育、在线医疗、新零售等“互联网+”“+互联网”新业态的普及推广，共享经济、平台经济已充分融入人们的日常生活，极大地改变了人们的生活方式。在文化产业方面，2020 年以来，新冠疫情的爆发从根本上改变了人们的文化消费习惯，文化产业与科技产业的深度融合使得网络视听、数字音乐、云展览等产业的发展备受关注；2020 年上半年，北京市“文化+互联网”领域实现收入 3247.6 亿元，同比增长 21.6%，占文化产业收入的比重达 55.5%，同比提高 12.1%。其中，动漫游戏数字内容服务、互联网游戏服务、多媒体游戏动漫和数字出版软件开发领域收入增长 84.1%。在批零住宿餐饮等传统消费领域，网络推广、直播带货、线上消费等“互联网+”的新消费模式推动了传统消费领域的快速发展。2020 年，北京市实现社会消费品零售总额 13716.4 亿元，同比下降 8.9%，其中限额以上批发零售住宿餐饮业实现网上零售额 4423.3 亿元，同比增长 30.1%，占社会消费品零售总额的比重为 32.2%，比上年提高 7 个百分点，由此可见新消费模式培育了新增长点，有力地带动了传统消费领域的转型升级。

3）北京独角兽企业发展优势突出

根据恒大研究院发布的《2020 年中国独角兽地域分布》显示（图 7-1），我国独角兽企业主要集中于北京、上海、深圳、杭州四个城市，2019 年四个城市的独角兽企业数量占比全国 82.7%，估值占比达 93.5%，其中北京独角兽企业共 67 家，数量占比 41.4%，居全国第一。[①]另外，在排名前 20 的独角兽企业中，位于北京市的就有 10 家，包括字节跳动、滴滴出行、快手、京东金融/京东数科、比特大陆、京东物流、贝壳找房、车好多（瓜子+毛豆）、美莱网、商汤科技（表 7-1）。众多优秀的独角兽企业意味着高端的科技资源和强大的人才优势，将有力推动新技术的创新研发，加速形成新产业、新业态、新模式，促进新经济的快速发展。

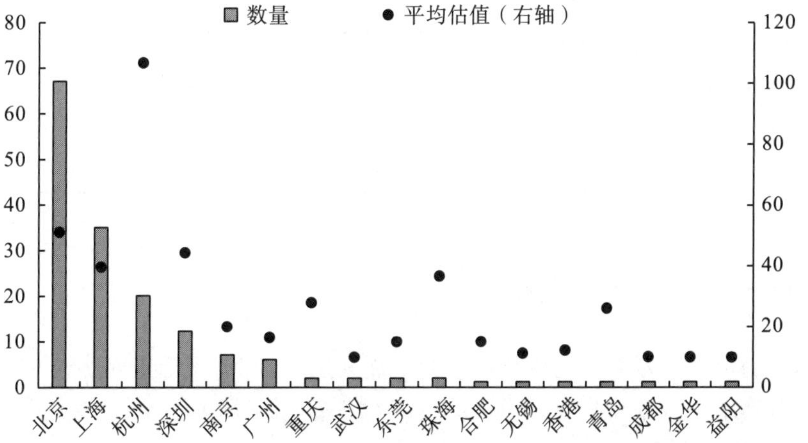

图 7-1　2019 年中国独角兽企业地域分布[②]

① 连一席. 中国独角兽报告：2020[J]. 发展研究，2020(11)：18-28.
② 资料来源：恒大研究院《2020 年独角兽地域分布》。

表 7-1 2019 年我国估值排名前 24 位的独角兽企业[①]

公司	城市	创建时间	所属行业	估值/亿美元
蚂蚁金服	杭州	2014 年 10 月	金融科技	1500
字节跳动	北京	2012 年 7 月	文娱媒体	750
滴滴出行	北京	2012 年 7 月	汽车交通	516
陆金所	上海	2011 年 9 月	金融科技	380
菜鸟网络	杭州	2013 年 5 月	物流	298
快手	北京	2011 年 3 月	文娱媒体	286
京东金融/京东数科	北京	2013 年 7 月	金融科技	205
微众银行	深圳	2014 年 10 月	金融科技	161
比特大陆	北京	2013 年 10 月	区块链	148
京东物流	北京	2017 年 4 月	物流	134
贝壳找房	北京	2017 年 11 月	房产服务	100
车好多(瓜子+毛豆)	北京	2012 年 9 月	汽车交通	90
美莱网	北京	2014 年 5 月	电子商务	70
威马汽车	上海	2012 年 5 月	汽车交通	60
商汤科技	北京	2014 年 8 月	人工智能	60
微医集团	杭州	2010 年 3 月	医疗健康	55
优必选科技	深圳	2012 年 3 月	硬件	55
联影医疗	上海	2011 年 3 月	医疗健康	50
WiFi 万能钥匙	上海	2012 年 1 月	工具软件	50
柔宇科技	深圳	2012 年 3 月	硬件	48
VIPKID	北京	2013 年 10 月	教育	45
自如网	北京	2011 年 6 月	房产服务	40
旷视科技	北京	2011 年 10 月	人工智能	40
网易云音乐	杭州	2013 年 4 月	文娱媒体	40

二、北京市发展新经济的政策

为加速培育壮大新动能，促进全市新经济蓬勃发展，北京市制定实施了许多有关发展新经济、培育新动能的政策文件，内容涉及产业发展、园区建设、新基建、新场景等多个层面，详见表 7-2。

① 资料来源：恒大研究院《2020 年独角兽地域分布》。

表 7-2　2019 年以来北京市人民政府出台的与新经济相关的制度文件

颁发时间	文件名称
2019-01-03	《北京市服务贸易创新发展试点工作实施方案》
2019-02-13	《北京经济技术开发区企业投资项目承诺制改革试点实施方案(试行)》
2019-02-14	《加快新首钢高端产业综合服务区发展建设打造新时代首都城市复兴新地标行动计划(2019—2021 年)》
2019-02-15	《关于推动北京影视业繁荣发展的实施意见》
2019-03-01	《北京市农业科技园区发展规划(2019—2025 年)》
2019-04-01	《北京市加快应用场景建设推进首都高质量发展的工作方案》
2019-12-04	《关于通过公共数据开放促进人工智能产业发展的工作方案》
2020-04-13	《北京市新经济活动类别(2020)》
2020-06-10	《北京市加快新型基础设施建设行动方案(2020—2022 年)》
2020-06-10	《北京市加快新场景建设培育数字经济新生态行动方案》
2020-06-10	《北京市促进新消费引领品质新生活行动方案》
2020-06-10	《北京市提升新服务进一步优化营商环境行动方案》
2020-06-10	《关于加快培育壮大新业态新模式促进北京经济高质量发展的若干意见》
2020-06-30	《北京市区块链创新发展行动计划(2020—2022 年)》
2020-09-08	《关于加快国家文化产业创新实验区核心区高质量发展的若干措施》

三、北京市中关村科技园发展新经济的举措

北京市新经济发展迅猛，尤其在新冠肺炎疫情突发的 2020 年，新经济呈现逆势增长态势，成为推动高质量发展的重要力量。下面主要从三个方面介绍北京新经济发展举措。

(一) 中关村四大动能助推新经济

北京市中关村科技园区是我国第一个国家高新区，也是第一个国家自主创新示范区，对全国来说，中关村不仅是政策创新的“试验田”和机制体制改革的前沿阵地，更是新经济发展的先进代表。近几年来，中关村先行先试，率先践行新发展理念，发挥创新资源优势，加快改革与发展，稳步提高自主创新能力，辐射带动作用凸显，成为我国创新驱动发展的一面旗帜。[①]以下着重从新技术、新模式、新业态、新金融几方面阐述四大动能对新经济的推动作用。

第一，新技术。中关村深入贯彻国家战略，根据北京市经济社会发展的需要，加大在新一代信息技术、生物健康技术、新材料新能源技术等多个领域的研发力度，并依托新技术推动当地部分新产业快速发展。目前有几十家高校、百余家科研院所以及 300 多家跨国公司研发中心聚集在中关村，为了更好地发挥这些资源优势，北京市制定实施了“1+6”“新四条”等诸多先行先试政策，加大产业资金的投入并大力支持国际前沿技术创新，强

① 王少华，张涛，张伟. 中关村新经济引领创新发展之路[N]. 中国高新技术产业导报，2017-07-31(013).

化中关村的企业在全球科技创新竞争格局中的地位，为北京市新经济的发展提供了强大的资金保障和技术支撑。此外，人工智能、石墨烯、靶向免疫等技术创新基本与全球水平持平甚至有超越的趋势。

第二，新模式。为推动新经济的发展，北京市开创了众包、众扶、众创、众筹四类新模式。在众包方面，中关村大力支持和培育“知识众包”“研发众包”“O2O 众包”等众包模式，典型代表有小米、百度、京东等，助力了新经济发展。比如，京东众包平台大力向社会征集兼职配送人员，迄今为止其配送人员已超 10 万人，每日配送量增加到了 50 万单且呈继续增长态势。在众扶方面，中关村的制造大街和创业大街将法律、金融、人力资源、知识产权等专业化服务资源充分整合，并积极扶持各企业机构发展新经济，一些行业的领军者还创办了众扶平台，现已有百度开放云、航天云网、联想之星等 30 多家，有力地推动了大众创业、万众创新。在众创方面，中关村逐渐涌现出以创新工场、硬蛋等 60 多家创新性孵化器为代表的众创空间，据统计，中关村示范区现有科技型企业 24607 家，约占北京市新创办科技型企业总量的 30%，日均创办科技型企业 60 多家，其中有九成以上是民营企业。在众筹方面，中关村致力打造一个全球性的股权众筹中心，聚集了 36 氪、天使汇等一大批股权众筹平台和股权众筹行业组织，为助推新经济的发展提供了充足的资金保障。

第三，新业态。中关村根据自身发展特点致力于打造“高精尖”的经济结构，并实施了“互联网＋”战略。中关村通过商业模式创新、前沿技术研发和科技金融创新的结合，不断催生新业态。在制造业发展方面，中关村一方面加快新一代信息技术与制造业深度融合，积极发展智能制造、数字车间等；另一方面促进制造业与服务业融合发展，在先进制造业集群中配套发展信息服务、商贸物流、检验检测等服务业态，促进新旧动能转换和融合发展。在“互联网+”方面，互联网出行、智慧医疗、互联网教育等行业的新业态不断发展壮大，催生出滴滴出行、美团点评等一批“独角兽”企业成为推动新经济发展的重要功能。

第四，新金融。北京新经济的发展离不开新金融的支撑，中关村正通过一系列的措施来引领新金融的发展潮流。目前，中关村的新金融不仅包括互联网金融和金融科技，还包括为适应“双创”需求而发展的天使投资、创业投资、股权私募等。在互联网金融领域，中关村主动顺应互联网金融发展的新要求，努力寻求监管与创新二者之间的平衡点，将探索开展行业准入先行先试的风险控制到最低。在风险投资方面，中关村大力营造的良好“双创”氛围和环境吸引了一大批创新创业人员、投资人员，据有关资料显示，全国有 80%的天使投资人都活跃在中关村，在一定程度上保障了新经济的蓬勃发展。

（二）“三城一区”打造全国创新中心主平台

自国家提出创新驱动战略以来，北京着力创建全国创新中心，“三城一区”对北京的高精尖产业起到了极大的促进作用。中关村科学城、怀柔科学城、未来科学城和北京经济技术开发区对促进新经济发展、培育壮大新动能做出了详细的规划和实施方案，逐渐发挥了对全国的引领性作用。

1) 中关村科学城聚焦打造具有全球影响力的科技创新中心新地标

为构建城市创新文化和创新生态格局，中关村致力于打造世界一流科研院所，积极培育具有全球影响力的创新型领军企业和“专精特新”的隐形冠军，不断加强系统布局基础前沿和关键核心技术的研究。比如，中关村科技园区中的海淀园就致力搭建多个原始创新平台，努力在原始创新和自主创新层面取得较大突破。此外，海淀园还加大了科技场景的运用，助力科技企业的产品能第一时间走向市场；在加大科技创新生态链的建设力度的同时，加大了对资本市场、知识产权保护、金融产业等方面的支持力度。

2) 怀柔科学城聚焦打造世界级原始创新战略高地

怀柔科学城围绕打造“世界级原始创新战略高地”的发展定位，深化完善规划体系，创新体制机制，加快科学设施建设，集聚顶尖科研机构，不断提高科技创新能力。第一，怀柔科学城系统地开展顶层规划设计，进一步明确了“1+3+N”的规划体系(其中 1 是怀柔科学城规划，3 是科学规划、城市空间规划和重大科技基础设施布局等分规划，N 是若干专业专项规划和专题研究)。第二，怀柔科学城建立和完善了组织推进机制，成立了北京怀柔综合性国家科学理事会，设立了怀柔科学城党工委和管委会以及怀柔科学城建设发展有限公司等机构和市场主体，进一步支持和保障怀柔科学城新经济发展。第三，逐步加快重大科技项目落地建设，持续提升国际化水平。怀柔科学城进一步加大国家重大科技基础设施的建设，如综合极端条件实验装置、地球系统数值模拟装置、高能同步辐射光源、空间环境地基综合监测网、多模态跨尺度生物医学成像等设施。依托中科院物理所、大气物理所等大设施及交叉研究平台项目主体，面向国际招聘科研和技术人才。第四，对服务创新主体布局，加快推进公共服务配套保障。怀柔科学城依靠全国首个国家级制造业创新中心——国家动力电池创新中心，逐步加强与中科院、清华大学、北京大学等机构的合作，共同构建科技创新平台，致力于推进科技成果转化、深化人才交流及建设研究中心。

3) 未来科学城聚焦打造全球领先的技术创新高地

未来科学城致力打造全球领先的技术创新高地，规划形成东西区与生态绿心的“两区一心”空间格局。其中东区着力打造以企业为主体的技术创新中心，通过“一企一策”盘活央企的存量资源；西区重点承载学科建设与人才培育，汇聚企业研发中心和科技创新服务平台，规划建设沙河大学城、中关村生命科学园、工程技术创新园、科技服务产业园等；“生态绿心”致力形成蓝绿交织、水城共融的生态发展格局，力促产城融合。未来科学城聚焦发展“先进能源、先进制造、医药健康”等产业，在先进能源方面，重点关注能源互联网、新能源、先进储能、能源清洁高效开发利用四个细分领域；在先进制造方面，重点聚焦智能装备与系统、新一代信息技术、关键战略材料三个细分领域；在医疗健康方面，重点聚焦生物医药、高端医疗器械、智慧医疗三个细分领域。目前，未来科学城已吸引国家电网、华能集团、国家能源、中国商飞、中国电信等大批央企入驻，组建了氢能技术协同创新平台等五个协同创新平台，引进了多个优质项目，技术、人才等要素创新活力将不断增强。

4) 北京经济技术开发区聚焦“三城”科技成果转化

北京经济技术开发区积极引导孵化器、特色产业园与“三城”主动对接，支持联盟促进会、科技商会等科技服务机构开拓“三城”项目渠道，加快建立以企业为主体、以市场为导向、“产学研用”紧密结合的技术创新体系，持续推动“三城”创新成果转化落地。根据《北京经济技术开发区管委会2020年度工作报告》，2020年，北京经济技术开发区推动中关村成果产业化先导基地挂牌建设，对接“三城”科技成果转化项目153项。北京经济技术开发区不断加深校企合作，推动建立北大创新中心、清华创新中心以及首都医科大等高校成果孵化平台，鼓励区内企业与高校院所建立联合研发机构，2020年，北京经济技术开发区与清华工研院、北大创新研究院、北航工研院、中医药大学等开展全面对接，储备合作项目8项，专利对接需求80项。未来，北京经济技术开发区将始终以重大科技创新为引领，加强技术攻关，优化科技创新服务体系和创新环境，提升“三城”科技成果转化承载力，持续做大做强新一代信息技术、新能源智能汽车、医药健康、机器人和智能制造四大产业集群，努力开创升级版开发区高质量发展新局面。

（三）三大举措促进文化产业高质量发展

第一，依靠创新驱动、释放新动能，着力构建“高精尖”产业结构。北京市作为首都，充分发挥其深厚的历史底蕴、丰富的人才资源、雄厚的经济资本、先进的科学技术等优势，以科技创新和道德价值为引领，结合现代文化产业功能属性，大力推动创意设计、出版发行、广播影视、演艺娱乐、媒体融合、动漫游戏、艺术品交易、文博非遗及文化产业智库等重点行业领域的发展，努力打造首都“高精尖”经济结构。针对部分产业复合型的特征，北京市着力发展产业链中内容研发、新技术应用、文化资源数字化转化等高端环节，推动文化产业高质量发展。

第二，优化文化产业布局，打造产业集聚发展新优势。北京市颁发的《北京城市总体规划(2016年—2035年)》指出加强对各文化产业的统筹管理、主导产业的提升、服务专业化规范化的落实，深入推进文化产业功能区建设。同时大力推动文化产业和配套设施向重点区域、特色区域布局，形成集聚优势，实现错位发展。除此之外，北京市还面向现代文化艺术、数字出版、影视传媒、设计服务等领域，建立数字化舞美设计、跨平台游戏引擎、网络视频云计算技术应用等开放共享的专业化服务平台，从而推动北京市文化产业高质量发展。

第三，是提升文化服务水平，加大对文化产业发展和营商环境的改善。北京市致力于推进文化金融合作示范区和国家文化产业创新实验区的建设，加大力度改善和创新文化产业的管理模式、金融产品及相应政策，努力打造全国文化金融的创新高地。此外，北京市还希望通过探索设立北京市文化创新发展基金，加强对重点行业、重点领域、重大项目的投入和支持；通过完善文化投融资服务体系，筹建文化产业银行，建立文化企业信用评价体系；通过实施“投贷奖”联动的行为，发挥财政资金放大效应；培育完善文化金融中介服务市场体系，构建文化金融生态圈；鼓励和引导民间资本参与投资公共文化服务体系建设、非遗传承保护、文化交流贸易等活动，在文化领域探索政府和社会资本建立新合作模式的路径。

四、北京市新经济发展的启示

目前，以创新发展激发经济新动能正逐步成为北京经济发展的新优势，可以说，创新创造能力是北京市实现经济高质量发展的关键所在。如何更好地增强创新创造能力，进而推动新经济发展，从北京市的实践探索中，可以总结出以下四点借鉴经验。

第一，要注重科技创新供给，加快攻克关键核心技术。要实现经济的高质量发展，就要大力支持并促进区域型的创新型企业与高校或科研院所合作，建设以企业为主体、产学研用一体化的创新联合体，加大对关键核心领域技术的研发力度，支持无人驾驶等颠覆性技术的研发，并积极将已有的技术运用到实践中，推动创新成果产业化。同时要结合自身资源禀赋和发展水平，把握世界科技创新趋势，提前做好谋划和布局，推动产业技术体系创新，努力实现科技与经济深度融合、相互促进，创造发展新优势。

第二，加大政策保障，开展新一轮创新改革试点。北京市新经济的发展备受关注和重视，国家科技领导小组和国务院科技创新中心对其发展新经济给予了大力支持，北京市人民政府办公厅也出台了相应政策，要求充分发挥好北京市中关村示范区的协调作用，积极开展在强化原始创新、促进科技成果转化、市场准入等方面的改革试点，为其他省、市发展新经济提供有益借鉴。

第三，充分发挥园区及平台等的引领与辐射作用。目前北京市已经完成的“三城一区”(中关村科学城、怀柔科学城、未来科学城、北京经济技术开发区)规划是北京建设全国科技创新中心的主平台。其中，中关村科学城已经形成了“一区十六园”的京内发展格局，并对全国的创新发展具有极大的辐射带动作用。

第四，突破制约创新创业的束缚，释放创新创业活力。让创新创业的活力充分迸发、创新创业的智慧充分涌流是深化创新创业体制机制改革的重点。要遵循社会主义市场经济规律和科技创新规律，破除一切制约创新的思想障碍和制度藩篱，最大限度地释放创新创业主体活力，让创新成果更好更快地进入市场、创造价值，让创新真正成为引领新经济发展的第一动力。

第二节　深圳：中国创新之都

一、深圳新经济发展概况

从经济特区到社会主义先行示范区，40 年来，深圳从一个落后的边陲农业县转变成为一座充满魅力、动力、活力、创新力的国际化创新型城市，取得了辉煌成就。深圳高度重视科技创新，大力培育发展人工智能、第三代半导体、医疗健康、新材料等创新型产业，拥有互联网、通信、人工智能、机器人、物联网、生物医药等领域世界级的龙头企业，以及苹果、谷歌、空客、微软、高通、英特尔等国际知名企业研发中心或实验室，专利申请数量居全国前列，具有强大的科技实力和创新能力，助推新经济快速发展。

1. 新经济发展迅猛

根据《深圳市2019年国民经济和社会发展统计公报》数据显示，2019年，深圳GDP达26927.09亿元，同比增长6.7%。四大支柱产业中，高新技术产业增加值为9230.85亿元，同比增长11.3%；金融业增加值为3667.63亿元，同比增长9.1%；物流业增加值为2739.82亿元，同比增长7.5%；文化及相关产业(规模以上)增加值为1849.05亿元，同比增长18.5%。战略性新兴产业增加值合计10155.51亿元，同比增长8.8%，占GDP的37.7%。其中，新一代信息技术产业产值增加5086.15亿元，同比增长6.6%；数字经济产业增加1596.59亿元，同比增长18%；高端装备制造产业产值增加1145.07亿元，同比增长1.5%；绿色低碳产业产值增加1084.61亿元，同比增长5.3%；海洋经济产业产值增加489.09亿元，同比增长13.9%；新材料产业产值增加416.19亿元，同比增长27.6%；生物医药产业产值增加337.81亿元，同比增长13.3%。[①]2020年9月7日，中国(深圳)综合开发研究院发布的《新40年·新40企——深圳未来发展的新力量》认为，深圳未来40年将是属于新消费和新科技的40年，2021～2025年，深圳新经济增速将保持9%的平均增速，到2025年，新经济规模预计突破2万亿元，占GDP比重预计将达50%，新经济将占据全市的半壁江山。

2. 科技创新实力日益强大

在专利申请方面，深圳专利申请数量居全国前列，根据深圳市市场监督管理局发布的《深圳市2019年度知识产权统计分析报告》，2019年，深圳全市专利申请量、授权量、授权量增速、有效发明专利五年以上维持率、PCT国际专利申请量等五项核心指标位居全国第一，其中，PCT国际专利申请量17459件，连续16年居全国大中城市首位，约占全国申请总量的30.6%，占广东省总量的70.6%；截至2019年底，累计有效发明专利量达138534件，同比增长16.5%；每万人口发明专利拥有量达106.3件，为全国平均水平的8倍；深圳有效发明专利五年以上维持率85.2%，居全国大中城市首位。具体数据如表7-3所示。

表7-3 2019年深圳专利申请及授权数量及增长率

专利申请类别	数量/件	增长率/%
国内专利申请量	261502	14.39
其中：发明专利申请	82852	18.41
国内专利授权	166609	18.83
其中：发明专利授权	26051	22.25

在创新创业载体方面，深圳市拥有级别高、数量多的创新创业平台，截至2019年底，深圳市拥有市级以上科技企业孵化器141家、众创空间281家，其中国家级孵化器30家、国家备案众创空间112家、国家专业化众创空间3家。深圳高度重视提升自主创新能力，

① 深圳市统计局《深圳市2019年国民经济和社会发展统计公报》，2019-05-07.

2019 年共组织实施五批 55 个技术攻关重点项目、158 个技术攻关面上项目，有效提升了深圳市产业链整体自主创新水平。近年来，深圳围绕基因组学、超材料、大数据、石墨烯等前沿领域，规划建设“十大诺奖实验室”“十大基础科研机构”“十大科技基础设施”，全力补齐基础研究方面的短板和建设高质量创新平台，截至 2019 年底，已建成 11 家诺奖实验室(表 7-4)。

表 7-4　深圳诺奖实验室

诺奖实验室	领域与方向
格拉布斯研究院	聚焦小分子催化、大分子材料
中村修二激光照明实验室	聚焦新医药、新材料和新能源领域研究
马歇尔生物医学工程实验室	研究方向为消化肿瘤发病机制、多源信息精准诊断、个体精准治疗等
盖姆石墨烯中心	聚焦以石墨烯为代表的二维材料在基础前沿研究和高端产品产业化方面遇到的关键难题
瓦谢尔计算生物研究院	围绕生物医药产业，开展尖端生物科技领域技术研究，主要包括计算结构生物学与小分子及蛋白质药物设计、多尺度生物分子模拟、高通量基因序列分析以及基因诊断技术转译研究等
内尔神经可塑性实验室	主要围绕可塑性原理和机制进行研究，包括神经可塑性、药物靶点及神经发育疾病等方向，有望发现大脑疾病发生机制，推动生物医药和健康产业的发展
科比尔卡创新医药开发研究院	重点研究领域集中在新药开发上，研究方向主要包括药物受体结构生物学研究、药物计算化学研究、功能药物分子的有机合成和药物化学的研究、受体功能药物分子的功能药理学等
杰曼诺夫数学中心	以纯粹数学和应用数学的重要研究领域为发展方向，致力于推动中国数学基础理论以及数学与生命、信息、工程、金融等领域的交叉研究与应用发展
索维奇智能新材料实验室	围绕材料科学与工程展开研究，充分将索维奇教授分子机器人的学术研究应用到智能新材料研发，推动材料科学和健康产业的发展
斯发基斯可信自主系统研究院	面向人机共融这一技术与社会发展的大趋势，围绕各种系统对“可信”的迫切共性需求，开展基础理论研究与关键技术研发，研究领域覆盖可信计算智能、可信软件、可信自动驾驶、可信智慧城市和可信智慧医疗等重点前沿方向
帕特森 RISC－V 国际开源实验室	聚焦于 RISC-V 开源指令集 CPU 研究领域，包括支持极低功耗的新型内存技术、开源处理器芯片及开发电路、处理器设计代码开源和编译器的开发与优化等

二、深圳发展新经济的政策

为了提供良好的营商环境，深圳就新经济新动能的培育发展颁布了许多政策，相关政策梳理如表 7-5 所示。

表 7-5　2019 年以来深圳新经济新动能相关政策

时间	政策名称	发布单位
2019-01-08	《深圳市扶持金融业发展的若干措施》	深圳市人民政府
2019-01-08	《深圳市促进创业投资行业发展的若干措施》	深圳市人民政府
2019-01-08	《深圳市支持金融人才发展的实施办法》	深圳市人民政府
2019-05-08	《深圳市关于打造国家知识产权强市推动经济高质量发展的工作方案(2019－2021 年)》	深圳市人民政府办公厅

续表

时间	政策名称	发布单位
2019-05-15	《深圳市进一步推动集成电路产业发展行动计划(2019－2023年)》	深圳市人民政府
2019-05-29	《深圳市新一代人工智能发展行动计划(2019－2023年)》	深圳市人民政府
2019-07-28	《深圳市深港澳科技计划项目管理办法》	深圳市科技创新委员会
2019-09-01	《深圳市关于率先实现5G基础设施全覆盖及促进5G产业高质量发展的若干措施》	深圳市人民政府
2020-01-19	《深圳市文化产业发展专项资金资助办法》	深圳市人民政府
2020-02-14	《深圳市支持金融人才发展的实施办法》	深圳市人民政府
2020-03-12	《关于加快体育产业创新发展的若干措施》	深圳市人民政府办公厅
2020-07-30	深圳市人民政府关于加快推进新型基础设施建设的实施意见(2020—2025年)	深圳市人民政府

三、深圳发展新经济的举措

创新是深圳经济发展的重要动力，也是推动深圳新经济蓬勃发展的重要支撑。就具体措施而言，深圳新经济新动能的快速发展主要得益于培育发展新兴产业、创新零售新模式、优化供应链管理、在全市范围内合理布局新经济等。

(一)培育发展新兴产业

深圳高度重视培育发展战略性新兴产业、未来产业等新兴产业，“十三五”期间，陆续编制了生物、互联网、新能源、新材料、文化创意、新一代信息技术和节能环保七大战略性新兴产业的规划，以及生命健康、机器人、可穿戴设备和智能装备等未来产业规划，并积极出台配套政策，着力推动以七大战略性新兴产业和未来产业为主体的新产业成为新经济增长的“主引擎”及培育新动能的主要场地。深圳格外重视新兴产业的集群集聚发展，“十三五”期间，重点围绕人工智能、第三代半导体、集成电路、石墨烯、海洋、航空航天、生物与生命健康等产业启动建设新兴产业集聚区，推动实现核心技术的集中突破，积极打造若干百亿级、千亿级产业集群。得益于新兴产业的快速发展，深圳市新动能被有效激活，新旧动能加速转换，新经济实现了有质量的稳定增长。

近年来，深圳产业结构持续优化，可以总结为“三个为主”：一是经济增长以战略性新兴产业为主，其对GDP增长的贡献率不断加大；二是工业以先进制造业为主，先进制造业占工业比重超70%；三是第三产业以现代服务业为主，现代服务业占服务业比重超70%。同时，深圳结合产业实际，围绕5G、新型显示、集成电路、机器人、增材制造、石墨烯、新能源汽车、航空航天装备、海洋工程装备、精准医疗等新兴产业领域，规划建设制造业创新中心，目前，太赫兹、石墨烯、微纳米制造、智能海洋工程等多个创新中心先后挂牌，助推深圳建设国际科技、产业创新中心，[①]进而带动新经济飞速发展。

① 吴德群. 新经济呈现出新活力[N]. 深圳特区报，2017-12-31.

（二）创新零售新模式

当前，深圳大力支持以消费升级为支撑的新零售尤其是以互联网为依托的智慧零售的发展，鼓励企业打造多功能、一体化、线上线下相结合的专业化消费市场，扶持商贸企业应用互联网、物联网、大数据、区块链等新技术积极发展新零售项目。深圳专门设立新零售产业发展基金，重点投资以互联网、大数据、云计算、人工智能等新技术为主的无人零售、智慧零售等新零售项目，提倡企业发展集“网上商城、微信营销、App 应用、线下商店”于一体的全渠道经营模式，实现线上线下业务、品牌、渠道、客户等多方资源的整合，打造深圳新零售的发展高地，使新零售成为深圳新动能之一。从业态占比看，2020 年上半年深圳引进的首店品牌，零售业态位居榜首，新开品牌数共 148 个，占比约 47%；其次为餐饮业态，新开 123 个门店，占比约 39%；此外，生活服务、儿童亲子和文体娱业态新开品牌门店较少，分别为 14 个、12 个和 11 个。

（三）优化供应链管理

深圳新一代信息技术优化供应链管理，加强上游、中游、下游产业链企业互通共融，逐步构建产业生态圈，将有力推动产业高质量发展。比如，深圳市创捷供应链有限公司创新的“产业互联网+供应链金融”的生态圈商业模式，主要是借助互联网平台和信息技术，高效整合供应商、制造商、客户、海关、税务等资源，并通过流程创新提高各节点反应速度，大大降低交易成本。目前，深圳聚集了中国 80%以上的供应链管理公司及 1 万多家供应链企业，通过构建万企互联的产业供应链智联网，将更加有效实现产业协同，助力供应链上企业转型升级。

（四）合理布局新经济

为了更好地培育新动能，发展新经济，深圳发布了十区重点发展规划，在全市范围内合理布局新经济，实现错位发展，协作共赢。

(1) 福田——代表深圳参与区域合作和全球竞争。金融是福田区的核心优势，从 2018 年开始，福田区进一步强化这一优势，大力发展总部经济和金融业。同时，福田区以“金融+科技+文化”为方向，以“曼哈顿+硅谷”为对标，以“CBD+高新区”为载体，加快建设深圳国际金融街，发展多层次资本市场体系，引导、支持和规范金融科技、绿色金融、公益金融、消费金融、文化金融等“金融+”产业的发展，奋力打造世界级湾区现代产业引领区。①

(2) 罗湖——拓展发展空间，加速动能转换。近年来，罗湖区发展动能转换加快。自 2018 年起，罗湖区将“打赢动能转换攻坚战，增强经济发展内生动力”摆在最突出位置，着力打造创新核心引擎，大思路规划创新空间，大手笔引入创新资源，推动大梧桐新兴产业带提档增速。加快推进东门、人民南“针灸式”“经络式”改造升级，设立东门综合整治统筹片区；加快口岸经济带建设，设立口岸经济带统筹片区；积极对标国际一流消费城市，加快建立国际消费中心核心区。

① 黄青山，李慧. 对标“曼哈顿+硅谷”再造新动能[N]. 深圳商报，2018-01-25.

(3) 南山——高起点高标准打造深圳湾 CBD。科技创新是南山区的最大优势。近年来，南山区持续强化创新，实施全链条创新体系构建行动，在新材料、生命科学、智能制造等领域布局建设高水平创新平台，推进环西丽湖科教城规划建设，引进北大本科（深圳）、清华国际校区、国科大深圳校区等高校落地。同时，南山区链接全球创新资源，在留仙洞、高新区打造国际技术转移中心和企业加速器，建设深圳湾全球路演基地，吸引海外资本和人才投资创业。南山区致力于以高起点、高标准为目标打造深圳湾 CBD，加快后海等重点片区的开发建设，形成湾区总部经济带，实施世界、中国、广东 500 强企业和 1000 亿级企业、500 亿级企业、100 亿级企业培育计划，打造一批全球领先的深圳排头兵企业。

(4) 盐田——提升会议经济水平，加快发展海洋经济。拥有山海资源优势的盐田区，坚持生态优先理念，积极探索创新生态文明体制机制，持续加强生态环境保护和治理，促进资源全面节约和循环利用。在体制机制上，盐田区积极完善并推广城市 GEP（gross ecosystem product，生态系统生产总值）核算体系，健全信息发布制度，实现常态化跟踪评估；开展企业碳排放量核查，推进企业碳币激励体系建设，加快形成高效的激励约束机制。在产业发展上，盐田区加大旅游业发展，继续深耕全域旅游；引导东部华侨城等企业紧贴市场需求延长产品链、经营链、服务链，推出一批精品旅游产品和线路，提升辖区旅游发展的档次和品质；提升会议经济的规模和水平，推动旅游业与会议会展、商业、文化、体育等产业进一步联动发展；加快发展海洋经济，努力培育具有较强竞争力的海洋生物科技产业。

(5) 宝安——高水平打造空港新城和宝安中心区。作为深圳制造业大区，宝安区自 2018 年起，以切实增强核心竞争力为目标，大力聚焦高质量高附加值产业，着力打造制造业强区，并优先发展智能制造，积极扶持“机器换人”“数字车间”等改造项目；着力培育产业新动能，推进大空港海洋新兴产业基地、中欧蓝色产业园等重大项目建设；推进创新载体建设，高水平打造空港新城、宝安中心区、凤凰文旅科技小镇等重要创新节点。作为广深科创走廊的重要成员，宝安区深度参与广深科技创新走廊和国际科技产业创新中心的建设，以科技创新带动全面创新。宝安区还将推动企业加大研发投入，全区研发投入超过 120 亿元，力争新增国高企业 500 家、规模以上国高企业 200 家。

(6) 龙岗——将大运新城打造成“城市新客厅”。经济体量跻身全市第二的龙岗区，将加快推进产业转型升级，实现经济发展新跨越。在产业发展方面，自 2018 年起，龙岗区深入推进“龙腾计划”，实施“中坚企业培育计划”，精准扶持 50～100 家具有较强创新能力和成长潜力的中小企业，助推优质中小企业做大做强。[①]大力发展先进制造业和新兴产业，发挥华为、兆驰等龙头企业的引领辐射作用，打造信息技术产业航母集群。在科技创新上，充分发挥香港中文大学（深圳）、北理莫斯科大学等国际大学科技优势，高标准规划国际大学园科技创新圈，加快建设东部科创总部基地。在城市建设上，龙岗区规划以深港国际中心、深圳国际博览中心、大运枢纽等“城市坐标”为支点，高起点编制城区空间总体规划，将大运新城打造为深圳东部中心核心区及高水平的“城市新客厅”。

(7) 龙华——做实做深中轴提升战略。龙华区也是深圳的经济强区，定位打造现代化

① 龙宣. 把新时代的发展新路走实走好[N]. 深圳特区报，2018-03-19.

国际化创新型中轴新城。近年来，龙华区做实做深中轴提升战略，高标准开展空间总体规划和城市总体设计，高质量建设城市基础设施，高水平打造一批代表特区形象的城市地标，推动城市品质加速蝶变。比如，高质量推进重点片区开发，加快北站商务中心片区二层连廊等专项规划编制，开展超高层地标建筑前期工作；推动红山 6979 等项目建设提速，完成投资超过 280 亿元。

(8) 坪山——高标准推进坪山高新区建设。坪山区和龙岗区被同步规划为深圳东部中心。近年来，坪山区大力实施“东部创新高地建设工程”，以建设国际一流高科技园区为目标，加快打造东部科技、产业创新中心。在规划编制上，坪山区对标国际一流高科技园区，深化高新区规划研究，完成南片区、沙田片区总体规划和沙砾片区法定图则编制。在体制机制上，创新土地管理政策，全面加强土地管控，优化片区开发模式、建设时序和功能布局，实现高品质开发和可持续发展。在创新要素上，加快布局高端创新要素，抢抓深圳市打造全球创新之都的重大机遇，加快集聚重大科技产业创新资源，着力打造重点实验室、工程实验室、技术中心、工程中心等创新平台。除此之外，坪山区还新增市级以上重点实验室、工程实验室、技术中心、工程中心等创新平台 10 家以上，新增国家高新技术企业 200 家以上。

(9) 光明——打造广深科创走廊上的科学中心。结合加快建设质量型创新型智造强区的新定位，光明新区 2018 年开始加快打造高端制造产业集群摆在突出位置，并加快建设华星光电 G11 等重点项目，进一步巩固新一代信息技术产业集群优势。依托深圳市先进石墨烯应用技术研究院、石墨烯制造业创新中心示范基地，光明新区进一步加快贝特瑞、丹邦等项目建设，加快打造以石墨烯为龙头的新材料产业集群。作为广深科技创新走廊上的一员，光明新区提出突出创新驱动，打造广深科技创新走廊上的科学中心，依托新区空间资源等优势，全力争取深圳科学城项目落地。光明新区凭借中山大学深圳校区、中大附七医院、光明云谷、光明小镇等资源优势，加快布局建设引力波、材料基因组等一批重大科技基础设施。

(10) 大鹏——加快推进旅游单轨环岛线规划建设。自 2018 年起，大鹏新区以城市东部为中心规划建设葵涌中心区，加快建设南澳滨海特色风情小镇，致力于将大鹏新区打造为旅游门户和旅游服务中心。全区加快推进地铁、旅游单轨环岛线和大鹏大道、外环高速葵涌段等重大交通设施建设，为旅游业快速发展提供保障。同时，拥有生态优势的大鹏新区，始终把生态文明建设作为主要任务，全力打造深圳生态文明建设新标杆。2018 年，大鹏新区高质量开展生态保护红线的划定工作，全力推进创建国家森林城市各项工作，加快推进排牙山到七娘山节点之间的生态廊道、东涌红树林湿地园、坝光银叶树湿地园等生态建设项目落地实施。

四、深圳新经济发展的启示

综合来看，深圳新经济的快速发展主要得益于强大的科技创新实力、优良宽松的营商环境、充满活力和创造力的市场主体等，具体而言，深圳新经济新动能发展有五点经验值得借鉴。

（一）重视基础科学研究

2019年，深圳市工业和信息化局在全市机构改革契机下，将电子信息处、服务业处、信息化处、信息安全处等多个部门的数字经济产业统一组建为全新的信息化和软件服务业处，力挺数字经济、大数据、云计算、软件和信息技术服务业、工业互联网等新经济行业做大做强。近两年，深圳成立了包括诺贝尔奖、菲尔兹奖、图灵奖得主的10个领衔实验室在内的13个基础研究机构，希望以此吸引大批全球科学家和年轻科技人员来深圳从事基础研究，以补齐创新链短板。截至2019年，深圳科技研发资金预算规模达123亿元，比5年前增加了84.13亿元，其中投向基础研究的经费预算达45亿元。[①]

（二）激发民营企业活力

民营企业具有决策快、效率高的优势，深圳向来高度重视发展民营经济。全市实际管理人口2000多万人，商事主体300多万个，也就是说平均7个人就成立1个公司，其中98%是民营企业。目前深圳14000多家国家高新技术企业大部分也是民营企业，并且培育了华为、中兴、腾讯、比亚迪、大疆等一批世界知名企业。深圳以改革、开放、创新为引领，为民营企业设桥梁、搭平台、给经费、招人才、出政策，推动了民营经济快速高质量发展。在民企科技创新方面，深圳鼓励支持民营科技企业发展，最早成立了民营科技企业办公室，成立全国第一家担保公司、第一个产权交易所，逐步构建了以企业为主体、以市场为导向、产学研深度融合的技术创新体系，形成了“90%的研发人员、90%的研发机构、90%的科研投入、90%的专利生产集中在企业”的“四个90%”鲜明特征。在处理民企和国企的关系方面，目前，深圳的国有企业基本上退出了包括高科技在内的竞争性领域，主要集中于基础设施、公共服务领域，这不仅为城市运行和经济发展提供了基本保障，也为高科技民营企业的发展提供了空间和基础。在人才培养、人才引进方面，深圳创新性地创设了虚拟大学城，出台了多项优惠政策，成功吸引了大批全球高端人才、高端企业、高端要素，优良的营商环境大大激发了民企活力，让民营企业群星闪耀，尽展风流，也为深圳经济发展注入了不竭的动能。

（三）营造创新生态环境

打造一流的“创新生态”。深圳不仅重视技术创新、开放式创新、分布式创新，也注重金融创新、管理创新、产业创新、商业模式创新等各种创新形式，并为创新驱动发展搭建更多的平台，促进各类科技资源的开放共享，形成完善的创新环境。经过多年的积淀，深圳已经成为科技、资本、信息、人才的聚集之地，拥有较为完善的上下游产业链，具有可以迅速将创新产业化的优势，从而为区域经济转型升级奠定了坚实的基础。

良好的创新文化及氛围有利于激发创新的内在动力，是建设创新型城市的软实力和重要保障。深圳作为一个移民城市，具有开放、多元、包容的移民创新创业文化。深圳注重发挥年轻移民城市的优势，积极弘扬创新文化，培养全社会的创新意识和创新素养，激发全社会的创新活力，同时大力提倡“敢于冒险、追求成功、崇尚创新、宽容失败”的创新

① 蔡朝阳，李墨，王佳畔. 创新不在大树在它脚下的土[N]. 湖北日报，2019-06-04.

精神，使创新成为全社会的普遍共识和自觉行动。开拓与创新一直是深圳人的精神之一，并且善于吸收，融会贯通，做事不拘谨，不保守，不循规蹈矩，只做成功应该做的事，想尽一切办法去实现目标。因为创新，所以开放；因为开放，所以包容。

(四)创造人才聚集条件

深圳能够创造奇迹的原因之一是聚集了全国各地优秀的人才，达到了新经济新动能发展培育所需要的“浓度”。深圳通过实施人才强市战略，打造成人才宜居宜业宜聚城市。推动高等教育跨越式发展，培养本地创新人才。大力引进海外高层次人才，在吸引全球高端人才来深圳创业创新方面，政府极具远见与魄力。其解决海外人才多次往返签证、通关和工作便利问题，对符合条件的海外人才，在医疗、教育、住房、子女入学等方面给予市民待遇；对海外创业团队也出台了扶持力度极大的“孔雀计划”，最大扶持资金达 1.5 亿元人民币。换句话说，正是大魄力的人才引进政策，才带来了高端人才的集聚；正是大规模、高层次人才的聚集，才带来了深圳经济发展的高速度和高效益。

(五)推进行业协会自治

深圳市商协会数量众多，服务功能多元，市场化程度高，模式极具创新。商协会推动企业合作，搭建市场平台，配合企业融资，和谐社会关系，协调政府的事务，为深圳的高质量发展发挥了积极贡献。政府只是出台公共政策引导民营企业和民营经济的发展，而行业协会、商会不仅规范了企业主体的经营行为，也为行业提供多方位的服务与支持，推动其实现健康快速发展，成为企业、行业、产业可持续发展的幕后推动力量。

第三节　上海：“四新”经济之城

一、上海“四新”经济发展概况

2013 年，上海市经信委就提出了新技术、新产业、新业态、新模式的“四新”概念。上海市积极发展“四新”经济，得益于上海金融、教育、互联网和政策方面的优势，加之长年对留学海归人士的强大吸引力。上海创新创造能力较强，经济发展的综合能力强。近年来，上海的“新经济”在“四新”基础上结合经济、金融、航运、贸易、科创中心建设，突显了融合性、动态变化性、轻资产性、高成长性、需求主导性、基础环境依赖性的特点。2017 年 3 月，上海市政府出台《关于加快推进本市“四新”经济发展的指导意见》，进一步营造全社会鼓励“四新”经济发展的氛围，各区进一步优化产业结构，积极推动经济高质量发展。例如，长宁区坚持转型，目前已集聚 4900 多家互联网企业，美团点评、拼多多、携程 3 家企业入选工业和信息化部中国 2019 年互联网百强企业前 20 强，对全市互联网经济产值贡献达 23.1%，一批富有潜力的新生代互联网企业快速发展。2020 年 4 月，上海市人民政府办公厅发布《上海市促进在线新经济发展行动方案(2020-2022 年)》，将借助人工智能、5G、互联网、大数据、区块链等智能交互技术，与现代生产制造、商务金融、文娱消费、教育健康和流通出行等深度融合，推动上海各产业加快信息化和智能化改造，用 3 年时间打造在线新经济发展高地。

据上海市政府发布的《2019 年上海市国民经济和社会发展统计公报》显示，2019 年新经济新动能对上海市工业的拉动作用明显，全年战略性新兴产业(工业部分)总产值为 11163.86 亿元，同比增长 3.3%，增速高于规模以上工业总产值 3.6 个百分点。在主要行业中，新能源总产值增长 17.7%，生物总产值增长 7.3%，新材料总产值增长 5.7%，高端装备总产值增长 2.8%，新能源汽车总产值增长 2.2%，如表 7-6 所示。[①]在新冠疫情的冲击下，2020 年上半年，信息服务业实现逆势正增长，人工智能重点企业税收增长 12. 34%，可见，在线新经济的快速发展将成为推动上海经济高质量发展的重要引擎。

表 7-6 2019 年上海市工业战略性新兴产业增速

行业	较去年增长/%
战略性新兴产业(工业部分)	3.3
其中：新能源	17.7
生物	7.3
新材料	5.7
高端装备	2.8
新能源汽车	2.2

二、上海发展“四新”经济的政策

上海市相关政府机构采取多重措施发展“四新”经济。工业和信息化部与上海市政府签订《推进“四新”经济实践区建设、促进上海创新转型发展战略合作协议》，市经济信息化委、市发展改革委牵头建立“2+X+17”的工作机制，市政府也制定了一系列政策措施，详见表 7-7。

表 7-7 上海市“四新”经济相关政策文件

年份	文件名	作用
2017	《关于加快推进本市“四新”经济发展的指导意见》	明确上海推进“四新”经济的发展思路和原则，提出发展的路径和工作方法、发展目标，同时聚焦推进“四新”经济发展的主要任务，制定相关推进的保障措施，进一步营造全社会鼓励“四新”经济发展的氛围和环境
	《关于促进本市新兴行业加快发展完善新兴行业分类指导的意见》	对于确有社会需求、有利于经济发展的一些新兴行业，在企业名称和经营范围表述上给予支持，大力支持新兴行业发展
	《上海市新兴行业分类指导目录(2017 版)》	从机制和制度上解决了新兴行业准入难以及后续政策配套、服务无法对称的问题
	《关于创新驱动发展巩固提升实体经济能级的若干意见》	从落实国家战略、体现示范引领，优化城市功能、突出上海特点，破解发展瓶颈、加强统筹协同等几方面综合考虑，围绕提质增效、创新引领、环境营造、要素集聚、降低成本等方面提出 50 项具体举措

① 徐金忠. 上海金融市场去年成交额增长 16. 6%[N]. 中国证券报，2020-01-22.

续表

年份	文件名	作用
2018	《关于本市积极推进供应链创新与应用的实施意见》	紧紧围绕上海国际经济、金融、贸易、航运、科技创新“五个中心”建设，依托中国(上海)自由贸易试验区制度创新、聚焦六大重点领域(即制造供应链、流通供应链、农业供应链、供应链金融、绿色供应链和全球供应链)
	《上海市经济社会发展综合数据平台建设工作方案》	建设综合数据平台，加快实施创新驱动发展战略，加快建设具有全球影响力的科技创新中心部署
	《关于本市推进研发与转化功能型平台建设的实施意见》	推进研发与转化功能型平台建设，推动功能型平台成为本市创新体系建设的重要力量，支撑产业研发创新，服务社会创新创业，引领产业转型升级，有力提升实体经济发展质量和能级
2019	《上海市人民政府关于加快推进本市5G网络建设和应用的实施意见》	明确要求加快5G商用步伐，加强新型基础设施建设
	《本市贯彻〈关于支持自由贸易试验区深化改革创新若干措施〉实施方案》	加快促进自由贸易试验区的改革创新，促进新经济的快速发展、新动能的加速集聚
2020	《上海市促进在线新经济发展行动方案(2020-2022年)》	把握机遇、因势利导，加快发展新经济形态，培育产业新动能
	《关于进一步深化行政审批制度改革加快推进重大项目建设的若干措施》	为推动重大项目早落地、早开工、早见效，促进经济社会稳定发展

以上一系列经济政策制度的引导，实现了重点领域高技能人才培养基地的建设与运行。在重点领域推动标准创新、引领产业发展、增加有效投资、创造有效供给、扩增消费需求，大力推动新经济的高质量发展。正是因为在政府服务和市场内生机制的作用下，新技术才能异军突起，新业态才能加速集聚，新模式才能蓬勃涌现，使新产业初具规模，产业结构向高端化、智能化、集约化方向发展。同时，上海市积极响应国家在培育新经济方面的一系列政策部署，积极营造保障“四新”经济培育发展的市场氛围，形成遵循市场规律和发挥市场功能的扶持机制，不断提升“四新”经济市场活力。

三、上海发展“四新”经济的举措

近几年，上海市大力推动“四新”经济的发展，让新动能逐渐接棒，呈现出新经济蓬勃发展、新动能培育加强的态势。上海市发展“四新”经济，主要采取了以下措施。

(一)发挥市场主导作用，淡化产业定位

上海市“四新”经济的“新”，不但体现在技术和模式上，更体现在发展路径上，其主要特征就是放弃政府主导。不同于过去某些新兴产业的发展带有较强的政府主导意志，“四新”经济的发展主要依靠市场需求的力量，并淡化了产业定位。“四新”经济本身就代表着产业相互融合、相互渗透的趋势，没有固定的框架，在充分留白的情况下，允许企业“盲人摸象”，实现“八仙过海、各显神通”。例如，钢铁业龙头宝钢集团近年来跨界切入互联网领域，玩起了“钢铁电商”，同时设立了欧冶云商，在信息服务、物流服务、加工服务等方面全方位满足终端客户需求。[①]

① 何欣荣，陆文军. 上海：“四新”经济翩翩起舞 新动能逐渐接棒[J]. 金融世界，2016，8：72-73.

（二）实施人工智能战略，以创新驱动经济发展

政策先行，推动新一代人工智能发展。中国从 2015 年开始，先后颁布了《中国制造 2025》《新一代人工智能发展规划》等国家级重要战略规划，上海市积极响应国家政策部署，于 2019 年发布《关于本市推动新一代人工智能发展的实施意见》，提出实施人工智能的战略。

当前，人工智能企业的吸金能力逐年攀升，且资本融资逐渐倾向于越是后期阶段，企业的发展就越成熟。在国家战略布局、龙头企业聚焦、资本聚集的环境下，上海市以资金、技术、人才等创新资源为突破，在人工智能发展中占据优势。目前上海市正在谋求转型，以人工智能为核心突破点，致力打造全球科创中心。总体来说，上海市经济增长对投资依赖更低，创新驱动力更强。未来要继续深入推进“四新”经济、智能制造、产业创新、工业强基等系列工程，率先走出制造业高端发展、创新发展、转型发展之路，打造属于上海的人工智能战略高地。

（三）推进金融创新，引领新经济发展

2019 年，经上海市经济与信息化委员会批准，依托复旦大学建立了公共服务平台——上海大数据金融创新中心。该中心以数据分析驱动金融商贸创新，加强数据资源共享开放，将全面服务于上海市国际金融中心的建设，为中国产业的健康良性发展以及金融创新的深化做出贡献。以数据分析驱动金融商贸创新，加强数据资源共享开放。此项举措聚集了科技产业优势资源，积极响应了十九大报告中所提的国家战略，与政府企业密切沟通，着力打造产学研合作模式。通过扩大开放聚集全球资源要素，促进创新链与产业链深度融合，发挥资金及创新资源优势，促进共性技术研发取得突破，推动人工智能的发展进一步渗透行业应用场景，最终形成具有国际影响力的生态圈和产业链。

（四）培育产业集聚基地，集聚新动能

为了进一步发挥产业集聚效应，上海市积极建设“四新”经济的专业孵化器和产业集聚基地，大力发展市场化、专业化、集成化、网络化的众创空间等新型孵化器及科技创业苗圃等企业创业基地。鼓励外界投资进入各类“四新”经济孵化培育载体，支持各类创新型孵化器与加速器、大学科技园、创意园等载体合作对接。依托优势产业园区、高校、科研院所、创新型“四新”企业等载体，打造出“四新”企业，重点布局在上海张江国家自主创新示范区的各个分园以及经市政府批准纳入张江高新技术产业开发区管理委员会管理范围的市级高新技术产业园区。由此，进一步提升了科技孵化器、加速器的孵化作用，发挥了“四新”产业集聚区的聚合效应，推动了“四新”产业化进程，为新经济持续集聚新动能。

（五）搭建公共服务平台，整合各方创新资源

上海加大向社会开放科研基础设施、大型科研仪器的力度，加强领军企业的创新资源共享。充分发挥优质高校科研基础设施、科研院所、实验室等资源优势；对接企业技术转移转化需求，强化技术创新供需对接服务；加强创新创业培训、知识产权交易、标准化专

业服务等公共服务平台的建设，构建网络化、特色化、专业化的科技创新公共服务支撑体系，充分发挥创新能力突出、资源整合能力强的“四新”领军企业的核心作用；着力推进“产业联盟”协同创新，鼓励企业与高校院所、产业联盟共建研发机构和开展研发合作，建立产学研用一体化合作机制；充分发挥产业联盟等社会组织平台作用，促进有效对接。通过搭建开放的互联网信息查询应用平台和专业数据分析系统，加快经济信用体系建设和经济信息资源的开发利用，强化管理，以制度创新促进市场环境优化，逐步构建以信用中介服务机构为主体的市场信用服务体系，为加快培育“四新”经济发展提供基础保障。

四、上海“四新”经济发展的启示

(一)打造良好的政策和服务环境

发展新经济、培育新动能离不开政府的大力支持。近年来，上海市政府相继出台多部促进新经济发展的相关政策文件，推动建设了“四新”经济的培育载体以及创新基地，打造了“四新”经济服务平台，以及联合相关机构采取多重措施，为新经济全方面发展打造良好的格局，切实深化落实政策文件内容，从而助推新经济又快又好发展，为新经济发展创造良好的保障机制。

(二)激发企业自主创新积极性

“四新”经济中的很多领域是在跨界融合中发展起来的，因此政府机构难以直接套用以往的管理模式和支持政策来规范“四新”经济的发展。在发展“四新”经济的道路上，上海市主动打破原有的政府主导模式，发挥市场的决定性作用，企业则凭借自身核心团队、核心技术、核心市场和核心业务模式，依靠基金、风投等外部金融工具形成产业投融资体系，建立适合企业自身发展的内生性增长机制，并通过不断地自主创新走出困境。

(三)加强“四新”动能整体融合

新技术和新模式是“四新”经济发展的主要难点。对于传统制造企业，最难的不是技术工艺的研发和创新，而是创新技术的产业化应用。在新技术产业化的过程中，新技术成果的市场准入标准及相关技术参数等是非常重要的产业化基础，也是新技术成果产业化的必经之路。“四新”经济的新技术、新产业、新业态和新模式之间并不是相互独立的，而是一个以技术应用和模式创新为内核相互融合、相互关联的有机整体。如果说新技术、新模式能得到解决，那么新业态就会随之展现，新产业也会随之形成。因此，最关键的是抓住技术和模式的创新，从而带动业态和产业的创新，最终将“四新”之间的内在联系打通，推动中国传统制造产业逐步完成转型升级。

第四节　杭州：建设互联网之都

一、杭州新经济发展概况

杭州发展新经济以来，逐渐形成以信息经济、现代服务业、先进制造业等高技术产业为支撑的现代产业体系，已成为年轻创新创业者向往的互联网之都。杭州城市创新能力强，在“中国城市创新指数”排名中位列第四，跻身全国创新创业“第一方阵”。

2018年，杭州市政府提出“三化融合，数字经济第一城”。为深入实施数字经济“一号工程”，全面推进杭州数字产业化、产业数字化和城市数字化协同融合发展，打造全国数字经济第一城，杭州市政府结合杭州实际制定了《杭州市全面推进“三化融合”打造全国数字经济第一城行动计划(2018—2022 年)》，指出要深入贯彻“八八战略”，坚持数据建设、数据驱动、创新引领，打造“三区三中心”(产业数字化转型示范区、数字化产业发展引领区、数字经济体制机制创新的先导区、数字科技创新中心、新型贸易中心、新兴金融中心)。据《2019年杭州市国民经济和社会发展统计公报》显示，2019年，杭州市全年数字经济核心产业增加值为3795亿元，同比增长15.1%，占GDP的24.7%；数字内容、软件与信息服务和电子商务分别增长16.3%、15.7%和14.6%。[①]

二、杭州经济发展新引擎：特色小镇

杭州的特色小镇作为经济发展的新引擎，正以一种蓬勃之势引领着杭州产业转型。据了解，截至目前，杭州市共有省、市级特色小镇47个，其中省级29个，市级18个。从全市来看，小镇以占全市不到1%的面积，集聚了全市15%的高新技术企业、25%的税收、40%以上的高端人才和众创空间。

特色小镇首先由杭州的地方实践经验而来，是杭州经济发展的典型，其模式不同于传统的工业园区，不是行政区域的“镇”，而是同行业企业协同创新、合作共赢的企业社区，也是企业为主体、市场化运作、空间边界清晰的创新创业空间。这种空间是杭州根据时代内涵和自身特色构建的，具有文化内涵、旅游功能、机制灵活和产业定位明确等特征。

(一)产业特色鲜明

特色小镇的核心是特色产业，2015 年浙江《政府工作报告》提出，要重点打造信息经济、环保、健康、旅游、时尚、金融、高端装备制造七大万亿级产业，以及茶叶、丝绸、黄酒、中药、青瓷、木雕、石雕等历史经典产业[②]，通过对运河文化、钱塘江文化、良渚历史文化、“一带一路丝绸节点城市”文化等历史底蕴的挖掘，构建出具有鲜明特点和产业特色的智慧小镇、文旅小镇、创意小镇。特色产业是每个小镇独特的“魂”，每个小镇明确定位于自身的优势产业，着力培养最有基础、最具特色、最有优势的核心主导产业，

① 蒋丽亚，刘晓伟. 苏州借鉴杭州发展数字经济的策略探讨[J]. 甘肃科技纵横，2020，49(11)：85-88.
② 王梦菲. 浙江特色小镇建设经验及其江苏启示[J]. 中国乡村发现，2016(06)：48-55.

打造完整的产业生态圈，培育具有行业竞争力的产业链。特色小镇的打造，坚持“产、城、人、文”四位一体和创新、协调、绿色、开放、共享的新发展理念，摒弃“大而全”“大而广”“老而僵”的发展模式，形成独具特色的“一镇一格局”。2020年浙江《政府工作报告》提出，要推进特色小镇和未来社区建设，创新建设运营模式，全力打造特色小镇2.0版，建成一批具有示范性的特色小镇。加强城市有机更新和存量住房改造提升，深化“三改一拆”策略，推动未来社区增点扩面，培育60个省级试点，改造500个城镇老旧小区，打造新型城市功能单元①。

云栖小镇是浙江省首批创建的十个示范特色产业小镇之一，主要依托阿里巴巴云公司和转塘科技经济园区两大平台，打造以云生态为主导、云计算产业为特色的产业特色小镇，“云”就是云栖小镇最鲜明的基因。云栖小镇专注于吸引大企业开放核心能力，搭建服务平台，为广大的中小微企业提供创新创业服务，运用大数据的算力将数据变成生产要素。小镇紧紧围绕四大产业生态(阿里云产业生态、卫星云产业生态、物联网芯片产业生态和智能硬件创新生态)，大力引进以云计算、大数据为特色的高端信息产业项目，推动特色产业集聚发展。

(二)体制机制灵活

为科学、规范建设特色小镇，浙江省于2015年8月颁布实施《浙江省特色小镇创建导则》，坚持以政府为引导，以企业为主体，加快形成“培育一批、创建一批、验收命名一批”的建设格局，助力经济转型发展、城乡统筹发展。在特色小镇申报阶段，以筛选制度替代原先按照各地申报情况平均分配名额的方式，并在申报阶段实行优胜劣汰。在筛选阶段，全省范围内的各申请主体都要提交小镇投资主体、建设计划、投资规模等相关策划，并细化到各个年度。在实施阶段，融入四大功能叠加、培育上市公司等新理念，严格监督小镇的建设工作，建立年度考核制度和完整的验收体系，并实施有奖有罚的土地供给方式、期权式的财政奖励方式，助力特色小镇务实建设。

(三)人文气息浓郁

杭州特色小镇的建设是杭州经济发展与文化结合的一次特色案例，这样的特色小镇是以高校毕业生、大企业高管、科技人员、留学归国人员创业者为主的创新创业地，有望凝聚独特的人文气息。特色小镇是历史经典产业的传承新生地，散发着浓浓的历史底蕴，同时是传统特色产业+互联网的发展新高地，拥有活跃的创新文化，也是新产业新业态的孵化诞生地，形成了独特的产业文化。②特色小镇具有独特的历史人文气息或现代文化气息，小镇根据自身的特色区域文化或独特的旅游资源，将文化与旅游结合起来，形成综合发展模式。例如龙泉青瓷小镇、西湖龙坞茶镇和嘉善巧克力甜蜜小镇等③，通过不断挖掘茶叶、青瓷等地域文化基因，发挥其文化品牌效应，从而更好地提升经济效益。

---

① 袁家军. 政府工作报告[N]. 浙江日报，2020-01-18(001).
② 王梦菲. 浙江特色小镇建设经验及其江苏启示[J]. 中国乡村发现，2016(06)：48-55.
③ 王国灿. 浙江省创建特色小镇的主要做法及启示[J]. 科技创新导报，2017，14(04)：247-248.

(四)生态环境优美

特色小镇远离城市中心，是生产、生活、生态融合发展的美丽小镇。与产业园区、开发园区的发展理念截然不同，特色小镇将“三生融合”的建设理念运用和落实到了产业发展中，这也是特色小镇最大的一个特点。在杭州，每一个特色小镇都要求是国家AAA级及以上的标准景区，必须确立并坚持“三生融合、四宜兼具”（先生态、再生活、后生产，宜居、宜业、宜文、宜游）的开发理念，以特色小镇为载体，实现田园城市的发展。从目前来看，杭州每个特色小镇在规划产业布局的同时，对生态、旅游、基础设施、城市配套等方面也进行了相应的规划，将小镇的建筑、旅游设施、植物群落、自然环境与产业融合协调、相得益彰，实现了文化、旅游、产业的有机叠加、共生共融。①

三、杭州发展新经济的举措

(一)零售业的模式创新

电子商务是杭州发展新经济的优势之一。大型电商平台以用户体验为中心，利用大数据、物联网、人工智能等技术将线上、线下的人、货、场三要素进行重构，形成“商品通、会员通、支付通”的“新零售”形态，推动了传统零售业的转型发展和电子商务的创新发展。

(1)“百货商场+新零售”的银泰模式。阿里巴巴新零售的其中一个“试验田”——银泰百货，目前已创新集合店、智慧门店、天猫快闪店、公共区域新场景等多种形式的新新业态。其中，首期落地西湖银泰的家居集合店“Home Times家时代”，通过VR虚拟样板间自由设计搭配、云货架将货品展示无限延展、线下所见线上所买、精准新品推送的形式，让消费者享受到智能化、沉浸式的购物体验。同时卡西欧智慧门店的入驻，还为消费者创建了游戏互动、大屏幕自助购物等场景。

(2)“电商平台+线下场景”的盒马鲜生模式。盒马鲜生是以生鲜为突破口，通过开通网上购物和开设实体卖场相结合的模式以及构建线上线下相互融合的消费场景的形式，打造“生鲜+餐饮+商品零售+外卖”的新零售模式。一方面，盒马鲜生在生鲜超市内设立餐饮窗口，开设“现做+现买+现吃”的销售模式，提高线下流量；另一方面，借助App拓展门店覆盖范围内的“线上到家”业务，并通过采集和分析供应链环节、消费环节、物流环节三大主要环节全过程的大数据信息，掌握用户的消费偏好，优化配置供应链，全面提升购物体验。

(3)“自采+自营”的网易严选模式。在2016年4月上线的网易严选，是国内首家ODM(Original Design Manufacturer，原始设计制造商)模式的电商，其依托自身电商平台，与品质制造商、顺丰/京东物流强强联合，从产品设计、材料采购、生产制造、质量检测到物流配送、售后服务，实行严格的标准选择、全过程控制，并通过“自采+自营”的模式，实现与大牌制造商直接联系沟通，剔除了品牌溢价和中间环节，为消费者提供优质的

① 倪自宏. 杭州建设特色小镇的举措、成效及启示[J]. 江南论坛，2017，5：7-9.

产品和服务。[①]

（二）制造业的智能升级

制造业龙头企业通过个性化定制、制造服务化、供应链协同等模式，采用数字化、网络化、智能化的手段，改变制造业的生产、服务、研发、营销等多个环节，为客户和消费者提供更好的产品和服务体验。

(1)海康威视制造服务化模式。全球安防龙头企业海康威视以坚持技术驱动为发展战略，经过不断的探索，已从传统视频监控产品生产商演变为以视频为核心面向全球提供综合安防、智慧业务与大数据服务的物联网解决方案提供商，实现了制造业服务化转型。其中海康威视的“萤石”系统不仅提供了功能丰富的视频硬件产品，还建立了“萤石云+开放平台+行业”的服务系统，汇集以视频和传感信息为重点的海量数据，形成了基于视频服务、提升视频产品、软硬件相结合的互联网+安防视频生态。

(2)老板电器全流程智能化模式。老板电器大力推进智能制造、智能化产品，将“互联网+”贯穿于生产制造、销售渠道、品牌建设、客户服务等环节，实现了产品设计、生产、营销全流程智能化。在产品端，老板电器研发了 ROKI 智能烹饪系统，可通过 App 自动控制油烟机风量和灶具的火力，为消费者提供烹饪指导和分享平台，未来还将整合智能可穿戴设备，提供食材远程智能化配送服务。在制造端，构建了视觉检测、伺服控制、智能专家解决等系统，实现智能制造；在物流端，全面铺开自动化立体仓库存储、AGV 配送，实现物流智能化。[①]

（三）数字文创融合发展

数字经济是一个新的经济形态，是由新一代信息技术与实体经济深度融合而来。杭州将数字经济与文创产业融合发展，运用信息技术向用户提供数字化的图像、字符、影像、语音等文化创意产品与服务。例如，咪咕文化公司是中国移动的子公司，主要面向移动互联网领域，负责数字内容领域内的产品提供、运营及服务一体化；其同时也是中国移动旗下音乐、视频、阅读、游戏、动漫数字业务板块的唯一运营实体，下设咪咕音乐、咪咕视讯、咪咕数媒、咪咕互娱、咪咕动漫五个子公司[①]。杭州咪咕数字传媒有限公司隶属于咪咕文化公司，主要从事手机阅读、手机报业务的平台和产品开发、业务和内容运营等。该公司打造出了智能化、社交化数字阅读平台——咪咕阅读，依托平台优势拓展文学阅读、专业出版、在线教育、有声阅读、媒体等细分领域，已成为国内领先的数字图书汇聚平台。

（四）大力发展 5G 产业

5G 的到来，让移动通信不再是人与人、人与信息之间的对接联系，而是成为一个面向万物的统一连接架构和创新平台。2019 年 4 月，《杭州市加快 5G 产业发展若干政策》正式出台，围绕创新、产业、应用、基础设施、保障五个方面，推出了 17 条颇具含金量的举措，为杭州 5G 发展提供强有力的支撑。2019 年 5 月，中国（杭州）5G 创新谷在萧山正式亮相；随后，位于余杭未来科技城的中国（杭州）5G 创新园一口气迎来 32 个重大项目

① 郑登攀，陈畴镛. 杭州新经济模式分析及发展对策[J]. 杭州科技，2018，5：48-52.

进驻。此外据有关数据显示，截至 2020 年底，杭州已建成 5G 基站 20000 个以上，计划到 2022 年建成 30000 个 5G 基站，建成全球领先、全国一流的精品网络。

四、杭州新经济发展的启示

（一）优化发展战略引领经济跨越发展

杭州新经济的发展得益于跨越式的发展战略。“工业兴市”是杭州在经济主导的大背景下，对杭州工业发展的战略转折，而由“工业兴市”战略到“发展信息经济，推动智慧应用”的“一号工程”，则是杭州顺应信息化、数字化发展的潮流又一次重要且成功的战略升级。这次升级实现了杭州经济由工业化引领向信息化引领、由工业经济主导向信息经济主导的战略跨越，加速了杭州由工业社会向信息社会迈进，成为杭州新经济领先发展的重要原因。

（二）转变政府职能建设服务政府

骨子里对市场的尊重，让杭州政府对市场变化有着敏锐的感知，对新生事物包容开放，能在第一时间发现那些代表未来方向、刚刚崭露头角的企业，从而因势利导，帮助、推动企业发展。政府对企业的服务意识及“店小二”精神，已经成为杭州新经济发展的重要驱动力。

（三）扬长避短形成优势发展产业

杭州在新经济的发展中，充分考虑自身的资源禀赋情况，在有限的资源要素和环境容量不足的严峻形势下，走出了一条空间有限、发展无限的可持续发展新路。

一方面，杭州地理位置优势显著，“三面云山一面城”，自古就被誉为“人间天堂”，绿水青山也因此是杭州最显著的标志和最宝贵的资源。另一方面，杭州“七山二水一分田”，人多地少、自然资源匮乏，但信息经济恰恰具有更少依赖土地和劳动力等传统要素投入、更多依靠知识和智慧等创新要素投入的特征，规避了自然资源劣势，是保护生态和发展经济的最佳结合点。

杭州具有信息化应用领先、信息产业基础扎实等先发优势，在应用服务、网络建设、产业发展等领域有一大批领先全国甚至国际一流的龙头企业，信息软件、电子商务等产业已成为杭州新增就业的主要渠道、财政收入的主要来源、转型升级的主要引擎。在“一号工程”的推进过程中，杭州充分发挥应用领先和产业集聚优势，将“产业智慧化”与“智慧产业化”深层渗透、有机结合，推动形成以新应用催生新产业、新产业扩大新应用的良性循环。①

① 刘亭. 探路新经济的“杭州实践”[J]. 杭州(周刊)，2018(23)：6-13.

第五节　天津：谋划“大智能”布局

一、天津新经济发展概况

天津作为京津冀协同发展、自由贸易试验区建设、自主创新示范区建设、“一带一路”建设、滨海新区开发开放五大国家战略叠加的聚集地，提出以新产业、新业态、新商业模式为代表的“三新经济”作为区域经济发展的核心动力，截至2019年6月，天津市三新经济增加值占全市地区生产总值的比重达到20%左右。

近年来，天津市科技创新能力不断跃升，新动能持续发展壮大，新经济加快发展。“十三五”期间，新一代超级计算机、大型地震工程模拟研究设施等10个国家级重大平台获批建设，国家自主创新示范区、新一代人工智能创新发展试验区建设加快推进，成功突破高端CPU芯片、自主可控操作系统等核心关键技术。2020年，国家高新技术企业、国家科技型中小企业分别超过7400家和8100家，每万人口发明专利拥有量24.03件，全社会研发投入强度、综合科技创新水平指数居全国前列；新兴产业加快壮大，智能科技、生物医药、新能源、新材料等新动能加快成长，国家级车联网先导区成功获批，海尔全球首个智能+5G智慧园区建成使用，信息安全、动力电池两个集群入选全国先进制造业集群，软件和信息技术服务业、互联网和相关服务业快速增长。2019年，高技术产业和战略性新兴产业增加值占规模以上工业增加值的比重分别达到14.0%和20.8%，新能源汽车、工业机器人、服务机器人等新产品产量分别增长56.7倍、40.0%和85.8%，规模以上服务业中，新服务、高技术服务业、战略性新兴服务业营业收入分别增长14.8%、19.3%和12.4%。[①]可见，天津市新动能积聚壮大，新经济迅速增长，逐步成为推动区域经济增长的重要动力。

二、天津发展新经济的政策

为了高质量发展新经济、高速度培育新动能，天津出台了一系列政策，如表7-8所示。

表7-8　天津市新经济新动能发展相关政策

时间	政策	单位
2019年1月2日	《关于支持金融机构和金融人才在津发展政策措施的通知》	天津市人民政府办公厅
2019年3月5日	《关于促进市内六区高端服务业集聚发展的指导意见》	天津市人民政府办公厅
2019年3月19日	《天津市加快推进一体化在线政务服务平台建设实施方案的通知》	天津市人民政府
2019年3月19日	《关于完善本市促进消费体制机制进一步激发居民消费潜力实施方案的通知》	天津市人民政府办公厅
2019年4月30日	《关于实施“海河工匠”建设的通知》	天津市人民政府办公厅

① 数据来源：《2019年天津市国民经济和社会发展统计公报》。

续表

时间	政策	单位
2019 年 5 月 6 日	《关于天津市扩大开放构建开放型经济新体制若干措施的通知》	天津市人民政府办公厅
2019 年 5 月 20 日	《关于推动创新创业高质量发展打造“双创”升级版若干措施的通知》	天津市人民政府
2020 年 1 月 17 日	《天津市氢能产业发展行动方案(2020—2022 年)》	天津市人民政府办公厅
2020 年 3 月 27 日	《天津市全面深化大数据发展应用行动方案(2020—2022 年)》	天津市委网络安全和信息化委员会
2020 年 8 月 6 日	《天津市关于进一步支持发展智能制造政策措施》	天津市人民政府办公厅
2020 年 8 月 25 日	《天津市建设国家新一代人工智能创新发展试验区行动计划》	天津市人民政府办公厅
2020 年 9 月 4 日	《关于促进天津滨海高新技术产业开发区高质量发展具体落实举措》	天津市科技局、滨海新区政府、滨海高新区管委会
2020 年 9 月 6 日	《关于支持企业上市融资加快新动能引育的有关政策》	天津市人民政府办公厅
2020 年 11 月 21 日	《天津市科技创新三年行动计划(2020—2022 年)》	天津市人民政府

三、天津发展新经济的举措

(一)布局智能产业链，提升产业智能化水平

天津把智能科技产业作为推动高质量发展的重要抓手，积极促进互联网、大数据、人工智能和实体经济深度融合，系统谋划“大智能”战略布局，打造“天津智港”。

2018 年 12 月，天津发布《天津市人工智能“七链”精准创新行动计划》，明确提出坚持产业链、创新链“双链融合”，针对自主可控信息系统、智能安防、大数据、先进通信、智能网联车、工业机器人和智能终端七条人工智能产业链，实施“有机串链”、扶优育强、“补短拉长工程”、平台搭建、引智引企和产业聚集六项工程。①“有机串链”工程，通过实施人工智能科技重大专项，开展应用示范，引导“七链”关键节点有效衔接和上下游串联，形成系统应用；②扶优育强工程，做大做强主业突出、上下游带动能力强和持续盈利的领军企业；③“补短拉长工程”，布局类脑智能、量子智能、跨媒体感知、自主无人系统协同等人工智能前沿技术和基础理论研究，形成一批重大原创成果；④平台搭建工程，组建智能科技领域院士专家工作站，打造航母级研发平台；⑤引智引企工程，精准引进有国际视野的领军人才和创新团队，大力吸引具有国际影响力的龙头企业和细分领域的冠军企业来津发展；⑥产业聚集工程，支持滨海高新区、东丽区、天津经济技术开发区、天津港保税区等区域建设人工智能产业基地，打造有利于研发攻关、产业培育和产品应用“三位一体”发展的大智能创新体系。

在推动传统产业智能化方面，天津逐步实现智能技术在传统制造业企业研发设计、生产制造、物流仓储、售后服务等环节的深度应用，建设了一批典型的智能工厂和数字化车间，比如天津汽车模具股份有限公司、长荣印刷设备股份有限公司等企业在汽车冲压模具、

智能化印刷设备等方面均居行业首位。[①]随着飞腾超级计算处理器、新一代胰岛素制剂与罐装生产线、国能新能源汽车、国安盟固利锂离子动力电池、爱旭高效硅基太阳能电池、金桥焊材高端焊材智能制造工厂等项目的落地建设，进一步推进了战略性新兴产业的发展和传统产业的智能升级。

（二）加大科技创新，为智造提供技术支撑

2018年，天津市获得19个国家智能制造项目，形成了“13+2+2+2”的示范带动格局，即13个智能制造专项项目、2个智能制造试点示范项目、2个外地企业的天津生产基地智能制造试点示范项目和2个中德智能制造合作试点示范项目，共计获得国家支持资金1.4亿元。2019年，天津进一步加大项目支持力度，积极对接国家科技重大专项，继续实施新一代人工智能科技重大专项，面向全国发布征集指南，大力支持开展“边缘计算芯片、认知计算框架、智能控制算法”3项关键共性技术研究，打造国产基础软硬件兼容适配、大数据、先进通信、工业互联网和机器人5项应用示范，全力支撑天津智能科技产业发展。目前，天津市正式发布了全球首款脑机接口专用芯片“脑语者”，落地应用了世界首个人工智能供热解决方案，其中“海燕”水下滑翔机下潜深度刷新世界纪录，妙手微创手术辅助机器人、国产64核高端芯片等填补国内空白，脑机协同、智能传感芯片领域进入国家布局，天津麒麟荣获2018年国家科技进步一等奖，中环领先材料技术有限公司12英寸半导体硅单晶体打破国际垄断。[①]日益强大的科技创新实力，正逐步成为天津“智港”的有力支撑，推动新经济的蓬勃发展。

（三）加大人才奖励，为智造提供智力支持

天津市深入实施人才强市战略，2018年5月发布《天津市“海河英才”行动计划》，大力引聚各类优秀人才，为新经济的发展积蓄动能。积极引育高层次创新人才，对顶尖人才采取“一人一策”，给予最高1000万元科研经费资助和最高200万元奖励。大力扶持高层次产业人才，对创业领军人才给予最高1000万元科技成果转化资金补助和最高200万元奖励资金；对高端创业人员给予最高50万元创业启动资金支持，同时对高端人才创办且稳定运行的科技型企业，连续3年按企业贷款额度50%给予每年最高100万元贴息支持。建设高技能人才队伍，在人才引进上，对世界技能大赛获奖者或专家教练组长等高技能人才，给予最高50万元奖励；在人才培养上，每年选派100名高级技师赴境内外研修，给予每人最高10万元经费资助；在人才激励上，每年评选10名“海河工匠”，给予每人20万元奖励。加强创新平台、孵化平台、技能培训平台和服务平台建设，为人才干事创业搭建各类发展载体。激发人才创新创业活力，明确离岗创业、成果转化、人才评价、国际交流等方面的具体政策。改革人才落户制度，包括放宽人才落户条件、自主选择落户地点、简化落户经办程序等具体措施，注重改善居住条件、强化服务保障、鼓励举荐人才、强化职责落实、严格责任追究，不断优化人才发展环境。截至2019年，“海河英才”行动计划累计引进各类人才24.8万人，其中资格型、技能型人才分别为4.8万人和6.4万人。[②]

① 资料来源：吴巧君. 1+4+6+X，雁阵飞向“天津智港”[N]. 天津日报，2019-07-31.
② 数据来源：《2019年天津市国民经济和社会发展统计公报》。

(四)提升工业互联网平台，为智造提供基础条件

《2019年度天津市互联网发展状况统计报告》数据显示，截至2020年3月，天津市网民规模为1175万人，较2018年底新增75万人，互联网普及率达75.2%，较2018年底提升4.6个百分点，较全国互联网普及率(64.5%)高10.7个百分点。从网民属性来看，天津市网民40岁以上占比接近四成，达到39.3%；大学专科及以上网民占比达36.5%；月均收入在5000元以上的网民占比达到35.7%，呈现出年龄更均衡、受教育水平更高、收入水平更高等特点。在互联网使用情况方面，天津市网约车、网上外卖、网络购物等电子商务相关业务的渗透率明显高于全国平均水平。截至2020年3月，天津市网约车使用率达到51.0%，较全国平均水平(40.1%)高出10.9个百分点；网上外卖使用率达到53.0%，较全国平均水平(44.0%)高出9个百分点。[①]此外，天津市在线教育用户使用率达40.6%，网络支付用户使用率达86.2%，网络直播用户使用率达60.1%。

天津市建设工业互联网平台以工业云等服务平台为基础，充分融合工业物联网、大数据、人工智能等新兴技术，加快跨行业、跨领域、跨地区服务资源的整合，逐步实现传统工业云向工业互联网平台的迭代升级。近几年来，天津市注重网络核心技术攻关，发挥鲲鹏生态体系、超脑联合实验室、城市数字大脑联合实验室的市场资源优势和专业技术优势，构建现代信息技术产业体系[②]。以“京津冀大数据综合试验区”建设为背景，重点建设面向大数据处理的超级计算与云计算融合的一体化基础设施。以“天河一号”平台和正在研制的新一代“天河三号”平台为基础，实现数据处理能力达每秒百亿次，数据存储能力超EB(1000000TB)级，构建具备E级计算能力和EB级数据管理能力的自主大数据系统融合创新平台；依托融合创新平台部署面向行业大数据应用开发的基础创新环境，探索大数据处理、展示、安全等共性技术研究，协同解决大数据应用关键技术，提升大数据技术研发和创新应用环境的服务能力；通过协同创新研发合作机制和融合创新平台支撑，依托协同处理中心面向能源、交通、矿业、钢铁、医疗健康、智慧港口等行业领域提供大数据产业应用服务，提升产业发展和应用水平，将综合试验区建设成国际一流的大数据创新与应用领航区。[③]2020年3月，天津市委网络安全和信息化委员会印发《天津市全面深化大数据发展应用行动方案(2020—2022年)》，明确提出天津市将坚持以数据产业、数据应用和数据安全三方面的需求为牵引，推动数据融通、治理、应用实现新突破，促进大数据产业生态繁荣发展。

四、天津新经济发展的启示

(一)利用自身优势，区域协同发展

天津地处华北平原北部，东临渤海、北依燕山，位于海河下游，地跨海河两岸，是中国北方最大的沿海开放城市。天津港是北京通往东北、华东地区的铁路交通咽喉和远洋航

① 资料来源：《2019年度天津市互联网发展状况统计报告》。
② 张清，李国惠. 我市网民规模为1175万[N]. 天津日报，2020-09-03.
③ 陈璠. 京津冀大数据协同处理中心启动[N]. 国际商报，2017-08-23.

运的港口，为交通运输、经济增长做出了巨大贡献。天津根据自身地理位置的独特之处，开拓数字天津的新经济道路，实现天津港智能化，进而更大发挥了海上门户优势，实现了高质量发展。

（二）以新技术为基础，推动智能化发展

当前天津全力发展数字经济，加快建设天津智港。可以说，天津新经济的快速发展主要得益于对智能制造、数字经济的重视，以及对人工智能、大数据、云计算、5G 等新技术研发和应用的重视。因此，加快新经济发展，应注重对新技术的研发创新，积极搭建创新平台和载体，切实加强与实体经济的深度融合应用，方能积聚新动能，推动新经济快速发展。

（三）以人为本，凝聚新经济发展不竭动力

人才是第一资源，是推动经济发展、社会进步的重要力量。天津新经济的快速发展离不开对人才的重视，其发布的“海河英才”行动计划体现了政府的魄力和决心，政策公布之初就实现了“6 天落户 5800 余人”。高层次创新人才、高层次产业人才、高技能人才队伍等的引进，同步带动科技创新、研发实力、成果孵化、市场活力等的提升和优化，进而促进新动能的培育壮大，推动新经济加速发展。因此，发展新经济必须要重视人才引育，除了积极引进高端人才外，还应提高本地科教能力，大力培育本地优秀人才，为新动能培育、新旧动能转换提供不竭动力。

第六节　山东：发展新经济　培育新动能

一、山东新经济发展概况

山东以习近平新时代中国特色社会主义思想为指导，以“走在前列、全面开创”为目标，以新发展理念为引领，以新旧动能转换、乡村振兴、海洋强省、三大攻坚战、军民融合、打造对外开放新高地、区域协调发展、建设重大基础设施八大发展战略为支撑，以全面深化改革为保障，积极适应经济发展新常态，深化供给侧结构性改革，努力探索促进新旧动能持续转换的发展方式和体制机制，使经济社会实现持续健康发展。2018 年 1 月 3 日，国务院正式批复关于山东新旧动能转换综合试验区建设总体方案，标志着山东省新旧动能转换综合试验区建设成为国家战略，也是我国第一个以新旧动能转换为主题的区域发展战略。

（1）新经济发展实现新突破。根据《2019 年山东省国民经济和社会发展统计公报》数据显示，2019 年，以新技术、新产业、新业态、新模式为代表的“四新”经济增加值占地区生产总值的比重达到 28%，投资占比达 44.8%。其中云计算、大数据、物联网、移动互联网等新一代信息技术迅猛发展，新能源、新材料等产业快速成长。共享经济、平台经济、个性化定制、云智造等新业态、新模式不断涌现，信息、科研、金融和技术服务等现代服务业加快发展，特别是电子商务、快递服务业增势迅猛，为推进新经济发展、促进群

众消费升级提供了有力的支撑。①

(2)传统动能改造取得新进展。根据《2019年山东省国民经济和社会发展统计公报》数据显示，2019年，全省地区生产总值初步核算数为71067.5亿元，三次产业投资构成比为7.2∶39.8∶53.0，其中服务业新动能增势强劲。规模以上服务业营业收入比上年增长8.0%，其中战略性新兴服务业、科技服务业和高技术服务业分别增长10.8%、10.1%和10.8%；互联网和相关服务、软件和信息技术服务业、商务服务业分别增长51.4%、19.7%和16.9%。制造业动能转换提质加速，2019年，新一代信息技术制造业、新能源新材料、高端装备增加值分别增长5.5%、5.7%和9.3%，依次高于规模以上工业4.3个百分点、4.5个百分点和8.1个百分点；光伏电池、智能电视、服务器和光电子器件等新兴工业产品产量分别增长32.3%、25.5%、16.6%和13.4%；软件业务收入5505.9亿元，增长16.0%；软件业务出口15.2亿美元，增长12.5%。

(3)创新创业迸发新活力。根据《2019年山东省国民经济和社会发展统计公报》数据显示，2019年高新技术产业产值占规模以上工业的比重为40.1%，比上年提高3.2个百分点。山东半岛国家自主创新示范区、黄河三角洲农业高新技术产业示范区建设取得积极进展，国家企业技术中心、企业重点实验室、工业设计中心等创新平台数量均列全国第一，国家超级计算济南中心、海洋科学与技术国家实验室(试点)等一批重大科技基础设施实现高水平建设，量子通信、高端容错计算机系统、深水半潜式钻井平台、高速动车等一批高端科技项目取得重大突破。创新创业生态环境持续优化，专业化、技能型、多层次人才队伍不断壮大，人才资源总量突破1500万人。

二、山东发展新经济的政策

近年来，山东举全省之力抓新旧动能转换，出台了系列政策举措，详见表7-9。

表7-9 山东新经济新动能政策梳理

时间	政策名称	意义
2018年5月	《中共山东省委 山东省人民政府关于推进新旧动能转换重大工程的实施意见》	充分发挥各级各部门的积极性主动性创造性，加快建设现代化经济体系，推进山东省经济高质量发展
2018年11月	《山东省新一代信息技术产业专项规划》	山东省实施新旧动能转换重大工程，加快建设新旧动能转换综合试验区，新一代信息技术产业作为培育新动能的关键载体和传统动能改造提升的助燃剂迎来难得的发展机遇
2019年7月	《山东省新旧动能转换促进条例》	全国首部以新旧动能转换为主题、促进高质量发展的地方性法规
2019年8月	《中国(山东)自由贸易试验区总体方案》	突出自贸试验区与山东新旧动能转换综合试验区的联动创新
2020年6月	《山东省进一步加强塑料污染治理实施方案》	积极应对塑料污染，保护人民健康，建立健全塑料制品长效管理机制，推进山东省生态文明建设和高质量发展

① 《山东省人民政府关于印发山东省新旧动能转换重大工程实施规划的通知》(鲁政发〔2018〕7号). 2018-02-13.

续表

时间	政策名称	意义
2020 年 6 月	《中国(济南)跨境电子商务综合试验区实施方案》	紧抓国家“一带一路”建设和山东省新旧动能转换契机，立足济南及周边区域促消费、稳外贸、调结构需求，通过制度创新、管理创新、服务创新和协同发展，为跨境电商发展提供可复制、可推广的新经验、新模式
2020 年 9 月	《济南市促进数字创意产业发展行动计划(2020-2022 年)》	以创意内容为核心、以数字技术为支撑进行创新、生产、应用和服务的新业态、新经济，是助推“两个循环”新格局、培育经济新增长点的重要新引擎之一

三、山东发展新经济的举措

(一)以“四新”引领产业变革

(1)优化营商环境，增强市场活力。以“新技术、新产业、新模式、新业态”为代表的四新经济驱动山东省的产业变革，以“四新”促“四化”，即促进产业智慧化、智慧产业化、跨界融合化、品牌高端化；以“四新”促“四提”，即实现传统产业提质效、新兴产业提规模、跨界融合提潜能、品牌高端提价值。2019 年底，新登记“四新”经济企业增长 37.3%，新增高新技术企业 2562 家，总量 1.1 万家，比上年增长 28.8%。

(2)大力发展五大新兴产业。一是发展新一代信息技术产业，打造量子通信技术研发和应用的山东品牌，巩固提升高端信息系统的研发优势，构筑新一代信息安全技术研发高地，建设全国知名集成电路设计和封测基地，培育人工智能研发应用新业态，促进新技术的融合创新和应用，从而壮大一批具有国际影响力、竞争力的新一代信息技术龙头企业(表7-10)。二是发展高端装备产业，打造高端装备产业和产业集群，加快推动高端装备创新发展、突破关键技术与核心部件、提升综合集成水平、创建国家级示范区、打造国内一流的制造业创新中心和高端装备制造基地是高端装备产业的发力方向(表 7-11)。三是发展绿色新型的新能源新材料产业，重点发展新能源利用、先进高分子材料、节能环保、无机非金属材料、特种金属材料、高性能纤维及复合材料，建设一批具有国际影响力的能源原材料产业基地(表 7-12)。四是发展全国领先的现代海洋产业，加快推进“海上粮仓”建设，大力发展海洋生物医药、海工装备、海洋文化旅游等优势产业，建设具有国际先进水平的海洋经济示范区(表 7-13)。五是发展普惠优质的医养健康产业，以满足人民群众个性化、多层次的医养健康服务需求为目标，建设国家健康医疗大数据北方中心、济南国际医学科学中心，创建全国医养结合示范省(表 7-14)。

表 7-10　新一代信息技术产业重点建设项目

类别	建设项目
量子通信	济南量子谷
集成电路	济南国家信息通信国际创新园、国家集成电路设计高新技术产业基地、烟台电子信息产业发展聚集区、中德高科技产业园等
新型显示	海尔国际信息谷、海信激光、烟台富士康工业园、枣庄维信诺 OLED 柔性电路板产业园等

续表

类别	建设项目
虚拟现实	济南创新谷虚拟现实产业基地、青岛国家虚拟现实高新技术产业化基地、烟台虚拟现实产业基地、海洋虚拟现实产业园等
高端软件	济南齐鲁软件园、青岛软件科技城、烟台服务外包示范园区、威海软件和服务外包产业园、软银集团全球外包软件园、惠普打印基地等
大数据与云计算	国家超级计算济南中心、国家健康医疗大数据中心、山东智能制造云公共服务中心、数创公社、浪潮云服务基地

表 7-11 高端装备产业重点建设项目

类别	建设项目
机器人	济南大型高效数控机床产业基地、枣庄中小型数控机床和高端数控机床产业化基地、潍坊迈赫智能机器人生产制造基地等
轨道交通	青岛国家高速列车技术创新中心、烟台车体型材基地、枣庄东方光源棒纤缆产业基地、德州齐河动车组高级维修基地、滨州车体轨道材料基地等
通用航空	济南太古航空产业基地、青岛空客 H135 直升机、莱西航空文化小镇、潍坊大汉飞龙航空产业园、枣庄滕州通用航空产业园等
新能源汽车及装备	济南重汽氢燃料电池、中国重汽 MC 发动机基地、淄博国金汽车产业园、枣庄锂电产业基地、潍坊潍柴氢燃料电池、日照海汇新能源电动汽车生产基地、临沂蓝吉氢燃料电池
石油工程装备	东营烟台国家级石油石化装备制造基地、兰石海洋工程和钻采装备(青岛)产业基地、临淄石化装备产业基地

表 7-12 新能源产业重点建设项目

类别	建设项目
清洁能源	东营黄河三角洲光伏领跑者项目，济宁市、泰安新泰市采煤沉陷区光伏领跑者基地，东营、泰安、德州国家新能源示范城市
智能电网及储能	青岛特锐德多能生态网、青岛国轩年产 15 亿安时动力锂电池产业化项目、泰安千亿级特高压输变电设备产业基地等
核电装备	济南核电材料及核压力容器基地、国家烟台核电研发中心、核电领域检验检测中心、威海核能利用国际创新示范园
先进高分子材料	济南中德新材料产业园、青岛董家口石化新材料基地、烟台万华工业园、淄博桓台东岳经济开发区、潍坊生物基材料产业基地、威海先进高分子材料基地
无机非金属材料	济南碳化硅半导体产业和光电子产业基地、淄博千亿级新型无机非金属材料产业基地、枣庄锂膜材料生产基地、东营经济技术开发区功能陶瓷新材料产业园等
高端金属材料	烟台贵金属新材料、淄博铝钛金属材料、泰安高端金属结构和熔覆材料强磁材料等
高性能复合材料	济南新材料产业园，烟台芳纶纤维、聚氨酯、铝及铝合金加工产业基地，淄博高性能碳纤维，潍坊孚日新型纤维智能织造材料基地，泰安肥城锂电新材料产业基等

表 7-13 现代海洋产业重点建设项目

分类	建设项目
海洋示范工程	水产养殖绿色示范工程、胶东“海上调水”工程、长岛国家公园、日照离岸深水海域开发试验和黄海冷水团深远海智能化生态牧场等
重大科研平台	青岛海洋科学与技术国家实验室、国家深海基地、海洋水下设备试验检测国家工程实验室、国家海洋设备质检中心、国家海洋基因库、青岛海洋测绘装备研究院、烟台中集海洋工程研究院等

续表

分类	建设项目
国际交流平台	中国(青岛)国际海洋科技展览会、海洋国际高峰论坛、东亚海洋合作平台、国际航海博览会、国际海事装备展等
海洋交易平台	中国北方(青岛)国际水产品交易中心、青岛国际远洋渔业交易所和拍卖中心、烟台海洋产权交易中心、中国金枪鱼交易中心、威海国际海洋商品交易中心、滨州国际海蜇交易中心等

表 7-14　医疗健康产业重点建设项目

分类	建设项目
医药工业	济南生命科学城、青岛生物医药产业园、烟台山东国际生物科技园、东方海洋精准医疗科技园、潍坊生物医药科技产业园、济宁生物技术产业基地、枣庄华润三九中药颗粒产业基地等
医养结合	济南国际医学科学中心、章丘区东部医疗中心健康养老基地、青岛国家体育产业园、国科健康科技小镇、烟台乐康金岳健康产业园、福山南部生态新城、淄博医养健康创新园、枣庄医养结合示范基地等
试点示范	济南国家健康医疗大数据试点城市、国家电子健康卡试点城市、社会办中医医疗机构国家试点城市、潍坊国家级生命科学创新示范区、国家中医药传承创新工程等

(二)重点培育五大优势产业

山东改造提升传统产业，培育五大优势产业。一是发展精细环保的高端化工产业(表7-15)。加大化工产业技术创新、优化整合力度，坚持园区化、规模化、绿色化发展方向，布局建设乙烯、芳烃等一批重大项目，在渤海湾南岸打造世界领先的高端石化产业基地。二是发展绿色生态的现代高效农业(表 7-16)。加快发展定制农业、智慧农业、体验农业等新业态，建设智慧云农场、农村电商、冷链物流等支撑体系，加快推进特色农产品优势区建设。三是发展传承创新的文化创意产业(表 7-17)。推动传统文化元素与现代经济深度融合，大力发展数字媒体、动漫游戏、创意设计等时尚产业，促进现代文化产业大发展、大繁荣。四是发展特色鲜明的精品旅游产业(表 7-18)。围绕建设国家全域旅游示范省，深入挖掘孔子故里、黄金海岸、平安泰山等品牌内涵，打造国际旅游休闲度假目的地。五是发展高效安全的现代金融服务业(表 7-19)。加强对外金融合作，加快建设青岛财富管理金融综合改革试验区，在烟台开展基金管理服务专项改革创新，在济南开展金融服务实体经济改革创新，把山东建设成为全国重要的区域性金融中心。

表 7-15　高端化工产业重点建设项目

分类	建设项目
高端石化产业基地	积极推进浙江恒逸 120 万吨/年己内酰胺-聚酰胺产业一体化及配套工程，东营威联化学 200 万吨/年对二甲苯，山东明宇化学 120 万吨/年乙烯及配套工程，利华益集团 100 万吨/年烯烃芳烃联合及下游环氧丙烷/苯乙烯项目等重点项目等
新型煤化工产业基地	鲁南高科技化工园区重点发展醇烃酯、乙酰基产品和化工新材料三大产业链，淄博齐鲁化工区重点发展煤基新材料、清洁能源、化肥产业链，济宁新材料产业园重点发展煤基新材料、石墨烯新材料、生物基新材料和高端精细化工品，菏泽煤化工园区重点发展醇烃脂、新材料、清洁能源产业链等
新型盐化工产业基地	依托潍坊、烟台、东营、滨州、菏泽、聊城、德州、泰安等化工园区，加快推进高新技术的产业化和推广应用，推动氯碱行业开展国际技术合作

表 7-16 现代高效农业重点建设项目

类别	建设项目
特色产业基地	济南农业高新科技产业开发区，青岛农业高新技术产业开发区、农业“新六产”综合示范区，烟台国家现代农业产业园，潍坊中国食品谷，济宁国家农业科技园区，泰安国家农业科技园区，新泰全国农村产业融合重点工程，肥城特色农业高新技术产业示范区等
现代种业	济南现代种业基地，青岛国际种都、海水稻研发中心实验基地，烟台“种业硅谷”，潍坊蔬菜种子基地
交易平台	济南全省粮食现代物流交易中心，烟台栖霞山东果品拍卖中心，淄博齐鲁大宗农产品交易中心，中国(滕州)马铃薯交易中心潍坊国家农商互联标准化示范市和全国农产品冷链进出口交易中心等

表 7-17 文化创意产业重点建设项目

类别	建设内容
重点工程	文化产业“五十百千工程”，文化产业园区转型升级工程，文化消费促进工程，重点文化产业集聚区培育工程，文化领军企业培育工程，文化金融融合发展工程，文化旅游深度融合工程，版权交易体系建设推进工程，宽带广电建设工程，重点文物科技示范工程
重点项目	齐古城、稷下学宫、中华历史文化产业园，济南、青岛、淄博、烟台、潍坊、菏泽国家级广告创意产业园，济南万达文化体育旅游城，华谊兄弟电影文化城，青岛“东方影都”、影视交易中心，中铁国际文旅、媒体大数据应用平台，烟台莱州中国功夫影视文化产业基地，朝阳所城历史文化街区改造，枣庄台儿庄古城国家级文化产业示范园等

表 7-18 精品旅游产业情况

类别	内容
国家级旅游度假区	青岛石老人、凤凰岛，烟台海阳、蓬莱等
省级旅游度假区	济南五峰山，青岛灵山湾、琅琊台、大沽河、田横岛，烟台龙口南山、远黄金文化、莱州滨海、栖霞长春湖、莱山、金沙滩、养马岛，淄博文昌湖，枣庄台儿庄古招城区，潍坊青州云门山、安丘青云国际、寿光弥河、滨海欢乐海、诸城恐龙文化等
重点项目	济南章丘明水古城国际泉水旅游度假区、北纬 37℃温泉悠养小镇，青岛国际邮轮港城、藏马山国际旅游度假区、华红湾国际旅游度假区、飞阅崂山通用航空旅游、即墨港中旅帆船小镇、莱西姜山文旅小镇、崂山大河东文旅小镇
重大节事	济南泉水节、国际冬泳节，青岛国际啤酒节、国际时装周，烟台国际葡萄酒节，淄博国际齐文化旅游节，枣庄微山湖湿地红荷节，威海国际人居节，中国(日照)元旦迎日祈福大典，中国(莱芜)国际航空体育节，临沂书圣文化节等

表 7-19 现代金融情况

类别	实践情况
银行	支持在济南设立进出口银行分支机构，支持北京银行等在青岛设立分行，建立银行业理财中心青岛总部，支持恒丰银行健康发展，设立北京银行烟台分行，支持威海蓝海银行开展业务创新
证券	推动中泰证券股份有限公司、鲁证期货股份有限公司综合实力进入全国前列
保险	支持泰山财险、青岛中路财险、烟台华海财险创新发展，支持太平洋在线服务中心(淄博)建设
大宗商品交易市场	组建青岛财富产品交易中心，支持烟台、日照大宗商品交易中心，潍坊齐鲁农村产权交易中心，山东寿光果蔬品种权交易中心，泰安国商商品交易中心，临沂国际商品交易中心，滨州铝产业交易平台，粮食期货市场建设

(三)构建新旧动能转换总体布局

山东省坚持梯次扩散与节点辐射相结合，全面推进与集中集约相协调，加快形成“三核引领、多点突破、融合互动”的新旧动能转换总体布局。

(1)三核引领。“三核”即济南市、青岛市、烟台市全域。充分发挥三市经济实力雄厚、创新资源富集等综合优势，率先突破、辐射带动，打造新旧动能转换主引擎，具体发展措施如图 7-2～图 7-4 所示。

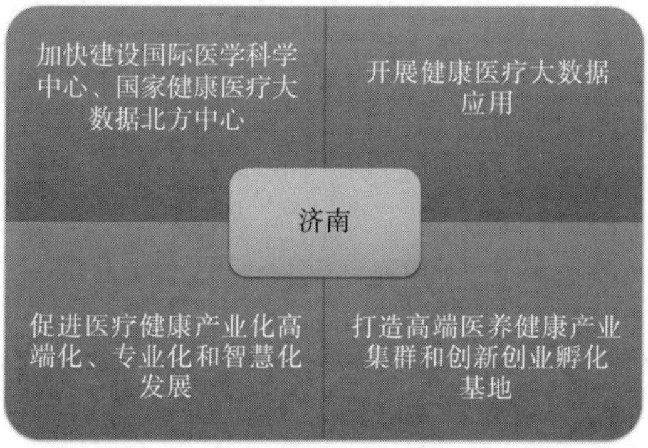

图 7-2 济南新经济新动能发展措施示意图

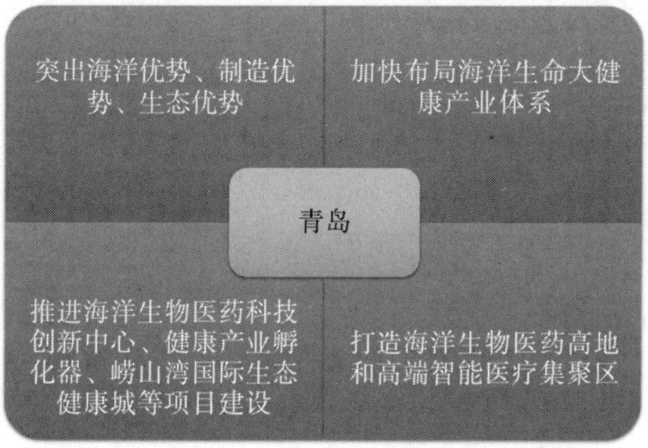

图 7-3 青岛新经济新动能发展措施示意图

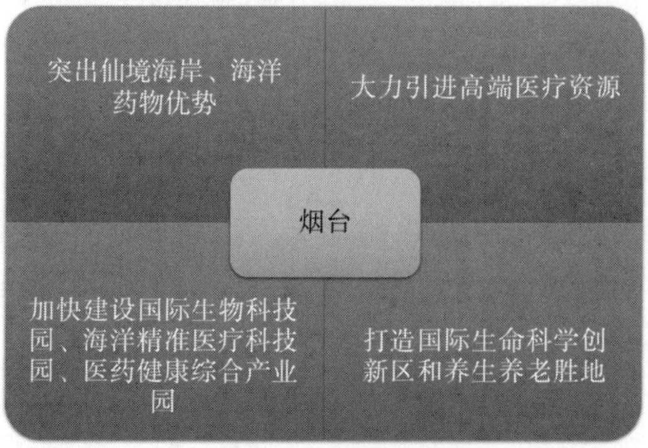

图 7-4 烟台新经济新动能发展措施示意图

(2)多点突破。以其他 14 个设区市的国家和省级经济技术开发区、高新技术产业开发区以及海关特殊监管区域等为补充，明确产业发展定位和方向，加强统筹规划，创新园区管理机制，培育特色经济和优势产业，打造若干具有核心竞争力的区域经济增长点，形成区域新旧动能转换合力。具体情况如图 7-5～图 7-18 所示。

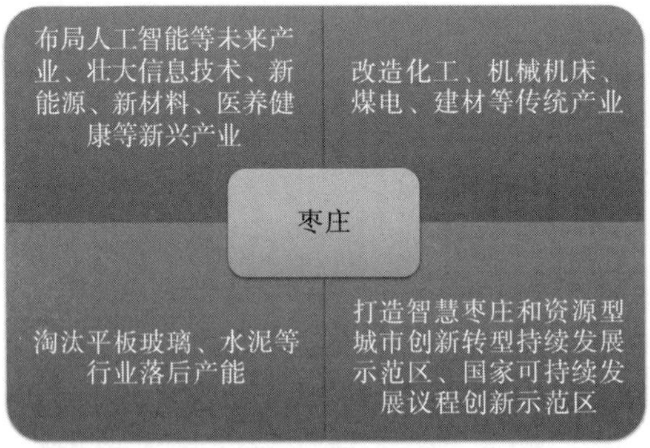

图 7-5 枣庄新经济新动能发展措施示意图

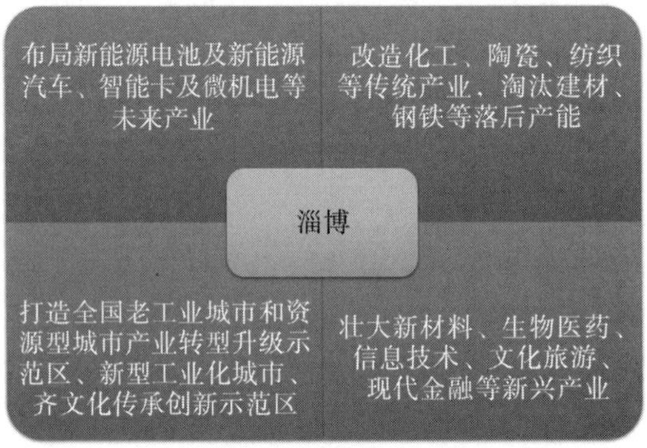

图 7-6 淄博新经济新动能发展措施示意图

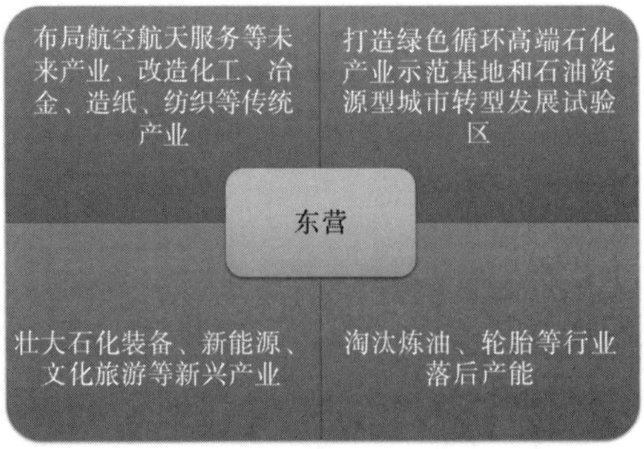

图 7-7 东营新经济新动能发展措施示意图

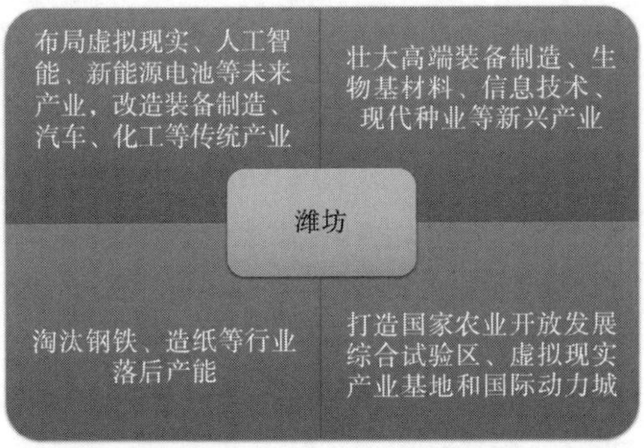

图 7-8 潍坊新经济新动能发展措施示意图

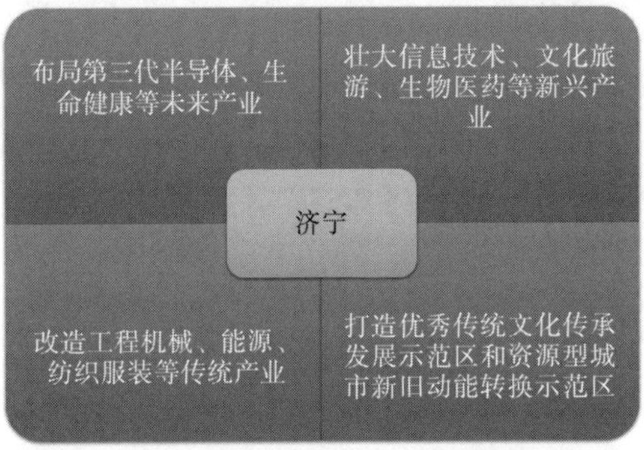

图 7-9 济宁新经济新动能发展措施示意图

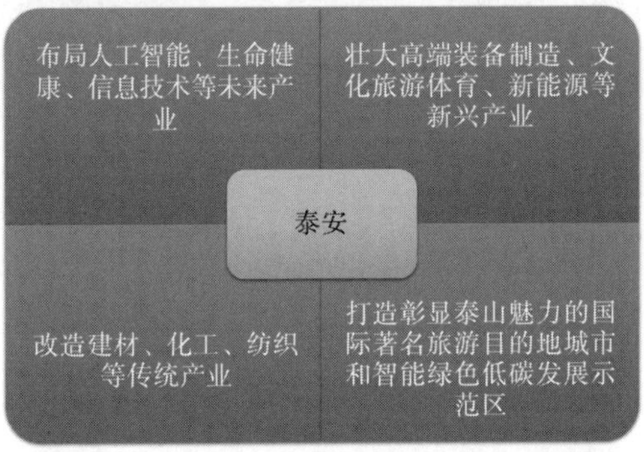

图 7-10 泰安新经济新动能发展措施示意图

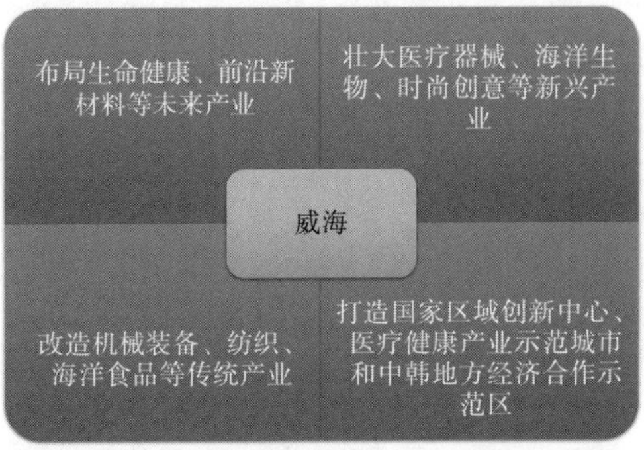

图 7-11 威海新经济新动能发展措施示意图

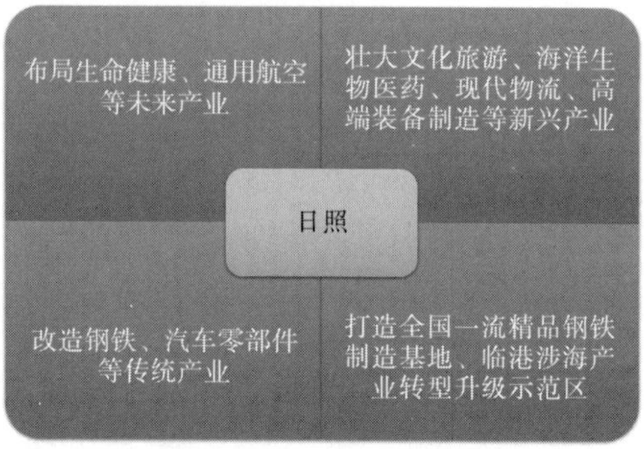

图 7-12 日照新经济新动能发展措施示意图

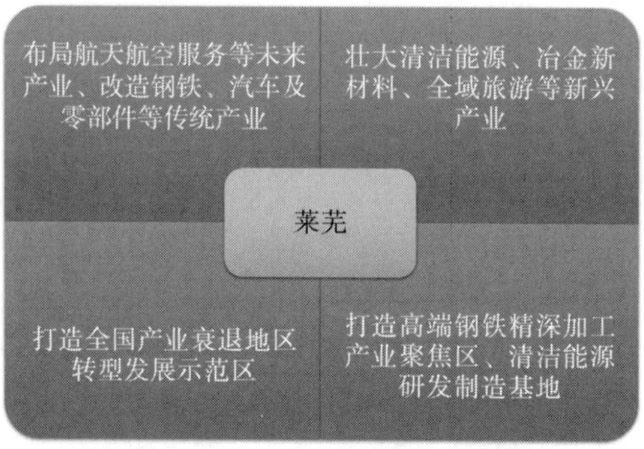

图 7-13 莱芜新经济新动能发展措施示意图

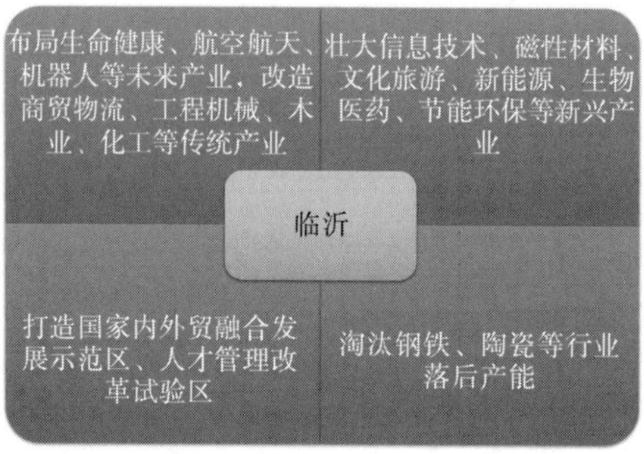

图 7-14 临沂新经济新动能发展措施示意图

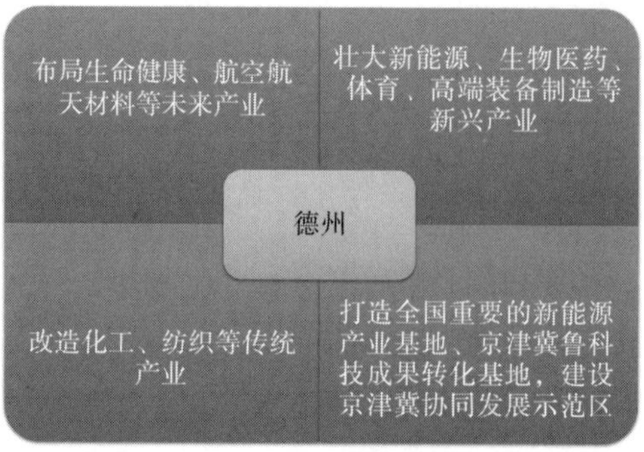

图 7-15 德州新经济新动能发展措施示意图

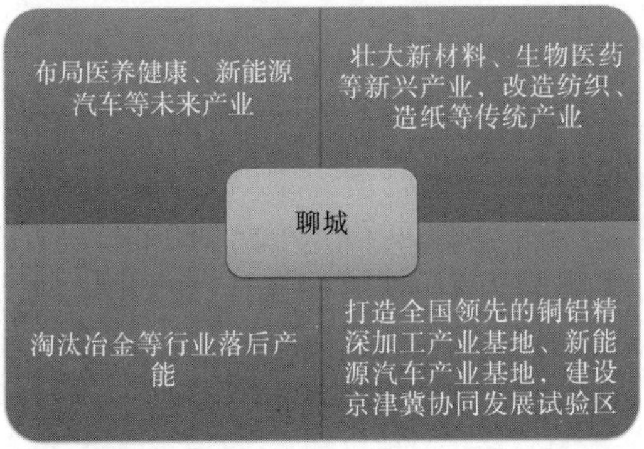

图 7-16　聊城新经济新动能发展措施示意图

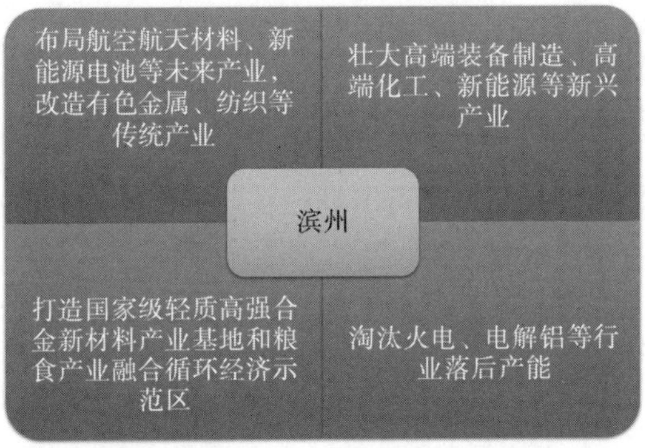

图 7-17　滨州新经济新动能发展措施示意图

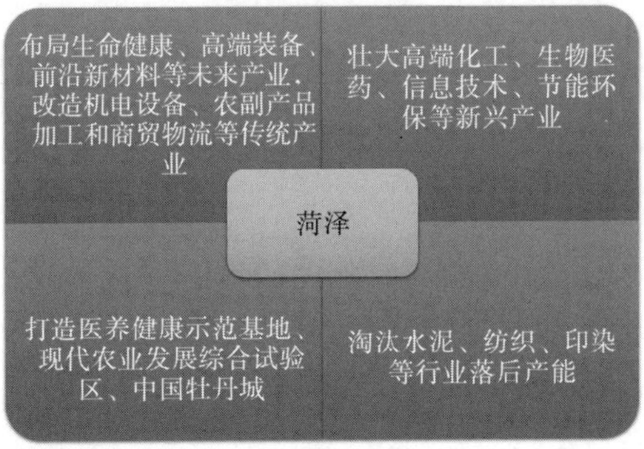

图 7-18　菏泽新经济新动能发展措施示意图

(3)融合互动。突出三核引领作用，强化济南、青岛和烟台对周边地区的辐射带动能力，推进资源要素统筹配置、基础设施统筹建设、优势产业统筹培育、生态环境统筹治理，健全产业合作利益分享机制，促进全省协调联动发展，提高园区、企业、项目配套协作水平，提升经济发展一体化水平，实现产业的有序转移和布局优化。

(四)提高政府服务管理能力

在新兴经济领域，政府下放权力、下移管理权责重心，同时要提高精准放权、协同放权水平。加强社会信用体系建设，把查询使用信用记录嵌入行政管理和经济各领域、各环节。统一高效的数据采集、监测、分析和预防体系。形成完善的、以信用为核心的社会治理和市场监管机制。助力构建监督规范、规则统一、服务高效、公开透明的公共资源交易平台体系，完善政府信息公开和企业信息披露制度，推动数据资源开放共享①。以信息化手段实现监管事项全覆盖、监管过程全记录、监管数据可共享。不断完善风险预警机制和协同监管机制。促进经济调节数字化，建立经济运行监测分析体系，加强经济动态监测、趋势研判，实现主要经济指标智能化分析、可视化应用。

四、山东新经济发展的启示

(一)改革是新旧动能转换的根本途径

为实现新旧动能的转换，要坚持把新旧动能转换的根本动力放在深化改革、推动创新、扩大开放上，持续激发全社会活力和创造力，不断增强经济发展的内生动力。要坚持四新经济引领产业变革、改造传统产业、发展新兴产业，做强做优新兴产业，培育壮大新动能，同时积极培育新业态新模式，催生释放新动能。借助新动能引擎，突出转换重点，建设现代产业体系，加快化解过剩产能，腾出发展新空间，加快激发新旧动能转换活力。深化国企国资改革，支持民营经济发展，发挥国有企业在动能转换中的引领带动作用，发挥民营经济在新旧动能转换中的重要支撑作用。推进市场主体健康发展，提高要素配置效率，依靠市场化手段促进知识、信息、技术、数据等新生产要素的合理流动和有效集聚，充分发挥其放大社会生产力的乘数效应，达到优化资源要素市场配置的目的。

(二)创新是新旧动能转换的第一动力

实施创新驱动战略，增强新旧动能转换动力。以创新型省份建设为统领，加快形成以创新为主要引领和支撑的经济体系和发展模式。全面提升自主创新能力，充分发挥企业创新主体作用，构建以企业为主体、以市场为导向、“政产学研金服用”相结合的技术创新体系，引导创新要素向企业集聚，使企业成为研发投入、创新决策、成果转化、科研攻关的主体。提高科技创新应用能力，把握世界科技发展趋势，超前谋划布局，强化前瞻性基础研究、引领性原创研究和应用基础研究。着力促进科技成果转移转化，完善科技成果转化机制。创新区域开放合作模式，健全技术转移体系，建设区域性、行业性技术市场，发展线上线下结合的科技成果交易，打造链接国内外技术、资本、人才等创新资源的技术创新网络。创新方式方法，完善推进机制，优化创新创业发展环境，完善创新市场化投融资机制，加快建立企业投资市场主导、融资渠道丰富畅通、宏观调控稳健高效、法制体系保障健全的新型投融资体制。

① 资料来源：《国家发展改革委关于印发山东新旧动能转换综合试验区建设总体方案的通知》(发改地区〔2018〕67 号).

(三)找准地方特色加速新旧动能转换

新旧动能转换不是一蹴而就的，也不是千篇一律的，必须要基于地区资源禀赋、发展条件等进行谋划，明确定位、合理布局，错位发展、协同共赢。山东省构建的“三核引领、多点突破、融合互动”的新旧动能转换总体布局，对不同地区的发展重点进行了区分和明确，并在此基础上加强融合协作。因此，为了更好地推进新旧动能转换，推动经济高质量发展，各个地区一定要把握“上天入地”的原则，既要与上级发展战略相衔接，又要根植区情突出地方特色，既要在地域内部进行合理布局、分工协作，又要加强与周边地区的错位发展、融合互通。

第七节　成都：建设最适宜新经济发展的城市

2017 年，成都市委、市政府将发展新经济、培育新动能作为城市经济结构优化调整、增长动力接续转换、重塑城市竞争优势的重大战略部署。经过近几年的实践，成都实现了新经济发展组织架构“从无到有”、市场主体“从弱到强”、产业体系“从旧到新”、场景供给“从业到城”、生态赋能“从点到面”，新经济新动能加速成势。截至 2020 年 6 月，全市累计注册新经济企业 39.7 万户，同比增长 29.4%；累计注册资本达 42463.9 亿元，同比增长 18%；5 家企业成功上市，7 家企业达到独角兽标准，122 家企业达到准独角兽标准；全市新经济企业获得风险投资 139 件，投资金额达 49.1 亿元。[①]成都市新经济活力指数全国第三，新职业人群规模全国第三，“最适宜新经济发展的城市”品牌效应凸显。

一、成都新经济发展概况

近年来，新经济的发展与新旧动能的转换已成为社会发展的必然趋势，成都新经济发展受到越来越多人的关注，并且在政府的支持和自身升级的基础上呈现出高速增长、迅猛崛起的蓬勃发展势头。成都将新经济作为一项开创性工作，积极探索、大胆创新，创造性开展工作，初步形成一套新经济发展的成都路径。

(一)一个定义

新经济不仅仅是一种经济现象，也不完全是一种技术现象，而是一种由技术到经济的演进范式、虚拟经济到实体经济的生成连接、资本与技术的深度黏合、科技创新与制度创新相互作用的经济形态。当前，在全球新一轮科技革命与产业变革的历史性机遇下，新技术、新业态、新模式层出不穷，新经济催生新动能不断积聚。因此，新经济不仅包括战略新兴产业，也包括传统产业的转型升级，是以科技为根本动力、以数据为核心要素、以互联网为主要支撑的数字化平台经济。

① 曹伟，刘乔莉. 新经济发展的成都样本[J]. 审计观察，2020(09)：18-21.

（二）二维世界

新经济既包括线下的物理世界，也包括线上的虚拟世界。新经济的发展让人们实现了从线下向线上的迁徙，扩展了发展空间，也实现了从物理世界向数字世界的迈进，提高了认知维度。

（三）三个转变

成都新经济的发展主要有以下三个转变。一是从“政府配菜”向“企业点菜”转变。成都在政策制定中突出“用户思维”，对接新经济企业发展需求，让企业家参与政策制定；注重精准匹配，聚焦新经济企业全生命周期，建立新经济企业梯度培育机制；强化政策落实，让企业有实实在在的获得感。二是从“给优惠”向“给机会”转变。一方面在出现新的应用市场后，以包容的态度管理、服务新生业态，允许新经济企业创新尝试，允许试错纠错；另一方面以整体场景思维整合公共资源要素，主动释放城市机会、培育新兴产业，为新经济企业提供发展机会和接入端口。三是从“个别服务”向“生态营造”转变。推动政府管理向政府治理转变，推进包容审慎监管体制改革，深化“放管服”改革，持续优化营商环境。

（四）四个特征

新经济具有四个明显的特征。一是聚合共享。随着互联网技术的不断发展，零散海量的各类资源依托网络汇集起来，这不仅促进了供需双方的高效配置和资金流、信息流、人流、物流的重新聚合，还打破了工业社会崇尚资源与财富占有的理念，更加注重最佳体验与物尽其用。二是跨界融合。新一代信息技术的快速发展，推动价值链上下游的分工转变为价值网络上的交互与协同、产业内部的精耕细作转变为跨界的组合式创新，颠覆了传统的产业组织方式和企业商业模式。三是快速迭代。新一轮科技革命和产业变革带来了颠覆式的技术创新，技术、产品、模式的变革升级时间远远短于传播普及时间，快速迭代倒逼人们以更加专精、更加开放、更加主动的态度去高效适应时代的变革。四是高速增长。技术创新推动新技术、新产品、新业态、新模式的爆发式衍生，大力推进新经济以指数型增长，企业呈跃迁式快速成长，最明显的现象就是在独角兽群体中每3～5年就会成长出一个引领世界的企业。

（五）五条路径

成都新经济的发展主要有以下五条路径。一是聚焦前沿技术，以新技术为驱动，打破转化壁垒，让科技成果尽快转化为现实生产力。二是推动各类创新组织、创新企业迅速成长，以新组织为主体，培育扶持一批独角兽企业，聚集一批新经济领域高端领军人才。三是推动产业场景、工艺流程、创意设计和生产要素组合再造，以新产业为支撑，顺应新产业发展趋势，大力发展高新技术产业，打造一批新经济聚集区。四是推动信息技术与城镇化、工业化、农业现代化加速融合，以新业态为引擎，建立“互联网+”创新联盟，大力发展精准医疗、互联网金融、IP 经济、互联网教育等新业态。五是加速发展平台服务模式，以新模式为突破，创新发展共享服务模式，引入共享经济企业在成都设立分支机构。

因此，新经济发展路径是以“五新”为主的，在“五新”之中，新技术的蓬勃发展导致新经济的衍生，新经济不仅是社会发展的基础，更是驱动力量，具体表现为新组织、新产业、新业态、新模式。

（六）六大经济形态

成都市结合自身发展特点，在发展新经济的基础上重点发展数字经济、智能经济、绿色经济、创意经济、流量经济、共享经济这六大经济形态，着力构建具有全球竞争力和区域带动力的新经济产业体系。

1. 数字经济

在成都新经济六大发展层次中，数字经济与智能经济共同构成了基础发展层，通过提供尖端技术和服务为新经济筑底，支撑其迭代发展。成都市数字经济发展层次主要涉及以下四种类型。①服务型数字经济。主要指服务业中数字技术的广泛运用，是针对居民各方面需求提供的便捷、高效、快速的数字化服务。②技术型数字经济。主要指该领域的前沿技术和颠覆性技术的投入，以及围绕技术转移、转化带来的技术输出。③资源型数字经济。主要体现在数据层面，包括数据资源的集聚和应用，以及数据采集、数据存储、数据分析挖掘、数据可视化、数据交换交易等，基本对应大数据核心业态部分。④融合型数字经济。主要是通信技术、网络技术等与传统产业的融合带来的规模增长，其重点指数字型经济与第一二产业的融合发展。其融合发展的目的主要在于运用数字技术作为支持新旧动能转换的核心技术基础，来推动第二产业中例如智能制造、关键装备等升级换代，以及农村产业结构转型升级中的数字化发展，促进数字产业与传统业态的协同发展。

如图 7-19 所示，成都数字经济发展的四类数字经济中，服务型发展迅速，技术型基础良好，资源型集群发展，融合型发育不足。因此，成都市需要以服务型和技术型数字经济为引领，带动融合型和资源型数字经济加快发展，同时加速数字经济向整个经济体系渗透，强化新经济发展新要素支撑。

2. 智能经济

智能经济作为成都市新经济的基础层，是新经济发展的重要基础。一方面，智能化的产业发展模式能够催生新兴产业和业态的生长，另一方面，产业智能化可以使传统产业实现生产制造与市场多样化需求之间的动态匹配，增加产出、减少消耗、提升品质，大幅提高劳动生产率，为成都市新兴产业培育与传统产业改造升级提供双向动力。成都智能经济发展情况如图 7-20 所示。

总的来看，成都智能经济现阶段多集中在应用层，且在中西部处于领先地位。为了进一步发挥智能应用基础优势，成都还需以智能应用拉动智能服务与智能制造，通过建设智能经济小镇、泛娱乐+人工智能示范工程、智能经济社会实验室等，提升新经济产业后台智能技术支撑。

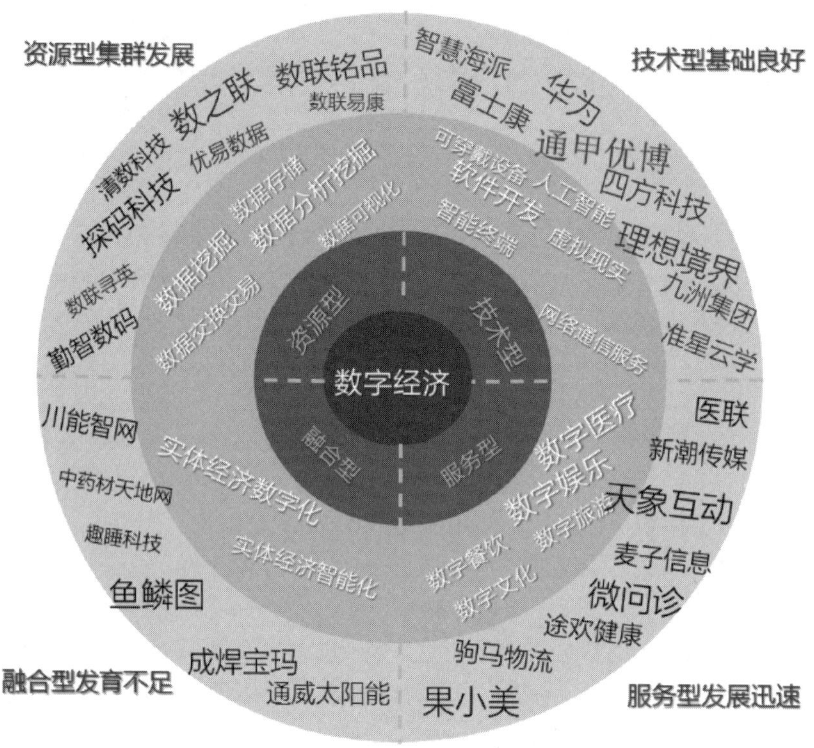

图 7-19　成都数字经济发展情况

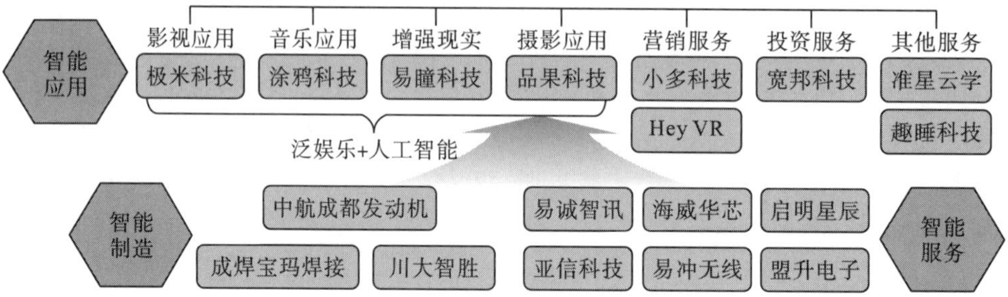

图 7-20　成都智能经济发展情况

案例：成都感知万物科技有限公司——成都物联网代表企业[①]

一、基本情况

(一)发展历程

成都感知万物科技有限公司位于成都(双流)物联网产业园内，成立于 2017 年 4 月，公司所在的物联网产业园区占地 287 亩，建筑面积 30 万平方米，是一家物联网全产业链运营公司。公司由永安集团和嘉骏实业两家公司合资成立，成都为总部，重庆为研发中心。公司以研究为导向，提供定制产品和服务，重庆的研发部门主要以网络服务为主，另外还在北京和广州两个城市设有事业部。

① 案例来源于 2018 年作者对成都感知万物科技有限公司的实地调研。

(二)人力资源情况

工作人员学历大都在本科以上，公司对于高新技术人才有很大的需求，目前正在筹备研究院，为公司研究储备人才。人才来源主要有三个方面：①加强与三大运营商合作，吸引通信人才；②与上下游厂家合作，由他们提供集成及产品方面的人才；③与高校对接合作，吸引四川大学、电子科技大学等高校人才，同时招商引进北大青鸟，致力于培养物联网方面专业人才。

(三)竞争优势

目前国内拥有物联网完整生态链(包括产业园、技术、产品、用户)的企业不超过 5 家，其他 4 家大多致力于专业领域，未形成完整的产业体系，而感知万物科技有限公司致力于为各个领域提供物联网定制产品和服务，业务涉及安防、消防、基础设施管理、智慧园区、智慧城市等多个领域，是国内除三大运营商以外唯一可以提供通道服务的企业，在核心技术和客户资源方面拥有独特的优势。

二、主要产品

成都感知万物科技有限公司以互联网、物联网等领域的技术研发、咨询、服务、培训等为主要经营范围，拥有“动态使用”核心专利技术，通过空中显号方式，回收闲置的通信资源，节约通信成本。拥有国内唯一的“3+1”通道，核心产品为物联网专用通信模组，主要应用于以下几个方面。①安防。中国铁塔蓄电池嵌入式防盗模组标准；翼虎通过物联网技术将押钞车、枪支、钱箱连接到一起，实时监控。②基础设施。路灯管理、井盖管理、物业管理。③智能博览会。与西部博览城合作，打造智慧展厅，通过线上线下展览销售等方式，实现小展大浏览量，极大节约人力物力。

三、产业链及价值链分析

(一)产业链分析

成都感知万物科技有限公司基础业务就是平台，其次是打造整个物联网的全产业链。公司以物联网一体化的“硬件+通信+平台”为核心基础，整合上下游产业链，实现为物联网产品需求客户解决从终端、通信到智能化平台管理的一体化应用方案，从而提升服务企业的产品核心竞争力。

物联网产业链涵盖了五个层次，包括支撑层、感知层、传输层、平台层、应用层，如图 7-21 所示。

支撑层为整个产业链的发展提供共性的技术测试、生产服务等；感知层是对现实世界进行信息获取、识别、感知的基石，主要领域包括传感器、RFID、定位设备、智能终端等；传输层是传感网、互联网、移动通信网等通信网络基础设施的集合，为物联网业务提供无处不在的信息传输服务，主要领域包括网络设备、光纤/光缆、相关器件等；平台层为物联网应用提供业务管理、开发和测试支持，推动技术成果转化，技术复杂度更高，主要领域包括计算中心、基础软件等；应用层是物联网技术与行业需求的最终结合点，是各类智能化应用解决方案的集合，主要领域包括智能农业、智能交通、智能物流、智能电网、智能安防、智能医疗等。

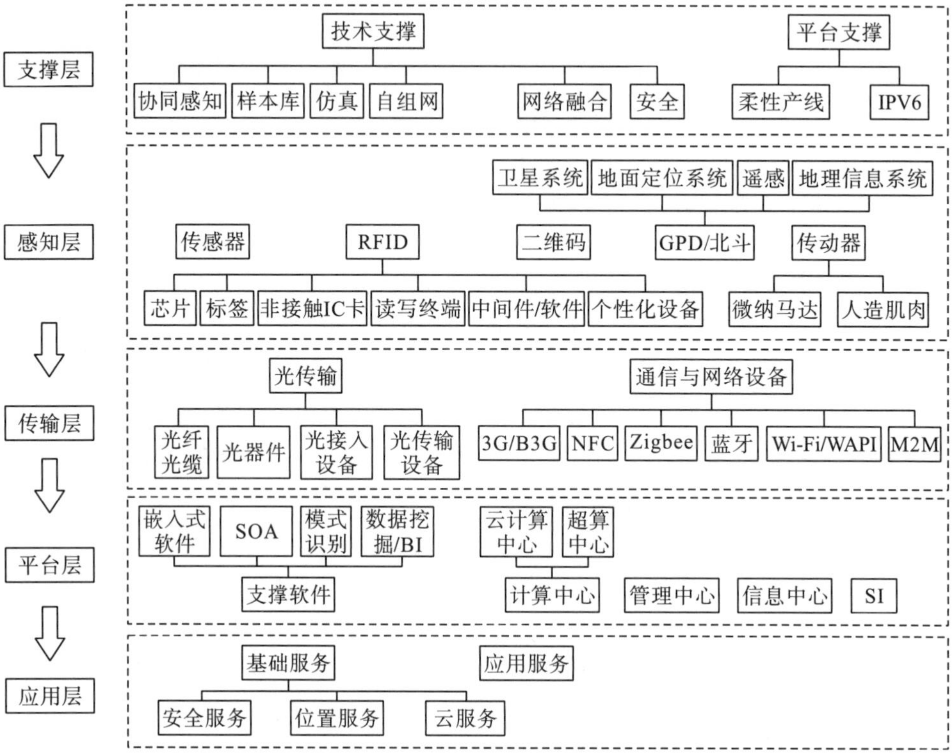

图 7-21　物联网产业分布图

(二)价值链分析

公司通过实施完整价值链的分析，重点关注供应链的分布网络在进入公司后产生的不同成本库的作业成本，这不仅有助于及时取得供应链中有关作业成本和成本动因的信息，还可以借助该数据信息对不同类型、不同网络的成本库进行作业成本分析。此外，公司针对参与了价值链分析项目的供应商，专门提供了包括公司作业成本在内的部分成本分析结果，包括与某供应商有关的作业成本及他们所在供应商网络的平均作业成本等。因此，供应商可以根据成本分析结果进行基准分析，通过自己的成本加上网络平均费用与网络内平均成本进行对比，了解自己在整个供应链中所处的位置，剖析自己是否需要改进作业、控制成本。公司储运部门也可以利用供应链中节点企业成本信息的分析结果，与有关供应商就供应链成本业绩及其过程中可能存在的问题进行讨论，寻找改进作业、降低成本的方法，最终提高整个供应链运营效率，实现价值链的增值。

经过实地调研，可以得出以下结论：成都感知万物科技有限公司在价值链上处于优势地位，其上游供应商主要为传感器供应商，为其提供基础传感器，在其核心产品“通信模组”创造的价值中占比较低，可见企业创造和收获的价值较高，而在企业内部，由于该公司属于物联网全产业链企业，主要价值在于研究开发新技术及其提供的定制服务，在研发、制造和服务中，其研发创造的价值比例最高。

(三)企业所处的生命周期阶段

2010 年，中国的物联网行业开始起步，并以领先于世界的水平快速发展，其利用感知技术与智能装备对物理世界进行感知识别，通过网络传输互联进行计算、处理和知识挖掘，实现人与物、物与物之间的信息交互和无缝链接，达到对物理世界实时控制、精确管理和科学决策，实现点对点、端对端碎片化连接。经过三年的研究筹备，公司于 2017 年 4 月成立，根据之前在通信行业以及互联网行业积累的经验，抓住物联网发展机会，正处于快速成长期。

四、发展前景分析

(一) 市场前景

公司未来将主要致力于核心网建设，与通信模组相匹配，通信模组将朝着“三低一小”方向发展，即功耗低、成本低、费用低、体积小。目前通信主要采取 2G 网络，大流量数据采取 4G 网络，未来产品“超级模组”可以实现直接嵌入号码，运用 5G 网络，采用纳米级芯片，通过小微流量的使用及传感器技术，对物体进行定向、精准监测和检修。

公司正在与各个领域的优质厂商合作，细化消防、交通、安防等各个领域的研究，由总公司提供技术支持及通道、平台保障，各个子公司提供专业领域的专业产品及服务。目前正在筹备的子公司有感知威特龙，主要致力于消防领域的物联网研究；感知奥地，主要从事产品及服务的设计业务；感知大华，与浙江大华公司合作，致力于打造安防领域的物联网全生态链；感知雅达，从事能源精细化方面的研究，对水、电、气等能源通过传感器技术及通道传输，掌握其实时状态，实现能源节约与安全使用。上述子公司都聚集于感知物联网产业园区的创客小镇，将进一步筑强公司全产业链。

(二) 产品市场前景分析

1. 智能家庭

对于日常家庭而言，物联网的发展意味着人们可以拥有更便捷、舒适的生活环境，可以通过互联网与 App 相结合来了解家中的任何电器，甚至控制其运行状态，也可以随时获取家庭成员的位置信息，借助于物联网实现随时随地对家居生活进行管理与控制。

2. 医疗卫生

物联网在医疗领域的应用是指通过移动设备和传感器感知人们的生理状态，如体力活动水平、血压、心跳、葡萄糖水平及其他生命指数，并能通过这些设备将数据上传到个人电子健康档案中，以供医生或个人随时随地进行调阅，从而让医生更便捷地帮助人们建立健康的生活方式，甚至是提早对疾病进行监控和预防。医护领域的物联网主要应用在人体的监护和生理参数的测量等方面，可以通过物联网等设备实现对人体各种状况的监控。据测算，每在疾病预防上投资一元，就可以在将来节省数十元乃至上百元的医疗开支。开展基于物联网的医护应用建设，具备很好的社会效益和经济效益。

3. 电力安全监测

根据电力系统安全监控的要求，可以将物联网全面应用于电力传输的整个系统，从电厂、大坝、变电站、高压输电线路直至用户终端，都可以用物联网实施检测。按照 10%左右的安全技术改造资金计算，物联网在电力安全方面的应用有望达到 1000 亿左右的规模。在实际应用中，中国移动已与南方电网合作，利用机器、机器通信技术建设了智能电网、电能计量自动化系统等设施，其中电能计量自动化系统已经应用在大客户负荷管理、配变监控等领域。电力行业终端通信保证平台的推广应用，将使电信通信故障评价处理时间大为缩短。

4. 智能交通

物联网在交通领域的应用主要表现为智能交通。智能交通以图像识别技术为主，综合应用 GPS 定位终端、RFID(射频识别)标签、天网等多种手段，对车速、车流量、道路占有率、号牌信息、行驶路线、交通违章等信息进行自动采集，并将这些信息实时传送到云端，云端的处理系统则对采集的信息进行分类、汇总、分析及处理，通过智能控制算法和模式识别技术，为交通事件检测与快速处置、套牌车辆和特种车辆的识别跟踪提供基础数据。智能交通的实现，可以使交通违法行为在严密的监控网络下无处可逃，且有望改善城市交通拥堵状况。

5. 农业方面

物联网在现代农业领域的应用，具体表现在监视农作物灌溉情况、土壤空气变更、畜禽的环境状况以及大面积的地表检测等方面，通过收集温度、空气湿度、风力、大气、降雨量、土壤湿度、氮浓缩量和土壤 pH 等，对农作物的生长过程进行科学预测，帮助农民抗灾减灾、科学种植，提高农业综合效益。

6. 军事应用

信息化战争要求作战系统“看得明、反应快、打得准”，谁在信息的获取、传输、处理上占据优势，谁就能掌握战争的主动权。物联网以其独特的优势，能在多种场合满足军事信息获取的实时性、准确性、全面性等需求。其可以用飞行器将大量微传感器结点散布在战场的广阔地域，对战场信息边收集、边传输、边融合，为各参战单位提供“各取所需”的情报服务。

经过短短半个世纪的沉淀，颠覆式技术创新改变着如今的生活，继互联网、移动互联网之后，“万物互联”的物联网时代呼之欲出。如今物联网正在快速渗透到各个领域，越来越多的设备、车辆、终端等被纳入信息网络之中，使人类加速走向万物互联、泛在感知的时代。泛在连接一方面使得网络获得更多样化、更海量的数据，同时使得机器或整个网络信息系统获得更强的学习和认知能力，打开了对未来的无限想象空间。物联网的应用正在引发链式反应，深刻改变人类生产生活方式和思维模式，推动经济社会各领域从数字化、网络化向智能化加速跃升，其应用的领域十分广泛，如智慧城市、智慧交通、智能农业、智能家庭、智能电力等。在智慧交通方面，成都感知万物科技有限公司将芯片和车位锁有机结合，系统会对周围停车场的数据进行收发，并通过智能芯片传递到用户手机 App，更好地解决“停车难”问题。成都感知万物科技有限公司紧紧抓住物联网发展浪潮，更加专精、更加开放、更加主动高效适应，不断推陈出新，为客户定制物联网产品及服务，对企业思维、技术、产品、模式等快速变革升级，不断用更加先进的技术取代过去，体现快速迭代新经济特征。

3. 绿色经济

成都绿色经济体系构建聚焦绿色制度、绿色技术、绿色产业、绿色金融四大方向，通过完善绿色产权制度、出台绿色技术开发者计划、成立绿色经济产业基金等方式强化新经济发展绿色基础，如图 7-22 所示。其中，四大发展方向的基础作用具体如下。

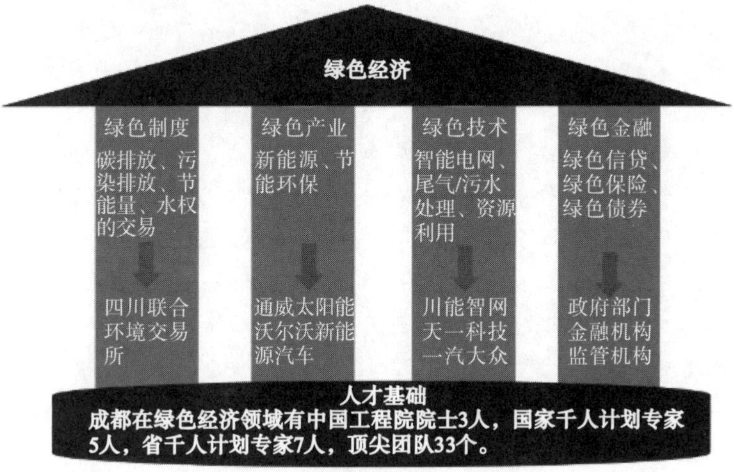

发展绿色经济的四支柱一基础

图 7-22　成都绿色经济体系

(1)绿色制度构建可以为六大经济层级提供绿色、低碳、循环发展的体制机制保障，可从自然资源核算制度和产权制度、政绩考核制度、环境管理制度、地区间环保协调和利益平衡制度、绿色经济政策、绿色技术创新政策等方面构建绿色制度体系。

(2)绿色产业主要是指新能源产业与节能环保产业，新能源产业是开发新能源的单位和企业所从事的一系列过程，节能环保产业主要包括节能产业、资源循环利用产业和环保装备产业，涉及节能环保技术与装备、节能产品和服务等，为成都新经济发展提供动能基础与装备保障。

(3)绿色技术是指经济增长驱动因素转变过程中运用的环保类技术，为成都新经济发展提供减少污染、降低消耗和改善生态的整套技术基础，如智能电网、汽车尾气处理、企业废水污水处理等相关技术。

(4)绿色金融指金融部门把环境保护作为一项基本政策，在投融资决策中考虑潜在的环境影响，成都市的绿色金融包括绿色信贷、绿色保险、绿色债券等。

案例：通威集团——“渔光一体”战略

通威集团成立于 1992 年，总部位于成都高新区，是一家以农业、新能源为主业，并在化工、宠物食品、IT、建筑与房地产等行业快速发展的大型民营科技型企业，目前拥有一百余家分子公司，员工逾万人。其中，通威股份上市公司年饲料生产能力逾 600 万吨，是全球最大的水产饲料生产企业及主要的畜禽饲料生产企业，其水产饲料全国市场占有率已达到 25%。同时，通威集团斥巨资进军多晶硅及太阳能光伏产业，致力打造世界最大的多晶硅生产企业和世界最大的清洁能源公司。

2016 年，通威集团开创性地提出“渔光一体”模式，即“水上产清洁能源，水下产优质通威鱼”，将绿色智能水产养殖与光伏发电结合，实现“水上产出清洁能源，水下产出绿色水产品”的绿色发展模式，为人类社会能源供给模式的进步指明一条新的路径。经过三年不断探索和科学实践，通威集团整合农牧板块的技术力量，进行以循环水养殖箱式、循环水新型渔业技术为代表的“渔光一体”智能养殖2.0模式及3.0模式试点，摸索出了好的经验并取得良好的效果，初步打造了“渔光一体”中渔业养殖的核心竞争优势。

在“渔光一体”模式中，通过与光伏发电的系统集成，将池塘上面取之不尽的太阳能转化为电能。水产养殖池塘上光伏发电可以驱动池塘增氧设施以及智能控制系统，多余的电则通过并网输送代替煤炭和石油等不可再生且污染环境的能源。一般1.5～2公顷水面上太阳能电站可发1兆瓦电，相当于每年节约标煤348吨、减少二氧化碳排放1200吨。大多数的鱼类不喜欢阳光，阳光直射水面既造成了光资源的浪费，也不利于鱼类、藻类的生长。在高温季节为池塘遮光后，不仅可以降低水温1～2摄氏度，而且可防治20000勒克斯以上强光抑制并防止藻类被杀死，为鱼类创造出有利的生长环境，减少鱼病发生，减少鱼药投入，产出高品质的安全食品。

一、水上产绿色能源

“渔光一体”和常规养殖或一般电站相比，虽然初期投入会稍高一些，但后期的运维成本并不高，并且“渔光一体”的无人化值守还可以使成本进一步下降，在产生“1+1＞2”的协同效应的同时大大提升了鱼塘的综合效益。以通威集团在江苏如东的“渔光一体”示范基地为例，该示范基地占地面积2720亩，目前开发的第一期共500亩，养殖面积364亩，分为1个蓄水沉淀池、3个养殖池、1个人工湿地，共安装光伏组件40656块。一期建设的10兆瓦光伏电站投入1.1亿元，每年发电约1300万千瓦时，二期2720亩建成后共计80兆瓦，预计总投入6.5亿元。光伏电站在光照较好时，日发电量能达到7.8万千瓦时，目前一期工程已经累计发电380万千瓦时，除去自用电，95%的电能都输送至国家电网。同样，从已并网发电的江苏射阳“渔光一体”示范项目来看，该项目首年每亩发电收入6万余元，利润4万～5万元，每亩养鱼收入0.7万～1.5万元，利润2500～4000元。综合计算，每亩“渔光一体”池塘年利润可达4万～6万元。此外，与常规养殖相比，“渔光一体”有效突破了以往只能收取池塘租金的模式，“养殖+发电”的模式提高了鱼塘收益达4～6倍，且每亩还为政府贡献税收4000～6000元。“养殖+发电”的综合模式，对于拉动农村地方经济快速发展具有十分重要的意义。①

据专家测算，我国共拥有养殖水面高达1.2亿亩，若将其中4500万亩精养鱼塘建成渔光一体电站，总量将达1200～1500吉瓦，相当于2015年的全国发电装机总量，年发电收入将高达1.2万亿～1.5万亿元。以通威股份为例，若将其直接或间接拥有的全国900万亩优质鱼塘进行新建和改扩建并实施“渔光一体”项目，水产养殖年产量可高达1350万吨，同时可建设300～450吉瓦光伏电站，年发电量相当于三峡水电站的5～8倍，年发电收入可达2400亿～6000亿元。经测算，在我国年日照2000小时以上地区的鱼塘，每亩池塘的利润可比单纯水产养殖提高3倍以上。除此之外，20～30亩鱼塘水面上的太阳能电站可发电1兆瓦，每年可节约标煤348吨，减少二氧化碳排放达1200吨。①

可以说，大力发展和推广“渔光一体”这种清洁、高效、低碳的创新模式，不仅实现了我国清洁能源与水产养殖转型升级的有机结合，还将为中国经济的可持续增长和绿色发

① 郝多. “渔光一体”推动水产养殖转型升级[N]. 中国渔业报，2016-05-23(B04).

展提供一条全新路径。

二、水下产绿色水产

“渔光一体”模式通过水质改良技术、生态电化水处理技术、智能给排水系统、智能投料系统、智能增氧系统、智能养殖系统六大关键技术优化了鱼塘养殖环境(图 7-23)，持续产出优质水产品，实现鱼、电“双收”。

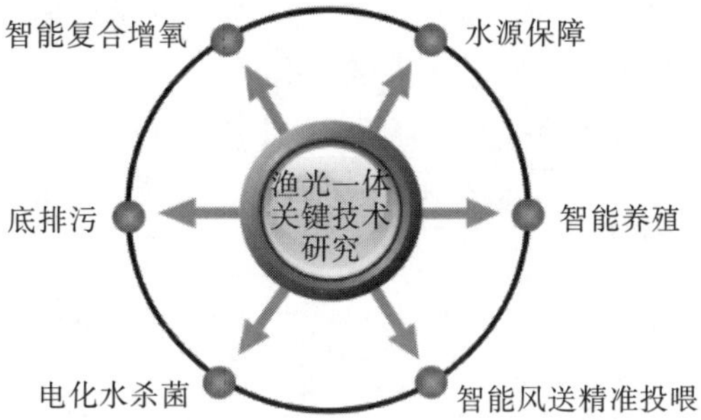

图 7-23 通威“渔光一体”六大关键技术示意图

2018 年初，通威股份在南京龙袍基地“渔光一体”池塘开展大闸蟹养殖。经过长期的跟踪监测验证，在池塘安装光伏板可明显降低光照强度，光伏板中部下方光照强度比光伏板外、光伏板边缘下方、光伏板阴影中部的光照强度低；池塘安装光伏组件可降低池塘水温 2~3 摄氏度；池塘 pH 随着遮光比例增加呈降低趋势。但光照强度的下降并未影响水中水草的生长，未遮光部分的水草生长良好，与普通养蟹池塘无差别。“渔光一体”项目中光照的降低对大闸蟹幼体摄食蜕壳、生长、发育和繁殖的影响并不明显，后期测产情况和综合效益分析也与一般蟹塘养殖无差别。反而在高温季节，光伏板的遮光有利防止水草晒死，遮光阴影还可以作为大闸蟹的避暑、隐蔽场所。

2019 年，通威新能源全力聚焦“渔光一体”，探索规模化成片开发，进一步推动“渔光一体”在水产养殖方面实现规模化、专业化、集约化，并围绕新农村建设积极与地方合作打造增效模式，形成差异化竞争优势。

农业与光伏产业的结合改变了传统水产养殖业与光伏产业的现状，在水产养殖和光伏产业上实现领域共享，不但显著提高了效率，降低了生产成本，还改变了二者的产业链结构。农业与光伏产业的结合是光伏产业和水产养殖业价值链的进一步延伸，这为解决我国“渔光一体”现状中土地资源短缺、养殖效益低等问题提供了一种有效的途径。通威集团光伏终端第一负责人陈星宇在光伏专业高峰论坛上说：“以‘渔光一体’为代表的跨界光伏产业在我国的不断复制、推广，不仅能大大提升我国空间、国土资源的复合利用率，实现产业的高效协同发展，而且能使太阳能这种最经济、最清洁的可再生能源真正惠及全中国人民，促进并加快我国能源消费方式的转变，从根本上缓解我国愈加沉重的环境、资源压力，解决我国未来的能源供应问题。同时，以光伏新能源为代表的可再生能源的发展，必将推动并实现这一轮能源变革，兑现我国在巴黎气候变化大会上做出的庄严承诺，也一定能为我们的子孙后代留住青山绿水、白云蓝天!”

4. 创意经济

作为成都新经济的前台层，成都创意经济与新经济的市场更为接近，能够起到拉动整个产业生态的作用。成都聚焦“文化创意”产业，通过设立文化创意产业发展基金、成立文化创意产业发展领导小组等方式，集中力量重点突破，力促上中下游齐发力，打造“成都文化创意之城”超级 IP。如图 7-24 所示，产业上游提供重要的原创资源并影响中游和下游的发展速度和效率，产业中游则为运营环节，为上游建立加工渠道和输出渠道，产业下游为 IP 增值变现，整个产业链能够促进成都有效构建以新经济产业为核心、具有较强竞争优势、产业可持续发展的地域产业多维网络体系。

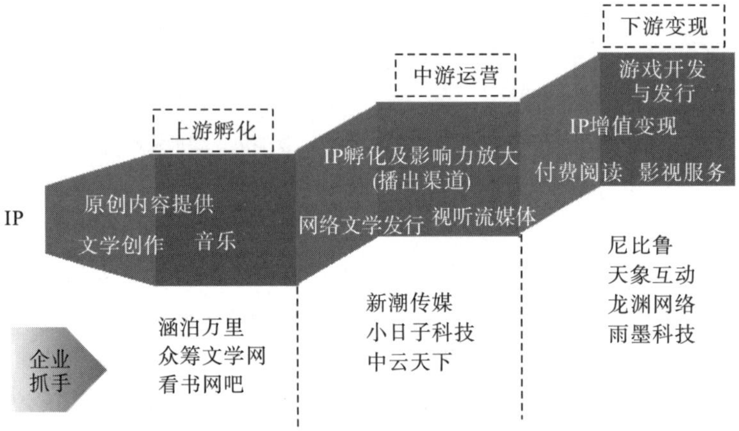

图 7-24 成都创意经济产业链示意图

案例：新潮传媒——专注家庭消费的社区媒体平台①

成都新潮传媒集团有限公司(以下简称“新潮传媒”)是一家“传统媒体+互联网”的科技媒体创新企业。其以社区电梯作为流量入口，打造家庭消费的社区媒体平台，开创电梯广告在社区电梯内的电视媒体新场景。2018 年，科技部正式发布《2017 年中国独角兽企业发展报告》和《2017 年中关村独角兽企业发展报告》，新潮传媒入选 2017 中国独角兽企业榜单，位列第 65 名。截至 2019 年 6 月，其已在全国 100 个城市布设 70 万部电梯电视，每天覆盖 2 亿家庭人群，成为 1.6 万个客户的共同选择。目前新潮传媒融资 64 亿元，公司估值超过 20 亿美元，已成为新经济领域的互联网文创独角兽企业。新潮传媒富于创新思维和创新能力，发展潜力巨大，主要表现在产品创新、技术创新、市场创新、模式创新等方面。

一、产品创新

新潮传媒创新性构建了“梯内电视+梯外电视+电梯框架”的电梯媒体矩阵，提升了产品的核心竞争力。传统的电梯广告行业是将电视机引入电梯，而新潮传媒的创新则在于给电梯定制电视机，推出竖屏电视和有声电视两大创新产品，取得了巨大的成功。根据数

① 案例由作者基于公开资料整理。

字一百公司的调研数据显示，新潮传媒电梯电视广告的转化率比同行中前三名的均值高出了3%左右。虽然竖屏电视只是简单转换画面，有声电视只是简单地加个“喇叭”，但其所带来的用户体验优化和广告效益提升是巨大的。

首先，人们进入电梯后是习惯面对着电梯门方向的，而电梯正面可供设置电视机广告的地方只有门的两侧，而在电梯门两侧使用竖屏电视机能够获得更高的空间利用效率；其次，人们现在更频繁地使用手机而不是电视、电脑，所以观看习惯也从横屏转变为竖屏，所以使用竖屏电视更加符合用户习惯与喜好；第三，现在广告商在移动端投放广告的比例远远大于电视和电脑端，在广告制作上优先策划竖屏广告，所以使用竖屏电视机也能够为广告商节约不少制作成本；第四，至于有声电视广告，则是针对现在大家喜欢低头玩手机所推出的解决方案，通过在全封闭场景中传递唯一的声音，新潮传媒可以让人们的注意力从手机上转移到广告屏幕上来。

二、技术创新

5G和物联网时代的来临打开了线下媒体数字化、流量化技术大变革的巨大空间。数字化和流量化为广告企业更精准、更便宜地投放提供了依据，这也是新潮传媒建设社区媒体大数据平台的技术创新背景。一般线下广告位售卖是按照面积和数量，也有增加不同区域进行“打包”销售的方式。传统的交易模式中客户投放广告必须要提前一周预定，投放模式比较死板，投放效果难以实现精准、有效的监测。

新潮传媒推出了首个线下媒体数据化智能投放平台——新潮蜜蜂智能投放系统，把电梯广告从电视广告时代带入物联网广告时代。新潮蜜蜂智能投放系统通过大数据+人工智能技术，为所有楼盘打上标签，实现千楼千面。同时，数字化全流程管理让广告投放更加高效便利，效果可持续监测，实现线下广告投放的数字化、流量化、程序化，高效精准地触达2亿受众人群。一方面，在投放方式上，新潮传媒电梯广告采用互联网的思维，建立成熟的自助广告投放平台，弥补了传统线下广告的局限。该平台与每一部电梯电视连接，广告主可以通过手机或电脑在线选择希望投放广告的电梯，按小区、楼宇甚至是楼层进行个性化精准广告投放。轻松完成特定受众小区、楼宇的选择，并且利用微信支付在线快速付款。付款完成后，只需要按照电梯电视屏幕的尺寸要求上传广告视频、图片，经过内容审核后，广告就完成了实时投放。另一方面，在投放效果上，相对于传统线下广告平台，新潮传媒可以精确地解释广告的触达人群。结合力美科技的线上大数据分析，以及新潮众多的地面推广人员，自助广告投放平台对各个小区的房价、楼层、人群年龄、性别比例、入住率、家庭经济情况(如汽车、收入等)均有明确的分析，便于广告主了解电梯广告的触达人群。

三、市场创新

新潮传媒顺应现代都市生活形态演进趋势，把握消费升级给电梯媒体带来的广阔市场空间，深耕社区电梯电视，专注家庭的消费升级，实现差异化经营。

以前中国的高层建筑主要集中在一二线城市，基本上只有大城市的写字楼、商场和高层住宅才会安装电梯。但随着经济和社会的发展，三四五线城市也迅速发展起来，并且拥有了大量安装有电梯的楼宇，这就为电梯广告提供了更为广阔的市场。新潮传媒把握住了这一契机，在立足北上广深一线城市的同时，迅速向二三四线城市扩张，抢占市场空白。

根据数字一百公司的市场调研数据，目前在二三四线城市中，新潮传媒在消费者心中的认知度较高。从中国城市化的发展趋势来看，北上广深等一线城市已经开始限制人口规模，未来城市化的重点落在二三四线城市。有数据显示，中国电梯数量平均每年增长 60 万部，未来 5 年将超过 800 万部，每天覆盖人数将超过 8 亿人次，占线下流量的 50%。随着电梯媒体的市场认可度逐渐提高，预计在 5 年内，电梯广告市场规模将增长到 1000 亿元。随着广大中小城市的崛起，新潮传媒将抢占更多新兴城市新中产人群的流量入口。2018 年，百度公司宣布战略投资新潮传媒 21 亿元，将以大数据算法和人工智能赋能新潮传媒线下媒体，双方共同打造“AI+梯媒”的线上线下媒体融合的流量平台。

四、模式创新

社区消费是一座有待开发的大金矿，新潮传媒的“产品+服务到家”顺应了消费趋势。从中国网购用户行为研究的数据来看，卖到家庭的产品占总产品的 80%，74.6%是在 PC 端完成的，67.5%是在移动端完成的，因此家庭仍是消费的主体，精耕小区、精耕家庭是品牌营销的未来发展方向。

新潮传媒开辟了一个把产品卖到家的新营销场景，达成消费共识的场景从客厅的电视变成新潮传媒的 63 万部电梯电视。未来，新潮传媒将通过独立的数字化技术手段做智能匹配和精准覆盖，打通线上和线下的融合，发挥社区电梯场景和楼宇大数据的优势，为客户提供更精准、更便宜的中产社区媒体流量。

5. 流量经济

成都新经济发展中，流量经济利用实体经济和虚拟经济共筑的各层次流量为新经济提供保障，与绿色经济同为新经济发展的后台层。成都流量经济的发展聚焦建设覆盖西南、中西部的流量生态圈，围绕新会展中心、龙泉山城市公园、科学城等完善生活配套和设施，提升流量承载力；依托公路港、铁路港、航空港打造全国重要的物流信息节点，建设西南数字中心，提升流量控制力；加强公共区域免费 Wi-Fi、大数据交易平台建设，提升流量运作力。[①]流量经济使存量通过数字化而流动起来，形成了新的经济增长点，并可以显著增加新经济中各层次经济的资源配置效率。

案例：1919 酒类直供——领跑酒类新零售[②]

1919 酒类直供(以下简称“1919”)，2006 年由杨陵江创立于成都，是一家拥有酒类网上商城、线下多家酒类连锁超市的综合酒类服务商，隶属于四川壹玖壹玖酒类供应链管理股份有限公司。2017 年线上线下商品交易总规模超过 50 亿元，营业收入达到 33.55 亿元，是国内最大的酒类新零售平台企业，是酒类零售“独角兽”企业。

一、平台创新，线上线下融合发展

1919，既不同于传统的经销商，也不同于传统的连锁商，更不是传统的 B2C 电商，而是专注于酒类行业，从厂家获取代理权后，通过自身的物流供应实现终端对消费者的直

① 郑正真. 创新驱动视角下的新经济发展战略——以成都市为例[J]. 决策与信息，2020，10：55-61.
② 案例由作者基于公开资料整理。

接销售，缩短了酒从厂家到消费者之间的经销环节。1919 致力于打造从厂家到消费者之间层级最少、成本最低、服务最快捷、推广最精准的集订单处理、采购供应、仓储物流、数据营销四位一体的专业数字化服务平台；致力于搭建全球最大的酒类营销平台，通过连锁管理、供应链、电子商务、技术管理、数据营销、仓储配送六家全资子公司，构建起强大的平台优势。目前 1919 已在全国所有省级行政区、600 多个城市拥有 1200 多家直营管理的线下体验店；1919 的 O2O 平台是仅次于天猫、京东后的第三大酒类开放平台。

二、注重体验，稳定流量客户

①真品质。每瓶酒都有“身份证”，1919 投入巨资打造行业最完备、最严密的 4M 全程品管体系，支持溯源管理，每一瓶酒都有专属的防伪条码，品质有保障。②超值价。跨越各级经销商和终端的多级周转，砍掉中间层层加价环节和费用，直供价格，真正超值。③立即送。全国 600 多个城市拥有 1200 多家线下体验店，无论通过线上下单还是线下购买，都提供送货上门服务，享受分钟送(19 分钟内送达)、小时达(1 ~ 3 小时)的送达贴心服务。④随 E 购。线上线下全覆盖，多个入口，随时随地便捷购酒。⑤免费尝。线下体验店提供免费品尝，好喝再买。

三、C 端突围，扩充流量

C 端流量红利的争夺已成红海，巨头们纷纷开启线下“跑马圈地”。1919 的线下门店优势吸引了天猫、零售通、菜鸟物流、蚂蚁金服、盒马鲜生等平台的关注与合作，与优质线上平台的战略合作，可以共享客户资源以实现更快的发展。在阿里巴巴投资 20 亿元入股 1919 后，杭州图灵资产管理有限公司认为，得益于日益完善的大数据以及物流体系，1919 不仅在业务上与阿里巴巴高度互补，在战略设计上也与阿里巴巴有很高的契合度，从而让自身在新零售阶段得到完美跃迁。

中国以新产业、新业态、新商业模式为代表的新经济板块开始快速发展，产业结构升级的方向也是以科技、消费、服务为代表的新经济。目前，在新经济发展的大背景下，各个领域都涌现出新的发展模式，1919 开启了“互联网+酒”的酒类零售新模式，商业模式升级、运营模式优化，创新产业融合加快，强化规模和效率同步提升，未来新经济竞争的焦点在于不断优化技术、人才、资本、信息等创新要素供给能力，从而助推新经济企业更好发展，塑造高新名片。

6. 共享经济

共享经济作为成都新经济发展的奇点层，在成熟技术支撑下的新模式具有很强的爆发力，其更加强调新的商业模式在经济形态中的渗透。成都共享经济重点着眼生产能力、生活服务两大需求驱动共享场景，发展壮大交通出行、房屋住宿、办公空间三大优势共享领域；着力推动知识技能、医疗健康、科技资源三大潜力共享方向，加快物联网、大数据、智能制造、新一代通信等前沿技术在共享经济中的应用，推动共享经济成为供给侧结构性改革的新引擎，建设全国共享经济示范城市。①城市中随处可见的共享单车便属于共享经济的典型代表。具体情况如图 7-25 所示。

① 郑正真. 创新驱动视角下的新经济发展战略——以成都市为例[J]. 决策与信息，2020，10：55-61.

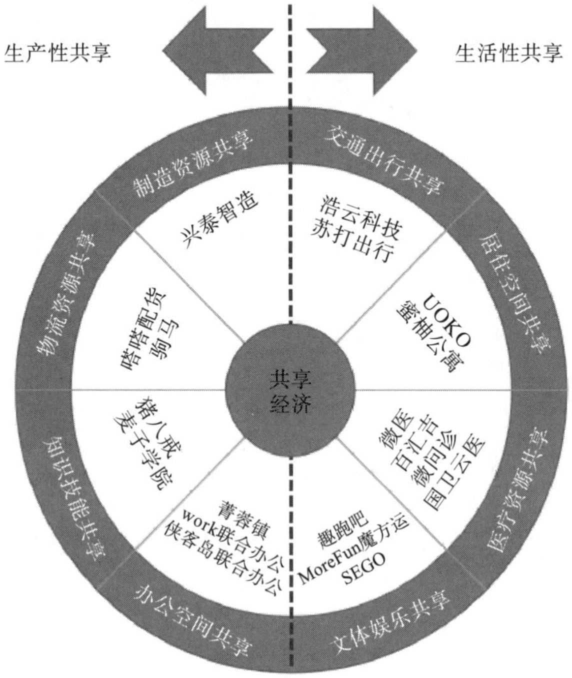

共享经济两大维度八大领域

图 7-25 成都共享经济体系

（七）七大应用场景

应用场景与新经济发展高度契合，若脱离应用场景，不管何种先进技术都难以转化为生产力。成都提出的七大应用场景从城市的角度强化场景的营造，把城市级规模用户和新技术连接起来，加快新技术的应用，与六大形态的发展相互结合、形成正比。七大应用场景可以分为三大类：一是生活型场景，推进智慧城市建设与消费提档升级；二是生产型场景，提升服务实体经济能力与提升现代供应链创新应用；三是渗透型场景，推进科技创新创业、人力资本协同以及绿色低碳发展。

1. 构建生活型场景

生活型场景的构建主要包括推进智慧城市建设和消费提档升级这两个方面。

智慧城市建设是七大应用场景中最为重要的环节，对新经济的发展具有明显的推动作用。成都市借鉴国际上智慧城市建设的经验，推进“互联网+政务服务”的体系建设，加快公共数据的整合和共享利用，建设公共数据平台和统一共享交换体系，完善人口、法人综合数据库和公共信用信息库，建设智能化城市运营体系，对民生、服务、安全等需求做出迅速回应，实现城市智能化的运行和管理。着力推动智慧出行，实施智慧出行方案；着力推进智慧社区建设，加强信息服务自助终端、一体化信息服务站等便民服务设施建设；着力推动智慧旅行，加大智慧旅行建设资金投入。各企业实行战略合作，推动酒店以及旅游业务与互联网深度融合，延伸集团产业链布局。

此外，成都市还深化消费领域供给侧结构性改革，加快消费提档升级，建设美食之都，打造互联网时代的“成都服务”“成都消费”两大品牌。大力发展个性化消费，引入新的消费模式和理念，满足不同群体的消费需求，发展个性化教育、医疗、旅游等新兴服务，推动消费服务更加精致。提升消费的层次，跟随世界的潮流，引进并培育更多有吸引力的知名品牌，推动“成都消费”走向国际化、品牌化和高端化，鼓励传统企业在运用技术创新的基础上继续发展“老字号”品牌，打造并保留更多既符合现代潮流又具有成都味的新产品。优化消费环境，运用新技术、新模式、新业态来改造提升传统商圈，植入特色文化、发展新型业态、提升消费体验，打造新型都市商业中心和一批特色商业街区。建立市场监管信息化平台，提升监管能力，健全消费信用体系，着力营造安全放心的消费环境。

2. 构建生产型场景

生产型场景的构建主要包括推进服务实体经济与现代供应链创新应用两个方面。

服务实体经济是发展新经济的重要出发点和落脚点。成都市提升服务实体经济的能力，推动工业化和信息化相结合，利用先进技术改造传统产业，同时运用大数据和人工智能等新兴技术构建产业生态圈，推进产业和园区的智能化。此外，成都市还提升新金融服务实体经济能力，聚焦西部金融中心建设，加快建设基于互联网的金融要素市场和功能性金融服务基地，推动数字货币、支付清算、金融科技等产品创新，依托自贸区建设积极发展国际化金融业态，构建立足西南、面向西部、辐射全国的新金融服务体系。

成都市加快供应链与互联网、物联网的深度融合，打造以网络化共享、大数据支撑、智能化协作为主体的智能供应链体系，创新生产组织方式、商业模式和政府治理方式。着力打造供应链服务平台，构建以企业为主导、产学研用协同的供应链创新网络，建设跨界融合的创新服务平台，提供技术研发、品牌培育、市场开拓、检验检测认证等服务。加快推进国家供应链体系建设综合试点，制定供应链发展的相关政策，完善重点产业供应链体系，培育一批供应链创新与应用示范企业，构建跨行业、跨领域的供应链协同、交易和服务示范平台。

3. 构建渗透型场景

成都主要从推进人力资本协同、科技创新创业、绿色低碳发展三个方面来构建渗透型场景。

在发展新经济的大背景下，成都市重视城市人才发展需求。成都市现拥有 50 余所高等院校、30 余家国家级科研机构、318 家军工企事业单位、近 500 万各类人才。成都市推进人力资本的匹配力度，坚持以“高精尖缺”为导向，优化人才行业、知识、年龄等结构，积极引进并培养具有创新能力和创业意识的大学生，促进优秀人才同优势产业、优秀企业的有效对接，推动人力资本与城市战略目标、产业发展和资源禀赋的高度契合。同时，成都市还加强人力资源开发，在创新人力资源开发理念的基础上，充分发挥市场在人才资源配置中的决定性作用，加快建设人力资源信息库，运用大数据等新技术推动人力资源有效开发、高效管理和优化配置，努力实现人尽其才、才尽其用的目标。

除此之外，成都市还汇聚了创新创业资源，赋能创新创业载体、优化创新创业服务。结合全面创新改革和支持在蓉高校“双一流”的建设，构建校地企协同创新的数字信息平台，促进创新链、产业链、资本链“三链融合”。通过龙头企业、中小微企业、高校、科研院所等多方协同，打造产学研用紧密结合的众创空间，吸引更多科技人员投身科技型创新行业，促进人才、技术、资本等各类创新要素的高效配置和有效集成，推进产业链、创新链的深度融合，不断提升服务创新创业的能力和水平。①推进科技创新创业，必须推进科技服务供给侧结构性改革，盘活科技存量资源。成都市建设创新创业孵化园，为创业者提供创业平台，共享基础设施，打造“创业苗圃+孵化器+产业园”阶梯形孵化体系，促进产业间创新融合发展，打破科技信息互联互通壁垒，并且构建创新创业科技服务支撑体系，大力引进和培育本土专业化、市场化的创新创业机构，为新兴创业者提供相关渠道，构建完善的双创服务体系，支持大众创业、万众创新，助力企业创新创业，从而提升成都市经济的发展质态。

二、成都发展新经济的政策

为促进发展新经济、培育新动能这一进程，成都市政府做了许多工作。具体政策文件见表 7-20。

表 7-20 成都有关新经济发展的政策梳理

时 间	政策名称
2018.10.05	《成都绿色智能汽车产业发展规划(2018—2022 年)》
2018.10.12	《成都市人民政府办公厅关于推动绿色金融发展的实施意见》
2018.11.15	《成都市人民政府关于深化“互联网+先进制造业”发展工业互联网的实施意见》
2019.01.31	《成都市促进 5G 产业加快发展的若干政策措施》
2019.02.02	《成都市加快人工智能产业发展推进方案(2019—2022 年)》
2019.05.08	《成都市人民政府办公厅关于促进电子信息产业高质量发展的实施意见》
2019.05.16	《成都市人民政府办公厅关于印发成都市引进培育大数据人才实施办法的通知》
2019.07.15	《成都市新经济企业梯度培育若干政策措施》
2020.02.13	《成都新经济要素政策白皮书(2019)》
2020.03.05	《关于印发成都市加快人工智能产业发展专项政策实施细则的通知》
2020.03.13	《2020 年成都市新型材料产业推进方案》
2020.03.31	《关于供场景给机会加快新经济发展的若干政策措施》
2020.06.30	《成都市创新应用实验室、城市未来场景实验室认定管理办法(试行)》
2020.07.07	《成都市新型基础建设行动方案(2020—2022 年)》
2020.07.29	《成都市支持集成电路产业高质量发展的若干政策》
2020.10.29	《成都市区块链应用场景供给行动计划》

① 胡畔. 众创空间专业化让创新更多服务于实体经济[N]. 中国经济时报，2016-02-22.

三、成都发展新经济的举措

成都坚持以发展新经济产业为重点，以培育新经济市场主体为重心，以营造新经济应用场景为特色，以构建新经济发展生态为目标，构建最适宜新经济发展的城市。

(一)发展新经济重点产业

2019 年，成都市新经济营收 14391.04 亿元，其中数字经济营收 6005.03 亿元，占比 41.7%；智能经济营收 3898.65 亿元，占比 27.1%；创意经济营收 5635.13 亿元，占比 39.2%；绿色经济营收 4663.51 亿元，占比 32.40%；流量经济营收 3961.39 亿元，占比 27.5%；共享经济营收 550.5 亿元，占比 3.8%(各形态之间有交叉，总占比大于 1)。围绕“六大经济形态”，加快构建具有全球竞争力和区域带动力的新经济产业体系，重点发展“人工智能+”“大数据+”“5G+”“清洁能源+”“现代供应链+”五大新经济产业。

(1)一是积极发展“人工智能+”。围绕国家新一代人工智能创新发展试验区建设，出台人工智能推进方案、产业发展专项政策，设立 15 亿元人工智能产业基金，打造百度、商汤科技等龙头企业和川大智胜、四方伟业等本土企业组建的人工智能企业集群。截至 2019 年，全市人工智能企业数量位居全国第七，累计营收超 120 亿元；以 AI 创新中心为载体，新引进移动产业研究院、新华三成都研究院等数十个项目，总投资超 100 亿元。

(2)二是积极发展“大数据+”。围绕国家数字经济创新发展试验区建设，构建产业规划、实施方案、产业政策、人才政策、引导基金、统计监测六个大数据产业支撑体系，优化大数据研发运营高新区和天府新区——双流区“双核”产业布局，建设三医融合、信息安全、地理信息、电商物流、文化传媒等大数据应用集聚区。

(3)三是积极发展“5G+”。发布 5G 产业发展规划、专项支持政策，截至 2020 年 5 月，建成 5G 基站 1 万余个，基本实现绕城高速范围内重点区域、重点商圈和重点景区 5G 网络全覆盖，开展 5G 远程医疗会诊、5G 远程同步教学、“非接触式”诉讼等应用试点。中国信通院 2020 年 3 月发布的《疫情防控中的 5G 应用研究报告》显示，四川 5G 应用案例数全国第三，成都做出积极贡献。

(4)四是积极发展“清洁能源+”。积极抢占晶硅光伏、薄膜光伏、动力电池等产业制高点，加快形成双流基地—淮州新城千亿光伏产业集群，推动中建材等重点企业重大项目落地应用。支持在市内工业厂房、商业综合体、大型公共设施等建筑屋顶建设兆瓦级的规模化分布式光伏发电系统。通威太阳能已成为全球光伏产业最大的电池企业和光伏行业智能化工厂、数字化车间的典范。

(5)五是积极发展“现代供应链+”。推进国家供应链体系建设试点，遴选物流标准化、供应链平台、重要产品追溯等试点项目，开展“供应链+”在电子信息、生物医药、农产品贸易等领域的示范应用，推动国药四川、积微物联等生产服务供应链和康源农产品、天地网等商贸供应链发展，探索构建“供应链+产业”发展新模式，得到商务部的充分肯定并在全国专业会议上进行交流。

（二）强化新经济企业培育

坚持把企业培育作为新经济最核心的工作，着力构建新经济企业、创新产品全生命周期服务体系。

(1)一是实施新经济“双百工程”。2018 年 5 月，成都市正式启动新经济“双百工程”，按照“市场认可、资本认可、行业认可”的原则，根据企业规模实力、社会贡献、行业发展前景、创新成长能力等指标，每年遴选百家重点企业和百名优秀人才给予重点关注、重点服务、重点支持，培育新经济领军企业、领军人才，打造新经济“主力部队”。截至 2019 年底，成都市已累计培育双百企业 210 家，其中，连续两年营收增速超过 50%的企业达 121 家(如精灵云、智元汇、启英泰伦等)，利润增速超过 100%的企业达 30 家(如数联铭品、恒图科技、卓杭网络、傲势科技等)，估值翻番的企业达 12 家。2019 年，双百企业实现营收 285.5 亿元，同比增长 20%，净入库税收 13.1 亿元，同比增长 18.4%。

(2)二是开展新经济企业梯度培育。强化种子企业、准独角兽企业、独角兽或行业领军企业的分层分级，精准施策。建立市、区、县新经济企业梯度培育库，出台 12 条梯度培育支持政策，设立 5000 万元新经济发展专项资金，帮助种子企业降成本，提升准独角兽企业显示度，为独角兽企业建立产业发展生态，稳定领军企业的行业发展。截至 2019 年底，已累计培育新经济梯度企业 1313 家，企业营收从 1138 亿元增至 2087 亿元，年均增长率达 35%。①

(3)三是鼓励创新产品研发投用。围绕新经济创新产品全生命周期，针对导入期、成长期、成熟期的创新产品开展差异化政策支持，支持新经济企业研发创新，制定“成都新经济创新产品目录”，搭建新经济创新产品交易平台和“线上发布大厅”，探索开展创新产品推广应用保险补偿，用市场化机制支持创新产品推广应用。

(4)四是精准招引新经济重点企业。前瞻研判未来技术趋势和产业变革方向，结合成都新经济发展战略和 66 个产业功能区主导产业，基于国内外多种权威榜单，筛选形成新经济高能级 500 强企业库，重点围绕强链补链，运用展会平台招商、校友资源招商、以商招商等多种渠道，精准招引“生态型”“功能型”“前沿技术型”企业。2020 年，开展为期 3 个月的新经济项目招引攻坚行动，建立“线上线下招商推介+定期集中签约”招商机制，利用“双千”发布会平台、构建专业机构平台提升招引专业化水平，推动实现“新经济头部企业全覆盖+新经济 500 强企业全覆盖+重点目标企业全覆盖”。

（三）强化应用场景供给

推动“给优惠”向“给机会”转变，着力构建与新经济发展高度契合的多元应用场景。

(1)探索应用场景供给路径。通过供给应用场景培育新技术、新模式落地的市场，为新经济企业提供入口机会，为广大市民提供情景体验，促进新技术推广应用、新业态衍生发展、新模式融合创新、新产业裂变催生，推动新经济从创新走向应用、从概念走向实践。②规划新场景，通过充分考虑前沿科技和颠覆性技术对未来生产生活的影响，超前

① 宋妍妍，吴怡霏. 创新 从“领先一步”到“步步为营”[N]. 成都日报，2020-12-26.
② 张宇. 创新驱动转型的成都实践——基于新经济的视角[J]. 先锋，2019，4：37-40.

谋划、前瞻布局，在城市规划中充分留白，为前沿场景提供充分的发展机遇与空间。创造新场景，通过对接生产生活新需求，运用移动互联网、大数据、人工智能、物联网等新技术，创造新产业、新业态，鼓励企业围绕高质量发展、高品质生活、高效能治理提供解决方案。包容新场景，对新生业态给予大胆包容，主动释放公共资源，对经过市场考验、发展前景好的创新项目通过政府首购、试点示范等形式加强推广支持。

(2)建立“城市机会清单”发布机制。主动释放资源要素，创造市场机会，推动新经济场景与城市发展需求有机链接，从释放政府资源、政府需求和链接企业能力、企业需求角度，发布供需信息，促进供需对接。按场景的细分领域举办场景沙龙、对接会等主题活动，促进供需双方的精准对接，将应用场景转化为市场机会。国务院官网、中央电视台、芬兰国家商务促进局、雅虎等对此进行专题报道，广西南宁、黑龙江哈尔滨、山东临沂等地竞相效仿借鉴成都市此类做法。

(3)推进场景营城。以“供场景、给机会”为逻辑主线，夯实场景突破基础，创新场景供给方式，厚植场景培育土壤，为新经济企业提供场景赋能。支持硬核技术攻关催生新场景，组建“创新应用实验室”，开展市场化应用攻关，为场景突破提供技术支撑。支持应用场景市场验证，组建“城市未来场景实验室”，开展新技术、新模式、新业态融合创新的场景实测，验证商业模型，评估市场前景。举办“场景营城产品赋能”“双千”发布会，围绕天府绿道、国际消费中心等 10 个主题，发布 1000 个面向社会、触摸未来、链接应用的新场景和 1000 个硬核支撑、开放兼容、彰显个性的新产品。

（四）营造创新发展生态

推动“个别服务”向“生态营造”转变，打造有利于新经济企业发展的生长环境。

(1)构建新经济要素生态。坚持以配置效率代替规模依赖，推进新经济要素供给侧结构性改革。实施“精准引才计划”，目前 12 条人才新政发布后已经吸引了超过 37 万名全日制本科及以上的青年人才到成都落户。实施“科技成果转化计划”，推动校院地企融合创新，全面推进科技成果权属混合所有制改革。实施“创投环境提升行动”，设立 2 亿元天使投资基金，通过直接投资、参股子基金等方式，完成直投 2600 万元共 14 个项目，以及投资 6500 万元撬动社会资金 4.5 亿元成立 3 支子基金(已投 20 个项目)，实现财政资金效能放大 8 倍。实施“公共数据资源运营行动”，建设网络理政中心(城市大脑)，建立公共数据开放平台。截至 2019 年，成都全市非涉密系统上云 1078 个，共享平台发布数据资源目录 1.2 万余条，累计交换量到 200 亿条，向社会开放数据 1 亿余条。

(2)优化政府服务方式。深化“放管服”改革，注重“互联网+”等信息技术与政府治理深度融合，全面推进电子政务和信息公开，加快政务服务从网下拓展到网上，主动公开新经济重点领域发展方向、扶持政策相关信息。上线“天府市民云”平台，打通政务数据库，构建一站式“互联网+”城市服务平台，为市民集成提供生活、政务、商业、社区等服务。建成“成都大数据审计分析平台”，利用大数据技术转变审计监督方式。①

① 张宇. 创新驱动转型的成都实践——基于新经济的视角[J]. 先锋，2019，4：37-40.

⑶实行包容审慎监管。适应新经济发展需要，进一步放宽新经济市场准入，精简投资准入负面清单，定期发布投资白皮书，实行“容缺登记”，完善新经济企业标识制度。出台对新经济实行包容审慎监管的指导意见，推行柔性执法，探索“三张清单”制度，推动政府管理向政府治理转变。

（五）构建新经济工作体系

开展新经济企业统计普查，建立新经济统计体系，对国民经济行业中具有新经济特征、符合“六大形态”的类别进行梳理，初步形成新经济行业分类指导目录。建设新经济大数据监测平台，推动新经济研究从“结果分析”向“行为预测”转变，运用大数据、云计算等先进技术，自动采集互联网公开数据，动态监测成都市新经济发展水平，从而提供态势感知和决策参考。建立新经济目标考核体系，从场景供给、市场认可度、行业认可度和资本认可度等方面对市级部门及区(市)县进行目标考核。

四、成都新经济发展的启示

（一）加速新基建

提前谋划新型基础设施功能布局，积极争取国家网络布局、算力布局、创新布局和转化布局，适度超前建设边缘计算、智能感知、通信网络等硬件设施，为构建城市场景提供感知、传输、运算等基础支撑。依托工业互联网、智慧物联网、公共服务网、社会治理网和产业生态圈“四网一圈”，立足科技和产业需求实施一批基础信息、智慧能源、枢纽交通、科创产业等方面的关键引领性项目，夯实城市数字经济底座。[①]

（二）营造新场景

效仿成都举办“场景营城产品赋能”双千发布会，搭建“双千”发布平台“场景汇”，着力将城市场景转化为市场机会，推动城市与企业相互赋能、共塑品牌。建立健全“创新应用实验室+城市未来场景实验室”运行机制，实施“十百千”场景示范工程。

（三）引培新主体

注重梯度培育，打造“独角兽企业、行业领军+准独角兽+种子企业”新经济企业发展梯队。深化新经济企业服务专员制，建立更加精准化、更加市场化的企业服务机制。实施头部企业落地计划，实现城市的整体力量与头部企业的平台力量深度合作。围绕建链、强链、补链开展新经济企业精准招引，释放新经济产业链、价值链、人才链集聚效应。拓展新经济企业海外行，鼓励新经济企业“走出去”，拓展国际市场，引进一批具有支撑作用的平台型新经济龙头企业和具有核心竞争力的新经济 IP 企业。[①]

（四）发展新产业

借鉴成都，深化“六大形态”“七大应用场景”，积极发展未来新兴产业，加强在前

① 曹伟. 成都——新经济未来怎么走？[J]. 审计观察，2020(9)：32-35.

沿医学、能源互联网、区块链、航空航天等领域的前沿技术研究，因地制宜发展无人机、网络与信息安全、机器人等新经济产业，着力培育新业态、新模式、新产业。实施“上云用数赋智”行动，支持新经济赋能传统企业，加快新技术在制造业全要素、全产业链、全价值链的融合，推动产业数字化、智能化、网络化发展。

主要参考文献

艾家凯，2018. 新经济形态与流通治理规则[M]. 北京：法律出版社：85-86.

陈宝胜，毛世辉，2015. 绿色建筑产业链专业化投资研究[M]. 上海：复旦大学出版社：3.

陈睿哲，2018. 智能社会与中国机遇[J]. 网络空间安全，12：49-55.

陈文玲，刘秉镰，刘维林，2016. 新经济爆发性增长的内在动[J]. 全球化，7：5-21.

陈显中，陈岩，2020. 共享经济视角下众创空间云孵化平台的构建[J/OL]. 财会月刊，22：144-149.

程大中，2004. 中国服务业增长的特点、原因及影响——鲍莫尔-富克斯假说及其经验研究[J]. 中国社会科学，2：18-32.

崔振辉，李华宇，2014. 物联网发展现状研究[J]. 通信技术，47(08)：841-846.

邓招芬，张智岚，2020. 金融行业 IDC 机房租赁模式采购分析[J]. 招标采购管理，1：41-44.

董沁茹，芦莉莎，严江武，2019. 我国共享制造现有实践案例研究[J]. 商场现代化，8：178-179.

高航，俞学劢，王毛路，2016. 区块链与新经济 数字货币 2. 0 时代[M]. 北京：电子工业出版社：25.

高珂，2018. 我国经济动能转换的财政政策研究[D]. 北京：中央财经大学.

高旺盛，等，2015. 循环农业理论研究方法[M]. 北京：中国农业大学出版社.

戈晶晶，2018. 我国数据中心产业高速发展[J]. 中国信息界，3：49-51.

郭家文，赵培方，张跃彬，2014. 甘蔗糖业循环经济典型模式与经济效益分析——以云南陇川县为例[C]. 中国作物学会甘蔗专业委员会第 15 次学术研讨会论文集：489-494.

郭馨梅，张健丽，刘艳，2014. 互联网时代我国零售业发展对策研究——基于网络零售与传统零售业融合发展视角分析[J]. 价格理论与实践，7：106-108.

韩伯棠，艾凤义，张平淡，2003. 流量经济的若干问题研究[J]. 经济纵横，7：15-19.

韩清华，张丽，2019. 成都：城市机会清单打造新经济“机会之城”[N]. 中国经济时报，2019-03-27.

何蒲，于戈，张岩峰，等，2017. 区块链技术与应用前瞻综述[J]. 计算机科学，44(4)：1-7，15.

胡志成，2010. 我国企业直接债务融资工具比较分析[J]. 南方金融，9：76-78.

华民，2001. 新经济、新规则和新制度[J]. 世界经济，3：3-8.

黄雪丽，张蕾，2019. 森林康养：缘起、机遇和挑战[J]. 北京林业大学学报(社会科学版)，18(3)：91-96.

贾益刚，2010. 物联网技术在环境监测和预警中的应用研究[J]. 上海建设科技，6：65-67.

剧宇宏，2013. 中国绿色经济发展研究[M]. 上海：复旦大学出版社：10.

李晨，陈元谋，孙雪媛，2020. “新基建”赋能大数据中心演进及布局思考[J]. 通信世界，21：37-40.

李成威，2011. 低碳产业政策[M]. 上海：立信会计出版社：42.

李春香，2009. 广西绿色物流发展战略研究[J]. 成都：电子科技大学出版社，7：78.

李东，2017. 以共享居住空间诠释共享经济[J]. 产业经济，26：71-72.

李峰，朱海钢，伏如祥，等，2019. 基于泛在物联网背景下的商业模式研究[J]. 电力与能源，40(05)：475-482.

李寒湜，牛胜男，2020. 国资布局新基建之数据中心篇[J]. 企业管理，9：9-13.

李华晶，2020. 基于商汤科技的人工智能独角兽创新创业案例启示[J]. 科技中国(10)：67-72.

李曦，2020. 人工智能技术在智慧交通领域的应用分析[J]. 中国公路，15：94-95.

李晓华，2019. 5G的重要性与中国的赶超机遇[J]. 人民论坛，11：12-14.

李娅娌，2017. 共享经济时代的消费伦理思考[N]. 光明日报，2017-11-13(15).

厉春雷，顾学勤，2012. 创意经济背景下文化企业的品牌营销——浙江海利集团“网娃”模式的案例研究[J]. 文化产业研究，5：147-153.

厉俊，2019. “人工智能+制造”的机遇与挑战[J]. 张江科技评论，4：12-15.

厉无畏，2006. 创意产业导论[M]. 上海：学林出版社：230-232.

连一席，郭双桃，2020. 数据中心：新基建抓住数字经济新机遇[J]. 发展研究，8：37-49.

林拓，等，2004. 世界文化产业发展报告(2003-2004)[M]. 北京：社会科学文献出版社：121，273-284.

刘陈，景兴红，董钢，2011. 浅谈物联网的技术特点及其广泛应用[J]. 科学咨询，9：86-86.

刘晨，2019. 人工智能在农业机械发展中的前景和意义[J]. 农业工程技术，39(36)：89-90.

刘根荣，2017. 共享经济：传统经济模式的颠覆者[J]. 经济学家，5：97.

刘建成，2002. 我国新经济人才供求失衡的成因及对策分析[J]. 经济师，3：124-125.

刘景丰，2020. 为什么下一个十年的大战场在数据中心?[J]. 大数据时代，8：72-80.

刘理晖，2017. 关注产业人力资本新需求[N]. 经济日报，2017-06-17(007).

刘平，2017. 日本经济社会发展新模式：社会 5. 0[J]. 上海经济，5：82-89.

刘若霞，2017. 中国新能源产业空间布局优化研究[M]. 北京：新华出版社：3.

刘树成，李实，2000. 对美国“新经济”的考察与研究[J]. 经济研究，8：3-11.

刘永芳，2016. 管理心理学[M]. 北京：清华大学出版社.

刘正山，2019. “公地悲剧”的治理[J]. 金融博览，1：18-19.

刘智慧，张泉灵，2014. 大数据技术研究综述[J]. 浙江大学学报(工学版)，48(6)：957-972.

陆亚鹏，2020. 全球区块链产业发展态势分析[N]. 中国信通院，2020-01-07.

吕萌，2020. 有孚网络商彦强：为“新基建”筑基数据中心支撑各行业数字化转型[J]. 通信世界，25：22-23.

罗晓慧，2019. 浅谈云计算的发展[J]. 电子世界，8：104.

罗贞礼，2020. 我国数字经济发展的三个基本属性[J]. 人民论坛 • 学术前沿：17：6-12.

马克思，恩格斯，1972. 马克思恩格斯全集[M]. 北京：人民出版社：42-121.

曼纽尔 • 卡斯特尔，2006. 网络社会的崛起[M]. 夏铸九，王志弘，等，译. 北京：社会科学文献出版社.

牛禄青，2018. 大数据融和实体经济：实践与启示[J]. 新经济导刊，7：32-37.

欧晓华，2013. 我国物联网发展现状与对策研究[J]. 中国商贸，12：187-189.

权衡，2020. 以新发展格局引领高质量发展[N]. 经济日报，2020-11-11.

任保平，宋雪纯，2020. “十四五”时期我国新经济高质量发展新动能的培育[J]. 学术界，9：58-65.

芮明杰，2005. 产业经济学[M]. 上海：上海财经大学出版社：8.

盛朝迅，2020. “十四五”时期推进新旧动能转换的思路与策略[J]. 改革，2：5-19.

盛垒，杜德斌，2006. 创意城市创意经济时代城市发展的新取向[J]. Forward Position in Economics，6：21-25.

石敏俊，2017. 中国经济绿色发展理论研究的若干问题[J]. 环境经济研究，2(4)：1-6，92.

石述红，2018. 信息时代的数据中心[J]. 数字通信世界，11：136.

石晓娜，2013. 低碳工业 让污染远离我们的生活[M]. 天津：天津人民出版社：5.

孙安会，2017. 释放人才创新潜能[J]. 国企管理，11：50-51.

孙凌宇，2018. 习近平生态文明制度思想的包容性探析[J]. 青海社会科学，3：29-35.

孙守迁，2018. 智能经济构建未来形态[J]. 视点，36：13-16.

孙智英，2008. 创意经济的形态和业态研究[J]. 东南学术，6：56-59.

陶友鹏，2019. 互联网经济发展现状与对策建议[J]. 时代金融，8：168，177.

田恬，2016. 英国皇家学会发布新的调研项目——机器学习[J]. 科技导报，34(3)：93.

王和勇，古龙，2020. 基于专利计量的人工智能发展现状研究及关键技术分析[J]. 科技管理研究，40(21)：202-210.

王佳佳，马儆伦，罗珺，等，2020. 国资布局新基建之人工智能篇[J]. 企业管理，10：22-25.

王靖华，2009. “外国专家”和“海外高层次人才”来华(回国工作)配偶、子女、住房方面的优惠政策[J]. 国际人才交流(12)：54-55.

王兰，陆春吉，2017. 物联网行业现状和发展前景的分析[J]. 通讯世界，2：25-26.

王明帅，谭文列婧，2018. 绿色经济产业发展推进[J]. 成都年鉴，32：294.

王如忠，徐清泉，2005. 创意产业——城市发展的新引擎[M]. 上海：上海社会科学院出版社：104.

王世明，李泽宇，于涛，等，2019. 多能互补海洋能集成发电技术研究综述[J]. 海洋通报，38(03)：241-249.

王婷婷，2014. 物联网发展前景研究[J]. 网络通信，14：129-130.

王小广，2015. 新旧动能转换：挑战与应对[J]. 人民论坛，35：16-18.

王小广，樊亚宾，产健，等，2020. “十四五”时期重大经济战略问题和总体发展思路[J]. 区域经济评论，4.

王兴山，2019. 数字化转型中的企业进化[M]. 北京：电子工业出版社有限公司.

王奕翔，2020. 人工智能在金融领域的应用分析[J]. 财经界，28：29-30.

王战等，2015. 我国“创意微群体”品牌发展路径探析[J]. 装饰，12：121-123.

魏鹏举，2010. 文化创意产品的属性与特征[J]. 文化月刊，8：51-53.

吴参毅，2020. 人工智能在安防行业的应用[J]. 中国安防，11：91-96.

吴晓青，2009. 加快发展绿色经济的几点思考[J]. 环境经济，12：13-16.

伍赛特，2019. 无人机技术特点研究及未来发展趋势展望[J]. 现代制造技术与装备，7：7-9.

夏林，2017. “新经济”发展：一般规律与中国特色[J]. 内蒙古社会科学(汉文版)，3：135-140.

谢晶，张景铭，2020. 人工智能与新零售发展关系探析[J]. 商业经济，5：66-67.

徐帮学，2013. 低碳农业引领农业新时尚[M]. 天津：天津人民出版社：33.

许文琪，2019. 国外量子信息技术发展分析[J]. 国防科技工业，5：46-48.

杨雪峰，2015. 绿色低碳文明[M]. 北京：中国环境出版社：179.

于凤霞，2018. 共享经济趋势下物流业的发展与变革[J]. 新经济导刊，9：67-70.

于南、杨萌，2018. 2018 年中国产业经济年度报告之新能源篇[N]. 证券日报，2018-12-25.

袁雪，罗珺，马儆伦，等，2020. 国资布局新基建之工业互联网篇[J]. 企业管理，8：10-13.

约翰·霍金斯，2006. 保护知识产权与发展创意产业——知识产权与创意产业国际论坛综述[J]. 上海商学院学报，3：58-60.

张贵，孙晨晨，2020. 后疫情的京津冀区域服务业发展与商业模式创新研究[J]. 理论与现代化，4：38-48.

张华，等，2017. 绿色制造[M]. 北京：中国环境出版社：26.

张建锋，2019. 用大数据助力治理现代化[N]. 人民日报，2019-10-17(05).

张京成，2006. 中国创意产业发展报告(2006)[M]. 北京：中国经济出版社：26-27.

张雷，吴迪，2020. 人工智能的应用现状及关键技术研究[J]. 信息与电脑(理论版)，32(10)：122-124.

张梅，2019. “区块链+”时代来了[N]. 陕西日报，2019-11-06.

张彦华，2013. 文化创意产业与信息传播科技结合新形态探析——基于经济学视角的思考[J]. 内蒙古社会科学(汉文版)，34(5)：

128-134.

张媛媛，袁奋强，刘东皇，等，2019. 产业生态化水平的测度及其影响因素研究[J]. 长江流域资源与环境，10：2231.

张占斌，冯俏彬，2016. 创新政府监管方式 加快发展新经济[N]. 人民日报，2016-10-26.

赵昌文，陈春发，唐英凯，等，2009. 科技金融[M]. 北京：科学出版社：26.

赵洪江，陈学华，苏晓波，2005. 新兴技术、新技术、高技术及高新技术概念辨析[J]. 企业技术开发，11：42-43，64.

照照，2019. 人工智能简史，从两次低谷到三次崛起[J/OL].2019-07-26, https://www.boxuegu.com/news/764.html.

李国学，郭志伟，2014. 中国循环农业理论与实践研究进展(下册)[M]. 北京：中国农业大学出版社，2014.

周孟奎，董立平，2009. 从应对金融危机看高等教育改革创新[J]. 中国高等教育，21：51-52.

周星，彭艳，2019. 服务行业在国民经济增长中的重要性[J]. 合作经济与科技，6：34-35.

周振华，2005. 现代服务业发展研究[M]. 上海：上海社会科学院出版社：53.

周振华，韩汉君，2002. 流量经济及其理论体系[J]. 上海经济研究，1：21-31.

周子琰，姜奇平，2006. 创意经济新论[M]. 北京：新星出版社：72-77.

朱宁嘉，2007. 创意产业：理论管窥与中国经验. 中国文化产业评论[M]. 上海：上海人民出版社：52.

朱兆一，2017. 以色列绿色经济研究基于新制度经济学视角的分析[M]. 北京：世界图书出版公司：1.

Scott A J，2008. The Culture Economy of Cities：Essays on The Geography of Image-Producing Industries[M]. London：Sage，2000.

Susan B. Creative clusters and city growth[J]. Creative Industries Journal，1(1)：31-46.

后　记

本书能够顺利出版，要感谢很多单位和个人的支持与帮助。感谢成都工业学院经济与管理学院对团队的具体指导、培育和帮助。感谢我们的合作研究单位——“长江上游生态文明建设”川大学派、成都工业学院绿色创新工业研究院、成都格润创新科技研究院的积极参与。感谢成都市发展和改革委员会以及成都工业学院科技处从课题申报到结题全过程给予我们的精心指导和周到的服务。

衷心感谢蒲江县教育局、蒲江县农业农村局、内江市科技局、威远县人力资源和社会保障局等部门为我们调研提供的支持和帮助，你们在新经济发展中的辛勤耕耘和卓越成就是我们研究的基础素材和丰富养料，没有你们在新经济发展第一线的奋斗，就没有学者的研究成果。

衷心感谢科学出版社给予本书修订的宝贵指导意见，以及为本书出版付出的辛勤劳动。

感谢自始至终参与课题调研、写作、修改、完善，以及参与书稿修订的课题组成员，是你们对新经济的坚持、热忱、努力和奉献，支撑了本书的完成和出版。参与调研与写作的人员有：邓玲、张宇、罗强、贾莉娟、裴玮、邓丽、尹宏、何东、柴剑锋、邱高会、严荔、李红梅、伍星、兰婷、王晓燕、蒋恒静、杨清、刘晓茜、陈永华、杨淼、程声燕、程迪、朱沙、高凤、刘洋、姚丹、郭鑫、陈家华、王力丹、付星月、宋远东、刘晓梅、芦志杰、隋佳卉、邬兰、陈燕、杜丽、陈凤、刘艳、林晨、张舒如、刘镓荣、粟兴悦、吴倩、尧俊鑫、曾武佳、曾祖鑫、何昆罡、杨洪友、刘鹏、朱海涛、王婷、李正伟、张薇、周婷。

负责书稿撰写和审定的人员名单如下：第一章：邓玲、张宇、陈希勇、郭鑫、贾莉娟；第二章：邓玲、刘艳、陈凤、杜丽、郭艳丽、罗强；第三章：罗强、杨清、邓玲、郭艳丽、蒋恒静；第四章：尹宏、兰婷、王晓燕、伍星、蒋恒静、刘晓茜；第五章：柴剑锋、郭鑫、曾武佳、石眉语；第六章：罗强、单恒、尧俊鑫、粟兴悦；第七章：邱高会、石眉语、陈燕、刘鹏、曾祖鑫、何昆罡、吴倩、罗强。全书由邓玲、罗强、郭鑫、郭艳丽等负责校对和修改。

最后，还要诚挚地感谢国内外研究新经济的专家学者，你们是我们的良师益友。这两年来，课题组参阅了大量的学术资料，这些研究成果给我们提供了丰富的“营养”，感谢你们的支持和帮助。

编者

2021 年 10 月 11 日